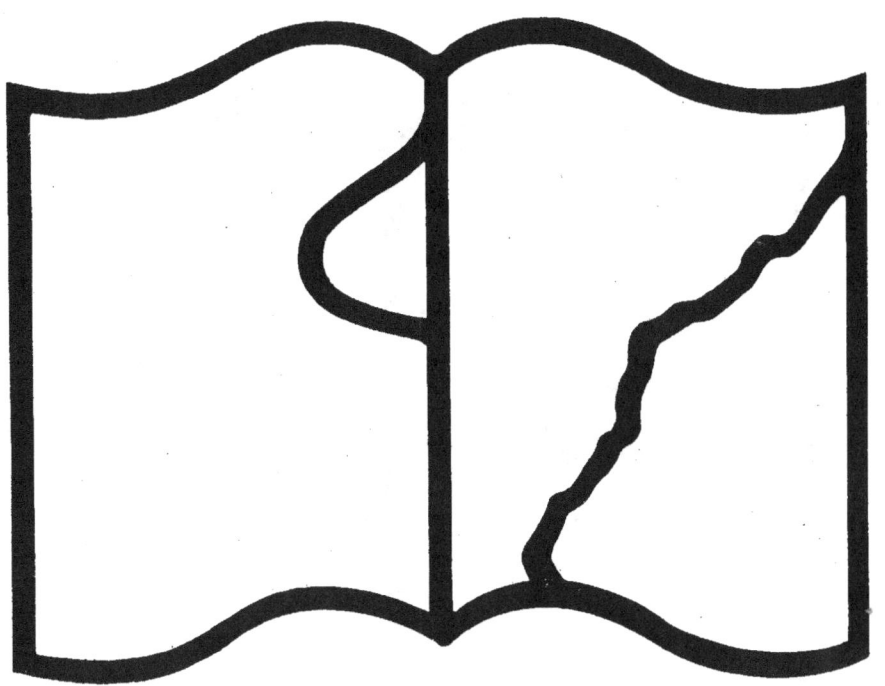

Texte détérioré — reliure défectueuse

NF Z 43-120-11

Contraste insuffisant

NF Z 43-120-14

Z. ane
3206
A. 1.

L'EXAMEN DES ESPRITS POVR LES SCIENCES.

OV SE MONSTRENT LES
differences d'Esprits qui se trouuent parmy les hommes, & à quel genre de science chacun est propre en particulier.

Composé par IEAN HVARTE, *Medecin Espagnol.*

Nouuellement traduit suiuant l'ancien Original.

Et augmenté suiuant la derniere Impression d'Espagne.

A PARIS,

Chez { IEAN GVIGNARD le pere, au premier pilier de la Grand' Salle, proche les Consultations.
ET
IEAN GVIGNARD le fils, en la Grand' Salle, du costé de la Cour des Aydes, à l'Image S. Iean. } au Palais.

M. DC. LV.
AVEC PRIVILEGE DV ROY.

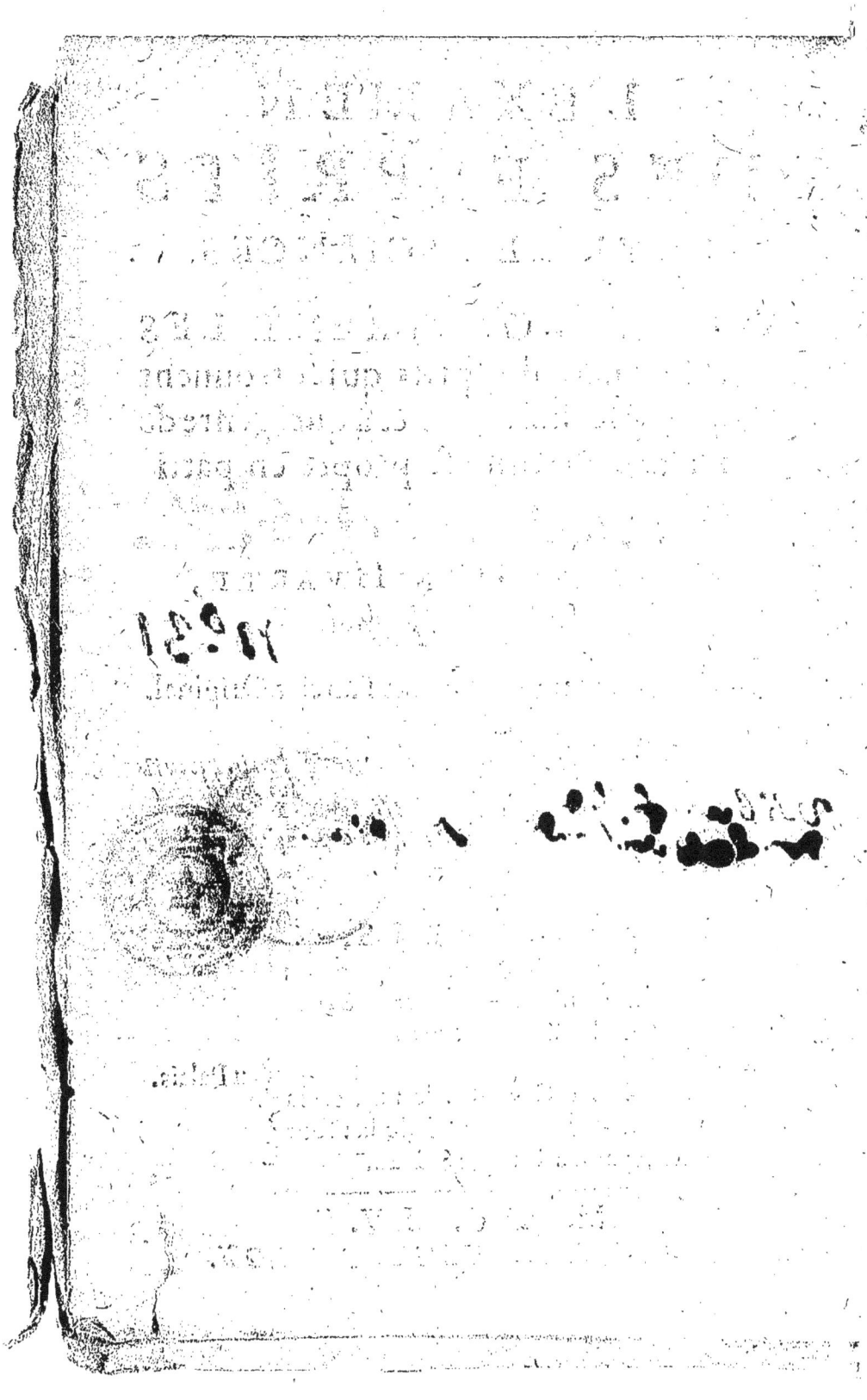

Ex libris F[rat]r[u]m Praedicatorum Parisiensium ad S. Honoratum

AV ROY.

IRE,

Ie pecherois contre la grandeur de cet ouurage & contre l'intention de son Autheur, si ie le presentois à vn autre qu'à vn Roy. La plus haute connoissance pour vn homme, c'est de se connoistre soy mesme, & la plus importante pour vn Prince, de connoistre ses sujets. Ce liure enseigne & l'vn & l'autre ; Aussi

EPISTRE.

son Autheur le dedia-t'il à Philippe II. l'vn de vos Ayeux; & ie l'offre encore auiourd'huy à V. M. mais comme vne chose qui semble luy appartenir, par droit de succession. Quoy que ce soit vn enfant d'Espagne, le lieu de son origine ne le doit pas faire mépriser. Rabbattre du merite de cette nation, c'est raualer du prix de nos victoires, & ne se pas bien ressouuenir du sang dont vous auez esté formé. Outre que la Philosophie qui est descenduë du Ciel, ne prend gueres de part aux demeslez de la Terre, celle-cy est deuenuë toute françoise en vostre faueur. On pourroit dire de vous, SIRE, en tout sens, ce

EPISTRE.

que la Sainte Escriture a dit d'vn Roy, pour recommander seulement les premieres années de son regne, qu'il n'estoit qu'vn enfant d'vn an, quand il commença de regner; *car à peine sçauiez vous marcher, que vous auiez la teste chargée d'vne Couronne*; grand auantage pour se rendre expert en l'art de regner, & particulierement lors qu'vn Prince se met à Philosopher de bonne heure. La gloire de Dieu, c'est de tenir ses œuures inconnuës, & la gloire d'vn Monarque, de les examiner: comme si la Sagesse Eternelle qui se ioüa autrefois sur le rond de la Terre en la Creation du monde, se ioüoit en-

EPISTRE.

core auec les Roys à ce ieu innocent de vostre aage, ou l'on se cache pour se faire chercher.) A quoy V. M. est d'autant plus obligée, qu'il n'y a point de Prince qui commande à tãt de beaux Esprits, ny qui possede mieux les moyens & les richesses pour découurir les grands secrets. En attendãt qu'elle se puisse acquitter d'vn si illustre deuoir, elle permettra, s'il luy plaist, que les adroites mains de ceux qui sont commis à son éducation, continuët de cultiuer ces semëces, qui n'estant dans les autres que des inclinations douteuses, se trouuent en V. M. des esperances toutes certaines. Mais qu'espere-

EPISTRE.

roit on que de grãd de ces rayons celestes qui brillent sur vostre visage auec tant d'éclat ? C'est dans les plus beaux corps que logent les plus belles ames, comme vous n'ignorez pas, SIRE, que les Roys habitent les plus magnifiques Palais. V. M. lira vn iour dans ce Liure (& nous le ressentirons par experience) quel secours c'est pour la vertu, que d'estre nay bien fait, & bien formé. Cependant nous l'asseurerons que c'est vne des principales marques de la Royauté, & nous admirerons les fleurs, d'où nous doiuent venir de si excellents fruits. La Iustice, la Liberalité, la Clemence, & tant d'autres

EPISTRE.

bonnes qualitez de vos Ancestres, demandent du temps pour se rendre parfaites, & des occasions pour se faire voir; mais cette beauté, mais cette grace, qui d'abord nous rempliſſent d'amour & de respect, & qui nous representent parmy leur douceur, ie ne sçay quoy d'auguste, ces qualitez, dis-ie, veritablement Royales, sont desia toutes acheuées en V. M. & ne vous valent pas moins, SIRE, qu'un triomphe perpetuel. C'est ce que reconnoist auec tout le monde, celuy qui est

De V. M.

Le tres-humble, tres-obeyſſant
& tres-fidelle suiet & seruiteur,
DALIBRAY.

AV LECTEVR.

PVisque ce liure est entieremét destiné pour le bien public, ie commenceray en disant (peut-estre contre moy-mesme) que dans vn Estat bien policé, on deuroit examiner la capacité de ceux qui se meslent de traduire. C'est sur leur foy que toute vne nation se repose, & au lieu que celuy qui escrit en son nom, ne gagne d'authorité qu'autant qu'il a de suffisance, on a de la peine à croire qu'vn Traducteur ne soit pas du moins assez habile pour seruir d'interprete & de truchement

ã

AV LECTEVR.

aux pensées d'autruy. Ie n'ay pas dessein de declamer contre l'Autheur de la premiere version de l'Examen des Esprits ; sa bonne intention le iustifie, & huit ou neuf impressions qui ont esté faites de son ouurage, semblent assez le mettre à couuert. Ie ne l'accuse pas de quelques mots barbares & transpositions rudes; son siecle l'en excuse en partie, & i'oserois dire qu'vn tel defaut non seulement est supportable en vne matiere où l'on s'arreste bien moins à la lumiere des paroles, qu'a l'obscurité des choses ; mais que mesme il est en quelque façon bien seant à vn philosophe, qui doit autant negliger son langage, que nostre Autheur veut qu'vn homme d'entendement se soucie peu de ses ha-

AV LECTEVR.

bits. Aussi quand i'ay entrepris cette nouuelle traductió, ie ne me suis pas proposé de la rendre beaucoup plus brillante, mais plus nette, non point plus elegante, mais plus correcte. Et c'est dequoy ie blâme l'ancienne version, que le sens de l'Autheur y soit en mille endroits, ou alteré ou remply de contradictions manifestes, (quoy qu'en cecy mesme la nouueauté & la subtilité du subiet peust encore seruir de quelque deffense au Traducteur.) Ie te donnerois des preuues de ce que ie dy, s'il ne t'estoit aisé d'en rencontrer à l'ouuerture du Liure. Et puis que me seruiroit de t'imposer en vn trauail ingrat comme la traduction, ou contre la nature & contre la maxime des choses opposées, il y a tant

ã ij

AV LECTEVR.

de deshonneur à faillir, & si peu de gloire à reüssir ? semblable à ces arts perilleux, dans lesquels si l'on fait bien, on reçoit vn gain si leger, & si l'on vient à faire vn faux pas, il n'y va pas moins que de la vie. I'auance tout cecy, parce que ie sçay combié il est odieux d'entreprendre sur l'ouurage d'vn autre. Toutesfois i'ay encore vne raison qui m'y a poussé ; c'estoit de ioindre auec le reste, en vn mesme stile, beaucoup de choses que i'auois trouuées dans la derniere impression d'Espagne, & qui n'auoient iamais esté veuës en nostre langue. Ie t'en presentay vne partie, il y a desia quelques années, sous le tiltre de Supplément ; qui estoit la suitte de la Preface, le premier, le second, & le cinquiesme

AV LECTEVR.

Chapitres, où s'il y a quelque contradiction auec ce qui suit, tu te ressouuiendras qu'ils sont du mesme temps & de la mesme nature que les autres Additions que i'ay mises au bout des Chapitres. Premierement, afin que tu distingues mieux ce qui est de nouueau, & puis parce que ces Additions contiennent aussi ce que l'Autheur a changé ; si bien que ie ne les pouuois pas placer toutes comme luy, sans retrancher plusieurs choses & mesme vn Chapitre entier, ainsi qu'il a fait ; ce qui contreuenoit au dessein que j'auois de te donner tout ce que ie pourrois d'vn si rare Genie. Ie t'ay mesme ramassé à part, pour euiter l'embarras de l'impression, les Notes les plus remarquables qui se lisoient

AV LECTEVR.

à la marge; mais quand elles y ont esté repetées plus d'vne fois, ie ne les ay mises qu'vne, & les ay obmises lors qu'elles se sont rencontrées tout à fait conformes à ce que l'Autheur disoit, ou que ie me suis ressouuenu qu'elles estoient rapportées deuant ou aprés en quelqu'autre endroit de son texte. Ie me suis dispensé aussi de citer les lieux d'où châque chose estoit tirée, ces lieux estant quelquefois diuersement & faussement alleguez, ou par la faute de l'Imprimeur, ou par le defaut de memoire de l'Autheur; auec ce que j'ay esté meu à cela par son exemple mesme, car il ne marque que rarement ces lieux dans ce qui est de nouueau. Et de fait, les hommes de lecture les connoissent, & les

AV LECTEVR.

autres n'en sont pas trop curieux. Ie pourrois dire le mesme des passages Latins qui entroient dans le corps du liure, & dont ie ne te donne que la traduction, ou quelquefois la paraphrase; & ie diray de plus, que j'ay jugé à propos d'é vser de la sorte, afin que tout le livre fût vniforme, & que ie ne parusse pas importun à ceux qui n'entendent pas les langues (en faueur de qui principalement se font les versions) ny ennuyeux à ceux qui les sçauent, quand ils auroient à lire deux fois vne mesme chose. Ioint que la pluspart de ces passages là, auoient autant de droit d'estre alleguez en François qu'en Latin, puis qu'ils sont originairement, ou Grecs ou Hebrieux; mais à les rapporter ou en Grec, ou en Hebrieu,

AV LECTEVR.

il y eust eu ie ne sçay quoy de vain ou de deffiât, & d'indigne d'vn honeste homme, qui ne doit ny plutost croire la verité, pour estre vieille, ny s'imaginer qu'elle habite plutost vn pays, ny parle plutost vn langage que l'autre. En tout cas, si c'estoient là des defauts, il y auroit bien moyen de les reparer dans vne seconde edition. Car outre que ce que ie te dône de nouueau n'a point suby la censure d'aucun ennemy, non plus que le reste ne l'auoit pas meritée, j'ay trop bonne opinion & de toy, & de nostre Autheur, pour me persuader que les efforts qu'on a faits depuis peu, afin de le destruire, ayent pû rien diminuer de l'estime que tu luy dois. Au contraire ie m'asseure que tu condamnes les

AV LECTEVR.

deſſeins de ceux qui veulent s'éleuer en foulant les autres, & que tu les iuges ſemblables à ces mauuaiſes herbes, qui ne ſçauroient croiſtre que ſur les ruïnes des édifices. Pour moy, ie hay ſi fort cette lâcheté de s'eſtablir aux deſpens d'autruy, que j'ay meſme de la peine à entendre que la Nature n'engendre rien, qu'il ne s'en enſuiue la perte & la corruption de quelque choſe. D'autant plus que la loüange eſt vn bien qu'on reçoit en le donnant à qui le merite, & que le champ des ſciences eſt aſſez vaſte pour ſouffrir que chacun y marche en liberté, ſans choquer ny renuerſer ceux qui vont deuant ou à coſté de nous. On a dit que nos penſées eſtoient la promenade de noſtre ame; pourquoy donc, puiſ-

AV LECTEVR.

qu'il nous est loisible de suiure tel sentier qu'il nous plaist, ne nous sera-t'il pas permis de nous attacher aux meditations qui nous aggréent? Que si cela a lieu quelque part, c'est principalement dans la Philosophie, où il n'y a point d'opinion si absurde, qui ne trouue ses partisans. L'homme n'a veu la creation d'aucune chose. Quand Dieu voulut former Eue, il endormit Adam, & la Nature qui a appris de ce grand Maistre à faire des merueilles, en a retenu cecy, de faire ses operations en cachette. En effet, l'artisan est hors de sa besogne, mais cette habile Mere est au milieu de son ouurage, & peut-estre qu'aussi pour nous instruire à la pudeur, comme elle engendre tousiours, elle demeure tousiours

AV LECTEVR.

dans le secret. Personne donc n'a droit de pretendre aucun empire sur les esprits, ny de rendre esclaues de son aduis, ceux qui n'aprénent rien de meilleur en l'étude de la sagesse, que de sçauoir maintenir leurs sentimens libres. Aussi a-t'on justement blâmé le Prince, ou plutost le Tyran des Philosophes, d'auoir supprimé tous les bons livres de son temps, afin qu'on ne leust que les siens; & a-t'on dit, que c'estoit vne action qui n'estoit pas moins noire que celle des Otthomans, qui font mourir tous leurs freres, pour regner aprés auec plus de seureté. Cette tyrannie n'est pas seulement le vice des grands hommes; Il se rencontre encore de certains Esprits mediocres, qui ont si bien juré de ne croire qu'aux pa-

AV LECTEVR.

roles de leur Maiſtre, qu'ils s'offenſent de tout ce qui ne s'y accorde
pas, & comme ceux à qui la compagnie de gens auſſi miſerables
qu'eux, ſert de malicieuſe conſola-
tion, ils ſont rauis d'en demeurer
aux opiniós vulgaires, pourueu que
les autres y ſoient pareillement en-
ueloppez. Ne ſçauent-ils point, ces
Meſſieurs, quelle gloire il y a d'inuenter ? Que Pythagore deffendoit à ſes Diſciples la ſterilité des
grands chemins, où la moindre
herbe ne paroiſt pas? Qu'on a dit
que les fautes des premiers Philoſophes eſtoient venerables ? Que
de ne pas deſeſperer de pouuoir
trouuer ce que l'on cherche, eſt vn
ſubjet capable de nous rendre re-
commandables à jamais ? Qu'aux

AV LECTEVR.

belles entreprises, c'est quasi assez d'auoir osé, & qu'ainsi qu'aux mauuaises choses, on est criminel pour les projetter seulement dans sa pensée; de mesme aux bonnes & vertueuses, le seul dessein de les embrasser nous rend desia dignes de loüange.

Quand ie dy cecy, ie considere quelle adoration, s'il faut ainsi parler, ne merite pas l'incomparable Autheur de l'Examen, dont l'esprit s'estant signalé dans toutes les sciences, & ne pouuant plus s'accroistre qu'en se reflechissant (côme on dit des Souuerains, qu'ils ne sçauroient s'aggrandir qu'en s'humiliant & retournant à eux mesmes) a inuenté vne si illustre philosophie, dãs vne matiere si cachée que celle des facultez de l'Ame

AV LECTEVR.

raisonnable, qui connoist toutes choses deuant que de se connoistre, qu'on peut croire sans le flatter, qu'en faisant vn coup d'essay, il a fait vn chef-d'œuure. Et ce qui augmente nostre admiration, c'est qu'ainsi que les Religiós nouuelles retiénent tousiours quelque chose des ceremonies anciennes, & que les bastimens qui s'esleuent des materiaux d'vne vieille masure, en sont bien souuent & meilleurs & plus forts; aussi n'a-t'il voulu fonder ses merueilles que sur des maximes antiques & connuës de chacun, qu'il auance des propositions extraordinaires sous des preuues cómunes & auoüées, & que si ses opiniós nous paroissent estranges d'abord, cela vient plutost de la subtilité de son esprit, que de la

AV LECTEVR.

nouueauté de ses principes. Mais puis-qu'vn miracle mesme ne pût contenter le goust de tout vn peuple, & que quelques Israëlites se lasserent de la manne; puisque le monde tout acheué qu'il est, n'a pas manqué de reformateurs, doit-on s'estonner que dans vne approbation generale de ce liure, il se soit rencontré de certains hommes à qui vne si grande lumiere ait enfin fait mal aux yeux ? qui ayent pris pour des taches ce qui n'estoit que des defauts de leur veuë ? & pour des bizarreries, ce qui passoit leur intelligence?

Le premier a esté celuy qui a composé l'Examen de l'Examen, qui aprés auoir confessé (certes la verité est bien forte, & bien forte la loüange qu'on tire d'vn enne-

AV LECTEVR.

my) que cét Autheur estoit *estimé des plus habiles en toutes sortes de professions, & vn homme véritablement sçauant, & de bon esprit*, jaloux de *la bonne intention qu'il auoit euë d'enrichir la Republique des Lettres*, admirant *son stile plein de grauité Espagnole, & sa grande lecture* (c'est ainsi qu'il parle de luy) il est entré en furie, s'est espanché en mille injures, comme si sa Medecine ne luy eust pû fournir d'autres remedes pour descharger sa bile, en vn mot, il a monstré par la grande quantité de ses allegations, qu'il estoit bien versé dans les humanitez; mais il a fait voir quant & quant qu'il n'estoit pas des plus humains.

Quand la bonne reputation de nostre Autheur, & qui est l'vnique possession

AV LECTEVR.

poſſeſſion de ceux qui ne ſont plus, ne l'euſt pas mis au deſſus de ſes attaintes, toûjours deuoit-il ſçauoir, puiſqu'il auoit tant leu, qu'on eſt obligé de pardonner à la memoire de ſes ennemis meſme, & que cette haine-là paſſe les bornes, qui ne ſe briſe pas contre le cercueil. Qu'autrefois on enterroit les morts parmy des Oliuiers, pour nous apprendre qu'il les falloit laiſſer en paix. Que de meſme que les maux ſemblent donner quelque ſorte de majeſté aux malheureux, qui fait qu'on ſe retire auſſi bien du chemin d'vn Aueugle que de celuy d'vn Roy; ainſi croyoit-on que ceux qui eſtoient priuez de tous les biens de la vie, en deuenoient plus grands & plus auguſtes, & que cela meſme qui les oſtoit du nom-

é

AV LECTEVR.

bre des hommes, les mettoit & les confacroit au rang des Diuinitez; de sorte qu'on les auoit en telle veneration, qu'il s'est trouué des sacrileges qui n'ont osé violer leurs sepulcres. Mais nostre Examinateur ne s'est pas mostré si religieux: Il a esté troubler les cendres, & foüiller sans scrupule les reliques de l'vn des plus excellents personnages que l'Espagne ait jamais produits : Il luy a porté la guerre en vn lieu de repos, & où il n'auoit point d'armes pour se deffendre. De quelles armes il le combat, ie le laisse à juger à ceux qui voudront prendre la peine de l'examiner luy-mesme; du moins sçay-je bien que ce n'est pas de celles qui auoient la vertu de blesser & de guerir tout ensemble, ou qui peuuent gagner

AV LECTEVR.

auparauant que de vaincre. Là où les raisons d'Escole ne suffisent pas, il y employe les mots de ruë, & frappe rudement quand il ne sçauroit piquer en honneste homme.

Pour peu que j'en disse dauantage, i'imiterois le crime que i'accuse; car cét Examinateur est maintenant en l'estat qui implore la grace qu'il a si injustement refusée. I'adjousteray donc seulement que quand on a attendu aprés la mort de quelqu'vn pour corriger ses fautes, comme on attend bien souuent qu'vne personne soit absente pour parler de ses defauts, parce qu'on est bien aise de pardonner à la honte de l'vn & de l'autre, de celuy-cy, esperant qu'il pourra s'amander, & de l'autre, qu'il se pourra retracter; I'estime

AV LECTEVR.

qu'on s'y doit porter auec tant de douceur, qu'on ne fasse éclatter ny colere, ny ambition, ny enuie, ny passion quelconque; mais vne deffense toute pure de la verité que l'on croit interessée. Et si aprés tout, quelque puissante attaque que nous ayons faite, nous deuons croire que la doctrine que nous auons esbranlée, n'en jetteroit peut-estre que de plus profondes racines sous son Maistre ; que l'endroit où nous l'auons blessé, en deuiédroit plus fort; qu'il s'y feroit comme vn cal par son art, ainsi qu'il s'en fait par la Nature; qu'à l'imitation de cette bonne Mere, tous ses esprits y seroient accourus, pour reparer le mal; enfin nous imaginer plustost toute chose, que non pas estre si presomptueux que

AV LECTEVR.

de nous vſurper la gloire qu'vn autre s'eſt acquiſe. Ie veux qu'il ait commis de grandes fautes; mais n'eſt-ce pas le propre de ceux qui s'eſleuent fort haut, d'eſtre ſubjets à de grandes cheutes ? Qu'il ait choppé lourdement; mais trouue-t'on mauuais qu'on faſſe quelque faux pas, en marchant par vn chemin qui n'auoit jamais eſté frayé ? Cela eſt bon à ceux qui ne ſuiuent que les routes battuës, de ne pouuoir ny s'égarer, ny ſe perdre. C'eſt vne marque d'abondance d'auoir quelque choſe à retrancher, car à celuy qui n'a rien, on ne luy ſçauroit rien oſter. Auſſi quand ie demeurerois d'accord, que comme il ſe trouue des taches dans les plus beaux viſages, quelques opinions d'vn ſi excellent Au-

AV LECTEVR.

theur meriteroiét d'estre reiettées, où il auroit esté engagé par la suitte de sa doctrine, cela ne rabbatroit pas beaucoup de son prix, ny n'apporteroit pas grande loüange à celuy qui entreprendroit de le refuter. Pour nier & pour contredire, il ne faut sçauoir ny prouuer ny inuenter. Nous auons tousiours bien plus de iuges que d'égaux. L'Empire de l'entendement s'estend plus loin que celuy de l'esprit, & l'Escale le premier Critique de son temps, composoit d'aussi mauuais vers que pas vn de ceux qu'il faisoit passer sous sa censure.

Ainsi ne deuons nous point nous presser de voir l'ouurage de cet autre, qui ayant fait dessein de renuerser par ses Obseruations vn de nos Sages, attaque sous son nom

AV LECTEVR.

noſtre Autheur, de qui ce Sage auoit emprunté quelques pensées, & nous pouuons touſiours luy dire cependant, que nous luy cederons & donnerons de bon cœur les mains, lors qu'il aura acquis le meſme credit que Charron, & que l'Examen des Eſprits qu'il nous promet, aura eſté imprimé auſsi ſouuent, & traduit en autant de langues, que celuy de l'Eſpagnol qu'il mépriſe.

 Il reſteroit à reſpondre à quelques Ennemis, d'autant plus difficiles à combattre, qu'ils paroiſſent aucunement ennemis de la raiſon: Car ils ſe plaignent que noſtre Autheur eſt trop hardy, & donne vn peu trop à la Nature, c'eſt à dire qu'il eſt trop exact & trop curieux pour vn Philoſophe. Mais il leur

AV LECTEVR.

a respondu luy mesme en deux ou trois endroits de son liure, où il monstre que Dieu a establi vn certain ordre & suitte dans les causes secondes, par où il nous faut monter, ainsi que par degrez, deuant que d'en venir à luy. En effet, quoy que nous soyons si fort au dessous, & que ses œuures se tiennent si cachées, il ne nous traite pas pour cela en Esclaues, ny comme vn fascheux Maistre qui trouueroit mauuais que ses seruiteurs voulussent sçauoir la raison de tout ce qu'il fait. Tant s'en faut, il est bien aise de nous entendre begayer ainsi que ses enfans, & de voir que nostre esprit s'employe au moins à vn si noble & si parfait exercice. Sa volonté est bien la premiere cause de tout, mais c'est la derniere

AV LECTEVR.

responce qu'on doit faire à vne question.

Encore en cecy mesme a t'on grãd tort d'accuser nostre Autheur; car il n'establit iamais aucune proposition, qu'il ne l'appuye de l'authorité de la sainte Escriture, n'ignorant pas que dans les tenebres où nous viuons, il nous faut de necesité prendre la lumiere du Ciel pour nostre principale conduite. Et certes tous ces desirs de sçauoir & d'estre bien-heureux, qui nous trauaillent sans cesse icy bas, ne nous ont esté donnez, ce semble, qu'à fin de nous mieux apprẽdre, que nous deuons chercher autrepart, & vne plus ferme beatitude, & vne connoissance plus éclairée.

L'Epiſtre qui ſuit s'addreſſoit ſeulement au Lecteur dans l'ancien original, & dans l'impreſsion d'Eſpagne dont ie t'ay parlé, elle s'addreſſe ainſi à Philippe II.

A SA MAIESTE'
Catholique.

IRE,

Afin que les ouurages des Artisans fussent aussi parfaits qu'il est conuenable pour le bien & pour l'vsage d'vn Estat, il me semble qu'on deuroit establir cette loy; Que le Charpentier n'entreprist point sur le mestier du Laboureur, ny le Tisseran, sur la profession de l'Architecte; que le Iurisconsulte ne se meslast point de guerir les malades, ny le Medecin de soustenir vne cause; mais que chacun n'exerceast que cet Art, pour lequel il a vne disposition naturelle, & laissast là tous les autres. Car autant de fois que i'ay consideré combien l'esprit de l'homme est borné à vne seule chose, ie me

EPISTRE.

suis tousiours persuadé qu'aucun ne pouuoit sçauoir deux Arts parfaitement, & sans manquer en l'vn ou en l'autre. Or de peur qu'il ne se trompast au choix de l'art qui luy est le plus propre, il deuroit y auoir dans les Royaumes, des hommes establis expréz, gens de grande prudēce & sçauoir; qui dans le bas aage découurissent à chacun quel est son esprit, & le contraignissent de trauailler en l'art qui luy conuiendroit le mieux, sans luy en permettre l'élection. De là arriueroit que dans les Estats de V. M. se trouueroient les plus grands Artisans du monde & les ouurages les mieux acheuez ; seulement pource que on auroit ioint l'art auec la nature.

Ie voudrois que toutes les Academies qui sont dans vos Royaumes, pratiquassent la mesme chose, & que comme on n'y souffre pas que les Escoliers passent plus auant, s'ils ne sont bien versez dans la langue Latine, qu'il y eust aussi des Examinateurs pour sçauoir si celuy qui veut estudier la Dialectique, la Philosophie, la Medecine, la Theologie ou les Loix, a l'esprit qui est requis à chacune de ces sciences ; car autre-

EPISTRE.

ment (outre les dommages qu'il causera à un Estat, en se seruant mal d'vn art qu'il aura mal appris) cela est digne de pitié de voir vn homme se trauailler & se rompre la teste aprés vne chose dont il est impossible qu'il vienne à bout. A faute d'apporter auiourd'huy cette diligence, Ceux qui n'ont pas l'esprit propre à l'estude de la Theologie, ont pensé renuerser la Religion Chrestienne ; Ceux qui n'ont pas l'habileté necessaire à la Medecine, mettent tous les iours les malades en danger de leur vie ; Et la Iurisprudence n'a pas toute la perfection qu'elle pourroit auoir, parce qu'on ignore à laquelle des puissances raisonnables appartient le droit vsage & la bonne interpretation des Loix. Tous les Philosophes anciens ont trouué par espreuue que quand il manque à l'homme vne certaine disposition naturelle à la science, c'est en vain qu'il se tuë à apprendre les regles de l'art. Mais pas vn d'eux n'a declaré distinctement, quelle disposition naturelle rend l'homme habile à vne science, & incapable pour vne autre ; ny combien il se trouue de differences d'esprit parmy les hommes ; ny quels arts &

EPISTRE.

sciences respondent à chacun en particulier, ny par quelles marques on pouuoit le reconnoistre ; qui est ce qui importe le plus. Ces quatre points (encore que cela semble impossible) embrassent ce qui se doit traitter icy, outre plusieurs autres matieres qui sont touchées à propos de cette doctrine, à dessein que les peres curieux ayent l'art & la maniere de découurir l'esprit de leurs enfans, & de les appliquer chacun à la science où il fera le plus de profit : qui est vne diligence dont Galien raconte que son pere auoit vsé enuers luy, comme il estoit enfant, se persuadant que le Disciple qui trauaille aprés vne science qui n'a point de rapport auec son inclination & habileté naturelle, se rend esclaue de cette science ; Or est-il, dit Platon, que ce n'est pas vne chose bien-seante à vn hõme libre, de trauailler en esclaue, sur quelque science que ce soit. Il n'est pas à propos, dit-il, qu'vn homme libre s'addonne à quelque discipline aux despens de sa liberté ; car il ne peut demeurer dans l'ame aucune science qui y aura esté introduite par force. Ce pere trouua donc que

EPISTRE.

son fils auoit vn esprit tres-propre & treshabile pour la Medecine; si bien qu'il luy fit commandement d'y estudier, & de ne se point soucier du reste; ayant leu dans Platon vne Loy, par laquelle il estoit deffendu qu'aucun à Athenes ne s'appliquast à deux sciences, mais à vne seulement, & encore à celle-là, où il auoit l'esprit porté plus naturellement, & il en donne cette raison, Que la nature de l'homme n'est pas capable d'exercer parfaitemēt deux arts, ny de s'addonner entierement à deux estudes. D'où vostre Maiesté peut comprendre combien il importe à vn Estat, qu'il se fasse vn tel choix & Examen d'esprits propres aux sciences; puisque de ce que Galien estudia en Medecine, il en reuint tant de bien aux malades de son temps, & qu'il a laissé tant de remedes escrits pour les siecles futurs. Et si comme Balde, (cét illustre personnage dans le Droict) estudia en Medecine, & la pratiqua mesme, il fust demeuré plus long-temps dans cette profession, ce n'eust esté qu'vn Medecin vulgaire, (comme il estoit en effet) parce qu'il manquoit de la difference

EPISTRE.

d'esprit dont cette science a besoin ; & les loix eussent perdu vn des plus habiles hommes qui se pouuoient rencontrer pour leur esclaircissement.

Comme ie voulois donc reduire en art cette nouuelle sorte de Philosophie, & la prouuer par l'exemple de quelques esprits, celuy de vostre Maiesté s'est presenté aussitost, ainsi qu'vn des plus connus, & duquel tout le monde demeure estonné, voyant vn Prince pourueu d'vn si grand sçauoir, & d'vne prudence & sagesse si consommée. Mais ie n'en puis parler icy sans contreuenir à l'ordre du liure. Le penultiesme chapitre est le lieu où l'on en peut discourir plus à propos, & là V. M. reconnoistra la difference de son esprit, & dans quels arts & sciences elle deuoit estre vtile à l'Estat, si comme elle est nostre Roy par nature, elle eust eu à naistre quelque personne particuliere.

PREFACE

PREFACE
DE
L'AVTHEVR.

LORS que Platon vouloit enseigner quelque doctrine graue, subtile, & esloignée de l'opinion commune, il faisoit choix parmy ses Disciples, de ceux qui luy sembloient d'esprit plus delicat, & deuant ceux-là seulement il descouuroit son aduis; sçachant bien par experience, que de parler de choses releuées à des hommes de bas entendement, c'estoit se rompre la teste, & perdre & le temps & la science. La seconde chose qu'il faisoit aprés ce choix, c'estoit de les preuenir de quelques suppositions claires & indubitables, & qui ne fussent pas trop esloignées de la con-

PREFACE.

clusion : dautant que les propositions qu'on publie tout à coup contre la croyance du peuple, ne seruent d'abord (si l'on ne préoccupe ainsi l'esprit) qu'à troubler les Auditeurs, & les irriter, de façon qu'ils viennent à perdre cette pieuse affection qu'ils doiuent auoir, & à prendre nostre doctrine en horreur. Ie souhaiterois, curieux Lecteur, pouuoir vser de cette procedure en ton endroit, s'il y auoit quelque moyen de te pratiquer auparauant, & de descouurir à part les qualitez de ton esprit. Car s'il estoit tel qu'il conuient pour cette doctrine, te separant de la foule, ie t'auancerois en secret des propositions si nouuelles, & si particulieres, que tu n'aurois jamais creu qu'elles eussent peu tomber dans l'imagination des hommes. Mais comme on ne sçauroit pas faire cela, ce liure ayant à paroistre en public pour tout le monde, il est impossible que tu ne t'estonnes & ne te troubles ; car si ton esprit est du commun, ie me doute bien que tu te persuades qu'il y a desia long temps que le nombre & l'accom-

AV LECTEVR.

pliſſement des ſciences nous a eſté donné par les Anciens; pouſſé à cecy par vne raiſon vaine, qui eſt, que puis qu'ils n'ont plus trouué rien à dire, c'eſt ſigne qu'il n'y a plus rien de nouueau dans les choſes. Que ſi tu es de cette opinion, tu n'as que faire de paſſer ny de lire plus auant; car cela te fera peine de voir prouuer quelle miſerable difference d'eſprit t'eſcheut en partage. Mais ſi tu es bien auiſé & bien patient, j'ay trois concluſions tres veritables à te dire, encore que pour leur nouueauté, elles te ſemblent dignes de grande admiration. La premiere, c'eſt que de pluſieurs differences d'eſprit qui ſe trouuent parmy les hommes, il n'y en a qu'vne que tu puiſſes poſſeder auec excellence; ſi ce n'eſt que la Nature, comme elle eſt tres-puiſſante, dans le temps qu'elle te forma, euſt aſſemblé toutes ſes forces, & t'euſt donné deux ou trois differences, ou pour n'en pouuoir venir à bout, t'euſt laiſſé hebeté & priué de toutes. La ſeconde, c'eſt qu'il n'y a qu'vne ſeule ſcience qui reſpon-

PRÉFACE

de auec vn degré d'éminence à chaque difference d'esprit; de façon que si tu ne rencontres au choix de celle qui a du rapport auec ta disposition & capacité naturelle, tu feras peu de chose dans les autres, quoy que tu trauailles iour & nuict. La troisiesme, qu'aprés auoir descouuert quelle est cette science qui respond mieux à ton esprit, il te reste vne autre difficulté plus grande à resoudre, c'est de sçauoir si tu es plus propre & plus nay à la pratique qu'à la theorie; car ces deux parties (dans quelque genre de science que ce soit) sont tellement opposées entr'elles, & demandent des esprits si differents, qu'elles s'affoiblissent l'vne l'autre; comme si c'estoient de veritables contraires. Voila de dures sentences, ie l'auoüe; mais il y a encore vne chose plus fâcheuse & plus rude, c'est que nous n'auons point deuant qui en pouuoir appeller, ny nous plaindre; car Dieu mesme, qui est l'Autheur de la Nature, voyant qu'elle ne donne à chaque hôme qu'vne difference d'esprit, comme ie viens dire, à cause de leur op-

AV LECTEVR.

position, & de la difficulté qu'il y a de les joindre, s'accommode à elle; & des sciences qu'il depart gratuitement entre les hômes, n'en donne guére qu'vne en degré eminent. *Les graces que les hômes possedent dans l'Eglise, sont fort differentes, c'est toutesfois vn mesme Esprit qui les distribuë, & qui en est la source. Il y a diuers Ministeres, & neantmoins c'est vn mesme Seigneur qui appelle à la fonction des vns & des autres. La vertu de faire des miracles n'est pas egale en tous, c'est pourtant vn mesme Dieu qui produit les operations merueilleuses, que font tous ceux ausquels il l'a donnée. Mais ne vous imaginez pas que le partage de ces dons, par lesquels il paroist que le sainct Esprit habite en celuy qui les possede, soit inégal sans raison. En leur distribution, Dieu regarde ce qui est plus vtile; soit pour confirmer ceux qui croyent desia en luy, soit pour conuertir ceux qui sont encore idolatres. De là vient que les vns reçoiuent du saint Esprit, la Sapience, pour comprendre les mysteres diuins; que la science est donneé aux autres par ce mesme Esprit; que ceux cy ont vne Foy*

ĩ iij

PREFACE

par la vertu de laquelle ils font mille choses miraculeuses ; & que ceux là gueriffent toutes fortes de maladies. Que tel a la puiffance de faire des miracles ; tel fçait les chofes futures ; tel lit dans les cœurs des hommes, & difcerne de quels mouuemens ils font portez ; Que l'vn parle plufieurs langues, & que l'autre les interprete & les entend. Or, comme ie vous ay defia dit, vn mefme Efprit eſt la fource de toutes ces graces, & il les diſtribuë comme il luy plaiſt.

Ie ne doute point que Dieu ne faffe cette diuifion de fciences, ayant égard à l'efprit, & à la difpofition naturelle de chacun, puifque les talents qu'il departit par faint Mathieu, le mefme Euangeliſte dit, Qu'il les departit à châcun felon fa propre vertu. Car de penfer que ces fciences furnaturelles, ne demandent pas de certaines difpofitions dás le fubiet, deuant que d'y eſtre infufes, c'eſt vne erreur tres-grande. En effet, quand Dieu forma Adam & Eue, il eſt certain qu'auparauant que de les remplir de fageffe, il organifa leur cerueau de telle

AV LECTEVR.

forte, qu'ils la puſſent receuoir auec douceur, & qu'il fuſt vn inſtrument propre à pouuoir diſcourir & raiſonner par ſon moyen. C'eſt pourquoy la ſainte Eſcriture dit, *Et il leur donna vn cœur*, (c'eſt à dire vn eſprit) *propre à mediter, & puis les remplit de la diſcipline de l'entendement.* Or que ſelon la difference d'eſprit de chacun, vne ſcience ſoit infuſe pluſtoſt que l'autre, ou plus ou moins de chacune d'elles, cela ſe peut comprendre par le meſme exemple de nos premiers peres : car quand Dieu les remplit tous deux de ſageſſe, c'eſt vn point decidé qu'Eue n'en fut pas ſi bien partagée. Ce qui fit, comme diſent les Theologiens, que le Diable entreprit de la ſeduire, & n'oſa tenter l'homme, dont il redoutoit l'extreme ſageſſe. La raiſon de cecy (ainſi que nous le prouuerons cy aprés) c'eſt que la compoſiton naturelle du cerueau de la femme, n'eſt pas ſuſceptible, ny de beaucoup d'eſprit, ny de grãde prudence. Nous trouuerons la meſme choſe dans les ſubſtances Angeliques, où Dieu pour donner à vn Ange plus de

PREFACE

degrez de gloire, & des graces plus sublimes, le crée premierement d'vne nature & d'vne essence plus subtile: & si l'on demande aux Theologiens, dequoy sert cette nature plus delicate, ils respondent, Que l'Ange qui est d'vn entendement plus releué, & d'vne meilleure & plus haute essence, se tourne plus aisément à Dieu, & vse des dons auec plus d'efficace; & qu'il en arriue de mesme parmy les hommes.

De cecy l'on infere manifestement, que puis qu'il y a vn choix d'esprits pour les sciences surnaturelles, & que toute sorte d'habileté n'est pas vn instrument propre pour elles, à plus forte raison les sciences humaines auront elles besoin de cette election, puis que les hommes les doiuent comprendre, aydez seulement de leur esprit.

L'intention donc de ce Liure, c'est d'apprendre à distinguer & à connoistre toutes ces differences naturelles de l'esprit humain, & d'appliquer auec art à chacune, la science où elle doit faire plus de profit. Si i'en viens à bout,

AV LECTEVR.

comme ie l'espere, i'en rendray la gloire à Dieu; car c'est de luy que procede tout ce qui est bon, & tout ce qui reüssit bien: Sinon, tu te ressouuiendras, sage Lecteur, qu'il est impossible d'inuenter vn art & de l'acheuer tout à la fois, dautant que les sciences humaines sont si lōgues & d'vne si vaste estenduë, que ce n'est pas assez de la vie d'vn homme pour les trouuer, & pour leur donner toute la perfection qu'elles doiuent auoir. Il suffit au premier Inuenteur de marquer quelques principes notables, qui soient comme vne semence dãs l'esprit de ceux qui suiuent, pour leur faire amplifier l'art, & le mettre au point qui est necessaire. A propos dequoy Aristote dit, que les fautes de ceux qui commencerent les premiers à philosopher, nous doiuent estre en grande veneration; car comme il est si difficile de trouuer des choses nouuelles, & si aisé d'adiouster à ce qui a esté dit & trouué; les fautes des premiers ne meritent pas pour cette raison, d'estre beaucoup reprises, non plus qu'à celuy qui adiouste

PREFACE

on ne doit pas d'extremes loüanges. Ie demeure bien d'accord que cet ouurage ne peut estre exempt de quantité d'erreurs, à cause que le suiet en est si delicat & si chatoüilleux, & parce que ie n'ay rencontré personne qui me prestast la main en vn chemin si glissant & si difficile. Mais si ces fautes sont en vne matiere où l'entendement ait lieu d'opiner, en ce cas, ie te prie, ingenieux Lecteur, auparauant que de prononcer l'arrest, de lire la Preface qui suit; où tu verras pourquoy les hommes sont de differents aduis, & puis de voir tout le liure, & de verifier de quelle nature est ton esprit; & si tu trouues quelque chose qui ne soit pas bien dite selon ton sens, considere soigneusement les raisons contraires qui te semblent auoir plus de force, & si tu ne les sçaurois resoudre, retourne lire le Chapitre quatorziesme; car parauanture y rencontreras tu la response qu'on y peut donner. A Dieu.

SVITTE DE LA
PREFACE DE L'AVTHEVR
AV LECTEVR.

Où se donne la raison pourquoy les hommes sont de differents aduis & iugemens.

IE me suis trouué depuis quelques iours l'esprit trauaillé d'vne doute (Curieux Lecteur) & parce que i'en croyois la solution fort difficile & cachée à l'entendement, ie l'auois tousiours dissimulée iusques à cette heure : mais maintenant que ie ne sçaurois plus souffrir d'en estre

PREFACE

si souuent embarrassé, i'ay resolu d'en trouuer la decision à quelque prix que ce soit. Cette doute est de sçauoir, comment il se peut faire, veu que tous les hommes sont d'vne mesme espece derniere & indiuisible, & les puissances de l'ame raisonnable (la memoire, l'entendement, l'imagination & la volonté) d'vne nature aussi parfaite en tous, & ce qui augmente la difficulté, l'entendement, vne faculté spirituelle, & détachée des organes materiels ; que nous voyons pourtant par experience, que si mille personnes s'assemblent pour donner leur iugement sur quelque doute, chacun aura son aduis particulier, & qui ne s'accordera point auec les autres, d'où vient qu'on a dit, *Qu'il y auoit mille differences d'hommes ; que chacun voyoit les choses & s'en seruoit à sa façon ; que les volontez estoient toutes diuerses, & les desseins de la vie tout particuliers.*

Pas vn des Philosophes anciens ny modernes, que ie sçache, n'a touché cette difficulté, pour en auoir esté rebu-

AV LECTEVR.

tēz, à mon aduis, par son obscurité; encore que tous se plaignent assez de la varieté des iugemens & gousts des hommes. C'est pourquoy il m'a falu rompre la glace, & défricher ce chemin, en me seruant de ma propre inuention, comme en d'autres plus grandes questions, qui n'ont iamais encore esté agitées de personne. Et ie trouue qu'en la composition particuliere de chacun, il y a ie ne sçay quoy qui nous fait pancher naturellement à cette diuersité d'opinions, mesme malgré nous, qui n'est ny hayne, ny passion, ny vne inclination à mesdire ou à contredire, comme s'imaginent ceux qui addressent de grandes Epistres liminaires à ceux qu'ils appellent leurs Mecenes; par où ils implorent leur faueur & protection particuliere: mais de designer ce que c'est, & de quels principes cela peut prouenir, c'est là le poinct & le nœud de l'affaire.

Pour entendre donc cecy, il faut remarquer que ça esté l'ancienne opinion de quelques grands Medecins, que tout autant que nous sommes, qui habitons

PREFACE

les regions qui ne sont pas temperées, nous sommes actuellement & de faict malades, & auons quelque lesion, encore que pour estre engendrez & nez auec elle, & n'auoir iamais iouy d'vn meilleur temperament, nous ne la ressentions pas: Mais si nous prenons garde aux actions deprauées de nos facultez, & aux chagrins qui nous suruiennent à chaque momēt (sans sçauoir d'où, ny pourquoy,) nous reconnoistrons aysément qu'il n'y a point d'homme qui se puisse dire en verité exempt de douleur & de maladie.

Tous les Medecins sont d'accord que la parfaicte santé de l'homme consiste en vne certaine moderatiō des quatre qualitez premieres; de façon que la chaleur ne surpasse point la froideur, ny l'humidité, la seicheresse; de laquelle moderation quand l'homme vient à decliner, il est impossible qu'il agisse aussi parfaictement qu'il auoit accoustumé: & la raison en est claire, parce que si dans vn temperament parfait, l'homme agit parfaitement, il est necessaire que dans vn

AV LECTEVR.

mauuais temperament, qui est son contraire, ses facultez soient blessées, & ses actions aucunement defectueuses. Or est-il que pour conseruer cette parfaite santé, il faudroit que les Cieux versassent tousiours les mesmes qualitez; qu'il n'y eust ny Hyuer, ny Esté, ny Automne; que l'homme ne roulast pas par le cours de tant d'années, & que les mouuemens du corps & de l'ame fussent tousjours égaux & vniformes; que le veiller, & le dormir, le manger & le boire, fussent temperez, & ne tendissent qu'à maintenir ce bon temperament; ce qui est vne chose impossible, tant à l'art de Medecine, qu'à la Nature.

Dieu seul a pû faire cecy en la personne d'Adam, le mettant dans le Paradis terrestre, & luy donnant à manger du fruit de vie, qui auoit cette proprieté de conseruer l'homme au point de parfaite santé, auquel il auoit esté creé. Mais les autres hommes viuant comme ils font, en des regions mal temperées, & subjectes à tant de changemens d'air, à l'Hyuer, à l'Esté, à l'Automne, & pas-

PREFACE

sant par tant d'âges diuers, dont chacun a son temperament particulier, & mangeant tantost des viandes froides, & tantost de chaudes; il faut de necessité qu'ils se treuuent intemperez, & qu'ils perdent d'heure en heure cette bonne harmonie des quatre qualitez premieres. Ce que nous voyons clairement, en ce que de tous les hommes qui naissent, les vns s'engendrent pituiteux, les autres, sanguins, les autres, bilieux, & les autres, melancholiques, & pas vn n'est temperé, si ce n'est par merueille; & s'il y en a quelqu'vn, son bon temperament ne luy dure pas vn moment sans s'alterer & se changer.

Galien reprend ces Medecins là, disant qu'ils parlent trop à la rigueur, parce que la santé des hommes ne consiste pas en vn point indiuisible: mais qu'elle a quelque estenduë & largeur, & que les premieres qualitez peuuent vn peu déchoir du parfait temperament, sans que pour cela nous tombions malades. Les flegmatiques en sont visiblement esloignez, à cause de leur trop grande froideur

AV LECTEVR.

deur & humidité; les bilieux, à raison de leur chaleur & secheresse excessiues, & les melancholiques, à cause de leur froideur & secheresse demesurées; & tous ne laissent pas neantmoins de viure en santé & sans douleur ny maladie. Et bien qu'il soit vray qu'ils n'agissent pas si parfaitement que ceux qui sont temperés; ils subsistent pourtant sans aucune notable incommodité, & sans auoir besoin du secours de la Medecine. C'est pourquoy la Medecine mesme les conserue en leurs dispositions naturelles, encore que Galien die que ce soiët des intemperies vicieuses, & qu'on les doiue traiter comme maladies, appliquant à chacune les qualitez qui luy sont contraires, pour les ramener s'il est possible à cette parfaite santé, où il n'y a ny douleur ny infirmité quelconque. De cecy nous est vne preuue euidente, de voir que iamais la Nature auec ses instigatiõs & appetits, n'essaye de cõseruer celuy qui est mal tëperé, par les choses qui ont du rapport auec luy, mais veut tousiours vser pour cet effect, de celles qui

PREFACE

luy sont contraires, comme s'il estoit malade: ainsi nous voyons que l'homme bilieux a l'Esté en horreur, & se resiouyt de l'Hyuer ; que le vin l'enflame, & que l'eau le rend plus doux & plus traitable ; qui est ce qu'a dit Hippocrate, *que le bië & le repos d'vne nature chaude, c'est de boire de l'eau & de se rafraichir*. Mais pour le point où ie veux venir, il n'est pas necessaire de dire que ces intëperies soient des maladies, comme ont soustenu ces Medecins anciens, ou des santés imparparfaites, ainsi que confesse Galien; dautant que de l'vne & de l'autre opinion se tire euidemment ce que ie pretends prouuer, qu'à cause du mauuais temperament des hommes, & pour n'estre pas dans l'innocence & l'integrité de leur composition naturelle, ils sont enclins à des gousts & appetits tout differens; non seulement en ce qui touche la faculté irascible & la concupiscible ; mais de plus aux choses qui regardent la partie raisonnable. Ce que l'on remarquera facilement, si l'on veut parcourir toutes les puissances qui gouuernent l'homme

AV LECTEVR.

mal temperé. Celuy qui est bilieux, en suiuant les facultez naturelles, desire des aliments froids & humides, & celuy qui est phlegmatique, en demande de chauds & de secs. Celuy qui est bilieux, en suiuant la vertu generatiue, s'occupe à la recherche des femmes, & le flegmatique les a en horreur. Celuy qui est bilieux, suiuant la faculté irascible, ne respire que les honneurs, n'aspire qu'aux grandeurs & à la vaine gloire, à commander & à trancher du superieur & du maistre ; & le flegmatique fait plus de cas de dormir tout son saoul, que de toutes les puissances du monde ; & ce qui sert autant à reconnoistre les differentes inclinations des hommes ; c'est de considerer la diuersité qu'il y a entre les mesmes personnes, coleriques, flegmatiques, sanguines, ou melancoliques, à cause des grandes differences de colere, de flegme, de sang, & de melancolie ; & afin qu'on entende plus clairement que la varieté des intemperies & des maladies des hommes, est toute la cause de la diuersité de leurs iugemens

PREFACE

(quant à ce qui regarde la partie raisonnable) il sera bon de mettre icy vn exéple dans les puissances de dehors; parce que la mesme chose que nous trouuerõs d'elles, nous la pourrons conclure des autres.

Tous les Philosophes naturels demeurent d'accord, que les facultez auec lesquelles s'exerce vn acte de connoissance, doiuent estre nettes & vuides des qualitez de l'obiet qu'il leur faut connoistre, pour ne pas faire des iugemens diuers & entierement faux. Mettons donc par exemple, quatre hommes malades en la composition de la puissance visiue, & qu'en l'vn, vne goutte de sang s'imbibe dans l'humeur crystallin, dans l'autre, vne goutte de bile, dans le troisiesme, vne de pituite, & dans le quattiesme, vne de melancolie. Si ceux-cy ne sçachant rien de leur infirmité, nous leur presentons deuant les yeux, vn morceau de drap bleu, pour les faire iuges de sa veritable couleur; il est certain que le premier dira qu'il est rouge, le second, qu'il est iaune, le troisiesme, qu'il est

AV LECTEVR.

blanc, & le quatriefme, qu'il eſt noir, & que chacun d'eux ne feindra point d'en iurer & ſe mocquera de ſon compagnon, comme d'vne perſonne qui ſe laiſſe tromper en vne choſe ſi claire ; & ſi nous faiſions paſſer ces quatre gouttes d'humeur iuſqu'à la langue, & donnions à ces quatre perſonnes vn verre d'eau à boire ; l'vn diroit qu'elle eſt douce, l'autre, qu'elle eſt amere, le troiſieſme, qu'elle eſt ſalée, & le dernier, qu'elle eſt aigre. Vous voyez donc icy quatre differens iugemens en deux puiſſances, à cauſe que chacune a ſon infirmité, & comme pas vne ne rencontre la verité. La meſme raiſon & proportion eſt gardée par les puiſſances internes à l'endroit de leurs obiets ; & qu'ainſi ne ſoit, faiſons remonter ces quatre humeurs en plus grande abondance, iuſques dans le cerueau, de façon qu'elles y faſſent vne inflammation, & nous verrons mille ſortes de folies & d'extrauagances : d'où vient qu'on a dit, que *Chacun a ſa folie, où il s'obſtine* Ceux qui ne ſont pas incommodez de cét excez nuiſible, ſem-

õ iij

PREFACE

blent estre d'vn iugement fort sain, & dire & faire des choses fort raisonnables: mais en effet ils extrauaguent, encore qu'on ne le remarque pas, à cause de la douceur & de la moderation auec laquelle ils s'y portent.

Les medecins n'ont point de meilleur signe pour connoistre si vn hôme est sain ou malade, que de considerer ses actions; car si elles sont bonnes & saines, il est en santé, & si elles sont mauuaises & deprauées, c'est vn indice infaillible de sa maladie. C'est sur cette raison que ce grand Philosophe Democrite se fonda, quand il prouua à Hippocrate, que l'homme depuis le iour de sa naissance, iusqu'à celuy de sa mort, n'estoit autre chose qu'vne maladie côtinuelle, en ce qui regarde les actions de la raison. *Tout l'homme*, ce dit-il, *depuis sa naissance, n'est que maladie ; quand on l'esleue, il est inutile & implore le secours d'autruy ; quand il commence à croistre, il deuient insolent, & a besoin de correction & de maistre ; quand il est en sa force, il se rend temeraire; quand il panche vers la vieillesse, il se*

AV LECTEVR.

void miserable, ne fait plus que ramenteuoir & vanter ses trauaux passez : enfin il sort auec toutes ces belles qualitez, des ordures du ventre de sa mere : Lesquelles paroles furent admirées par Hippocrate, qui les trouuât tres-veritables, s'en laissa persuader, & les raconta à son amy Damagete. Et l'estant retourné voir, comme vn qui prenoit goust aux traicts d'vne si haute sagesse, il dit qu'il luy demanda pourquoy il rioit sans cesse, voyant qu'il se mocquoit de tous les hommes du monde. A quoy il luy respondit ce qui suit ; *Ne vois-tu pas que tout le monde est dans les resueries de quelque fievre chaude ? Les vns achetent & nourrissent des meutes de chiens qui les mãgent ; les autres, des cheuaux, assez pour en faire maquignonage ; ceux-cy veulent commander à vne multitude de gens, & ne sçauroient seulement se commander eux-mesmes ; ils prennent des femmes pour les chasser incõtinẽt aprés, ils brûlent d'amour, & puis sont irreconciliables dans leurs haines ; ils meurent d'enuie d'auoir des enfans,*

õ. iiij

PREFACE

& quand ces enfans font grands, ils les iettent hors du logis. Tous ces foins & affectiõs inutiles & paſſageres, que font-ce autre choſe que des marques de leur folie? Ils ne s'arreſtent pas encore là ; car comme s'ils n'auoient point de plus grand ennemy que le repos, ils ſe font la guerre les vns aux autres, ils depoſent des Roys, & en mettent d'autres en leur place, ils tiennent à gloire de s'entretuer, ou bien tournant leur fer contre le ſein de leur propre mere, vont cherchant auec crime dans les entrailles de la terre, ce qui ſert de matiere à leurs crimes ; & continua de cette ſorte tout au long, racontant les diuerſes fantaiſies des hommes, & les eſtranges choſes qu'ils font & qu'ils diſent, à cauſe qu'ils ſont tous malades ; & pour concluſion, il luy dit, *Que ce monde n'eſtoit à propremẽt parler, qu'vne maiſon de foux, dont la vie eſtoit vne agreable comedie, pour ſe faire rire les vns les autres*, & que c'eſtoit là le ſubiet qui le faiſoit tant rire. Ce qu'Hippocrate ayant ouy, il s'écria, & dit à ceux d'Abdere, *Democrite n'eſt point vn inſenſé, mais le plus ſage des hõmes*, &

AV LECTEVR.

qui nous peut tous rēdre plus sages. Si nous estions tous temperez, & si nous viuions en des regions temperées, & vsions de viandes temperées; nous aurions tous, encore que non pas tousiours, mais au moins la plus part du temps les mesmes conceptions, les mesmes appetits, & les mesmes fantaisies ; & si quelqu'vn se mettoit à raisonner & à juger de quelque difficulté, tous presque au mesme instant luy donneroient leur suffrage: Mais viuant cōme nous viuōs en des regions mal tēperées, & en de tels déreglemens, pour ce qui est du boire & du manger; auec tant de passiōs & de soins, & assuiettis à de si grands changemens & alterations de l'air, & du Ciel; il est impossible que nous ne soyons malades, ou du moins mal tēperez: & cōme nous ne sommes pas tous malades d'vne sorte de maladie ; aussi pour l'ordinaire ne suiuons-nous pas tous vne mesme opinion, ny n'auons pas tous vne mesme fantaisie, mais chacun la sienne, selon sa mauuaise temperature.

Auec cette philosophie s'accorde

PREFACE

fort bien la parabole de saint Luc, qui dit, *Qu'vn homme descendit de Ierusalem en Ierico, & fit rencontre de voleurs qui le despoüillerent, & le laisserent demy mort après l'auoir couuert de playes*: laquelle quelques Docteurs expliquent, disant, que cét homme ainsi couuert de playes, represente la nature humaine aprés le peché, parce que Dieu l'auoit creée tres-accomplie, & dans la composition & le temperament qui naturellement estoiét deus à son espece, & luy auoit fait plusieurs graces surnaturelles pour sa plus grande perfection : entr'autres il luy donna la justice originelle, auec laquelle l'homme obtint toute la santé, & la bōne harmonie de temperament qu'il pouuoir souhaiter. Ainsi saint Augustin l'appelle, *la santé de nature*, parce que c'estoit d'elle que resultoit cét excellent accord de l'homme, qui assubiettissoit la partie inferieure, à la superieure, & la superieure à Dieu toutes lesquelles graces il perdit au mesme instant qu'il pecha; & non seulement il se vit despoüillé de cés dons de grace; mais en ceux

AV LECTEVR.

mesme de la Nature, il demeura comme mutilé. Qu'ainsi ne soit, considerons vn peu ses descendans, en quel estat ils sont, & quelles actions ils font; & nous reconnoistrons aisément qu'elles ne peuuent prouenir que d'hommes blessez & malades. Pour le moins, quant à ce qui est du franc arbitre, est-ce vne chose arrestée & certaine, que depuis le peché, il est demeuré comme demy-mort, & dépourueu des forces qu'il auoit auparauant, parce qu'au mesme instant qu'Adam pecha, il fut jetté hors du Paradis terrestre, qui estoit vn lieu fort temperé, & fut priué du fruict de l'arbre de vie, & des autres moyens qu'il auoit pour conseruer sa bonne composition. La vie qu'il commença depuis à mener, fut extrémement penible ; il couchoit sur la terre, estoit exposé au froid, au chaud, & au serain; le païs où il demeuroit, estoit intemperé, ses viandes & son breuuage, contraires à sa santé. Marcher nuds pieds, & mal vestu ; suer & trauailler pour prolonger & gagner sa vie; n'auoir ny maison ny couuert ; courir de

PREFACE

pays en pays, principalement vn homme comme luy, qui auoit esté nourry dans de si grandes delices; sans doute que tout cela le deuoit bien tost rendre malade, & mal temperé: ainsi ne luy resta-t'il pas vn organe en son corps, qui ne fust en cét estat, & qui pust agir auec la douceur & facilité accoûtumée. Estāt d'vne si mauuaise temperature, il vit sa femme, & fit Caïn, enfant d'vn esprit si peruers & si malicieux, superbe, rude, sans honte, enuieux, impie, & de mœurs toutes corrompuës: & par là commença de communiquer à sa race ce dangereux desordre, & cét estat de santé si ruïnee; parce que la maladie qu'ont les peres au temps de la generation, les Medecins tiennent que les enfans l'ont aprés qu'ils sont nais.

Mais il s'offre vne grande difficulté en cette doctrine, qui ne demande pas vne legere solution, qui est telle: Suposé qu'il soit vray que tous les hommes sont malades & mal temperez, comme nous l'auons prouué, & que de châque mauuaise temperature naisse vne opi-

AV LECTEVR.

nion particuliere, quel moyen aurons-nous pour connoistre qui dira la verité, de tant de personnes qui jugent? Car si ces quatre hommes dont nous auons parlé cy deuant, ont tous failly au jugement qu'ils ont fait de ce morceau de drap bleu qu'ils ont veu, pour auoir chacun son incommodité à la veuë: la mesme chose ne pourra-t'elle pas arriuer dans les autres, si chacun d'eux a son intemperie particuliere au cerueau? & de cette sorte, la verité demeurera cachée, sans que personne la puisse trouuer, à cause que tous sont malades, & mal temperez.

A cecy ie responds, que la science de l'homme est incertaine & douteuse, pour la raison que nous auons dite: mais outre cecy, il faut remarquer, que iamais aucune maladie ne suruient à l'homme, qu'en affoiblissant vne puissance, elle ne fortifie par la mesme raison, celle qui luy est contraire, ou si vous aymez mieux, celle qui demande vn temperament cõtraire: par exemple, si le cerueau estant bien temperé, venoit à perdre sa bonne

PREFACE

temperature par l'excez de l'humidité, c'est chose asseurée que la memoire en deuiendroit plus excellente, & l'entendement, moindre, comme nous prouuerons cy aprés; & s'il perdoit cette bonne temperature par trop de secheresse, l'entendement s'en augmenteroit, & la memoire diminuëroit: de sorte qu'en ce qui seroit des actions qui appartiennent à l'entendement, vn homme qui auroit le cerueau sec, y excelleroit beaucoup plus, qu'vn autre qui l'auroit sain & fort temperé: & aux actions de memoire, vn homme mal temperé, à cause de sa trop grande humidité, y excelleroit beaucoup plus, que l'homme le mieux temperé du monde; parce que selon l'opinion des Medecins, ceux qui sont mal temperez, surpassent en beaucoup d'actions, les mieux temperez. A raison dequoy Platon a dit, que c'est vn miracle de trouuer vn homme d'esprit excellent, qui n'ait quelque manie (qui est vne intemperie chaude & seche du cerueau) de sorte qu'il y a vne intemperie & maladie determinée à certain genre de

AV LECTEVR.

science, & qui est du tout contraire aux autres. Ainsi est-il besoin que l'homme sçache quelle est son infirmité & son intemperie, & à quelle science elle respond en particulier (ce qui est le subiet de ce liure) parce que dans cette science il trouuera la verité, & dans les autres, il ne fera que des iugemens extrauagans.

Les hommes temperez, comme nous prouuerons cy apres, ont vne capacité pour toutes les sciences, en vn degré de mediocrité, sans qu'ils y excellent iamais: mais ceux qui sont intemperez ne sont propres qu'à vne seule, laquelle s'ils viennent à rencontrer, & qu'ils y estudient auec soin & diligence, ils se doiuent asseurer d'y faire des merueilles; & s'ils manquent de la choisir, & de s'y appliquer, ils ne sçauront que fort peu de choses dans les autres sciences. Ce qui nous est confirmé par cecy, que dans les Histoires, on void que chaque science a esté inuentée en la region mal temperée qu'il faloit pour la trouuer.

Si Adam & tous ses descendans eus-

PREFACE

sent vescu dans le Paradis terrestre, ils n'eussent point eu besoin d'aucun art mechanique, ny d'aucune des sciences qu'on enseigne maintenāt aux Escoles; & iusques icy elles n'auroient esté ny inuentées ny pratiquées; parce que comme ils eussent marché nuds pieds & sans habits, il n'eust point falu de Cordonniers, ny de Tailleurs, ny de Tisserans, non plus que de Charpentiers ny de Maçons, dautant qu'il n'eut point pleu dans le Paradis terrestre; ny il n'y eut point eu d'air trop froid, ou trop chaud, dont on eust deu se preseruer. Il n'y eut point eu non plus de Theologie scholastique, ny de positiue; ou du moins n'eussent-elles pas esté si amples que nous les auons maintenant; parce qu'Adam n'ayant point peché, Iesus-Christ ne fust point né, de l'incarnation, de la mort & de la vie duquel, du peché originel, & du remede qu'il y a falu apporter, est composée cette science. Il y eut encore eu moins du Iurisprudence; parce que les loix ny le Droit ne sont point necessaires pour le Iuste; toutes les choses eussent

AV LECTEVR.

sent esté en commun ; il n'y eut eu ny mien ny tien, qui sont le subiet des procés & des discordes. La Medecine eut esté pareillement superfluë ; dautant que l'homme eut esté immortel & exept de la corruption & des alterations qui causent les maladies;tous eussent mangé du fruit de l'arbre de vie, qui auoit cette proprieté de reparer tousiours en mieux nostre humeur radicale.

Adam n'eut pas peché, qu'aussi-tost tous ces arts & toutes ces sciences commencerent à s'exercer, comme necessaires pour subuenir à sa misere. La premiere science qui parut dans le paradis terrestre, ce fut la Iurisprudence: au moyen dequoy se forma vn procés auec le mesme ordre de Iustice qu'on obserue à present, en citant la partie & luy proposant le fait dont on l'accuse, l'accusé respondant, & le Iuge prononçant l'arrest & condamnation.

La seconde, fut la Theologie, parce que lors que Dieu dit au serpent, *& elle brisera ta teste*, Adam entendit, comme il estoit vn homme qui auoit l'entende-

PREFACE

ment plein de sciences infuses, que pour remedier à sa faute, le Verbe diuin deuoit prendre chair au ventre d'vne Vierge, qui par son heureux enfantement mettroit sous ses pieds le Diable auec tout son Empire: dans laquelle foy & croyance il se sauua.

Apres la Theologie, vint aussi-tost l'art militaire; parce que dans le chemin par où Adam alloit manger du fruict de vie, Dieu establit vne garnison & vn Fort où il mit en garde vn Cherubin armé, pour luy boucher le passage.

Apres l'art militaire, vint aussi la Medecine, parce qu'Adam se rendit mortel & corruptible par le peché, & subiect à vn nombre infiny d'infirmitez & de douleurs.

Tous ces arts & sciences furent là exercez premierement, & depuis ont acquis leur perfection & se sont accreus, chacun en la region mal temperée qui luy estoit la plus conuenable, par le moyen des hommes d'esprit & d'habileté propre à les inuenter.

Ainsi ie conclus, Curieux Lecteur,

AV LECTEVR.

confeſſant ingenuëment que ie ſuis malade & intemperé, & que tu le pourras bien eſtre auſſi, parce que tu es né comme moy, en vne region mal temperée, & qu'il nous pourra bien arriuer le meſme qu'à ces quatre hommes, qui voyant vn morceau de drap bleu, iurent, l'vn, qu'il eſt rouge, l'autre, qu'il eſt blanc, l'autre, qu'il eſt iaune, & l'autre, qu'il eſt noir, & pas vn d'eux ne dit la verité, parce que chacun a vne maladie particuliere à la veuë.

TABLE DES CHAPITRES.

Chapitre I. *Où il est declaré ce que c'est qu'esprit, & combien il s'en trouue de differences parmy les hommes.* fol. 1.

Chap. II. *Où se declarent les differences qu'il y a d'hommes inhabiles pour les sciences.* fol. 29

Chap. III. *Où il est prouué par exemple, que si l'enfant n'a pas l'esprit & la disposition que demande la science qu'il veut apprendre, c'est en vain qu'il escoute de bons Maistres, qu'il a beaucoup de liures, & qu'il trauaille toute sa vie.* fol. 41.

Chap. IIII. *Où il se monstre que c'est la Nature qui rend l'homme propre aux*

TABLE.

sciences. fol.63

Chap. V. Où se declare le grand pouuoir qu'a le temperament de rendre l'hõme prudent, & de bonnes mœurs. f.85

Chap. VI. Où il se monstre quelle partie du corps doit estre bien temperée, afin que l'enfant soit de bon esprit. f.123

Chap. VII. Où il se monstre que l'ame vegetatiue, la sensitiue, & la raisonnable, sont sçauantes sans estre enseignees de personne, quand elles rencontrent le temperament qui conuient à leurs actions. f.145

Chap. VIII. Où il se prouue que de ces trois qualitez seules, la chaleur, l'humidité, & la secheresse, prouiennent toutes les differences d'esprit qui se trouuent parmy les hommes. f.180

Chap. IX. Où sont rapportez quelques doutes & arguments qu'on peut faire contre la doctrine du precedent Chapitre, auec les responses. f.218

Chap. X. Où il est monstré qu'encore que l'ame raisonnable ait besoin du temperament des quatre premieres qualitez,

TABLE.

tant pour demeurer au corps, que pour discourir & raisonner, il ne s'ensuit pas pour cela qu'elle soit corruptible & mortelle. f.265

Chap. XI. Où l'on donne à chaque difference d'esprit la science qui luy conuient plus particulierement, en luy ostant celle qui luy repugne, & qui luy est contraire. f.290

Chap. XII. Où il est prouué que l'eloquence & la politesse du langage, ne se peuuent rencontrer dans les hommes de grand entendement. f.324

Chap. XIII. Où il est prouué que la Theorie de la Theologie, appartient à l'entendement, & la Predication, qui en est la pratique, à l'imagination. f.337.

Chap. XIIII. Où il est prouué que la Theorie des Loix, appartient à la memoire: Plaider des causes & les Iuger, (qui en est la pratique) à l'entendement: & la science de gouuerner vne Republique, à l'imagination. f.382

Chap. XV. Où il se prouue que la Theorie de la Medecine appartient en partie à la memoire, & en partie à l'entende-

TABLE.

ment; & la pratique, à l'imagination. f.436

Chap. XVI. Où il se declare à quelle difference d'habileté appartient l'art militaire, & par quels signes se doit connoistre celuy qui aura l'esprit propre à cette profession. f.448

Chap. XVII. Où il se monstre à quelle difference d'habileté appartient la charge de Roy; & quelles marques doit auoir celuy qui y sera propre. f.564

Chap. XVIII. Où se rapporte de quelles diligences doiuent vser les Peres pour engendrer des enfans sages, & pourueus de l'esprit que demandent les sciences. f.610.

Article I. Par quelles marques on connoist les degrez de chaleur & de sechereße de chaque homme. f.639

Article II. Quels hommes & quelles femmes se doiuent marier ensemble, pour auoir des enfans. f.647

Article III. Quelles diligences il faut apporter pour engendrer des garçons, & non des filles. f.655

Article IIII. Quelles diligences on doit

TABLE.

apporter pour faire que les enfans naiſſent ingenieux & ſages. f.681

Article V. Quels ſoins on doit apporter
afin de conſeruer l'eſprit des enfans,
depuis qu'ils ſeront formez & nais.
f.796

L'EXAMEN DES ESPRITS
pour les Sciences.

CHAPITRE I.

Où il est declaré ce que c'est qu'esprit, & combien il s'en trouue de differences parmy les hommes.

'Est vn precepte de Platon, que doiuent suiure tous ceux qui escriuent & qui enseignent, de commencer la doctrine par la definition de la chose qu'on traite, &

A

dont on veut faire entendre la nature, la difference, & les proprietez. Cela donne vn auant gouſt à celuy qui apprend, & fait que celuy qui eſcrit ne s'eſpanche pas en des queſtions inutiles, en abandonnant celles qui ſont neceſſaires pour l'accompliſſement de l'œuure: Et la raiſon de cecy eſt, que la definition doit eſtre ſi bien appropriée & renferme tant de choſes, qu'à peine ſe peut-il rien trouuer, ny de ce qu'il faut mediter dans la ſcience, ny de la methode qu'il y faut garder, qui n'y ſoit touché & marqué: C'eſt pourquoy il eſt cettain qu'on ne ſçauroit marcher auec ordre en aucun genre de ſciences, ſi l'on ne commence par là ; Puiſque donc l'eſprit & l'habileté des hommes, eſt le ſuiet entier de ce liure, il ſera bon d'entendre premierement ſa definition, & ce qu'elle cóprend eſſentiellement, parce que quand nous l'aurons bien entendu, nous aurons auſſi trouué le vray moyen d'enſeigner cette nouuelle doctrine: Et dautant que le nom, comme dit Platon, *eſt comme l'inſtrument auec lequel on en-*

seigne & discerne les substances des choses : Il faut sçauoir que ce mot *Ingenio* en Espagnol, & *Ingenium*, qui signifie esprit, descend de l'vn de ces trois verbes Latins *Gigno*, *Ingigno*, *Ingenero*, qui veulent dire engendrer : & il semble qu'il vienne plustost de ce dernier, attendu la quantité de lettres & de syllabes que nous voyons qu'il en emprunte, & ce que nous dirons cy apres de sa signification.

La raison sur laquelle se fonderent ceux qui inuenterent ce nom les premiers, ne deuoit pas estre legere, parce que de sçauoir trouuer les noms auec la bonne consonance que demandent les choses qu'on a depuis peu découuertes, Platon dit que cela n'appartient qu'aux hommes heroïques & qui ont de hautes meditations, comme il se void en l'inuention de ce nom *Ingenio* : car pour le trouuer, il a esté besoin d'vne speculation fort subtile & pleine de Philosophie naturelle, par laquelle on découurit qu'il y auoit dans l'homme deux puissances generatiues; l'vne, communé auec les beſtes & les plantes ; & l'autre qui participe auec les ſubſtances ſpirituelles, Dieu & les Anges. Nous n'auons que faire de parler de la premiere, qui eſt aſſez connuë. Quant à la ſeconde, il y a plus de difficulté ; dautant que ſes enfantemens & ſa façon d'engendrer ne ſont pas ſi manifeſtes à tout le monde : Neantmoins pour parler auec les Philoſophes naturels, c'eſt vne choſe claire que l'entendement eſt vne puiſſance generatiue, & qui, s'il faut ainſi dire, deuient groſſe & enfante, qu'elle a dis-ie des enfans, & de plus comme dit Platon, vne Sage-femme qui l'aide à enfanter : Car tout de meſme qu'en la generation qui ſe fait de la premiere ſorte, l'animal ou la plante donnent vn eſtre reel & ſubſtantiel à ce qu'ils produiſent & qu'il n'auoit pas deuant la generation, ainſi l'entendement a vne vertu & des forces naturelles pour produire & enfanter dans ſoy vn fils que les Philoſophes naturels appellent notion, ou ce qui a eſté conceu qui eſt *la parole de l'eſprit.* Et non ſeulement les

Philosophes naturels en parlent de cette sorte, & tiennent que l'entendement est vne puissance generatiue, & nomment son fils, ce qu'elle produit: mais la Saincte Escriture mesme parlant de la generation du Verbe Eternel, se sert des mesmes termes de Pere & de Fils, d'engendrer & d'enfanter. *Il n'y auoit point encore d'abysmes que i'estois desia conceuë, & i'estois enfantée deuant qu'aucun coustau parust sur la terre.* Ainsi est-il certain que le Verbe diuin a sa generation éternelle de la fecondité de l'entendement du Pere. *Mon cœur, c'est à dire ma pensée a produit vn bon Verbe:* & non seulement le Verbe diuin, mais encore toutes les choses visibles & inuisibles que l'vniuers comprend ont esté produites par cette mesme puissance. De façon que les Philosophes naturels considerant la grande fecondité de l'entendement de Dieu, l'ont appellé *Genie*, qui veut dire par excellence, *l'Engendreur.*

L'ame raisonable, & les autres substãces spirituelles, quoy qu'elles puissent s'appeller aussi *Genies* pour estre fecondes à produire des pensées qui regardent la science & la sagesse, n'ont pas toutesfois vn entendement qui ait assez de vertu & de force dans ses generations, pour donner à ce qu'il engendre vn estre reel & qui subsiste hors de soy, comme il arriue dans les generations des choses que Dieu a faites : toute leur fecondité aboutit à produire dans la memoire vn accident, qui le mieux qu'il puisse estre produit, n'est enfin qu'vne figure & vne image de ce que nous voulons sçauoir & entendre ; Bien loin de ce qui se fait dans la generation ineffable du Verbe diuin, où celuy qui est engendré sort *d'vne mesme substance que le Pere*, comme les autres choses que Dieu a produites, luy ont respondu au dehors par l'estre reel & substantiel, que nous leur voyons maintenant ; mais pour les generations que l'homme fait par son entendemét, si elles sont des choses qui appartiennent à l'art, elles ne reçoiuét pas incōtinent l'estre qu'elles doiuent auoir; tant s'en faut pour tirer la parfaite idée

des Esprits.

auec laquelle on les doit former, il est necessaire de faire auparauant mille traits en l'air, de bastir force modeles, & à la fin mettre la main à l'œuure pour leur donner l'estre qu'il leur faut, & non-obstant tout cela, elles ne laissent pas d'estre la plufpart du temps defectueuses. La mesme chose arriue aux autres generations que l'homme fait pour entendre les choses naturelles, & ce que c'est de leur estre, là où l'image que l'entendement conçoit d'elles, par merueille a du rapport dés la premiere meditation auec la chose viuante, & pour tirer vne copie qui reuienne bien à l'original, il est besoin d'assembler vn nombre infiny d'esprits qui trauailleront long-temps, & apres tout ne conceuront & ne produiront que mille extrauagances.

Cette doctrine donc estant supposée, il faut maintenant sçauoir que les arts & les sciences qu'estudient les hommes, ne sont que des images & des figures que les esprits ont engendrées dans leur memoire, lesquelles representent au

A iiij

vif la posture & la composition naturelle du suiet que regarde la science que l'homme veut apprendre ; comme par exemple, la Medecine n'a rien esté autre chose dans l'entendement d'Hippocrate & de Galien, qu'vne peinture qui rapportoit naïuement la veritable composition de l'homme auec les causes de ses maladies & de sa guerison. La Iurisprudence est vne autre figure qui represente la forme de Iustice qui conserue la police humaine, & qui fait viure les hommes en paix & en concorde. Par où il est aisé de voir, que si le Disciple qui entend la doctrine d'vn bon Maistre, ne peut peindre en sa memoire vne autre image semblable & aussi iuste que celle qu'on met deuant ses yeux en parlant, on ne doit point douter que ce ne soit vn esprit sterile, & qui ne peut conceuoir ny enfanter que des extrauagances & des monstres. Et cecy suffise quant à ce mot de *Ingenio*, lequel descend de ce verbe *Ingenero*, qui vaut autant que dire engendrer dedans soy vne figure entiere & veritable, qui represente au vif la nature du suiet, alentour duquel s'occupe la science qu'on apprend.

Ciceron definit l'esprit de cette sorte; *Docilité & memoire qu'on appelle d'ordinaire de ce mesme nom d'esprit;* où il a suiuy l'opinion du vulgaire, qui se contente que ses enfans soient disciplinables, pour estre aisement enseignez d'autruy, & doüez d'vne memoire qui retienne & conserue les figures que l'entendement a conceuës : à raison dequoy Aristote a dit, que l'oreille & la memoire se doiuent ioindre pour faire quelque profit dans les sciences. Mais pour dire le vray, cette definition est trop courte, & ne comprend pas toutes les differences d'esprit qu'il y a, dautant que ce mot *Docilité*, embrasse seulement les esprits qui ont besoin de Maistre, & en laisse beaucoup d'autres, de qui toutesfois la fecondité est telle, qu'aydez du seul obiet & sans secours de personne, ils produisent mille conceptions dont on n'ouyt iamais parler ; tels que furent ceux qui les premiers trouuerent les Arts. D'ailleurs Ciceron met la memoire au rang de l'esprit, de laquelle pourtant Galien a dit, qu'elle n'auoit aucune sorte d'inuention, qui est comme dire qu'elle ne sçauroit rien engendrer de soy: tant s'en faut Aristote nous apprend qu'alors qu'elle est en vn souuerain degré, elle empesche que l'entendement ne soit fecond, & ne puisse conceuoir ny enfanter: seulement sert-elle à garder & conseruer les figures & les especes de ce que les autres puissances ont conceu, comme on void aux sçauants d'excellente memoire, qui ne disent & n'escriuent que les choses dont tout autre qu'eux est l'Autheur.

Il est vray que si nous considerons bien cette particule *Docilité*, nous trouuerons que Ciceron a bien rencontré, parce qu'Aristote dit que la prudence, la sagesse & la verité des sciences sont semées dans les choses naturelles, & qu'on les y doit chercher comme en leur propre original. Le Philosophe naturel, qui croit qu'vne proposition soit vraye dautant qu'Aristote l'a dite, sans vouloir s'informer dauantage, manque d'esprit, parce que la verité n'est pas dans la bouche de celuy qui affirme, mais dans la chose dont il est question, qui crie à haute voix & apprend à l'homme l'estre que la Nature luy á donné, & à quelle fin elle a esté créee, suiuāt cecy: *La Sagesse ne s'escrie-t'elle pas, & la Prudence ne fait-elle pas ouyr sa voix?* Celuy qui aura la docilité d'entendement, & l'oreille bonne pour entendre ce que la Nature dit & enseigne par ses œuures, profitera beaucoup dans la contemplation des choses naturelles, & n'aura que faire de Maistre qui luy monstre ce que les bestes brutes & les plantes publient: *Va paresseux apprendre ta leçon d'vne fourmy, considere son trauail, & deuient sage à son exemple: voy comme sans guide ny maistre elle fait durant l'esté sa prouision pour l'hyuer.* Platon n'a pas reconnu cette sorte de docilité, & ne s'est pas imaginé qu'il y eust d'autres maistres pour enseigner l'homme que ceux que nous voyons monter en chaire. C'est pourquoy il a dit: *La campagne & les arbres ne me sçauroient rien apprendre, mais seule-*

ment la conuersation des hommes qui sont à la ville. Salomon a mieux parlé ; car ne doutant point que ce second genre de Docilité ne se trouuast reellement, il le demanda à Dieu pour pouuoir gouuerner son peuple. *Vous donnerez donc, s'il vous plaist, ô mon Dieu, à vostre seruiteur vn cœur docile, afin qu'il puisse iuger vostre peuple, & discerner le bien d'auec le mal.* Par où il ne demande qu'vne clarté & lumiere d'entendement (encore qu'il obtint plus qu'il ne demandoit) afin que lors qu'on luy proposeroit des matieres douteuses qui regarderoient son gouuernement, il peust tirer de la nature de la chose le vray iugement qu'il en deuoit faire, sans l'aller chercher dans les liures : Comme on le vit clairement en l'arrest qu'il prononça sur le premier different qui s'offrit, de ces deux femmes; car ce fut sans doute la nature de la chose, qui luy apprit que celle-là estoit la vraye mere de l'enfant, qui ne pouuoit pas souffrir qu'on le diuisast par la moitié.

Ce mesme genre de Docilité, & de

clarté d'entendement fut donné par Iesus-Christ à ses Disciples pour entendre la saincte Escriture, apres que la rudesse naturelle & la mauuaise disposition de leur esprit eut esté leuée, suiuant ce qui est dit, *Il leur ouurit l'entendement pour l'intelligence des Escritures*: C'est pourquoy l'Eglise Catholique sçachant combien il importe d'auoir ce genre de Docilité pour entendre la Saincte Escriture, a deffendu que personne de petit esprit, non pas mesme de ceux qui sont auancez en aage, n'estudiast en Theologie: *Car nous obseruons tres inuiolablement vne loy, qui est de n'exercer en ces sortes de sciences que les ieunes gens, & non pas tous indifferemment, mais seulement ceux qui ont de l'esprit, & d'en bannir tous ceux qui sont sur l'aage, & dont l'entendement est lourd & pesant.*

Platon a dit la mesme chose parlant des esprits qui deuoient apprendre les sciences diuines; qu'à cause que les substances spirituelles sont si fort esloignées des sens & épurées de la matiere, pour elles, il falloit faire choix d'esprits clairs

& nets : c'est pourquoy il a dit : *Qu'il ne falloit pas seulement faire choix d'hommes genereux & qui donassent de la terreur aux ennemis, mais encore plus de ceux à qui la Nature auoit departy les dons que requierent les Sciences diuines, à sçauoir vne pointe & vne facilité d'esprit.* Et en passant il reprend Solon, d'auoir dit qu'en la vieillesse on deuoit apprendre ces sortes de sciences-là.

Ceux qui ont cette difference d'habileté, viuent sans beaucoup se trauailler dans les sciences qu'ils manient, parce que leur entendement n'a que faire que la memoire luy conserue les figures & les especes pour s'en seruir vne autrefois à raisonner, mais les mesmes choses naturelles les leur offrent toutes les fois qu'ils les veulent contempler : & quand les choses sont surnaturelles, ils n'ont que faire non plus pour les entendre d'especes ny de figures qui ayent passé par les sens : ce qui a fait dire à Platon : *Que des choses grandes il n'y auoit point d'especes qu'il falust dépoüiller de la matiere pour entrer dans les sens, car estant de leur* nature tres excellentes & tres-hautes, il n'y a que la raison qui les puisse bien comprendre : Aussi dit-il qu'il faut de plus grands esprits pour les sciences diuines que pour aucune autre, parce qu'en celles là on ne se sert point des sens: D'où il est certain que cét axiome si celebre d'Aristote, *qu'il n'y a rien dans l'entendement qui n'ait passé par le sens*, n'a point de lieu en ce second genre de Docilité, mais seulement au premier, où l'habileté ne s'estend pas plus auant qu'à apprendre & retenir en sa memoire ce que le Maistre dit & enseigne. D'où nous recueillons aussi clairement quel abus se commet de nostre temps en l'estude de la Theologie, puisque sans faire le choix que l'Eglise Catholique nous enioint, beaucoup de personnes que la Nature auoit fait naistre pour cultiuer & labourer la terre ne font point de difficulté de s'addonner à cette haute science.

A ces deux genres de Docilité dont nous auons parlé, respondent deux differences d'esprit : la premiere est celle dont Aristote a dit, *Celuy-là a l'esprit bon qui acquiesce & donne les mains à celuy qui dit la verité*, parce que l'homme qui ne demeure pas conuaincu par de bônes & fortes raisons, & qui ne peut former en sa memoire la bône figure qu'on luy propose, nous tesmoigne assez que son entendement est infertile. Il est vray qu'en cecy il y a vne chose fort à considerer, c'est que l'on void plusieurs disciples qui apprennent auec vne grande facilité tout ce que leur Maistre leur dit & enseigne, & le retiennent & gardent en leur memoire sans rien trouuer qui y contredise : ce qui peut arriuer pour deux raisons, ou parce que le Maistre est fort habile, & tel que la dépeint Aristore lors qu'il a dit, *Qu'il faut que l'homme sçauant sçache non seulement les choses qui viennent des principes, mais qu'il ait encore vne parfaite connoissance des principes.*

Les Disciples qui obeyront à vn tel Maistre, ont sans doute l'esprit tres-bon, & ils le monstrent encore mieux quand ils oyent la doctrine d'vn maistre qui les enseigne sans faire la liaison & le rapport

port de ses opinions & conclusions auec les principes sur lesquels elles se fondent.

Pour ne pas mener vn bon esprit par ce chemin qui est le plus court & le plus droit, mille difficultez s'offrent incontinent à luy tout à la fois, & mille argumens contraires, parce que ce qu'il entend d'vn tel maistre ne luy forme pas la bonne figure & correspondance que demandent les vrais principes de la doctrine : de sorte que son entendement demeure tousiours inquiet & trauaillé par la faute de celuy qui enseigne.

Il y a d'autres esprits rudes & grossiers, qui voyans que les plus habiles sont en grande estime pour les inconueniens, & pour les raisons contraires qu'ils opposent à leur maistre au sortir de la leçon, veulent à leur imitation l'importuner de mille impertinences, sans pouuoir esclaircir leurs doutes, & par ce moyen descouurent plustost leur insuffisance que s'ils se taisoient : c'est d'eux que Platon disoit qu'ils n'auoient pas l'esprit de refuter : mais celuy qui

B

l'a subtil & aigu ne se doit rapporter de rien à son maistre, ny receuoir pour bonne aucune chose qui luy semblera s'accorder mal auec sa doctrine.

D'autres se taisent & obeïssent à leur maistre sans luy contredire en aucune façon, parce que leur esprit ne s'apperçoit pas de la fausseté & du mauuais rapport de ce qu'on enseigne auec les principes qu'on a posez auparauant.

La seconde difference d'esprit a esté definie par Aristote, lors qu'il a dit: *Celuy-là a l'esprit tres-bon, qui entend toutes choses de soy mesme*: laquelle difference d'esprit a le mesme rapport auec ce qu'il faut sçauoir & entendre, que la veuë corporelle auec les figures & les couleurs, lors qu'elle est nette & subtile: Si tost que l'hôme ouure les yeux, il reconnoist ce que c'est de chaque chose, & ne manque point de dire le lieu où elle est, & quelle difference il y a entre les obiets, sans que personne l'en aduertisse; mais si la veuë est trouble & courte, les choses mesme les mieux éclairées & les plus découuertes, &

des Esprits. 19

u'elle a deuant foy, elle ne les peut aperceuoir fans le fecours d'vn tiers, qui es luy fait remarquer. Vn homme inenieux, lors qu'il contemple (ce qui eft uurir les yeux de l'entendement) comrend par le moindre difcours l'eftre des hofes naturelles, leurs differences, & eurs proprietez, & à quelle fin elles nt efté creées; mais s'il n'a point cette orte d'habileté, il faut de neceffité que e Maiftre s'employe pour luy auec foin, bien fouuent tout fon trauail & toute a diligence font inutiles.

Le peuple ne connoift point cette diference d'efprit, & ne croit pas qu'elle e puiffe trouuer ; & certes non fans rande apparence de raifon, dautant u'ainfi qu'a fort bien remarqué Ariftoc ; *Nul n'eft venu au monde tout inftruit, il n'y a point dans les hommes de fcience aturelle* : En effet nous voyons par exerience, que tous ceux qui ont eftudié ufques icy, ont eu befoin de quelqu'vn our les inftruire. Prodicus fut maiftre e Socrate, duquel l'Oracle d'Apollon dit qu'il eftoit le plus fage homme du

B ij

monde, & Socrate a enseigné Platon, dont l'esprit fut si grand, qu'il merita le surnom de Diuin. Platon fut maistre d'Aristote, duquel Ciceron a dit, *Aristote le plus excellent esprit qui fust iamais* : Or si cette difference d'esprit se deuoit trouuer en quelques vns, c'estoit sans doute dans ces illustres personnages: Puisque donc pas vn d'eux ne l'eut, c'est vn argument tres-clair que la Nature ne nous la peut pas faire auoir.

Adam luy seul, comme disent les Theologiens, nasquit tout enseigné & rempli de sciences infuses, & ce fut luy qui les communiqua à ses descendans: c'est pourquoy on tient pour certain qu'il ne se dit rien de nouueau, & qu'il n'y a point d'opinion en pas vn genre de science, qui n'ait esté desia soustenuë par quelque autre, suiuant cecy, *On ne dit rien qui n'ait esté dit auparauant.*

A cecy l'on respond qu'Aristote a defini vn esprit parfait tel qu'il deuoit estre, encore qu'il sceust bien qu'on n'en pouuoit trouuer de cette sorte, à la façon de Ciceron, qui nous a dépeint vn parfait Orateur, dont luy-mesme dit qu'il est impossible de le rencontrer; mais que l'homme seroit d'autant plus parfait Orateur qu'il approcheroit de plus prés de l'idée qu'il en traçoit. Il en est tout de mesme de cette difference d'esprit : car encore qu'elle ne se puisse trouuer si parfaite qu'Aristote se l'est figurée, il s'est veu pourtant plusieurs personnes qui en ont approché de fort prés, inuentans & disans des choses qu'ils n'auoient iamais oüyes de leurs maistres ny de qui que ce fust, & qui ont sceu discerner les choses fausses qu'on leur enseignoit & les refuter, & les vrayes qu'on leur monstroit, ils les eussent peu entendre d'eux-mesmes, estans paruenus à la force de leur habileté : Au moins ne sçauroit-on nier que Galien ne raconte de soy qu'il auoit cette difference d'esprit, lors qu'il dit : *I'ay descouuert de moy-mesme toutes ces choses, n'ayant pour guide que la lumiere seule de ma raison naturelle, veu que si i'eusse suiuy des Maistres, ie fusse tombé en mille erreurs :* Or si, comme la nature a donné à ces personnes-là vn esprit qui auoit son commencement, son accroissement, son estat de consistence, & puis sa decadence, elle leur eust donné tout parfait d'abord ; sans doute que ce que dit Aristote seroit arriué; mais parce qu'elle le donne auec toutes ces conditions, il ne faut pas s'estonner si Platon & Aristote ont eu besoin de quelqu'vn pour les instruire.

Il y a vne troisiesme difference d'esprit, qui n'est pas pourtant tout à fait diuerse de celle dont ie viens de parler, par le moyen de laquelle quelques vns disent sans art & sans estude, des choses si subtiles & si estranges, quoy que veritables, qu'on ne les vit iamais, iamais on ne les entendit, iamais on ne les escriuit, ny iamais elles ne tomberent dans la meditation de personne. Platon appelle cette sorte d'esprit, *vn esprit excellent meslé de fureur:* c'est elle qui fait dire aux Poëtes des choses si releuées, qu'il est impossible, comme dit le mesme Platon, de les conceuoir sans reuelation diuine. C'est pourquoy il a dit : *C'est vne chose qui se laisse aisément emporter qu'vn Poëte, dont* la personne est toute sacrée: il ne peut chanter qu'il ne soit plein du Dieu qui l'agite, le met hors de soy & de son bon sens: car tant qu'on a l'esprit rassis, on ne sçauroit faire vn vers qui vaille, ny donner vn oracle où l'on se puisse arrester: Ce n'est donc pas par quelque art humain que les Poëtes chantent ces belles choses que tu rapportes d'Homere, mais bien par vn transport diuin.

Cette troisiesme difference d'esprit qu'adiouste Platon, se trouue effectiuement parmy les hommes, & ie le puis tesmoigner comme tesmoin oculaire, & mesme en marquer du doigt quelques-vns qui l'ont, s'il en estoit besoin: Mais d'asseurer que ce qu'ils disent soient des reuelations diuines, & ne vienne pas de leur particuliere nature, cela c'est vn abus clair & manifeste, & c'est vne chose mal seante à vn grand Philosophe comme Platon, de recourir aux causes vniuerselles sans auoir fait auparauant vne exacte recherche des particulieres: C'est pourquoy Aristote a mieux fait, car voulant sçauoir la raison des choses merueilleuses qu'annonçoient de son temps les Sibylles, il dit, *que cela n'arriuoit ny par maladie, ny par inspiration diuine, mais seulement par vne naturelle intemperie.* La cause de cecy est euidente en la Philosophie naturelle, car toutes les facultez qui gouuernent l'homme, naturelles, vitales, animales, & raisonnables, demandent chacune leur particulier temperament pour faire leurs actions comme il est conuenable, sans porter preiudice ny empeschement aux autres. La vertu naturelle qui cuit les viandes dans l'estomac, veut de la chaleur: celle qui donne l'appetit, de la froideur: celle qui retient, de la secheresse; celle qui repousse ce qui est nuisible ou superflu, de l'humidité. Celle de ces facultez qui possedera auec plus de degrez la qualité par laquelle elle agit, en deuiendra plus forte iusques à vn certain point; mais c'est aux despens des autres, parce qu'en effet cela semble impossible, que toutes les quatre vertus & facultez estans assemblées en vn mesme lieu, celle qui demande de la chaleur deuenant plus robuste, l'autre qui opère par la froideur ne s'en trouue pas plus foible: C'est pourquoy Galien a dit que l'estomac chaud cuit beaucoup & appete mal, & que le froid cuit mal & appete beaucoup. La mesme chose arriue dans les sens & mouuemens, qui sont actions de la faculté animale. Les grandes forces du corps declarent qu'il y a beaucoup de terrestre dans les nerfs & dans les muscles, parce que si ces parties-là ne sont dures & seiches, elles ne peuuent agir auec fermeté: comme au contraire d'auoir le sentiment du toucher fort vif, c'est signe que les nerfs sont composez de parties aëriennes, subtiles & delicates, & que leur temperament est chaud & humide: Comment donc seroit-il possible que les mesmes nerfs eussent le temperament & la composition naturelle que demandent les forces du corps, sans que la faculté du toucher en fust interessée, puis que pour ces deux choses il faut des qualitez toutes contraires ? Ce qui se void clairement par experience, car dés-là qu'vn homme est fort robuste de corps, il a infailliblement le sentiment du toucher lourd & grossier, & quand il a ce sentiment fort exquis, il est flasque, & pour ainsi dire, effilé.

Les puissances raisonnables, la memoire, l'imagination, & l'entendement suiuent les mesmes regles. La memoire pour estre bonne & ferme, demande de l'humidité, & que le cerueau soit de grosse substance, comme nous prouuerons cy-apres: au contraire l'entendement veut que le cerueau soit sec & composé de parties fort subtiles & delicates: La memoire donc montant d'vn point, il faut de necessité que l'entendement s'abbaisse & se rauale d'autant: & qu'ainsi ne soit, ie prie le curieux Lecteur de songer à tous les hommes qu'il a iamais connus doüez d'vne excellente memoire, & ie m'asseure qu'il trouuera qu'aux actions qui appartiennent à l'entendement, ils sont presque insensez.

Il en arriue de mesme pour ce qui est de l'imagination, quand elle s'esleue: car aux actions qui sont de son ressort,

des Esprits. 27

elle produit des conceptions prodigieuses, telles que furent celles qui estonnerent Platon: & lors que l'homme pourueu de cette imaginatiō, vient à se mesler d'agir auec l'entendement, on peut le lier sans luy faire tort, comme vne personne folle & sans raison.

D'icy l'on connoist aisément que la sagesse de l'homme doit estre moderée & attrempée & non pas si inegale: Aussi Galien tient-il pour hommes tres-prudens ceux qui sont temperez, parce *qu'ils ne sont pas comme enyurez de trop de sagesse.*

Democrite fut l'vn des plus grands Philosophes naturels & moraux qu'il y eust en son temps, quoy que Platon die de luy qu'il sçauoit encore mieux les choses diuines que les naturelles; lequel paruint à vne si grande excellence d'entendement sur ses vieux ans, qu'il en perdit entierement l'imagination : si bien qu'il se mit à faire & à dire des choses si extraordinaires, que toute la ville d'Abdere l'estima fou, & depescha vn Courier en l'Isle de Cos où demeuroit

Hippocrate, pour le prier auec instance, & en luy faisant offre de quantité de riches presens, de venir promptement traiter Democrite qui auoit perdu le sens : Ce qu'Hippocrate fit tres volontiers pour le desir qu'il auoit de voir & d'abboucher vn homme, de la sagesse duquel il auoit ouy raconter tant de merueilles : Il partit donc à l'heure mesme, & estant arriué au lieu de sa demeure, qui estoit vn desert où il viuoit sous vn plane, il se mit à discourir auec luy, & luy faisant les demandes qui pouuoient découurir le defaut de la partie raisonnable, il le trouua le plus sage homme du monde, & dit à ceux qui l'auoient amené en ce lieu-là, qu'ils estoient eux-mesmes foux & despourueus de sens, d'auoir fait vn tel iugement d'vne personne si auisée, & le hazard voulut pour Democrite que les matieres dont il s'entretint auec Hippocrate en ce petit espace de temps, appartenoient à l'entendement, & non pas à l'imagination qu'il auoit blessée.

CHAPITRE II.

Où se declarent les differences qu'il y a d'hommes inhabiles pour les sciences.

L'Vne des plus grandes iniures de parole que l'on puisse faire à l'homme, quand il est desia en aage de discretion, c'est, ce dit Aristote, de l'accuser de manque d'esprit, parce que tout son honneur & toute sa noblesse, comme remarque Ciceron, consiste à en estre bien pourueu & à auoir la langue bien disante: *Comme l'esprit est l'ornement de l'homme, ainsi l'eloquence est la lumiere & la beauté de l'esprit.* En cela seul il differe des brutes, & s'approche de Dieu, qui est la plus grande gloire qu'il peut obtenir en sa nature. Au contraire celuy qui est né sans esprit ne peut apprendre aucune sorte de lettres, & où il n'y a point de sagesse, là, ce dit Platon, il n'y sçauroit auoir ny honneur ny bon-heur veritable, tant s'en faut, le Sage estime que *le sot n'est né que pour sa honte*, puis qu'il faut de necessité qu'on le mette au rang des autres animaux : qu'on le tienne pour l'vn d'eux, quoy qu'il ait les autres biens, tant ceux de la Nature, que ceux de la Fortune : qu'il soit beau, noble, riche, bien né, & esleué en la dignité de Roy ou d'Empereur.

Cecy s'entendra clairement, si nous venons à considerer l'estat heureux & honorable où se trouuoit le premier homme deuant que de perdre l'esprit auec lequel il fut crée, & quel il fut depuis estant dépourueu de sagesse: *L'homme estant en honneur, ne l'a pas reconnu, il a esté comparé aux iuments qui n'ont point de sagesse, & rendu semblable à elles.* Où il faut remarquer que la saincte Escriture ne s'est pas contentée de le comparer simplement aux animaux, mais seulement à ceux qu'elle appelle sans sagesse, se ressouuenant qu'en vn autre endroit elle auoit loüé la prudence & le sçauoir du serpent & de la fourmy, auec lesquels toutes bestes qu'elles soient, l'homme qui est dépouruëu desprit, n'est point comparable.

Or le texte diuin ayant esgard à la grandeur de cette iniure, & au mauuais sentiment que l'on a de celuy à qui l'on prononce de telles paroles a dit: *Celuy qui dira en colere à son prochain, Racha, qui vaut autant à dire qu'homme sans esprit, meritera d'estre iugé: mais s'il l'appelle hebeté, il meritera le feu eternel.* Iusques icy cet ouurage n'a merité que d'estre iugé & examiné en tant de Tribunaux & d'Assemblées, parce qu'entre beaucoup d'autres choses il y a esté dit en quelque sorte à son prochain, *Racha*, encore que ce n'ait pas esté par colere, ny à dessein de l'offenser: à celuy qui auoit vn excellent entendement, on luy a osté la memoire: à celuy qui estoit doüé d'vne heureuse memoire, l'entendement: à celuy dont l'imagination estoit fort bonne, & l'entendement & la memoire: au grand Predicateur, la Scolastique: au grand Scolastique, on luy a deffendu la chaire: à celuy qui estoit fort sçauant dans la Theologie positiue, on luy a dit que toute sa suffisance ne consistoit qu'en memoire, ce qui l'a viuement piqué : à celuy qui seroit bon Aduocat, nous auons osté toute sorte de gouuernement; & tout cela pour la plus part : mais parce que nous n'auons dit à personne *Fatue*, qu'il estoit vn *hebeté*, cet ouurage n'a pas esté digne du feu.

Maintenant i'apprens que quelquesvns ont leu & releu ce liure, cherchans le chapitre qui découuroit leur esprit, & le genre de lettres où ils deuoient faire plus de profit, & que ne le rencontrans pas, ils sont venus à accuser de fausseté le titre de ce liure, & à dire que l'autheur y faisoit des promesses dont il ne pouuoit s'acquitter : & non contens de cela, ils se sont licentiez à beaucoup d'autres iniures, comme si i'estois obligé de donner de l'esprit en cet ouurage, à ceux à qui Dieu & la Nature l'ont denié.

Le Sage nous donne deux preceptes fort iustes & fort raisonnables, & par consequent nous oblige à les suiure. Le premier

premier est, *Ne respons pas aux iniures d'vn sot, de peur de te rendre semblable à luy.* Le second, *Respons au sot selon que merite sa sottise, de peur qu'il ne s'imagine estre sage, & non auec iniures*, parce qu'il n'y a rien de plus preiudiciable au bien de la Republique qu'vn sot qu'on estime habile homme, principalement s'il a quelque charge & gouuernement. Et quant à ce qui touche cet Examen des Esprits dont nous traitons, il est certain que les lettres & la sagesse, d'autant qu'elles facilitent l'homme d'esprit à bien discourir & philosopher, d'autant & beaucoup plus elles appesantissent celuy qui sera lourdaut de sa nature: *La doctrine est vne entraue aux pieds du sot, & comme des menotes mises à sa main droicte.* Celuy qui n'est pas habile homme sera bien plus passable sans lettres, qu'auec elles, parce que quand on n'est pas obligé de rien sçauoir, on vit dans le monde sans beaucoup de bruit: Et qu'ainsi ne soit que l'art & les lettres sont des chaisnes pour garotter l'esprit des sots, plustost que

C

pour luy seruir à le rendre plus libre & plus aisé; on le peut voir clairement dans les Escoliers des Vniuersitez, parmy lesquels on en trouue qui sont plus sçauans la premiere année que la seconde, & la seconde que la troisiesme, dont on a accoustumé de dire que la premiere année, ce sont des Docteurs, la seconde, des Licenciez, la troisiesme, des Bacheliers, & la quatriesme, des Ignorans: & la cause en est, comme a dit le Sage, que les preceptes & les regles des arts sont des liens pour ceux qui n'ont point d'esprit. C'est pourquoy sçachant bien que beaucoup de ces gens-là ont leu & liront cet ouurage, auec intention d'y trouuer l'esprit & l'habileté qui leur escheut en partage, il m'a semblé bon pour accomplir le precepte du Sage, de declarer icy les differences d'inhabileté qui se trouuent parmy les hommes pour le regard des lettres, & par quelles marques on les pourra reconnoistre, afin que ceux qui viendront à chercher leur difference d'esprit, rencontrent ouuertement les indices de leur inhabileré : ce qui est suiure le Sage, qui dit, *Responds au sot*, car par ce moyen prenant congé des lettres, peut-estre s'addonneront-ils à vne autre façon de vie, qui conuiendra mieux à leur esprit, veu qu'il n'y a aucun, si grossier & si imparfait soit-il, que la Nature n'ait rendu propre à quelque chose.

Pour venir donc au fait, Il faut sçauoir qu'aux trois differences d'esprit que nous auons posées au chapitre precedent, respondent trois autres sortes d'inhabileté: Il y a des hommes dont l'ame est si fort enueloppée dans la matiere, & si fort attachée aux qualitez du corps qui causent la ruine de la partie raisonnable, qu'ils demeurent pour tousiours incapables de pouuoir rien conceuoir ny produire, de ce qui regarde les lettres & la sagesse. L'inhabileté de ces gens-là a vn grand rapport auec les Eunuques, parce que tout ainsi qu'il y a des hommes inhabiles à la generation, pour manquer des parties qui y sont necessaires, de mesme y a-t'il des entendemens impuissans, froids, & ma-

C ij

leficiez, s'il faut ainsi dire, sans force ny chaleur naturelle pour produire la moindre pensée de science: Ceux-là ne sçauroient paruenir seulement aux premiers principes que supposent tous les arts dans l'esprit du disciple deuant qu'il se mette à apprendre, pour lesquels l'esprit ne peut faire d'autres preuues de soy, que de les receuoir comme des choses desia connuës: & s'il ne sçauroit s'en former l'idée au dedās, on peut couclure hardiment qu'il a la plus grāde inhabileté pour les sciences qui se puisse trouuer, & que la porte par où elles doiuent entrer, est tout à fait fermée: c'est pourquoy il ne faut point se rompre la teste à l'instruire, parce que ny les coups de verges, ny les crieries, ny la methode, ny les exemples, ny le temps, ny l'experience, ny quoy que ce soit, ne suffira pas pour le réueiller & luy faire rien produire. Les personnes de cette sorte ne different gueres des bestes brutes; elles sont tousiours endormies, bien qu'elles nous semblent éueillées: ainsi le Sage a dit: *Celuy-là parle à vn* hõme aſſoupy d'vn profond sõmeil, qui eſt alle aux yeux du ſot les treſors de la ſageſſe: & la comparaiſon eſt fort ſubtile & fort propre, parce que le ſommeil & la ſtupidité naiſſent tous deux des meſmes principes, de la grande froideur & humidité exceſſiue du cerueau.

Il y a vne autre ſorte d'inhabileté d'eſprits, non pas du tout ſi lourds que les premiers, parce que du moins ils conçoiuent les premiers principes, & en tirent des concluſions, quoy que peu, & auec beaucoup de peine: mais la figure n'en demeure en leur memoire qu'autant de temps que leurs maiſtres la leur impriment, & font entendre par quantité d'exemples & façons d'enſeigner conuenables à leurs eſprits rudes & groſſiers: Ils reſſemblent à quelques femmes qui deuiennent enceintes & accouchent, mais dont l'enfant meurt auſſi toſt qu'il eſt né. Ces perſonnes là ont le cerueau remply d'vne humidité aqueuſe, qui fait que les eſpeces n'y trouuent rien d'huileux ny de viſqueux pour s'attacher & ſe prendre: de ſorte que de les enseigner, c'est autant que de vouloir puiser de l'eau auec vn crible, *Le cœur & l'esprit d'vn sot, sont comme vn vaisseau felé, quelques preceptes de sagesse qu'on y verse, rien n'y demeure.*

Il y a encore vne troisiesme difference d'inhabileté fort ordinaire parmy les hommes d'estude, qui participe aucunement de l'esprit, parce qu'elle conçoit les premieres notions, & en tire force conclusions qu'elle retient & donne en garde à la memoire : mais quand il s'agit de placer chaque chose en son rang, elle fait mille impertinences: Ceux-là ressemblent à la femme qui conçoit & met son enfant au iour, mais la teste où il deuroit auoir les pieds, & les yeux derriere la teste. En ce troisiesme genre d'inhabileté se trouue vne si grande confusion de figures dans la memoire, qu'alors que l'homme se veut faire entendre, il n'a pas assez de cent façons de parler pour s'exprimer, parce qu'il n'a conceu qu'vne infinité de choses toutes detachées, & sans ordre ny liaison ; Ce sont ceux-là que dans les escoles on appelle confus, & dont le cerueau est inegal, tant en la substance qu'au temperament : en quelques endroits il est composé de parties delicates, & en d'autres, de grossieres & mal temperées : & parce qu'il est ainsi diuers & dissemblable à soy mesme, quelquefois ils disent des choses d'esprit & d'habile homme, & incontinent apres ils retombent en mille impertinences. C'est d'eux qu'on a dit : *La sagesse du sot est dans sa ceruelle comme vne maison qui est en ruine, & sa science n'a iamais assez de paroles pour s'expliquer.*

I'ay remarqué encore vne quatriesme difference parmy les hommes de lettres, qui n'est pas tout à fait inhabileté, mais qui ne tient pas trop aussi de l'esprit, parce que ie voy que ceux qui l'ont, conçoiuent la doctrine, la retiennent fermement en leur memoire, impriment les figures auec la correspondāce qu'elles doiuent auoir, & parlent & agissent fort bien lors qu'il en est besoin : mais si on les sonde & si on leur demande les causes essentielles de ce qu'ils sçauent &

entendent, ils monstrent ouuertement qu'ils n'ont point de fonds, & que toute leur suffisance n'est qu'vne facilité de comprendre les termes & les axiomes de la doctrine qu'on leur enseigne, sans entendre pourquoy, ny comment cela est ainsi. De ceux-cy Aristote a dit, *Qu'il y a quelques hommes qui parlent par vn instinct naturel comme bestes brutes, & qui disent plus qu'ils ne sçauent ny ne comprennent, à la façon des agents inanimez, qui ne laissent pas de fort bien operer, quoy qu'ils n'entendent pas quels effets ils produisent, de mesme que le feu quand il brûle: & la cause de cecy, c'est que la nature les conduit, de sorte qu'ils ne peuuent faillir.* Aristote les pouuoit aussi bien comparer à quelques animaux, qui nous font voir beaucoup d'actions faites auec iugement & prudence: mais croyant que ces animaux-là auoient aucunement connoissance de ce qu'ils faisoient, il a passé aux agents inanimez, parce que dans son opinion ceux-là ne sont pas sages & manquent d'esprit, qui operent, quoy que fort bien, sans sçauoir reduire

des Esprits. 41

l'effet iusqu'à sa derniere cause. Cette difference d'inhabileté, ou si vous voulez, d'esprit, demeureroit bien prouuée, s'il m'estoit permis de la monstrer au doigt sans offenser personne, comme ie l'ay veuë & connuë plusieurs fois.

CHAPITRE III.

Où il est prouué par vn exemple, que si l'enfant n'a pas l'esprit & la disposition que demande la science qu'il veut apprendre, c'est en vain qu'il escoute de bons Maistres, qu'il a beaucoup de liures, & qu'il trauaille toute sa vie.

LA pensée de Ciceron estoit bonne, de croire que pour faire reüssir son fils tel qu'il souhaitoit, en la science qu'il luy auoit choisie, il suffisoit de l'enuoyer en vne si fameuse Vniuersité, & si celebre par tout le monde, comme estoit celle d'Athenes, de le faire eſtudier ſous Cratippe, le plus grand Philoſophe de ce temps là, & de le laiſſer en vne ville ſi peuplée, où pour la quantité des perſonnes qui y abordoient, il ne pourroit manquer d'auoir deuant les yeux beaucoup d'exemples & d'accidens nouueaux, qui luy feroient voir l'experience des choſes que les lettres luy enſeigneroient. Cependant auec tous ces ſoins, & d'autres encore qu'il prenoit comme vn bon pere, luy achetant des liures, & luy en eſcriuant de ſa propre inuention, les Hiſtoriens rapportent qu'il ne fut qu'vn ignorant, qui n'auoit ny eloquence, ny la moindre connoiſſance de la Philoſophie, comme il arriue d'ordinaire parmy les hommes, que l'enfant paye, pour ainſi dire, la grande ſageſſe & ſcience du pere ; Et ſans doute Ciceron ſe figura qu'encore que ſon fils n'euſt pas receu des mains de la Nature, l'eſprit & la diſpoſition que demandoient l'Eloquence & la Philoſophie, neantmoins auec l'induſtrie d'vn tel maiſtre, le nombre des liures,

& des exemples d'Athenes, le trauail assidu du disciple, & auec le temps, auquel il fondoit vne bonne partie de son esperance, les defauts de son entendement se pourroient à la fin corriger. Nous voyons pourtant qu'apres tout il fut trompé, dequoy ie ne m'estonne pas, car il auoit force exemples en de pareilles rencontres, qui l'obligeoient d'attendre vn pareil changement en la personne de son fils. C'est pourquoy le mesme Ciceron raconte que Xenocrate auoit l'esprit fort rude pour l'estude de la Philosophie naturelle & morale, duquel Platon disoit, qu'il auoit vn disciple qui auoit besoin d'esperon; & toutesfois par la bonne industrie d'vn si grand Maistre, & le trauail continuel du disciple, il deuint vn tres excellent Philosophe. Il escrit la mesme chose de Cleante, qu'il estoit d'vn entendement si lourd & si grossier, que pas vn maistre ne le vouloit receuoir. Dequoy ce ieune homme estant tout confus, il s'appliqua si ardemment à l'estude, qu'il fut depuis nommé vn second Hercule en sçauoir.

L'esprit de Demosthene ne parut pas moins mal propre à l'Eloquence, veu qu'estant desia assez grand, on dit qu'il ne pouuoit parler, & neantmoins trauaillant auec soin, & apprenant cét art de bons maistres, il deuint le plus grand Orateur du monde : Entre autres choses Ciceron raconte qu'il ne pouuoit prononcer, l'R, pource qu'il begayoit aucunement, & qu'il fit tant par son addresse qu'il la profera depuis aussi bien que s'il n'eust iamais esté begue. De là vient qu'on dit que l'esprit de l'homme, au regard des sciences, est comme celuy qui iouë aux dez, lequel y estant malheureux, apprend l'art de les bien faire couler, pour amander par là sa mauuaise fortune. Mais pas vn de ces exemples que Ciceron rapporte, ne manque de responfe suiuant ma doctrine: Car comme nous prouuerons cy apres, il se trouue certaine rudesse d'esprit dans les enfans, qui promet dauantage pour vn autre aage, que s'ils estoient habiles dés leur naissance ; & ie dy plus, que c'est vne marque que les hommes deuien-

des Esprits.

dront lourds & ignorans, quand ils commencent incontinent à raisonner, & à estre bien auisez: de sorte que si Ceceron eust cogneu les vrays signes, par lesquels se découurent les esprits au premier aage, il eust trouué que c'estoit vn bon presage en Demosthene, de ce qu'il estoit lourd & tardif à parler, & en Xenocrate, de ce qu'il auoit besoin d'esperon, & d'estre poussé à l'estude. Ce n'est pas que ie vueille oster au bon maistre, à l'art, ny au trauail, le pouuoir qu'ils ont de façonner & de cultiuer les esprits, tant ceux qui sont habiles, que ceux qui ne le sont pas; mais ie dy seulement que si l'enfant n'a de son costé l'entendement gros, pour ainsi parler, des preceptes & des regles qui conuiennent particulierement à l'art qu'il desire apprendre, & non à pas vn autre, toutes les peines que Ciceron a prises pour son fils, & toutes celles que tout autre pere prendra pour le sien, sont vaines & inutiles. Ceux-là entendront aisément la verité de cette doctrine, qui auront leu dans Platon, que Socrate (comme luy-mesme raconte) estoit fils d'vne sage femme, & que tout de mesme que sa mere, encore qu'elle fust fort experte en son mestier, ne pouuoit faire enfanter la femme, si elle n'estoit enceinte, deuant que de se mettre entre ses mains ; ainsi Socrate faisant la mesme chose que sa mere, ne pouuoit faire enfanter la science à ses disciples, s'ils n'en auoient desia l'entendement remply. Il sçauoit bien que les sciences estoient comme naturelles à ceux-là seulement qui y auoient l'esprit propre, & qu'il arriue à ces personnes-là, ce que nous voyons arriuer à ceux qui ont oublié ce qu'ils sçauoient auparauant ; que leur en touchant seulement vn mot, on les fait ressouuenir incontinent de tout le reste. Le deuoir des Maistres enuers leurs Escoliers, à ce que i'ay entendu, n'est autre que de leur ouurir aucunement le chemin à la doctrine, car s'ils ont vn esprit fecond & fertile, cette ouuerture suffit à leur faire produire de merueilleuses pensées ; & s'ils ne l'ont pas, ils ne font que se tourmenter, & ceux qui les enseignent ne paruiendront iamais au but qu'ils pretendent. Au moins sçay-ie bien que si i'estois Maistre, deuant que d'en receuoir aucun en mon escole, ie l'esprouuerois & l'examinerois de toutes façons, afin de découurir son esprit, & si ie le trouuois propre à la science de laquelle ie ferois profession, ie le receurois de bon cœur, car c'est vn grand contentement à celuy qui enseigne d'instruire vne personne propre à l'instruction, autrement ie luy conseillerois de s'addonner à la science qui seroit la plus conuenable à son esprit : mais si ie connoissois qu'il ne fust pas propre à aucune sorte de discipline, ie luy tiendrois ces douces & amiables paroles ; Mon fils, il n'y a point d'apparence que vous deueniez homme par la voye que vous auez choisie, c'est pourquoy ie vous coniure de ne point perdre vostre temps, ny vostre peine, & de chercher vne autre façon de viure qui ne demande point vne si grande suffisance que font les lettres. L'experience s'accorde auec cecy, car nous voyons entrer au cours de quelque science que ce soit, vn grand nombre d'escoliers, le Maistre estant ou bon ou mauuais, & à la fin les vns en sortir fort sçauans, les autres de mediocre erudition, les autres n'auoir fait autre chose que perdre le temps, consommer leur bien, & se rompre la teste, sans faire aucun profit. Ie ne sçay d'ou peut prouenir cecy, veu que tous ont oüy vn mesme Maistre, auec mesme soin & diligence; ceux qui sont d'vn esprit lourd, ayant peut-estre plus trauaillé que ceux qui sont les plus habiles. La difficulté deuient encore plus grande, quand on considere que ceux qui sont grossiers en vne science, sont propres & nais à vne autre, & que ceux qui sont de bon esprit en vn genre de lettres, estant passez à d'autres, n'y comprennent rien. Du moins porteray-ie bon tesmoignage de cette verité, pource que de trois compagnons que nous estions, qui fusmes enuoyez ensemble au College pour apprendre la langue Latine, l'vn l'apprit facilement, & les deux autres ne peurent

rent iamais composer vne harangue qui fust tant soit peu elegante: Mais quand nous fusmes arriuez tous trois à l'estude de la Dialectique, l'vn de ceux qui ne pût apprendre la Grammaire, eut vn esprit brillant & perçant pour les difficultez les plus cachées de cet art, & les deux autres durant tout le cours de la Philosophie, ne dirent pas vne seule parole; Et lors que nous fusmes tous trois paruenus à l'estude de l'Astronomie, c'est vne chose à remarquer, que celuy qui n'auoit peu apprendre ny le Latin, ny la Dialectique, sceut en peu de temps en cette science plus que le Maistre qui nous l'enseignoit, cependāt que les deux autres n'y peurent iamais rien comprendre. Dequoy m'estant estonné, ie commençay incontinēt à raisonner là dessus, & ie trouuay en fin que chaque science demandoit vn esprit qui luy fust determiné & particulier, qui estant tiré de là ne valoit rien pour toutes les autres. Si la chose est donc veritable, comme elle l'est, & comme nous le prouuerons cy apres, supposons que quelqu'vn entrât auiourd'huy dans nos Collegés, pour fonder & pour examiner les esprits, combien en renuoyeroit il à d'autres sciences, combien en chasseroit-il, comme lourdauts, hebetez & inhabiles, & combien en restabliroit il de ceux que leur basse fortune retient attachez à quelques arts mechaniques, desquels neantmoins la nature a fait les esprits propres seulement à l'estude des lettres? Mais puis qu'il n'y a plus de remede, il les faut laisser comme ils sont, & ne s'en pas mettre en peine. Tant y a que ce que ie dy ne se peut nier, qu'il n'y ait des esprits propres & determinez à vne science, qui sont impertinents pour toutes les autres: & pour cette cause, deuant que de mettre vn enfant à l'estude, il faut découurir la difference de son esprit, & voir quelle science luy est plus propre, & puis la luy faire apprendre. Il faut bien considerer aussi que ce que i'ay dit, ne suffit pas pour le rendre consommé & parfait aux lettres; mais qu'il faut obseruer encore d'autres conditions qui ne sont pas moins necessaires que la disposition naturelle. C'est pourquoy Hippocrate dit, que l'esprit de l'homme a le mesme rapport auec la science, que la terre auec la semence; car encore que la terre, de soy mesme soit feconde & fertile, si est-ce qu'il la faut labourer & cultiuer, & prendre garde à quel genre de semence elle a plus de disposition naturelle, pource que toute terre ne produit pas auec toute semence sans aucune distinction. Quelques-vnes portent mieux du bled que de l'orge, & en d'autres l'orge vient mieux que le bled; & du bled mesme, il y en a qui portent vne espece de fourment & iamais d'autre. Et le bon Laboureur ne se contente pas de faire seulement cette distinction : mais apres auoir labouré la terre en bonne saison, il choisit le téps le plus conuenable pour semer, parce qu'il ne le peut pas faire en tout temps : & quand le grain est leué, il le purge de l'yuraye & des autres mauuaises herbes, afin qu'il puisse croistre & rapporter le fruit qu'il attend de la semence. Ainsi faut-il, quand on a trouué quelle science est la plus conuenable à l'homme, qu'il commence à y estudier dés son bas aage, lequel, comme dit Aristote, est le plus propre pour apprendre; Ioint que la vie de l'homme est fort courte, & les arts fort longs, à raison dequoy il est besoin d'auoir assez de temps pour les apprendre & pour les exercer, & par leur moyen se rendre aucunement profitable à la Republique. La memoire des enfans, dit le mesme Aristote, est vuide & nuë, sans aucune image, parce qu'ils ne viennent que de naistre; ce qui fait qu'ils y reçoiuent aisément toute chose, au contraire de la memoire des hommes aagez, qui pour estre remplie de tant de choses qu'ils ont veuës durant le long espace de leur vie, ne peut rien receuoir de nouueau. Et pour cette cause Platon a dit qu'il faloit tousiours faire des contes honnestes deuant les petits enfans, qui les incitassent aux actions vertueuses, d'autant qu'ils n'oublient iamais ce qu'ils apprennent en cet aage-là, & non pas suiure le conseil de Galien, qui dit qu'alors que nostre Nature a atteint toutes les forces qu'elle peut obtenir, il nous faut apprendre les arts & les sciences: mais il n'a point de raison, si l'on ne veut vser de distinction. Car celuy qui doit apprendre la langue Latine, ou quelque autre langue, le doit faire en sa plus tendre ieunesse, parce que s'il attend que son corps soit endurcy, & qu'il ait toute la perfection qu'il doit auoir, il n'en viendra iamais à bout.

Au second aage qui est l'adolescence, il faut trauailler en l'art de raisonner, parce que l'entendement commence desia à se découurir, au regard duquel la Dialectique est comme les entraues que l'on met aux pieds d'vne mule sauuage, auec lesquelles quand elle a cheminé quelques iours, elle en retient vne certaine habitude en ses alleures qui luy fait prendre l'amble; Ainsi nostre entendement tire de l'embarras des regles & des preceptes de la Dialectique, vne façon de discourir fort agreable, dont il se sert apres dans toutes les sciences & disputes. L'homme estant paruenu à la ieunesse, peut apprendre toutes les autres sciences qui appartiennent à l'entendemēt, pour ce qu'alors il l'a desja bien ouuert. Il est vray qu'Aristote excepte la Philosophie naturelle, disant que le ieune homme n'est pas disposé pour apprendre cette sorte de science: en quoy il semble auoir raison, pource que c'est vne science de plus grande contemplation, & qui demande vn plus meur iugement qu'aucune autre. Sçachant donc l'aage auquel se doiuent apprendre les sciences, il faut soudain trouuer vn lieu propre à les apprendre, où l'on ne traite d'autre chose, comme sont les Vniuersitez. Mais il faut que l'enfant sorte de la maison de son pere, pource que la mere, les freres, les parens, & les amis qui ne sont pas de sa profession, luy sont vn grand obstacle à l'estude. Cela se void clairement aux Escoliers natifs des villes & des lieux où sont les Vniuersitez, desquels il n'y en a pas vn, si ce n'est par grande merueille, qui deuienne iamais sçauant. A quoy l'on peut facilement remedier, en enuoyant par eschange ceux qui seront natifs de la ville de Salamanque, estudier en la ville d'Alcala de Henarez, & ceux d'Alcala en celle de Salamanque. Et quant à ce que l'homme doit laisser son païs natal, pour deuenir vertueux & sage, c'est bien vne chose de telle importance, qu'il n'y a Maistre au monde qui luy puisse tant seruir, & le puisse tant instruire, principalement lors qu'il se void la plus part du temps comme abandonné & priué des faueurs & des douceurs de sa patrie: *Sors de ton païs* (dit Dieu à Abraham) *d'entre tes parens, & de la maison de ton pere, & t'en vas au lieu que ie t'enseigneray: où i'aggrãdiray ton nom, & te donneray ma benediction.* Dieu en dit autant à tous ceux qui desirent la vertu & la science: car quoy qu'il les puisse benir en leur païs, il veut neantmoins que les hommes s'y disposent par ce moyen qu'il ordonne, & que la prudence ne leur vienne pas de sa pure grace. Tout cecy se doit entendre, pourueu que l'homme soit doüé d'vn bon esprit & disposition naturelle: car autrement, comme dit le prouerbe, *qui va beste à Rome, en reuient beste.*

D iiij

Il ne sert de gueres au mal habile d'aller estudier à Salamanque, où il n'y a point pour luy de chaire d'entendement, ny de prudence, ny personne qui l'enseigne.

Pour le troisiesme soin qu'il est besoin d'apporter, il faut trouuer vn Maistre qui instruise clairement & auec methode, duquel la doctrine soit bonne & solide, non point Sophistique ny friuole; car tout ce que fait l'Escolier durant le temps qu'il apprend, c'est de croire tout ce que le Maistre luy propose, pource qu'il n'a pas le iugement assez fait pour discerner & separer le faux d'auec le vray; quoy que ce soit vne chose casuelle, & qui ne depend pas du choix de ceux qui apprennent, de venir en vn certain temps estudier aux Vniuersitez, lors qu'elles ont de bons ou de mauuais Maistres : comme il aduint à quelques Medecins dont parle Galien, qui ayant esté conuaincus par plusieurs experiences & raisons qu'il leur apporta, des fautes qu'ils commettoient en leurs cures, au grand preiudice de la santé des

hommes, se mirent à pleurer, & en la
presence du mesme Galien commencerent à maudire leur mauuaise fortune,
d'auoir rencontré de mauuais Maistres
au temps de leurs estudes. Il est vray
qu'il y a des disciples qui ont l'esprit si
heureux que de reconnoistre aussi-tost
quel est leur maistre, & quelle sa doctrine, & si elle est mauuaise, ils la sçauent bien refuter, & approuuer au contraire ce qu'il dit de bon. Ceux-là enseignent beaucoup plus le maistre, qu'ils
ne sont pas instruits de luy, pource que
doutant & interrogeant subtilement, ils
luy font sçauoir & respondre des choses
fort hautes & fort delicates, qu'il ne
sçauroit ny n'auroit iamais sceuës, si
le disciple par la bonté de son esprit ne
les luy eust monstrées: mais s'il se trouue tout au plus deux ou trois esprits de
cette trempe, il y en aura vn nombre
infiny de grossiers; c'est pourquoy il est
expedient, puis qu'on ne s'arreste pas à
faire ce choix d'esprits propres aux sciéces, que les Vniuersitez soient tousiours
pourueuës de bons Maistres dont la do-

ctrine soit saine, & l'esprit clair, afin qu'ils n'enseignent point de fausses maximes ny d'erreurs aux ignorans.

Le quatriesme soin qu'on doit auoir, c'est qu'il faut estudier la science auec vn bon ordre, commençant par ses principes, & passer par le milieu iusqu'à la fin, sans ouyr aucune matiere qui en presuppose vne autre. Aussi ay-ie tousiours creu que c'estoit vne grande faute, d'entendre plusieurs leçons de diuerses matieres, & de les reuoir toutes ensemble en son estude, pource que cela cause vn meslange de choses qui confond l'esprit, de sorte que quand on en vient à l'action, l'on ne se peut pas bien seruir des preceptes de son art, ny les asseoir en leur lieu conuenable. Il vaut mieux trauailler sur chaque matiere à part, & selon l'ordre qui luy est naturel en sa composition; car de la mesme façon qu'elle est apprise, elle est assise & imprimée dans la memoire. Ce que doiuent particulierement faire ceux qui ont l'esprit naturellement confus; car ils peuuent aisément remedier à ce défaut, n'entendant qu'vne seule matiere, & puis celle qui la suit, quand la premiere est acheuée, & ainsi iusques à la fin de l'art. Galien sçachant combien il importoit d'estudier les matieres auec methode, a fait vn liure pour enseigner l'ordre qu'on doit tenir à la lecture de ses œuures, afin que le Medecin ne se rendist pas confus. D'autres adioustent que le Disciple, tandis qu'il estudie, ne doit manier qu'vn liure, qui contienne nettement la doctrine qu'il veut sçauoir, ou il doit lire, & non dans plusieurs, de peur qu'il ne se trouble ou ne se confonde, en quoy ils ont grande raison.

La derniere chose qui rend l'homme fort docte, c'est le long espace de temps qu'il employe à l'estude des lettres, & d'attendre que la science s'augmente & iette de profondes racines dans son esprit; car tout de mesme que le corps ne se maintient pas de l'abondance de ce que nous mangeons & beuuons en vn iour, mais seulement de ce que l'estomach cuit & digere; aussi nostre entendement ne s'engraisse pas, s'il faut ainsi dire, de la quantité de ce qu'en peu de temps nous lisons, mais de ce que peu à peu il entend & rumine; nostre esprit se dispose par là chaque iour de mieux en mieux, & auec le temps arriue à la connoissance des choses, qu'il ne pouuoit ny entendre ny sçauoir auparauāt. L'entendement a son commencement, son accroissement, son estat de consistence & sa decadence tout ainsi que l'homme, les autres animaux & les plantes. Il commence en l'adolescence, il a son accroissement en la ieunesse, son estat de consistence en l'aage parfait, & vient à decliner en la vieillesse. C'est pourquoy celuy qui veut sçauoir en quel aage son entendement a toutes les forces qu'il peut acquerir, qu'il sçache que c'est depuis trente trois ans iusques à cinquante, vn peu plus ou moins, auquel temps on doit adiouster foy aux graues Autheurs, si tant est que durant leur vie ils ayent eu des opinions qui ne soient pas communes; Et celuy qui veut composer des liures, le doit faire en cét âge-là,

& non deuant ny apres, s'il ne se veut retracter, ou changer d'opinion. Il faut remarquer pourtant que les aages des hommes ne sont pas en tous d'vne mesme façon; car quelques vns sortent d'enfance à douze ans, les autres à quatorze, les autres à seize, les autres à dixhuit. Les aages de ceux cy sont longs pource que leur ieunesse arriue presque iusques à quarante ans, leur aage parfait iusques à soixante, & ils ont de vieillesse autres vingt années, de maniere qu'ils viuent quatre vingt ans, qui est le terme des plus forts & des plus robustes: Ceux de qui l'enfance finit à douze ans ont la vie fort courte: ils commencent bien-tost à raisonner, & bien-tost la barbe leur vient, l'esprit ne leur dure gueres, & ils commencent à deuenir caducs à trente cinq ans, & meurent vers les cinquante.

De toutes les conditions que i'ay rapportées, il n'y en a pas vne qui ne soit fort necessaire, vtile & profitable aux ieunes gens pour apprendre ; mais le principal point, c'est qu'on ait l'esprit correspondant à la science qu'on veut sçauoir : car nous voyons que plusieurs hommes ayant eu l'esprit de cette sorte, quoy qu'ils se soient mis à estudier, apres auoir desia passé leur ieunesse, qu'ils ayent ouy de mauuais Maistres, auec mauuais ordre, & en leur pays; neantmoins en peu de temps, sont deuenus grands Personnages. Et si l'esprit manque, Hippocrate dit que tous les autres soins & diligences sont inutiles. Mais celuy qui l'a mieux fait entendre a esté Ciceron ; car estant fasché de voir son fils si peu auancé dans les lettres, & que tout ce qu'il auoit peu faire auoit esté inutile pour le rendre plus honneste homme, il parle de cette sorte. *Y a-t'il chose qui ressemble mieux à la guerre que firẽt les Geants contre les Dieux, que de combattre la nature*, comme quand l'homme se met à estudier, ayant faute d'esprit ? car comme les Geants ne surmontoient iamais les Dieux, mais en demeuroient tousiours vaincus ; tout Disciple qui taschera de vaincre sa mauuaise nature en demeurera vaincu. Et pour cette cause le mefmē Ciceron nous confeille de ne forcer ny ne contraindre point noftre nature, eſſayant d'eſtre grands Orateurs, ſi elle ne le veut pas, pource que nous trauaillerions en vain.

CHAPITRE IV.

Où il ſe monſtre que c'eſt la Nature qui rend l'enfant propre aux ſciences.

LEs anciens Philoſophes auoient accouſtumé de dire, *que la Nature* eſtoit celle qui rendoit l'homme propre aux ſciences, que l'art auec ſes preceptes & ſes regles luy en facilitoient le chemin, & que l'vſage & l'experience qu'il auoit des choſes particulieres, luy fourniſſoient le moyen de pouuoir bien agir : Mais aucun d'eux n'a deſigné en particulier ce que c'eſtoit que cette Nature, ny ſous quel genre de cauſes on la deuoit ranger : Ils ont dit ſeulement, *que venant à manquer en celuy qui apprenoit ; l'art, l'experience, les mai-*

stres, les liures, & le trauail ne seruoient de rien. Le peuple voyant vn homme de grand esprit, publie incontinent que Dieu en est l'autheur, & ne se met point en peine d'en rechercher d'autre cause; tant s'en faut, il tient pour vne imagination friuole tout ce qui ne se rapporte pas là : mais les Philosophes naturels se mocquent de cette façon de parler : car encore qu'elle soit pleine de verité, de pieté & de religion, elle vient neantmoins de ce qu'on ignore l'ordre & l'establissement que Dieu mit dãs les choses naturelles, le iour qu'il les crea; ce qui fait que pour couurir nostre ignorãce, & afin qu'on ne nous puisse reprendre ou contredire, nous asseurons que tout arriue par la volonté de Dieu, & que rien ne se fait que par sa permission; mais dautant que cecy est trop veritable & trop clair, nous meritons qu'on nous reprenne ; car comme chaque demande (dit Aristote) ne se doit pas faire d'vne mesme façon, aussi ne doit-on pas donner toute responce d'vne mesme sorte. Quelque Philosophe naturel deuisant

uisant vn iour auec vn Grammairien, vn Iardinier curieux s'approcha, qui leur demanda pourquoy, veu qu'il s'acquittoit si bien de son deuoir à remüer la terre de son jardin, à la cultiuer, becher, sarcler & fumer ; neantmoins elle ne portoit iamais de bon gré ce qu'il y semoit ; là où elle faisoit croistre à veuë d'œil les herbes qu'elle produisoit d'elle-mesme. Le Grammairien respondit que cela venoit de la diuine prouidence, & qu'il estoit ainsi ordonné pour la bonne conduite du monde. Mais le Philosophe naturel se prit à rire de cette responce, voyant qu'il auoit recours à Dieu, pource qu'il ne sçauoit pas l'ordre des causes naturelles, ny en quelles façons elles produisoient leurs effets. L'autre le voyant rire, luy demanda s'il se mocquoit de luy ; Le Philosophe respondit, que ce n'estoit pas de luy, mais du maistre qui l'auoit si mal instruit : pource que des choses qui viennent de la prouidence diuine (comme sont les œuures surnaturelles) la connoissance & la solution en appartiennent aux Metaphy-

E

ficiens, que nous appellons maintenant Theologiens; Mais la question du Iardinier estoit naturelle, & de la iurisdiction des Philosophes naturels, parce qu'il y a des causes establies & manifestes, d'où peut naistre vn tel effet. C'est pourquoy le Physicien respondit, que la terre ressembloit à la marastre, qui entretient fort bien ses propres enfans, & oste la nourriture à ceux de son mary; de maniere que nous voyons les siens gras & dans l'embon-point, & les autres maigres, attenuez & sans couleur. Les herbes que la terre produit d'elle-mesme sont sorties de ses propres entrailles, & celles que le Iardinier luy fait porter par force, sont venuës d'vne autre mere, c'est pourquoy elle leur oste la vertu & l'aliment qui les deuroit faire croistre, pour les donner aux herbes qu'elle a engendrées.

Hippocrate tesmoigne aussi que ce grand Philosophe Democrite qu'il estoit allé voir, luy fit entendre les sottises que le peuple disoit de la Medecine, & comme se voyant exempt de maladie, il asseuroit que Dieu seul l'auoit guery, & que sans sa volonté, l'industrie du Medecin n'eust pas de beaucoup seruy: Mais c'est vne façon de parler si ancienne & qui a esté en vain tant de fois reiettée par les Philosophes naturels, que ce seroit peine perduë de penser desormais l'abolir. Outre qu'il n'est pas à propos de le faire, dautant que le peuple qui ignore les causes particulieres de chaque effet, respond mieux & plus veritablement par la cause vniuerselle qui est Dieu, que non pas en disant quelque impertinence. Or ie me suis mis plusieurs fois à considerer, d'où vient que le peuple attribuë si volontiers toutes choses à Dieu, & les oste à la Nature, & a mesme en horreur les moyens dont elle se sert. Ie ne sçay pas si i'en ay peu deuiner les raisons: mais du moins est il aisé d'entendre que le peuple parle de cette sorte, pour ne sçauoir pas quels effects se doiuent immediatement attribuer à Dieu, & quels a la Nature: Ioint que les hommes pour la pluspart, sont impatiens & veulent que leur de-

E ij

fir soit incontinent accomply : Et cōmē ainsi soit que les moyens naturels sont lents & tardifs, & operent par vne suitte de temps, ils n'ont pas la patience de les attendre, & sçachant que Dieu est Tout-puissant qui fait en vn moment tout ce qui luy plaist, comme ils en ont force exemples, ils voudroient qu'il leur donnast la santé, ainsi qu'au Paralytique, la Sagesse comme à Salomon, les richesses comme à Iob, & qu'il les deliurast de leurs ennemis, comme il fit Dauid. L'autre raison est que les hommes sont arrogants & presomptueux, & que plusieurs desirent en leur cœur que Dieu leur fasse quelque grace speciale, & qui ne soit point par vne voye aussi cōmune que celle de faire luire le Soleil sur les iustes & sur les méchans, & faire pleuuoir pour tous en general, dautant que les graces sont d'autant plus estimées qu'elles sont octroyées à moins de personnes. En effet nous auons veu plusieurs hommes feindre des miracles en des subiets & des lieux de deuotion, parce que le peuple accourt incontinent à eux & les tient en grande veneration, comme personnes dont Dieu a fait vne estime particuliere, de sorte que s'ils sont pauures, ils reçoiuent de grandes aumosnes, car il s'en peut trouuer quelques-vns assez attachez à leur interest, pour ne pas craindre de semblables entreprises. La troisiesme raison est que les hommes sont amis du repos. Or est il que les causes naturelles sont disposées dãs vn tel ordre, que pour en obtenir les effets, il est besoin de trauailler: De là vient qu'ils voudroient que Dieu vsast enuers eux de sa toute-puissance, & que leurs desirs s'accóplissent sans sueur & sans peine. Ie laisse à part la malice de ceux qui demandoient à Dieu des miracles pour tenter sa puissance, & pour esprouuer s'il les pouuoit faire, & d'autres encor qui par vn desir de vengeance, demandent le feu du Ciel, & d'autres chastimens tres cruels.

La derniere raison est que le peuple pour l'ordinaire est fort religieux & desireux de l'honneur de Dieu & de l'auancement de sa gloire ; ce qui arriue bien pluſtoſt par les miracles que par les effets naturels. Mais le commun des hommes ne ſçait pas que Dieu ne fait les œuures ſurnaturelles & prodigieuſes, que pour monſtrer qu'il eſt tout puiſſant à ceux qui l'ignorent, & qu'il s'en ſert comme d'argumens pour prouuer & confirmer ſa doctrine, & que ſans cette neceſſité il n'en fait iamais. Ce qui eſt aiſé à entendre, ſi nous conſiderons que Dieu n'execute plus maintenant ces actions eſtranges de l'ancien & du nouueau Teſtament, pource qu'il a mis toutes les diligences requiſes de ſon coſté, à ce que les hommes ne pretendiſſent plus aucune cauſe d'ignorance; & de penſer qu'il recommence à faire les meſmes preuues & de nouueaux miracles pour confirmer de nouueau ſa doctrine, en reſſuſcitant les morts, redonnant la veuë aux aueugles, & gueriſſant les boiteux & paralytiques, c'eſt vne grande erreur : car Dieu enſeigne vne fois ce qu'il faut que les hommes ſçachent, il le prouue par miracles & ne vient iamais à recommencer. *Dieu* parle vne fois & ne repete point la mesme chose. Le plus grand indice que i'aye pour descouurir si vn homme n'a pas l'esprit propre à la Philosophie naturelle, c'est de le voir attribuer toutes choses au miracle, sans aucune distinction; & au contraire il ne faut point douter du bon entendement de ceux qui n'ont point de repos iusqu'à ce qu'ils connoissent la cause particuliere de quelque effet. Ceux-là sçauent bien qu'il y a de certains effets qui se doiuent immediatement rapporter à Dieu, comme sont les miracles, & d'autres à la Nature, comme sont ceux qui ont leurs causes ordonnées, dont ils ont accoustumé de naistre. Mais de quelque façon que nous parlions, nous entendons tousiours que Dieu en est l'Autheur: Car lors qu'Aristote a dit, *Dieu & la Nature ne font rien en vain*, il n'a pas voulu dire que la Nature fust quelque cause vniuerselle, qui eust vne iurisdiction separée de Dieu, mais seulement vn nom de l'ordre & de la regle que Dieu establit en la creation du monde, afin qu'on vist sortir les effects qui sont necessaires pour sa conseruation. C'est ainsi qu'on a de coustume de dire que le Roy & le Droit Ciuil ne font tort à personne, par laquelle façon de parler on n'entend pas que ce mot (*Droit*) signifie aucun Prince qui ait iurisdiction separée de celle du Roy, mais bien que c'est vn terme qui comprend par sa signification, toutes les Loix & Ordonnances que le Roy a faites, pour conseruer en paix son Estat. Et tout de mesme que le Roy se reserue des cas qui ne peuuent estre determinez par le Droit, tant ils sont grands & estranges, ainsi Dieu s'est reserué les effects miraculeux, pour la production desquels il n'a donné ny pouuoir ny ordre aux causes naturelles. Mais il faut bien remarquer icy, que celuy qui les doit connoistre pour tels, & les distinguer des œuures naturelles, doit aussi estre grand Philosophe naturel, & sçauoir quelles causes peuuent auoir esté ordonnées à chaque effet. Et neantmoins tout cela ne suffit pas, si l'Eglise Catholique ne les declare

des Esprits. 73

tels. Or comme les Aduocats trauaillent à l'estude du Droit Ciuil, & le retiennent dans leur memoire pour sçauoir & entendre la volonté du Roy en la decision de tel & tel cas: ainsi nous autres Philosophes naturels (comme Aduocats en cette Faculté) nous mettons toute nostre estude, à sçauoir l'ordre que Dieu establit, le iour qu'il crea le monde, afin d'entendre de quelle façon il a voulu que les choses produisissent leur effet & pourquoy. Et de mesme que ce seroit vne chose ridicule, si vn Aduocat alleguoit en ses Escritures pour vne forte preuue, que le Roy donne vn tel Arrest sur vn tel cas, sans monstrer la loy ny la raison qui le decident; les Philosophes se rient aussi de ceux qui disent, cette œuure est de Dieu, sans s'arrester à l'ordre des causes particulieres d'où elle a peu proceder: Et de mesme aussi que le Roy refuse de prester l'oreille à ceux qui luy demandent d'abolir & de casser vne loy iuste, ou de faire decider vn cas contre l'ordre qu'il a commandé qu'on gardast aux iugemens, ainsi Dieu ne veut point escouter celuy qui demande des miracles & des actions par dessus l'ordre de la Nature, sans qu'il en soit besoin, parce qu'encore que le Roy casse & establisse tous les iours des Loix, & change l'ordre de la Iustice (tant à cause de la diuersité des temps, qu'à cause que le Conseil de l'homme est foible, & ne peut tout d'vn coup arriuer à ce qui est iuste, il n'en est pas ainsi de l'ordre naturel de tout l'vniuers que nous appellons Nature, lequel est immuable depuis que Dieu a creé le monde; de sorte qu'on n'y peut rien adiouster ny retrancher, pource qu'il a esté estably auec tant de prouidence & de sagesse, que de vouloir qu'il ne soit pas obserué, c'est accuser les œuures de Dieu d'imperfection & de defectuosité.

Mais pour reuenir à cette sentence si vsitée des Philosophes anciens, *La Nature fait habile*, il faut remarquer que l'on trouue des esprits & des habiletez que Dieu depart entre les hommes, hors de l'ordre naturel, comme on void dans

des Esprits. 75

les Apoſtres, qui eſtant hommes lourds & groſſiers, furent miraculeuſement éclairez & remplis de ſcience & de ſageſſe: De cette ſorte d'habileté & ſciéce, on ne peut pas verifier cecy: *Nature fait habile;* pource que c'eſt vne œuure qui ſe doit immediatement rapporter à Dieu, & non pas à la Nature. Il faut entendre la meſme choſe de la ſcience des Prophetes, & de tous ceux auſquels Dieu a infus quelque grace. Il y a vn autre genre d'habileté entre les hommes qui leur vient d'auoir eſté engendrez auec cet ordre de cauſes que Dieu eſtablit pour cet effet, & c'eſt en cette ſorte qu'on doit entendre ce dire, *Nature fait habile:* car comme nous prouuerons au dernier chap. de cet ouurage, il y a de certaines regles, & vne certaine entreſuitte dans les cauſes naturelles, leſquelles eſtans ſoigneuſemét obſeruées par les peres & meres au temps de la generation, tous leurs enfans ſeront ſages, ſans qu'il en manque pas vn. Cependant cette ſignification de *Nature* eſt fort vñiuerſelle & confuſe, & l'entendement n'eſt pas contêt & n'a point de repos qu'il ne sçache le particulier de la chose, & iusqu'à sa derniere cause : partant il est besoin de trouuer vne autre signification de ce mot, qui vienne mieux à nostre propos. Aristote & tous les autres Philosophes naturels descendent plus dans le particulier, & appellent *Nature* toute forme substãtielle, qui dõne l'estre à la chose, & qui est le principe de toutes ses actiõs. En cette signification, nostre ame raisonnable, auec iuste raison s'appellera *Nature*, puisque nous tenõs d'elle l'estre formel d'hommes, & qu'elle est aussi le principe de toutes nos actions. Mais attendu que toutes les ames raisonnables sont d'égale perfection, tant celle du sage & du sçauant, que celle de l'ignorant, on ne sçauroit pas dire en ce sens que c'est la Nature qui rend l'homme habile ; d'autant que si cela estoit vray, tous les hommes seroient égaux en esprit & sçauoir : voila pourquoy le mesme Aristote a trouué vne autre signification de ce mot *Nature*, considerée entant qu'elle est cause que l'homme est habile ou inhabile : Car il dit que le temperament des quatre premières qualitez, le chaud, le froid, le sec & l'humide, se doit appeller *Nature* : pource que de là procedent toutes les habiletez de l'homme, toutes ses vertus, & tous ses vices, & cette grande diuersité d'esprits que nous voyons. Ce que l'on prouue & connoist clairemēt en considerant & parcourant les aages d'vn homme tres-sage, lequel en son enfance n'est autre chose qu'vne beste brute, & ne se sert d'autres puissances que de l'irascible & de la concupiscible : mais quand il est venu en l'aage d'adolescence, il commence à descouurir vn esprit admirable, qui luy dure iusques à certain temps & non plus, parce que la vieillesse suruenant, il va perdant l'esprit de iour en iour, iusqu'à tant qu'il deuienne caduc. Il est certain que cette diuersité d'esprit ne procede pas de l'ame raisonnable, laquelle en tous aages est tousiours la mesme, sans receuoir en ses forces & substance, alteration ou changement quelconque, mais seulement de ce qu'en chaque aage l'homme a vn diuers temperament & vne contraire disposition, à raison dequoy l'ame fait vne chose en enfance, vne autre en ieunesse, & vne autre en vieillesse: d'où nous tirons vn argument tres-clair, que puis qu'vne mesme ame fait des actions si contraires en vn mesme corps à cause du contraire temperament de chaque aage, que quand nous voyons deux ieunes hommes, l'vn habile, & l'autre ignorant & inhabile, cela vient de ce que le temperament de l'vn est different de celuy de l'autre, lequel pour estre le principe de toutes les actions de l'ame raisonnable, les Medecins & Philosophes ont appellé *Nature*, & c'est proprement en cette signification qu'est vraye cette sentence *Nature fait habile*. En confirmation de cette doctrine, Galien a escrit vn liure, par où il prouue que les mœurs de l'ame suiuent le temperament du corps où elle reside, & qu'à raison de la chaleur, froideur, humidité & secheresse de la region où les hommes habitent, des viandes qu'ils mangent, des eaux qu'ils boiuent,

des Esprits.

& de l'air qu'ils respirent, les vns sont stupides, & les autres sages, les vns vaillants & les autres coüards; les vns cruels, & les autres enclins à la misericorde: les vns secrets & particuliers, & les autres plus ouuerts: les vns menteurs, & les autres veritables: les vns traistres & les autres fidelles: les vns d'vn esprit inquiet, & les autres d'vn esprit rassis: les vns doubles & les autres simples: les vns chiches & les autres liberaux: les vns honteux, & les autres effrontez: les vns incredules, & les autres aisez à persuader; Et pour prouuer cette doctrine, il rapporte plusieurs passages d'Hippocrate, de Platon & d'Aristote, lesquels monstrent que la difference des nations, tant en la composition du corps, qu'aux conditions de l'ame, vient de la varieté de ce temperament. Aussi void on clairement par experience combien different les Grecs des Scythes, les Fraçois des Espagnols, les Indiés, des Allemans, & les Ethiopiens, des Anglois. Et nõ seulemēt cecy se void en des regions si lointaines & separées l'vne de l'autre : mais si nous considerons les Prouinces des enuirons, nous pourrons partager les vertus & les vices dont nous venons de parler, entre leurs habitans, donnant à chacun sa vertu & son vice. Qu'ainsi ne soit, considerons l'esprit & les mœurs des Catelans, Valenciens, Murcians, Granadins, Andaluziens, Estremaduriens, Portugais, Galliciens, Asturiens, Biscains, Nauarrois, Arragonnois & Castillans : Qui ne void & ne reconnoist la difference qui est entr'eux, non seulement en la figure du visage & en la composition du corps, mais aussi aux vertus & aux vices de l'ame. Ce qui ne vient que de ce que chaque Prouince a son different & particulier téperamét: Et non seulemét l'on reconnoist cette diuersité de meurs entre des regions aucunement esloignées, mais en des païs distans seulement d'vne petite lieuë l'vn de l'autre, on ne sçauroit croire la difference d'esprits, qu'il y a entre leurs habitans : Enfin tout ce que Galien escrit en son liure, est le fondement de celuy-cy, encore que

que Galien ne touche point particulierement les differences de l'habileté des hommes, ny des sciences que chacune demande en particulier; Il a pourtant bien entendu qu'il estoit necessaire de distribuer les sciences entre les ieunes gens, & de donner à chacun celle que son habileté naturelle requeroit, puis qu'il a dit, *Que les Republiques bien ordonnées deuoient establir des hommes de grande prudence & de grand sçauoir, qui découurissent à chacun en son bas aage quel estoit son esprit & sa naturelle industrie, pour luy faire apprendre l'art qui luy estoit le plus propre, sans luy en laisser le choix.*

Au lieu de ce qui est en la page 64.

LE peuple voyant vn homme de grand esprit, iusques à ces mots, *Quelque Philosophe naturel discourant vn iour &c.* Il y a ainsi dans vne autre impression.

Entre les Philosophes naturels & le peuple ignorant, il y a vne grande contestation pour donner la cause de quelque effet que ce soit : le peuple voyant vn homme pourueu de grand esprit & habileté, dit incontinent que c'est Dieu qui en est l'Auteur, & ne se met point en peine d'autre chose, & a bonne raison, parce qu'en effet, *Tout ce qui est bon & parfait vient d'enhaut, & du Pere des lumieres.* Il n'y a point de cause naturelle (disent les Philosophes) qui produise ses effets auec tant de force & d'actiuité que Dieu : Aussi demeurent-ils tous d'accord, que la premiere cause eschauffe plus que le feu, rafraischit plus que l'eau, & illumine dauantage que le Soleil, & dans nostre conformation particuliere, c'est elle qui preside auec la Nature, & qui donne ou refuse plus ou moins d'esprit aux hommes. Ce que considerant le Prophete Roy Dauid, il s'escrie, *vos mains Seigneur, m'ont fait & formé; donnez-moy de l'entendement pour apprendre vos preceptes :* Tous les anciens Philosophes presque confessent la mesme chose, éclairez de la seule lumiere naturelle, d'autant que le bon raisonnement les porte à cette verité malgré qu'ils en ayent : C'est ainsi que Platon, sçachant que sans le secours diuin, on ne pouuoit fonder vne cité, ny faire de bonnes loix pour conseruer les hommes en paix, apres que cette cité auroit esté establie, fit vne loy, par laquelle il ordonnoit, *Qu'au commencement de chaque action on inuoquast le secours de Dieu, parce que sans luy il ne se pouuoit rien faire de bien.* Ce qui est la mesme chose que ce qu'a dit le Prophete Roy Dauid : *Si le Seigneur ne garde la Cité, c'est en vain que veille celuy qui la garde.* Hippocrate faisant dessein de reduire en methode l'art de guerir les maladies ausquelles sont subjettes les femmes à raison de leur sexe, & iugeant que c'estoit vn ouurage tres difficile, dit, *Il faut que celuy qui veut bien traitter ces choses-là, commence premierement par l'inuocation des Dieux, & puis apres qu'il considere & distingue bien la nature, l'âge, & le temperament des femmes, & mesmes les lieux où elles habitent.* Ce que les Philosophes naturels ne sçauroient souffrir, c'est que quand il faut chercher la cauſe de quelque effet, on s'arreſte à la premiere & vniuerſelle, ſans ſonger ny auoir égard à l'ordre des cauſes ſecondes, comme ſi elles n'auoient pas eſté eſtablies pour produire vn tel effet. C'eſt pourquoy Hippocrate reprend les Preſtres de Diane, de ce qu'ils incitoient les Dames dans leurs grandes maladies, d'offrir au temple leurs plus ſuperbes veſtemens, & leurs plus precieux ioyaux, & de laiſſer là les Medecins, quoy que le remede particulier à leurs maux fuſt (ce dit Hippocrate) de les ſaigner, de les purger, ou de leur conſeiller le mariage, ſi elles eſtoient encore en aage de ſe marier.

CHAPITRE V.

Où se declare le grand pouuoir qu'a le temperament de rendre l'homme prudent & de bonnes mœurs.

Hippocrate considerant la bonne nature de nostre ame raisonnable, & comme l'estre du corps humain où elle demeure, est si caduc & si subiet au changement, dit vne sentence digne d'vn si grand Autheur, *Nostre ame raisonnable est tousiours la mesme durant le cours entier de nostre vie, en la vieillesse & en la ieunesse, quand nous sommes grands & quand nous sommes petits : au contraire le corps ne demeure iamais en mesme estat,* & il n'y a point de moyen de l'y maintenir. Et quoy que quelques Medecins ayent essayé de trouuer vn art de cecy, personne pourtant auec toutes ses regles & ses preceptes, n'a peu détourner les alterations que les aages apportent: l'enfance estant chaude & humide ; l'adolescence,

F iij

temperée; la ieunesse, chaude & seche; l'aage de consistence; moderé en chaleur & en froideur, & pechant en trop de secheresse; la vieillesse, froide & seche. On ne peut pas non plus empescher que le Ciel ne change l'air presque à chaque moment, ny que cet air ne fasse en nos corps de si diuerses impressiōs. Par où il a voulu dire, que pour faire qu'vn homme fust prudēt qui ne l'estoit pas auparauant, il ne falloit rien remuer dans l'ame raisonnable, ny tascher d'amander sa nature, parce qu'outre qu'il estoit impossible, en effet il ne luy manque rien, de la façon qu'elle a esté creée, qui puisse empescher que l'homme ne fasse parfaitement les actiōs qui luy sont conuenables. C'est pourquoy il a dit: *Lors que les quatre elemens, l'eau & le feu principalement, entrent en la composition du corps de l'homme, en mesme poids & mesure, l'ame deuient tressage & pourueuë d'vne excellente memoire: mais si l'eau surpasse le feu, elle demeure lourde & hebetée,* & non point par sa faute, mais seulement dautant que l'instrument auec lequel elle deuoit agir se trouue depraué. Ce que Galien ayant consideré, il conclud hardiment que toutes les mœurs & habiletez de l'ame raisonnable, suiuent sans doute le temperament du corps dont elle est reuestuë: & en passant il reprend les Philosophes Moraux, de ne s'addonner pas à la Medecine, puis qu'il est certain que non seulement la Prudence, qui est le fondement de toutes les vertus, mais encore la Iustice, la Force & la Temperance, & les vices qui leur sont opposez, dependent de nostre temperament: C'est pourquoy il a dit que c'estoit le fait du Medecin de chasser les vices de l'homme, & d'introduire les vertus contraires: de sorte qu'il nous a laissé l'art d'estouffer la luxure, & d'engendrer la chasteté; de rendre le superbe plus doux & plus traitable; l'auaricieux, liberal; le poltron, vaillant; & l'ignorant, sage & prudent: & tout le soin qu'il employe pour en venir à bout, c'est de changer le temperament du corps par le secours de la Medecine, & des viandes appropriées à chaque vertu, & contraires à chaque vice, sans songer aucunement à l'ame, se fondant sur l'opinion d'Hippocrate, qui declare ouuertement que l'ame n'est point subiette au changement, & n'a que faire d'aucune vertu acquise, pour s'acquitter des choses à quoy elle est obligée, moyennant qu'elle ait de bons instrumens : Ainsi croit-il que ce soit vne erreur de mettre les vertus dans l'ame, & non dans les instrumens du corps par lesquels elle agit ; & auec cela il ne pense pas qu'on puisse acquerir aucune vertu, sans qu'il se fasse vn nouueau temperament dans l'homme.

Mais cette opinion est fausse, & contraire à celle que tiennent communément les Philosophes moraux ; que les vertus sont des habitudes spirituelles, qui ont leur siege en l'ame raisonnable, parce que tel qu'est le subiet, tel doit estre l'accident qui est receu : Dautant plus que l'ame estant ce qui agit & ce qui meut, & le corps ce qui est meu, il est bien plus à propos de mettre les vertus dans ce qui agit, que dans ce qui souffre : & si les vertus & les vices estoient des habitudes qui dependissent du temperament, il s'ensuiuroit que l'homme agiroit comme agent naturel, & non comme agent libre, & qu'il seroit forcé par le bon ou mauuais appetit qui luy viendroit du temperament ; & de cette façon les bonnes œuures ne meriteroient point de recompense, non plus que les mauuaises, de chastiment, suiuant ce qu'on dit ; *qu'aux choses qui nous sont naturelles, nous ne meritons ny ne demeritons.* D'ailleurs nous voyons beaucoup de personnes qui ne laissent pas d'estre vertueuses, quoy qu'elles ayent vn mauuais & vicieux temperament, qui les porte plustost au mal qu'au bien, selon ce dire, *Que l'homme sage surmontera toutes les malignes influences du Ciel.* Et quant à ce qui est des actions de prudence & d'habileté, nous voyons beaucoup d'actions imprudentes, d'hommes fort sages & bien temperez, & au contraire d'autres fort sages, de personnes qui ne le sont pas tant, ny qui ne sont pas d'vn trop bon temperament: D'où l'on peut cõprendre que la prudence, la sagesse, & les autres vertus humaines sont dans l'ame, & ne dependent point de la côposition & du temperamẽt du corps, comme se sont imaginez Hippocrate & Galien. Neantmoins cela semble estrange que ces deux grands Medecins, & auec eux Aristote & Platon ayent esté de cét aduis, sans auoir atteint la verité. C'est pourquoy il faut remarquer que les vertus parfaites, comme sont celles dont parlent les Philosophes moraux, sont des habitudes spirituelles, qui ont leur siege dans l'ame raisonnable, & dont l'estre est independant du corps. Auec cela il est certain qu'il n'y a vertu ny vice dans l'homme (ie laisse à part les vertus surnaturelles qui ne sont pas de ce rang) qui n'ayt son temperament dans les membres du corps, qui luy resiste ou luy sert en ses actions: lequel temperament les Philosophes moraux appellent improprement vertu ou vice; considerant que pour l'ordinaire les hommes n'ont point d'autres mœurs que celles que marque ce temperament. I'ay dit [pour l'ordinaire] parce qu'en effet beaucoup de gens ont l'ame remplie de vertus parfaites, bien que dans les membres du corps ils n'ayent aucun temperament qui leur aide à executer les defirs de l'ame, & nonobstant cela par la force de leur franc arbitre, ils ne laiffent pas d'agir en hommes de bien, quoy que ce ne foit pas fans combat & grande refiftance, fuiuant ce que dit fainct Paul: *Ie me plais à la loy de mon Dieu, felon l'homme interieur: mais ie reffens dans mes membres vne autre loy qui repugne à celle de mon efprit, & qui m'entraine en la captiuité du peché qui regne dans ce malheureux corps. Miferable que ie fuis, qui me deliurera d'vne telle mort? La grace de Dieu par le moyen de Iefus-Chrift noftre Seigneur. Ie fuis donc tout enfemble à deux Maiftres, de l'efprit à Dieu, & de la chair au Diable.* Par où S. Paul nous donne à entendre qu'il reffentoit dans foy deux loix toutes contraires, l'vne dãs fon ame, qui luy faifoit aymer celle de

Dieu, & la suiure auec ioye: l'autre dans ses membres, qui le conuioit au peché.

L'on reconnoist assez par là qu'aux vertus que sainct Paul auoit dans l'ame, ne respondoit pas le temperament des membres qui estoit necessaire pour agir auec douceur & sans resistance de la chair, son ame vouloit prier & mediter, & quand elle se portoit au cerueau pour cet effect, elle le trouuoit mal temperé, à cause de sa trop grande froideur & humidité, qui sont des qualitez pesantes & propres à faire dormir. De ce temperament estoient les trois Disciples qui accompagnerent Iesus Christ au iardin quand il fit sa priere, puis qu'il leur dit, *L'esprit est assez prompt & vigilant, mais la chair est foible & succombe*: son ame vouloit ieusner, & quand elle se portoit à l'estomac pour ce dessein, elle le trouuoit tout debile & sans forces, & & auec vn appetit insatiable. L'ame vouloit qu'il fust chaste & continent, & quand elle se portoit aux parties destinées à la generation, elle les trouuoit toutes brulantes de concupiscence, &

des Esprits.

qui le pousſoient à des actions contraires à la continence.

Auec des diſpoſitions ſemblables à celles-cy, les perſonnes vertueuſes ont toutes les peines du monde à bien faire: & c'eſt pour cette raiſon qu'on a dit, *Que le chemin de la vertu eſtoit tout couuert d'eſpines.* Mais ſi l'ame lors qu'elle deſire mediter trouuoit le cerueau chaud & ſec, qui ſont des diſpoſitions naturelles pour veiller, & ſi lors qu'elle deſire ieuner, elle trouuoit l'eſtomac chaud & ſec, auec lequel temperament Galien dit que l'homme a les viandes en horreur, & ſi lors qu'elle ſe porte à embraſſer la chaſteté, elle rencontroit les parties propres à la generation, froides & humides; ſans doute qu'elle viendroit à bout de ſon deſſein ſans peine ny repugnance quelconque, parce que la loy de l'ame & celle des membres du corps demanderoient toutes deux la meſme choſe, de ſorte que l'homme feroit des actions vertueuſes ſans beaucoup de violence. C'eſt pourquoy Galien a fort bien dit que c'eſtoit le deuoir

d'vn Medecin de rendre vn homme vertueux, de vicieux qu'il eſtoit, & que
les Philoſophes moraux commettoient
vne faute ſignalée, de ne ſe pas ſeruir
de la Medecine, pour paruenir au but
de leur art, puis qu'en changeant ſeulement les qualitez du corps, ils feroient
que les vertueux agiroient auec paix &
douceur.

Ce que i'euſſe deſiré de Galien & de
tous les Philoſophes moraux, c'eſt que
ſuppoſé qu'il ſoit vray qu'à chaque vice
& à chaque vertu qui ſont dans l'ame,
reſponde vn particulier temperament
des membres du corps qui détourne ou
aide ſon action, ils nous euſſent fait vn
denombrement de tous les vices & de
toutes les vertus de l'homme, & nous
euſſent dit par quelles qualitez corporelles, & les vns & les autres ſe deſtrui-
ſent ou ſe conſeruent, afin d'appliquer
le remede conuenable.

Ariſtote a tres-bien ſceu que le bon
temperament rendoit l'homme fort
prudent & de bonnes mœurs. C'eſt
pourquoy il a dit: *Que le bon tēperament*

ne sert pas seulement au corps, mais encore à l'esprit de l'homme : mais il n'a point declaré quel estoit ce bon temperament; au contraire il a dit que les mœurs de l'homme n'estoient fondées que sur le chaud & le froid: & les Medecins, notāment Hippocrate & Galien, reiettent ces deux qualitez comme vicieuses, & approuuent le temperament où la chaleur n'excede point la froideur, ny l'humidité, la seicheresse. C'est pourquoy Hippocrate a dit. *Si la grande humidité de l'eau, & l'excessiue secheresse du feu sont temperées dans le corps, l'homme sera tres-sage.* Plusieurs Medecins neantmoins ont examiné ce temperament à cause de la grande reputation de l'Autheur, & ont trouué qu'il ne respondoit pas tant à ce qu'Hipprocate promettoit : au contraire, ils iugent que ceux qui l'ont, sont des hommes foibles & de peu de vigueur, & qui ne tesmoignent pas en leurs actions tant de prudence, que ceux qui sont mal temperez : Ils sont d'vne humeur fort douce & fort affable, & ne sçauroient faire de mal à personne ny d'effet ny de parole: ce qui les fait croire tres-vertueux & exēpts des passions qui iettent de l'émotion dans l'ame. Ces Medecins-là desapprouuent la complexion temperée, dautant qu'elle affoiblit & abbat les forces des puissances, & qu'elle est cause qu'elles n'agissent pas comme elles deuroient. Ce qui se void clairement en deux temps de l'année, au Printemps & en Automne, où l'air vient à se temperer ; & lors arriuent les maladies : de sorte que le corps se trouue plus sain quand il fait bien froid ou bien chaud, que durant la saison tiede du Printemps.

La saincte Escriture semble aucunement fauoriser leur aduis, lors qu'elle parle des mœurs de l'homme : *Ie voudrois que tu fusses ou froid ou chaud : mais parce que tu es tiede, ie te reietteray & vomiray.* Il semble, dis-je, qu'elle se soit fondée sur la doctrine d'Aristote, qui tient pour vne opinion tres veritable, que toutes les mœurs actiues de l'homme consistent en chaleur & en froideur, & non point en vne certaine tiedeur &

complexion

des Esprits. 97

complexion temperée. Mais ie serois bien aise qu'Aristote nous eust dit quelle vertu demande l'vne de ces qualitez, & de quelle se sert le vice qui luy est contraire, pour y appliquer les remedes que dit Galien.

De moy, ie croy que la froideur est celle qui importe le plus à l'ame raisonnable pour conseruer ses vertus en paix, & faire qu'il n'y ait rien dans les membres qui leur contredise, parce que, ainsi que dit Galien, il n'y a point de qualité qui affoiblisse tant la faculté concupiscible & l'irascible, comme la froideur, ny qui réueille tant la faculté raisonnable, au dire d'Aristote, comme elle-mesme, principalement si elle est iointe auec la secheresse : & il est certain que la partie inferieure estant debilitée & malade, les vertus de l'ame raisonnable s'en augmentent sans mesure. Qu'ainsi ne soit, ie voudrois donner à vn Philosophe moral quelque homme luxurieux, grand beuueur, & grand mangeur, pour le traiter suiuant les re-

G

gles de son art, & pour engendrer en son ame les bonnes habitudes de chasteté & de temperance, & faire en sorte qu'il operast desormais par leur moyen auec toute douceur ; sans introduire ouuertement dans ses membres la froideur & la secheresse, & sans corrompre l'excessiue chaleur & humidité qu'il auoit auparauant ; voyons comment il s'y comporteroit. Sans doute que la premiere chose qu'il feroit, ce seroit de luy montrer la laideur de la luxure, & de luy proposer tous les maux qu'elle traine apres elle, & en quel danger seroit son ame, si la mort venoit à le surprendre sans luy donner le temps de faire penitence de ses pechez. Apres cela il luy conseilleroit de ieûner, de prier, & de mediter, de ne dormir que bien peu, de coucher sur la dure & tout habillé, de porter la haire & se donner la discipline, de fuïr la frequentation des femmes, & de s'occuper aux œuures pieuses : toutes lesquelles choses sont comprises dans ce bel aphorisme de sainct Paul. *Ie chastie mon corps, & le reduis sous mon obeyssance.* Par le moyen de ces remedes, s'il les pratique vn long-temps, il deuiendra foible, iaune, & si different de ce qu'il estoit, que luy qui couroit auparauant apres les femmes, & qui mettoit son souuerain bien à boire & à manger, à peine pour lors souffrira-il d'en ouyr parler. Le Philosophe moral voyant cet homme vicieux ainsi changé, dira, & auec raison, celuy-cy a maintenant les habitudes de chasteté & de temperance : mais parce que son art ne va pas plus auant, il croit que ces deux vertus soient venuës ie ne sçay d'où, & se soient logées dans l'ame raisonnable, sans auoir passé par le corps : au lieu que le Medecin qui sçait d'où naissent la debilité des forces & la couleur iaune, & comme les vertus s'engendrent & les vices se corrompent, dira que cet homme là a maintenant les habitudes de chasteté & de temperance, parce que par le moyen des remedes il a perdu sa chaleur naturelle, en la place de laquelle la froideur s'est

G ij

introduite: car si nous y voulons vn peu
prendre garde, nous verrons clairement
que cette nouuelle façon de vie est capable de le rendre plus froid. La crainte où l'a ietté la reprimande qu'on luy a
faite, & la consideration des peines de
l'Enfer, qui luy estoient preparées s'il
venoit à mourir en peché mortel, amortissent sans doute la chaleur naturelle,
& refroidissent le corps. Ainsi Aristote
fait cette questiō: *Pourquoy ceux qui craignent, tremblent de la voix, des mains,
& de la lévre d'embas; est-ce à cause que
cette passion est vne défaillance de chaleur,
qui commence par les parties d'enhaut?*
d'où vient que le visage pâslit. Le ieusne pareillement est l'vne des choses qui
mortifie le plus la chaleur naturelle, &
laisse l'homme froid, parce que nostre
nature, ce dit Galien, se maintient par
le boire & le manger, comme la flamme
de la lampe auec l'huile, & il y a autant de chaleur naturelle dans le corps
de l'homme, qu'il a digeré de viandes,
& on doit donner autant d'alimens qu'il
y a de chaleur, & si l'on en donne en

des Esprits.

moindre quantité, auſſi toſt la chaleur ſe diminuë. C'eſt pourquoy Hippocrate deffend de faire ieuſner les enfans, parce que leur chaleur naturelle ſe reſout & ſe conſume à faute d'alimens. La diſcipline qu'on ſe donne, ſi elle eſt trop douloureuſe, & ſi elle va iuſqu'à reſpandre du ſang, chacun ſçait qu'elle diſſipe beaucoup d'eſprits vitaux & animaux ; & que par la perte du ſang, l'homme vient à perdre le poux & la chaleur naturelle. Pour le ſommeil, Galien dit que c'eſt vne des choſes qui fortifie le plus noſtre chaleur, parce que par ſon moyen elle entre dans les concauitez du corps, & r'anime les vertus naturelles : & de cette ſorte les viandes ſe cuiſent & ſe conuertiſſent en noſtre ſubſtance; là où la veille ne cauſe que des corruptions & des cruditez : & la raiſon de cecy eſt, que le ſommeil eſchauffe les parties de dedans, & refroidit celles de dehors, & au contraire la veille refroidit l'eſtomac, le foye, & le cœur, qui ſont les parties qui nous font viure, & eſchauffe les parties de dehors

G iij

qui font les moins nobles de tout le corps & les moins neceffaires : de forte que celuy qui perd le dormir, doit eftre fuiet à beaucoup de maladies froides. *De coucher fur la dure, de ne manger qu'vne fois le iour, & d'aller mal veftu*, Hippocrate a dit que c'eftoit la ruine entiere de la chair & du fang, où refide la chaleur naturelle, & Galien rendant la raifon pourquoy le lict dur affoiblit & confume la chair, dit que le corps eftant gefné & fouffrant du mal ne fçauroit dormir, & qu'en fe tournant & retournant, il fe preffe de tous coftez, de forte que cela nuit à fon embonpoint : & combien il fe perd de chaleur naturelle, quand le corps trauaille & fe diffipe, le mefme Hippocrate le dit, enfeignant comme l'homme deuiendra prudent : *Il eft à propos pour eftre fage, que l'homme ne foit pas fi remply de chair, parce qu'elle eft d'vn temperament fort chaud, & que cette qualité ruine la fageffe.* La priere & la meditation fe font, la chaleur montant au cerueau, en l'abfence de laquelle les autres parties du corps demeurent froides, & si l'attention est grande, on vient à perdre le sentiment du toucher, lequel Aristote a dit necessaire à la vie des animaux, & que les autres sentimens au prix de luy, ne seruoiēt que d'ornement & de plus grande perfection. En effet, sans le goust, l'odorat, la veuë, & l'oüie, nous pouuons viure: mais l'ame estant éleuée en quelque haute contemplation, elle n'enuoye pas la faculté naturelle aux parties du corps, sans laquelle, ny les oreilles ne peuuent ouyr, ny les yeux, voir, ny les narines, flairer; ny le goust, gouster; ny l'attouchement, toucher : Si bien que ceux qui meditent, ne ressentēt ny froid, ny chaud, ny faim, ny soif, ny lassitude quelconque, & le toucher estant la sentinelle qui découure à l'homme ce qui luy fait du bien ou du mal, il ne s'en peut seruir alors : ainsi estant tout gelé de froid, ou tout brulé de chaud, ou mourant de faim, & de soif, il ne s'apperçoit d'aucune de ces incommoditez, parce qu'il n'y a rien qui l'en aduertisse. En vne telle disposition Hippocrate dit

G iiij

que l'ame ne fait pas ce qu'elle est obligée de faire, puisque son deuoir estant d'animer le corps, & de luy donner le sentiment & le mouuement, elle le laisse pourtant abandonné & dépourueu de tout secours. *Ceux qui ont du mal en quelque partie de leur corps, & ne ressentent aucune douleur, sont asseurément malades d'esprit.*

Mais la pire disposition que l'on remarque parmy les hommes de lettres, & parmy les autres qui s'addonnent à la meditation, c'est la foiblesse de l'estomach, parce qu'il manque de chaleur naturelle pour bien cuire la viande, & que cette chaleur demeure d'ordinaire au cerueau : ce qui fait que l'estomac se trouue remply de cruditez & de flegmes : Aussi Cornelius Celsus recommande t'il aux Medecins de fortifier cette partie-là aux hommes d'estude plus qu'aucune autre : de sorte que la priere, la meditation & la contemplation refroidissent & desseichét le corps, & le rendent melancholique. Ainsi Aristote a demandé : *Pourquoy nous voyons que tous ceux qui ont excellé, ou en l'estude de la Philosophie, ou en l'administration de la Republique, ou à composer des vers, ou en quelque autre art que ce soit, ont esté melancholiques.*

Ne plus voir de femmes, & se retrancher entierement de leur compagnie, combien cela refroidit le corps, & quels nouueaux changemens arriuent aux personnes qui deuiennent continentes, Galien le monstre par quantité d'experiences qu'il en auoit remarquées. Entre-autres il raconte ce qui auint à l'vn de ses amis depuis qu'il fut veuf; qu'aussi-tost il perdit toute enuie de manger, & qu'il ne pouuoit digerer seulement vn iaune d'œuf; & s'il se forçoit de manger comme deuant, soudain il vomissoit: Auec cela, il estoit triste & morne; auquel Galien conseilla de se remarier s'il vouloit recouurer sa santé; & ainsi, dit-il; *Il fut incontinent deliuré de tous maux, quand il eut repris sa premiere façon de viure.* Le mesme Galien rapporte cecy des Chantres; que sçachant par experience qu'il y a vn grand rapport des testicules auec le gosier, & que la compagnie des femmes les mettoit en danger de perdre leur voix; ils estoient continents par force, pour ne pas estre frustrez de la bonne chere & du salaire qui leur reuenoient de leur musique: & de plus Galien dit qu'ils auoient ces parties destinées à la generation, si petites, si froides, & si ridées, qu'ils sembloient des vieillards; au contraire des luxurieux, dont les parties, à cause qu'elles sont mises souuent en pratique, sont fort grandes; les vaisseaux qui gardent la semence, fort larges & ouuerts, ausquels accourt grande quantité de sang & de chaleur naturelle, parce que, comme a dit Platon, *Ce qui rend plus robustes les parties du corps, c'est l'exercice, & ne les point employer à leur vsage, les affoiblit.* Ainsi il est certain qu'en chaque acte de luxure, les membres propres à la generation se fortifient dauantage, & demeurent plus puissans & plus pleins de conuoitise pour retourner vne autrefois à l'action: & tout autant de fois que l'homme resiste à la chair, il en demeuré plus froid & moins fort pour la generation. D'où ie conclus que l'homme chaste & continent, qui l'est deuenu par ce moyen, vient à obtenir vne froideur habituelle, auec laquelle il agit auec aussi peu de peine & de resistance, que le vieillard & celuy qui est né froid ou Eunuque. Que ceux donc qui desirent estre chastes, & n'estre pas incitez par la chair, se défiant de leur foiblesse, ayent à se seruir de medecines froides, & de choses qui dissipent & consument la semence, & la rendent froide: & c'est en ce sens que l'on peut entendre ce passage; *Bien-heureux ceux qui se sont faits Eunuques pour acquerir le Royaume des Cieux.*

Tout ce que nous auons dit & prouué de la luxure & chasteté, se doit aussi entendre des autres vices & vertus, parce que chacun a son particulier temperament de chaleur & de froideur, & se doit aussi entendre du plus ou du moins de substance que chaque membre acquiert, & des degrez plus grands ou moindres de ces deux qualitez. I'ay dit, de chaleur & de froideur, parce qu'il n'y a point de vertu ny de vice qui se fonde en l'humidité, ny en la secheresse, dautant que selon l'opinion d'Aristote, ces deux qualitez sont purement passiues, & la chaleur & la froideur sont actiues. C'est pourquoy il a dit: *C'est de la chaleur ou de la froideur que prouiennent nos mœurs, plus que d'aucune autre chose qui soit dans nostre corps*: Et en cela il s'accorde auec la saincte Escriture, lors qu'elle dit: *Ie voudrois que tu fusses froid ou chaud, &c.* La raison de cecy s'appuye sur ce qu'il ne se trouue point d'hommes temperez au point de perfection que l'on requiert, pour estre le fondement des vertus. Ainsi la saincte Escriture choisit auec le Philosophe la chaleur & la froideur, parce qu'il n'y a point d'autres qualitez où asseoir les vertus, encore que ce ne soit pas sans quelque chose qui les contrebalance; car supposé qu'il y ait beaucoup de vertus qui respondent à la froideur & à la chaleur, ces qualitez ne laissent pas toutesfois d'estre la source de beaucoup de vices: ainsi par grand miracle se trouue-t'il vn homme si méchant, qu'il n'ait quelques vertus naturelles; ny si ver-tueux, qu'il n'ait quelques vices.

Mais la qualité dont l'ame raisonnable se trouue mieux, c'est la froideur du corps. Cecy se prouue clairement, si nous voulons parcourir tous les aages de l'homme; l'enfance, l'adolescence, la ieunesse, l'aage parfait, & la vieillesse: car nous trouuerons qu'à cause que chaque aage a son particulier temperament, en vn aage, l'homme est vicieux, & en l'autre, vertueux; en l'vn, il est indiscret & estourdy, & en l'autre sage & bien-auisé. L'Enfance n'est autre chose qu'vn temperament chaud & humide, auquel Platon dit que l'ame raisonnable est comme enseuelie & estouffée, sans pouuoir se seruir librement de son entendement, de sa volonté, ny de son franc arbitre, iusques à ce que par succession de temps elle soit passée à vn autre aage, & ait acquis vn nouueau temperament.

Les vertus de l'enfance sont en grand

nombre, & de vices, elle n'en a que fort peu: Les enfans, ce dit Platon, sont admiratifs, duquel principe naissent toutes les sciences. En second lieu, ils sont dociles, disciplinables, & doux, & propres à receuoir l'impression de toutes sortes de vertus. En troisiesme lieu, ils sont timides & honteux: ce qui est, au dire de Platon, le fondement de la temperance. En quatriesme lieu, ils sont credules, & faciles à estre persuadez: ils sont charitables, liberaux, chastes & humbles, simples & sans malice: ausquelles vertus Iesus-Christ ayant esgard, dit à ses Disciples. *Si vous ne deuenez comme cet enfant, vous n'entrerez pas au Royaume des Cieux.* De quel aage estoit l'enfãt que Dieu leur proposa pour exemple, on ne le sçait pas: mais il faut sçauoir qu'Hippocrate diuise l'enfance en trois ou quatre parties; & parce que depuis vn an iusqu'à quatorze, les enfans accueillẽt tousiours beaucoup d'humeurs & de diuers temperamens: aussi sõt-ils subiets à diuerses maladies, & pour la mesme raison leur ame a quantité de differentes vertus & de differents vices qui luy respondent. Ce que considerant Platon, il commence l'instruction de l'enfant dés la premiere année, quoy qu'il ne sçache pas encore parler; apprenant à sa Nourrice comme elle comprendra par ses pleurs, son ris, & mesme son silence, ses vertus & ses vices, & comme elle les corrigera. La saincte Escriture dit que Saül auoit les vertus de cet aage, lors qu'il fut éleu Roy, *C'estoit vn enfant d'vn an quand il commença à regner.* Par où il apert que Dieu fait la mesme diuision qu'Hippocrate, marquant par années les vertus de l'enfance.

L'Adolescence est le second aage de l'homme, qui se compte depuis quatorze ans iusqu'à vingt-cinq, laquelle selon l'opinion des Medecins, n'est ny chaude, ny froide, ny humide, ny seche, mais temperée, & dans le milieu de toutes ces qualitez-là. Les instrumens du corps en ce temperament sont tels que l'ame en a besoin pour toute sorte de vertus, & principalement pour la prudence. Ainsi Hippocrate dit: *Si la grande humidité de l'eau, & l'excessiue secheresse du feu viennent à estre temperées dans le corps, l'ame de l'homme sera tres-sage & pourueuë d'vne excellente memoire.* Les vertus que nous auons assignées à l'enfance, semblent des actions qui partent du seul instinct de nature, comme celles des fourmis, des serpents, & des abeilles qui agissent sans raisonnement: mais celles de l'adolescence se font auec discretion & iugement: de sorte que celuy qui est en cét aage là sçait ce qu'il fait & à quel dessein, & connoissant la fin, il dispose des moyens pour y paruenir. Quand la saincte Escriture a dit, *Que l'esprit de l'homme est enclin au mal depuis son adolescence*; cela se peut entendre exclusiuement, c'est à dire depuis qu'il a passé l'enfance & l'adolescence, qui sont les aages où l'homme est le plus vertueux.

Le troisiesme aage est la Ieunesse, qui se compte depuis vingt-cinq ans iusqu'à trente-cinq : son temperament est chaud & sec, duquel Hippocrate dit: *Quand*

des Esprits. 113

Quand l'eau est surmontée par le feu, l'ame deuient insensée & furieuse: Et l'experience nous le montre, parce qu'il n'y a mal dont l'homme ne s'aduise & ne soit tenté en cét aage là: la colere, la gourmandise, la luxure, la superbe, les homicides, les adulteres, les larcins & les rapines, les desseins temeraires, la vanité, les tromperies, les mensonges, les diuisions, la vengeance, la haine, les iniures & l'insolence en sont les plus beaux appennages: auquel aage Dauid se voyant, s'escrie: *Seigneur, ne vueille pas me r'appeller au milieu de la course de mes iours:* parce que la ieunesse est au milieu des cinq aages de l'homme, qui sont l'enfance, l'adolescence, la ieunesse, l'aage parfait, & la vieillesse, & que l'homme est si méchant en cet aage-là, que Salomon dit: *Il y a trois choses qui me semblent fort difficiles à comprendre, & vne quatriesme que ie n'entends point du tout; la trace de l'aigle dans l'air, celle du serpent sur la terre, celle d'vn nauire au milieu de la mer, & la quatriesme,* com-

H

ment il est possible que l'homme dans son adolescence tienne vne vie & vn chemin si estranges; il prend en ce lieu l'adolescence pour la ieunesse.

De tout cecy il est certain que l'amē se peut aucunement excuser, si elle commet des fautes, puisque c'est la mesme dans tout le cours des aages, & aussi parfaite que Dieu la crea dés le commencement : mais qu'il en faut blasmer les diuers temperamens par où passe le corps en chaque aage, parce qu'en la ieunesse ce corps est plus intemperé : ce qui fait que l'ame se porte auec plus de difficulté aux actions vertueuses, & plus aisément aux vicieuses. C'est là à la lettre ce qu'a voulu dire le Sage : *I'eus en partage vne bonne ame, & dés mon enfance ie paroissois d'vn grand esprit, & estāt encore deuenu meilleur,* (en l'adolescence s'entend) *i'ay depuis rencontré vn corps soüillé & mal tēperé,* (tel qu'il est en la ieunesse)*& i'ay trouué au bout du cōpte, que l'homme ne pouuoit estre chaste ny continent, si ce n'estoit par vne grace speciale de Dieu.* C'est pourquoy Dauid se voyant eschappé d'vn aage si dangereux, & se ressouuenant de ce qui s'y estoit passé, dit: *Mon Dieu ne m'imputés pas toutes les fautes & folies de ma ieunesse.*

Au quatriesme aage, qui est l'aage de consistence, l'homme recommence à deuenir plus temperé, parce que qui descend du chaud au froid, doit necessairement passer par le milieu; & auec la secheresse que la ieunesse a laissée au corps, l'ame se fait tres prudente: D'ou vient que les hommes qui ont mal vécu en leur ieunesse, sont subiets aux grands changemens que nous voyons tous les iours arriuer, lors qu'ils reconnoissent leur mauuaise vie passée, & taschent de s'amander. Cet aage commence depuis trente-cinq ans, & va iusques à quarante-cinq, aux vns plus, aux autres moins, selon le temperament & la complexion de chacun.

Le dernier aage de l'homme, c'est la vieillesse; auquel le corps est froid & sec, subiet à mille maux & debilitez, toutes ses facultez assoupies, & ne pouuant plus s'acquitter de leurs fonctions ordinaires; mais parce que l'ame raisonnable est tousiours la mesme, en l'enfance, en l'adolescence, en la ieunesse, en l'aage de consistence, & en la vieillesse; sans auoir receu aucun changement qui ait diminué ses puissances; lors qu'elle est paruenuë à ce dernier aage & à ce temperament froid & sec, elle est iuste, prudente, forte & doüée de temperance: & encore qu'on doiue attribuer ces actions vertueuses à l'homme entier, l'ame pourtant est le premier moteur, suiuant cecy, *Que l'ame est le principe qui nous fait entendre.* Tant que le corps est vigoureux & puissant en ses facultez vitales, naturelles, & animales, l'homme n'est que fort peu pourueu de vertus morales : mais quand il vient à perdre ses forces, l'ame aussi-tost croist en vertus. Il semble que sainct Paul ait voulu dire cecy par ces mots, *La vertu & les forces de l'ame raisonnable trouuent leur perfection quand le corps est infirme & debile.* Et certes cecy est bien vray, puis qu'en aucun aage le corps n'est plus foible qu'en la vieillesse, ny l'ame plus libre pour faire des actions conformes à la raison. Nonobstant cecy toutefois, Aristote raconte six vices ordinaires aux vieillards, à cause de la froideur de cet aage. Le premier, qu'ils sont poltrons, parce que le courage & la vaillance consistent en vne grande chaleur, & dans le sang du cœur, dont les veillards n'ont que bien peu, encore est-il tout gelé. Le second, c'est qu'ils sont auares, & qu'ils gardent leur argent plus soigneusement qu'il ne faut, car quoy qu'ils se voyent au dernier terme de la vie, & que la raison leur deust enseigner qu'à peu de chemin on fait peu de frais, leur conuoitise neantmoins & leur soif ne laisse pas de s'allumer, comme s'ils estoient encore en enfance, qu'ils eussent à passer les cinq aages, & qu'il fust bon de le conseruer pour auoir tousiours dequoy viure. Le troisiesme, c'est qu'ils sont soubçonneux, & ie ne comprends pas pourquoy Aristote nomme cecy vn vice, estant certain que cela leur vient de l'experience qu'ils ont faite, de tant de malices des hommes, & mesme de

H iij

ce qu'ils se ressouuiennent des tours qu'ils ont faits eux mesmes en leur ieunesse : de sorte qu'ils se tiennent tousjours sur leurs gardes, comme des personnes qui sçauent combien il se faut peu fier aux hommes. Le quatriéme, c'est qu'ils n'ont guere bonne esperance, & ne se figurent iamais que les affaires doiuent bien reüssir, & de deux ou trois fins qu'ils peuuent auoir, ils font tousiours choix de la pire, & y dressent toute leur attête. Le cinquiéme, c'est qu'ils sont dépourueus de honte, parce que, comme dit Aristote, la honte appartient au sang, & les vieillards en ayant disette, ils ne peuuent par consequent estre honteux. Le sixiéme, c'est qu'ils sont incredules, & ne pensent iamais qu'on leur die la verité, se ressouuenant des souplesses & des fourberies qu'ils ont veuës dans le monde durant le long cours de leur vie.

Les ieunes enfans, à ce que dit Aristote, ont toutes les vertus contraires à ces vices : ils sont courageux, liberaux ; ne sont point défians, sont pleins de bonnes espérances, sont honteux, & faciles à persuader & à croire.

Les mesmes choses que nous auons prouuées dans les aages de l'homme, nous les pourrions monstrer dans les diuersitez du sexe, quelles vertus & quels vices a l'homme, & quels la femme, tant à raison des humeurs, du sang, de la bile, du flegme, & de la melancholie, qu'à cause des pays & lieux particuliers: En vne prouince, les hommes sont courageux; en vne autre, poltrons; en l'vne, prudents; en l'autre, mal-auisez: en l'vne, veritables; en l'autre, menteurs: suiuant cecy de l'Apostre. *Les Cretois tousiours menteurs, méchantes bestes, &c.* Et si nous parcourons les viandes & les breuuages, nous trouuerons que les vns aydent à vne vertu, & sont contraires à vn vice; les autres, fauorables à vn vice, & contraires à vne vertu; mais de façon pourtant que l'homme demeure tousiours libre pour faire ce qui luy plaira, suiuant cecy: *I'ay mis l'eau & le feu deuant toy, porte la main auquel tu voudras des deux*; parce qu'il

H iiij

n'y a point de temperament qui puisse faire autre chose qu'irriter l'homme, & non le forcer, s'il ne perd le iugement: & il faut remarquer qu'en la meditation & contemplation des choses, l'homme acquiert vn autre temperament outre celuy qu'ont les membres de son corps, parce que, comme nous prouuerons cy apres, de trois puissances qu'a l'homme, memoire, entendement, & imagination; la seule imagination, comme dit Aristote, est libre de se figurer tout ce qu'elle voudra : & par les actions de cette puissance, Hippocrate & Galien disent que les esprits vitaux & le sang des arteres, sont tousiours meus & occupez; elle les enuoye où bon luy semble, & la partie où accourt cette chaleur naturelle, en demeure plus puissante pour faire son action, & les autres moins fortes. Ainsi Galien conseille aux Chantres de la Deesse Diane, de ne se point mettre à songer aux femmes, parce que de cela seulement, sans que l'acte s'en ensuiue, les parties destinées à la generatiō s'eschauffēt, & depuis qu'el-

des Esprits. 121

les sont deuenuës plus chaudes, la voix s'en rend plus aspre & plus rude, parce que, comme dit Hippocrate: *L'enfleure des testicules appaise la toux, & au cōtraire,* & si quelqu'vn se met à resver à l'offense qu'il aura receuë, la chaleur naturelle monte aussi-tost, & tout le sang accourt au cœur & fortifie la faculté irascible, & debilite la raisonnable: Que si nous allons iusques à cōsiderer que Dieu commande de pardonner les iniures, & de faire du bien à nos ennemis, & si nous songeons à la recompense qui nous est promise pour cela, toute la chaleur naturelle & le sang monte à la teste, fortitie la faculté raisonnable & debilite l'irascible: Ainsi estant en nous de fortifier auec l'imagination, la puissance que nous voudrons, nous sommes iustement recompensez quand nous fortifions la raisonnable, & affoiblissons l'irascible, & iustement condamnez quand nous fortifions l'irascible & affoiblissons la raisonnable. De cecy nous entendons clairement quelle grande raison ont les Philosophes moraux de nous recommander la meditation & consideration des choses diuines, puisque par ce seul moyen nous acquerons le temperament & les forces dont l'ame raisonnable a besoin, & debilitons la partie inferieure. Mais ie ne puis que ie ne die vne chose deuant que de conclure ce chapitre, qui est, que l'homme peut exercer tous les actes de vertu, sans que son corps ayt le temperament qui y est vtile; encore que ce soit auec beaucoup de peine & de difficulté, excepté les actes de prudēce, parce que si l'hōme est sorty imprudent des mains de la Nature, il n'y a que Dieu qui puisse y apporter remede, & l'on doit entendre la mesme chose de la Iustice distributiue, & de tous les arts & sciences qu'apprennent les hommes.

CHAPITRE VI.

Où il se monstre quelle partie du corps doit estre bien temperée, afin que l'enfant soit de bon esprit.

LE corps humain a vne si grande diuersité de parties & de puissances destinées chacune à sa fin, qu'il ne sera pas hors de propos, mais pluftost necessaire, de sçauoir auant toute chose, quelle partie Nature a ordonnée pour instrument principal, afin que l'homme fust sage & prudent. Car il est certain que nous ne raisonnons pas du pied, que nous ne cheminons pas de la teste, que nous ne voyons pas du nez, & que nous n'oyons pas des yeux; mais que chacune de ces parties a son propre vsage & sa particuliere composition, pour l'action qu'elle doit faire.

Deuant qu'Hippocrate & Platon fussent venus au monde, les Philosophes naturels tenoient pour certain, que le cœur estoit la principale partie où residoit la raison, & l'instrument par le moyen duquel nostre ame exerçoit les actions de prudence, de memoire & d'entendement; C'est pourquoy l'Escriture Sainte s'accommodant à la façon commune de parler de ce temps-là, appelle en plusieurs endroits le cœur, la partie superieure de l'homme. Mais ces deux grands Philosophes donnerent à entendre que cette opinion estoit fausse, & prouuerent par plusieurs raisons & experiences que le cerueau estoit le siege principal de l'ame raisonnable: Ce que tous ont receu, hormis Aristote, qui par vne enuie de contredire en toutes choses à Platon, reuint à renouueler la premiere opinion; en la rendant probable par des argumens de Dialectique & fondez sur de certaines coniectures: Il ne faut pas disputer icy quelle l'opinion est la plus veritable; car il n'y a pas vn Philosophe au temps où nous sommes, qui n'aduouë que le cerueau ne soit l'instrument ordonné de la Nature pour rendre l'homme sage & prudent : Il nous faut declarer seulement quelles conditions doit auoir cette partie, afin d'estre dite bien organisée, & que le ieune homme par consequent ait bon esprit.

Le Cerueau doit auoir quatre conditions, pour faire que l'ame raisonnable puisse commodément exercer les actions d'entendement & de prudence. La premiere, c'est la bonne conformation. La seconde, que ses parties soient bien liées. La troisiesme, que la chaleur n'excede & ne surpasse point la froideur, ny l'humidité, la secheresse. La quatriesme, que la substance soit composée de parties subtiles & fort delicates.

Dans la bonne conformation sont comprises quatre autres choses. La premiere, c'est la bonne figure. La seconde, la suffisante quantité. La troisiesme, qu'il y ait au cerueau quatre ventricules separez & placez chacun en son lieu. La quatriesme, qu'ils ne soient ny plus ny moins capables qu'il ne faut pour leur office.

Galien nous apprend à connoiſtre ſi la figure du cerueau eſt bonne, en conſiderant par dehors la forme & la figure de la teſte, qu'il dit eſtre telle qu'il faut, ſi elle ſe rapporte à ce qu'on feroit prenant vne boule de cire parfaitement ronde, & la preſſant doucement par les coſtez: car de cette ſorte il ſe feroit comme vn front, & vn derriere de teſte vn peu en boſſe; d'où il s'enſuit que d'auoir le front & le derriere de la teſte fort plats, c'eſt vn ſigne que le cerueau n'a pas la figure requiſe pour auoir de l'eſprit & de l'habileté.

Pour la quantité de cerueau de laquelle l'ame a beſoin, afin de diſcourir & raiſonner, c'eſt vne choſe merueilleuſe; car entre les beſtes brutes, il n'y en a pas vne qui ait tant de ceruelle que l'homme: de ſorte que deux puiſſans bœufs n'en ont pas tant qu'il s'en trouuera dans le cerueau d'vn homme ſeul, quelque petit qu'il ſoit; & ce qui eſt plus à remarquer, eſt qu'entre les beſtes brutes, celles qui approchent le plus prés de la prudence humaine (comme

des Esprits. 127

le Singe, le Renard & le Chien) ont plus grande quantité de ceruelle que les autres animaux, ie dy les animaux mesme qui sont de plus grande corpulence qu'eux. Pour cette cause Galien dit que la petite teste est tousiours vicieuse en l'homme, pource qu'elle manque de ceruelle, encore qu'il die aussi que si la grosse teste vient d'vne abondance de matiere qui fut mal appropriée, & pour ainsi dire, mal assaisonnée, lors que Nature la forma, c'est mauuais signe, pource qu'elle est toute composée d'os & de chair, & qu'elle n'a guere de ceruelle; comme il en arriue aux grosses oranges, lesquelles estant ouuertes, môstrent peu de ius & de moüelle, mais beaucoup d'escorce. Il n'y a rien qui offense tant l'ame raisonnable, que d'estre en vn corps chargé d'os, de graisse & de chair. C'est pourquoy Platon dit que les testes des hommes sages, sont ordinairement foibles & aisées à offenser par la moindre chose; & la raison est que la Nature les a faites d'vn test fort delicat, de peur que les chargeant de trop de matiere, elle ne nuisit à l'esprit. Et cette doctrine de Platon est si veritable qu'encore que l'estomach soit assez esloigné du cerueau, il luy nuist neantmoins, s'il est chargé de graisse & de chair : en confirmation dequoy Galien rapporte le Prouerbe, qui dit que le *gros ventre engendre le gros entendement* : Et cela vient de ce que le cerueau & l'estomach sont liez & ioints ensemble par le moyen de certains nerfs, qui font qu'ils se comuniquent leurs maux l'vn à l'autre, & au contraire si l'estomach est sec & decharné, il aide beaucoup à l'esprit, comme nous voyons en ceux qui ont faim & necessité. Perse s'est peut-estre fondé sur cette doctrine, quand il a dit *que le ventre donnoit de l'esprit à l'homme*. Mais ce qu'il faut plus remarquer sur ce subiet, est que si les autres parties du corps sont grosses & charnuës, des os & que l'homme soit de grande corpulence, Aristote dit qu'on court fortune de n'auoir gueres d'esprit. Ce qui me fait croire, que si l'homme a vne grosse teste (quoy que cela soit

arriué

arriué par vne forte nature, & par vne quantité de matiere bien disposée, il n'a pas l'esprit si bon que s'il auoit la teste mediocre.

Aristote est de contraire opinion, quand il demande pour quelle raison l'homme est le plus sage de tous les animaux? A quoy il respõd, qu'il ne se trouue aucun animal qui ait la teste si petite que l'homme, au regard de son corps, & entre les hommes (dit-il) ceux-là sont les plus sages, qui ont la teste plus petite. Mais il n'a point de raison en cela ; car s'il eust ouuert la teste d'vn homme, & qu'il eust veu la quantité de ceruelle qui est dedans, il eust trouué que deux cheuaux n'en ont pas tant que luy seul. Ce que i'ay trouué par experience, est, qu'en ceux qui sont petits de corps, il vaut mieux que la teste soit vn peu plus grosse, & plus petite au contraire en ceux qui sont grands de corps, parce que de cette sorte se trouue la quantité moderée, auec laquelle l'ame raisonnable exerce bien ses actions.

Outre cecy, le cerueau a besoin de

quatre ventricules, afin que l'ame raisonnable puisse discourir &philosopher; l'vn desquels doit estre assis au costé droit, le second, au costé gauche, le troisiesme au milieu des deux, & le quatriesme, au derriere du cerueau, comme on void en l'Anatomie. Nous dirons cy-apres dequoy seruent à l'ame raisonnable ces ventricules & capacitez larges ou estroites, quand nous traiterons des differences de l'esprit de l'homme.

Mais ce n'est pas encore assez, que le cerueau soit bien formé, qu'il soit en suffisante quantité, & que le nombre des ventricules soit tel que nous auons dit, auec leur capacité petite ou grande: Il faut aussi que ses parties gardent entr'-elles vne certaine cōtinuité, & ne soient pas desunies : Pour cette cause auons nous veu d'aucuns hommes perdre la memoire, d'autres l'entendement, & d'autres l'imagination, par des blessures qu'ils auoient receuës dans la teste, & quoy que le cerueau vienne à se reioindre apres la guerison, il n'a pas toutesfois l'vnion naturelle qu'il auoit auparauant.

des Esprits. 131

La troisiesme condition qui faisoit l'vne des quatre principales, estoit, que le cerueau fust bien temperé & doüé d'vne chaleur moderée & sans l'excez des autres qualitez. Laquelle disposition nous auons dit cy dessus, qu'elle s'appelloit bonne nature, parce que c'est elle principalemēt qui rend l'homme habile, & celle qui luy est contraire, inhabile.

Mais la quatriesme condition, qui est que le cerueau soit composé de parties subtiles & fort delicates, est, au dire de Galien, la plus importante de toutes. Car voulant donner vn indice de la bonne composition du cerueau, il dit que l'esprit subtil monstre que le cerueau est formé de parties subtiles & fort delicates, & que si l'entendement est tardif, il denote que le cerueau est composé de grossiere substance, & ne fait aucune mention du temperament.

Le cerueau doit auoir ces qualitez, afin que l'ame raisonnable puisse par son moyen faire bien ses raisonnemens. Mais il naist icy vne grande difficulté,

I ij

qui est, que si nous ouurons la teste de quelque beste brute que ce soit, nous trouuerons que son cerueau est composé de la mesme sorte que celuy de l'homme, sans qu'il y manque aucune des conditions que nous auons posées. Par où l'on peut connoistre que les bestes brutes se seruent pareillement de prudence & de raison, moyennant la composition de leur cerueau : ou bien il faut dire que nostre ame raisonnable ne se sert pas de cette partie comme d'vn instrument pour agir ; ce qu'on ne peut soustenir. Galien respond à ce doute, disant ; *Certainement on peut douter si dans le genre des animaux, appellez irraisonnables, il n'y a point quelque raison : car s'ils n'ont pas celle qui consiste en la voix, que l'on appelle parole, peut-estre neantmoins tous les animaux sont-ils participans de celle qui est conceuë dans l'esprit, & que l'on dit raisonnement, combien qu'elle soit donnée aux vns plus, & aux autres moins. Mais certes personne ne doute qu'en l'vsage de cette raison, l'homme ne soit beaucoup plus excellent que les autres animaux.* Galien donne à entendre par ces paroles (bien que ce soit auec quelque crainte) que les bestes brutes sont participantes de raison, les vnes plus que les autres; & qu'elles se seruent d'aucuns raisonnemens & syllogismes, combien qu'elles ne les puissent exprimer de parole; & que la difference qu'il y a d'elles à l'homme, consiste en ce que l'homme est plus raisonnable, & se sert plus parfaitement de la prudence.

Le mesme Galien prouue aussi par plusieurs experiences & raisons, que les asnes (qui sont les plus stupides d'entre les bestes brutes) paruiennent par leur esprit à la connoissance des plus subtiles choses qu'Aristote & Platon ayent iamais trouuées; *Tant s'en faut* (dit-il) *que ie louë les anciens Philosophes pour auoir inuenté quelque chose de grand & de bien subtil, quand ils nous ont auancé, que ce qui est le mesme, & ce qui est different; ce qui est vn, & ce qui n'est pas vn, estoient diuerses choses, non seulement en nombre, mais aussi en espece; que i'oserois dire que les asnes mesmes qui semblent les plus stupides des animaux, sçauent cela ne-*

I iij

turellement. Aristote a voulu dire la mesme chose, demandant pourquoy l'homme est le plus prudent de tous les animaux : & en vn autre lieu, pourquoy l'homme est le plus iniuste de tous les animaux : par où il declare cela mesme que Galien a dit : Que la differēce qu'il y a de l'homme à la beste brute, est la mesme qui se trouue entre l'homme ignorant & le sage ; seulement du plus ou du moins. En tout cas, on ne sçauroit douter de cecy, que les bestes brutes n'ayent vne memoire, vne imagination, & vne autre puissance qui ressemble à l'entendement, comme le Singe ressemble à l'homme, & que leur ame ne se serue de la composition du cerueau, laquelle estant bonne, & telle qu'il est conuenable, elle fait fort bien ses actiōs & auec grande prudence, & si le cerueau est mal organisé, elle y commet mille fautes. Ainsi voyons nous des asnes qui sont proprement asnes pour leur lourdise, & d'autres si malicieux & si subtils, qu'ils vont au delà de leur espece. Entre les cheuaux on trouue plusieurs vices & plusieurs vertus, & les vns plus aisez à dresser que les autres: ce qui vient de ce qu'ils ont le cerueau bien ou mal organizé. Nous donnerons au Chapitre suiuant, la raison & la solution de ce doute, parce que là nous retoucherons cette matiere.

Il y a encore d'autres parties au corps, du temperament desquelles depend l'esprit, autant que du cerueau, dont nous traiterons au dernier chapitre de ce Liure. Mais outre celles-là & le cerueau, il y a au corps vne autre substance, de laquelle se sert en ses actions l'ame raisonnable; de sorte qu'elle demande les trois dernieres qualitez, aussi bien que le cerueau, qui sont, la suffisante quantité, la substance delicate, & le bon temperament. Ce sont les esprits vitaux, & le sang des arteres, qui courent par tout le corps, & sont tousiours attachez à l'imagination & la suiuent. L'office de cette substance spirituelle, c'est de resueiller les puissances de l'homme, & de leur donner force & vigueur, afin qu'elles puissent exercer leurs actions. L'on

I iiij

connoist clairement que c'est là son vsage, si l'on vient à considerer les mouuemens de l'imaginatiue, & les effets qui s'en ensuiuent: Car si l'homme vient à se representer quelque honte qu'on luy aura faite, le sang des arteres accourt incontinent au cœur, resueille la faculté irascible, & luy donne de la chaleur & des forces pour se vanger. Si l'homme pense à quelque belle femme, ou que son imagination luy represente les plaisirs de la chair, ses esprits vitaux accourent incontinent aux membres de la generation, & les souffleuent & animent à l'acte. La mesme chose arriue quand il nous souuient de quelque viande delicate & sauoureuse ; car aussi-tost ils abandonnent tout le reste du corps, accourent à l'estomach, & font venir l'eau à la bouche ; & leur mouuement est si prompt, que si quelque femme enceinte a enuie de manger quelque chose & qu'elle se l'imagine fortement, nous voyõs par experience qu'elle accouche, si bien-tost on ne la luy dõne. Et la raison naturelle de cet effet

des Esprits. 137
est que ces esprits vitaux, deuant que cette enuie suruint, estoient au ventre qui aidoient à soustenir l'enfant ; mais cette nouuelle imagination de viande les ayant rappellez à l'estomach, afin de réueiller l'appetit ; si le ventre n'est pourueu durant ce temps-là, d'vne grande force & vertu de retention, il ne peut soustenir la creature, & par ce moyen la femme vient à auorter. Galien sçachant bien quelle estoit la vertu de ces esprits vitaux, conseille aux Medecins de ne pas donner à manger aux malades, tant que les humeurs seront cruës & à cuire ; pource qu'aussi-tost qu'ils sentent qu'il y a à manger dans l'estomach, ils laissent ce qu'ils faisoient, & s'en viennent à l'estomach, afin de luy aider. Le cerueau reçoit le mesme bien & secours de ces esprits vitaux, quand l'ame raisonnable veut contempler, entendre, imaginer & faire des actes de memoire, sans lesquels elle ne peut operer. Et comme la substance grossiere & le mauuais temperament du cerueau font perdre l'esprit : ainsi les esprits vi-

taux, & le sang des arteres, n'estant pas delicats & de bon temperament, empeschent l'homme de bien discourir & raisonner. C'est pour cette cause que Platon a dit que la douce & bonne temperature du cœur, rêdoit l'esprit aigu & subtil : ayant prouué autrepart que le cerueau & non pas le cœur estoit le principal siege de l'ame raisonnable : & cela vient de ce que ces esprits vitaux s'engendrent au cœur, & reçoiuent telle substance & temperament qu'a celuy qui les forme. De ce sang des arteres s'entend ce qu'Aristote a dit, que les hommes qui auoient le sang chaud, delicat & pur, estoient bien composez, parce qu'ils ont tout ensemble les forces du corps & vn esprit fort espuré. Les Medecins appellent ces esprits vitaux, *Nature*, dautant qu'ils sont l'instrument principal, auec lequel l'ame raisonnable exerce ses actions, & d'eux aussi se peut dire auec verité, *la Nature fait habile.*

Entre ces mots, *que d'eſtre en vn corps chargé d'os, de greſſe & de chair*, page 127.

Et ceux-cy. *C'eſt pourquoy Platon dit*: En l'autre impreſſion, il y a ce qui ſuit.

Hippocrate parlant de la gueriſon d'vne certaine eſpece de folie qui vient d'excez de chaleur, recommande ſur tout que le malade ne mange point de chair; mais ſeulement des herbes & du poiſſon, & qu'il ne boiue point de vin, mais ſeulement de l'eau, & que s'il a trop de corps, s'il eſt trop gras & trop replet, on taſche à le faire deuenir maigre, & pour ſa raiſon il dit, *Qu'il eſt extrememement neceſſaire à l'homme qui voudra eſtre tres-ſage, de n'eſtre pas chargé de chair ny de greſſe; mais pluſtoſt d'eſtre maigre & menu, parce que le temperament de la chair eſt chaud & humide, auec lequel il eſt impoſſible, ou tres malaiſé, que l'ame ne deuienne folle ou hebetée*; Pour preuue dequoy il rapporte l'exemple du pourceau, diſant que c'eſt le plus ſtupide de toutes les bestes brutes, à cause de la quantité de chair qu'il a, son ame (au dire de Crysippe) ne luy seruant que de sel pour empescher le corps de se corrompre. Cette opinion est aussi confirmée par Aristote, quand il dit, que l'hōme qui a la teste fort grosse & charnuë, est vn sot, & il le compare à vn asne, parce que eu égard aux autres parties du corps, il n'y a point de teste d'animal où se ramasse tant de chair qu'en la teste de l'asne. Mais pour ce qui regarde la corpulence, il faut remarquer qu'il y a deux sortes d'hommes gros; Il y en a qui sont remplis de chair & de sang, dont le temperament est chaud & humide; Il y en a d'autres qui n'ont pas tant de chair ny de sang, comme ils sont pleins de graisse, dont le temperament est froid & sec. C'est des premiers que se doit entendre l'opinion d'Hippocrate, parce que la grande chaleur & humidité, & la quantité de fumées & de vapeurs qui se leuent sans cesse dans ces corps-là; obscurcissent & renuersent le raisonnement : Ce

des Esprits. 141

qui n'arriue pas à ceux qui sont seulement gros de graisse, que les Medecins n'osent faire saigner, parce qu'ils ont tous faute de sang; & là où il ne se trouue pas tant de chair ny de sang, pour l'ordinaire se trouue beaucoup d'esprit. Galien voulant nous faire entendre la grande amitié & correspondance qu'il y a de l'estomach auec le cerueau, particulierement en ce qui regarde l'esprit & la sagesse, a dit. *Le gros ventre fait le gros entendement.* Et s'il entend cecy de ceux qui sont chargez de graisse, il n'a pas raison, parce qu'ils ont l'esprit tres-aigu. C'est sur ce raisonnement là que Perse a deu se fonder, quand il a dit, *que le ventre donnoit de l'esprit.*

Il n'y a rien, ce dit Platon, qui trouble tant nostre ame, ny qui luy fasse plustost perdre ses bons raisonnemens, que les fumées & les vapeurs qui se leuent de l'estomach & du foye, au temps que les viandes se cuisent, & il n'y a rien au contraire qui l'esleue à de si hautes meditations, comme de ieûner, & d'auoir vn corps décharné, & qui ne soit pas trop remply de sang; qui est ce que l'Eglise Catholique chante. *Toy qui viuifies & releues l'esprit par la mortification & l'abbaissement du corps; qui par ce moyen là mesme reprimes les vices, & nous donnes les vertus & apres les vertus, la recompense.* En cette grande grace que Dieu fit à saint Paul, quand il l'appella du haut du Ciel, il demeura trois iours sans manger, rauy en extase & dans l'admiration des faueurs incomparables qu'il auoit receuës, à l'heure mesme qu'il estoit plongé au milieu du vice & du peché.

Au lieu de ce qui est depuis ces mots, *par où l'on peut connoistre que les bestes brutes* page 132. iusques à la fin du Chapitre, il y a dans l'autre impression, ce qui suit.

A Quoy l'on respond que l'homme & les bestes brutes conuiennent en ce qui est d'auoir vn temperament des quatre premieres qualitez, sans lesquelles il leur seroit impossible de subsister;

des Esprits. 143

ainsi sont ils tous composez des quatre Elements, de la terre, de l'eau, de l'air & du feu, d'où naissent & procedent la chaleur, la froideur, l'humidité & la secheresse. Ils conuiennent aussi en ce qui est des actions de l'ame vegetatiue; ainsi la Nature leur a donné à tous, les organes & les instrumens qui sont necessaires pour se nourrir; tels que sont les fibres droites, celles qui sont de trauers & celles qui sont obliques, dont se seruent les quatre facultez naturelles. Ils conuiennent aussi en ce qui est de l'ame sensitiue; ainsi ont ils tous des nerfs, qui sont les organes du sentiment. Ils conuiennent aussi en ce qui est du mouuement local; ainsi ont-ils tous des muscles, qui sont les instrumens que la Nature a ordonnez pour se mouuoir d'vn lieu à l'autre. Ils conuiennent aussi en ce qui est de la memoire & de la fantaisie; ainsi ont-ils tous vn cerueau pour seruir d'instrument à ces deux facultez; qui est composé en tous d'vne mesme sorte. La puissance par laquelle l'homme est different des bestes brutes, c'est l'entendement, & parce que cet entendement agit sans aucun organe corporel, & qu'il n'en depend ny pour son estre, ny pour sa conseruation; c'est pour cela que la Nature n'a eu que faire de rien adiouster de nouueau en la composition du cerueau de l'homme. Mais dautant que l'entendement a besoin des autres facultez pour agir, & que ces autres facultez ont le cerueau pour organe en leurs actions; nous disons que le cerueau de l'homme doit auoir les conditions que nous auõs posées, afin que l'ame raisonnable puisse par son moyen faire des actions conformes & conuenables à son espece. Quant aux bestes brutes, il est certain qu'elles ont vne memoire & vne fantaisie, & quelque autre puissance qui a du rapport auec l'entendement, tout ainsi que le Singe ressemble à l'homme.

CHAP.

CHAPITRE VII.

Où il se monstre que l'ame vegetatiue, la sensitiue & la raisonnable, sont sçauantes sans estre enseignées de personne, quand elles rencontrent le temperament qui conuient à leurs actions.

LE temperament des quatre premieres qualitez, que nous auons cydessus appellé *Nature*, a vne si grande force pour faire que les plantes, les bestes brutes & l'homme, ne manquent point de bien agir, chacun selon son espece; que s'il arriue au point parfait qu'il peut estre, soudain & sans que personne les enseigne, les plantes sçauent former des racines dans terre, attirer l'aliment, le retenir, le cuire & reietter les excremens: & les bestes brutes connoissent aussi-tost qu'elles sont nées, ce qui est conuenable à leur nature, &

K

fuyent ce qui leur eſt mauuais & nuiſible. Et ce qui eſtonne le plus ceux qui ne ſçauent pas la Philoſophie naturelle, eſt que l'homme ayant le cerueau bien temperé & diſposé ſelon que requiert quelque ſcience, incontinent & ſans l'auoir iamais appriſe de perſonne, il dit touchant cette ſcience, & met en auant des choſes ſi hautes & ſi ſubtiles, qu'à peine le pourroit-on croire. Les Philoſophes vulgaires voyant les actions merueilleuſes que font les beſtes brutes, diſent qu'il ne s'en faut pas eſtōner, pource qu'elles font telles choſes par vn inſtinct de Nature, laquelle enſeigne à chacune en ſon eſpece, ce qu'elle doit faire. En quoy ils diſent bien, pource que deſia nous auons prouué que la Nature n'eſt autre choſe que le temperament des quatre premieres qualitez, & que c'eſt luy qui eſt le Maiſtre, qui enſeigne aux ames, comme elles doiuent exercer leur office. Mais ces Philoſophes appellent *inſtinct de nature*, certain amas de choſes qu'on ne ſçait ce que c'eſt, & qu'ils n'ont iamais peu de-

des Esprits. 147

clarer ny donner à entendre. Les bons Philosophes, comme sont Hippocrate, Platon & Aristote, rapportent toutes ces actions merueilleuses à la chaleur, froideur, humidité & secheresse, qu'ils prennent pour premier principe, & ne passent point plus auant : & quand on leur demande qui a enseigné aux bestes brutes à faire des actions dont nous sommes émerueillez, & aux hommes à raisonner ? Hippocrate respond, *Les natures de tous sans docteur ny maistre*, comme s'il disoit; Les facultez ou le temperament dans lequel ces facultez consistent, sont toutes sçauantes sans auoir rien appris de personne. Ce que nous verrons clairement, si nous considerons les actions de l'ame vegetatiue, & de toutes les autres qui gouuernent l'homme : car si elle a vn peu de semence humaine, bien temperée, bien cuite, & bien assaisonnée, elle forme vn corps si bien composé, si parfait & si beau, que les meilleurs Sculpteurs du monde ne le sçauroient qu'imparfaitement imiter. De façon que Galien estonné de

K ij

voir vne si merueilleuse fabrique, le nombre de ses parties, la situation, la figure & l'vsage de chacune à part, vint à dire qu'il n'estoit pas possible, que l'ame vegetatiue & le temperament sceussent faire vn ouurage si admirable, & que Dieu seul en estoit l'autheur, ou bien quelque Intelligence tres-sage. Mais desia nous auons reprouué ailleurs cette façon de parler, pource qu'il n'est pas bien seant aux Philosophes naturels de rapporter les effets immediatement à Dieu, en laissant là les causes secondes, principalement en ce cas, où nous voyons par experience, que si la semence de l'homme est de mauuaise substance, & n'a pas le temperament qui luy est propre, l'ame vegetatiue produit mille choses extrauagantes: Car si la semence est plus froide & plus humide qu'il ne faut, Hippocrate dit que les hommes viennent au monde Eunuques, ou Hermaphrodites: si elle est trop chaude & trop seche, Aristote dit qu'elle les fait ayant de grosses lévres, les pieds tortus, & le nez camus, comme en Ethiopié ; & si elle est trop humide, dit le mesme Galien, les hommes deuiennent lourds & de grands malbastis ; & si elle est trop seche, elle les fait de trop petite stature : tous lesquels défauts sont de grandes difformitez en l'espece humaine, pour lesquelles il n'y a point de raison de loüer la Nature, ny de l'estimer sage ; là où si Dieu estoit luy seul autheur de ces ouurages, aucune des qualitez dont nous auons parlé, ne pourroit empescher qu'ils ne fussent parfaits. Il n'y a eu que les premiers hommes qui furent au monde, qui ayent esté formez de la propre main de Dieu, comme dit Platon : mais tous les autres sont nais depuis par le cours ordinaire des causes secondes, lesquelles se trouuant en bon ordre, l'ame vegetatiue exerce tres bien son deuoir, & quand elles ne concourent pas comme il faut, elle produit mille absurditez. Le bon ordre de Nature pour cet effet, c'est que l'ame vegetatiue ait vn bon temperament. Autrement, que Galien & tous les Philosophes du monde rendent la raison pour quoy l'ame vegetatiue a tant de sçauoir & de puissance au premier aage de l'homme, à former le corps, l'augmenter & le nourrir, & quand la vieillesse est venuë elle ne le peut faire? En effet, s'il vient à tomber vne dent à quelque vieillard, il n'y a ny moyen ny remede pour luy en faire repousser vne autre, au lieu que si l'enfant perd toutes les siennes, nous voyons que la Nature luy en fait reuenir d'autres. Comment donc est-il possible qu'vne ame qui n'a fait autre chose en tout le cours de la vie, que d'attirer la viande, la retenir, la cuire, reietter les excremens, & rengendrer les parties qui manquoient, ait à la fin de la vie tout oublié & ne le puisse plus faire? Il est certain que Galien respondra que l'ame vegetatiue est sage & puissante en l'enfance, à cause de sa grande chaleur & humidité naturelle, & qu'en la vieillesse, elle n'a ny le pouuoir ny le sçauoir de faire de semblables choses, à cause de la grande froideur & secheresse du corps en cét aage là.

Le sçauoir de l'ame sensitiue depend

aussi du temperament du cerueau; car s'il est tel que ses actions demandent, elle ne manque point de les bien exercer; autrement, elle y commet mille fautes aussi bien que l'ame vegetatiue. Galien pour contempler & connoistre à veuë d'œil le sçauoir & l'industrie de l'ame sensitiue, prit vn Cheureau qui ne faisoit que de naistre; lequel estant mis à terre, commença à marcher, comme si on luy eust dit & enseigné que les pieds estoient pour cét vsage: Apres, il secoüa l'humeur superfluë qu'il auoit apportée du ventre de la mere, & leuant le pied, il se gratta derriere l'oreille; & comme on luy eust mis plusieurs escuelles deuant luy pleines de vin, d'eau, de vinaigre, d'huyle & de lait, apres les auoir toutes flairées, il ne mangea que du lait. Ce qu'ayant veu plusieurs Philosophes qui estoient lors presens, ils commencerēt à s'escrier qu'Hippocrate auoit grande raison de dire, *Que les ames estoient sçauantes sans auoir esté enseignées d'aucun maistre.* Ce qui est la mesme chose que ce que dit le Sage. *Va paresK iiij seux apprendre ta leçon de la fourmy, considere son trauail, & deuiens sage à son exemple: voy comme sans guide ny maistre, elle fait durant l'Esté, sa prouision pour l'hyuer.* Galien ne se contenta pas de cette seule experience, mais deux mois apres il le fit mener aux champs si affamé, qu'il estoit presque mort, & là flairant plusieurs herbes, il mangea seulement de celles dont les chévres ont coustume de se paistre. Mais si, comme Galien se mit à considerer les actions de ce Cheureau, il eut contemplé celles de trois ou quatre ensemble, il eut veu les vns cheminer mieux que les autres, se secoüer mieux, se gratter mieux, & faire mieux ce que nous auons dit. Et si Galien eust nourry deux Poulains de mesme race, il eust reconnu que l'vn auroit marché de meilleure grace, auroit mieux couru, auroit esté plus obeïssant & de meilleur arrest que l'autre; & s'il eust pris vn nid d'Espreuiers pour les nourrir & les esleuer, il eust trouué que l'vn auroit extremement aimé à prendre l'essor, l'autre auroit esté grand

des Esprits. 153

Chasseur, & l'autre goulu & mal nay. Il eut trouué la mesme chose dans les Chiens Couchans & dans les Leuriers, qui estans venus de mesmes pere & mere, à l'vn il ne luy faut que parler à la Chasse, & à l'autre tout ce qu'on luy dit, ne sert non plus, que si c'estoit quelque mâtin qui auroit accoustumé de garder le bestail. Tout cela ne se peut rapporter à ces vains instincts de nature, que les Philosophes s'imaginent: car si on leur demande pourquoy vn Chien a meilleur instinct que l'autre, attendu qu'ils sont tous deux d'vne mesme race & d'vne mesme espece, ie ne sçay ce qu'ils pourront respondre, s'ils n'ont recours à leur refrain ordinaire, & ne disent que Dieu a enseigné l'vn plus que l'autre, & luy a donné plus grand instinct naturel. Et si on leur demande derechef pourquoy ce bon Chien estant ieune, chasse bien, & estant deuenu vieil n'est plus si habile; & au contraire, pourquoy estant ieune, il ne sçait pas chasser, & estant vieil, il est adroit & rusé à la Chasse? Ie ne sçay pas ce qu'ils pourront respondre. Pour moy ie dirois que le Chien qui se monstre plus habile que l'autre à la chasse, est mieux temperé de cerueau; & quant à ce qu'il chasse bien en ieunesse, & ne peut chasser estant vieil; que cela prouient de ce qu'en vn temps il a le temperament que requierent les habiletez & l'addresse de la chasse; & en vn autre, non. D'où l'on infere que puisque le temperament des quatre premieres qualitez, est la raison pour laquelle vne beste brute fait mieux son office qu'vne autre de son espece mesme, le temperament est le maistre, qui monstre à l'ame sensitiue ce qu'elle doit faire. Que si Galien eust consideré les voyes & les allées & venuës de la fourmy, & qu'il eust pris garde à sa prudence, misericorde, iustice & gouuernement, il fut demeuré court aussi bien que nous, voyant vn animal si petit pourueu d'vne si grãde sagesse, sans auoir eu aucun maistre qui l'ait enseigné. Mais quand nous sçaurons le temperament du cerueau de la fourmy, & que nous remarquerons combien il est propre pour la sagesse, ainsi que nous ferons voir cy-apres;alors toute nostre admiration cessera, & nous connoistrons que les bestes brutes, par le moyen du temperament de leur cerueau, & auec les images qui leur entrent par les cinq sens, font les actions pleines d'habileté que nous leur voyons faire. Et de ce que parmy les animaux d'vne mesme espece, l'vn est plus docile & plus ingenieux que l'autre, cela vient du cerueau qu'il a mieux temperé: desorte que si par quelque occasion ou par quelque maladie, ce bon temperament venoit à se changer & s'alterer, il perdroit incontinent son habileté, comme fait l'homme.

Maintenant s'offre la difficulté touchant l'ame raisonnable, comment il se peut faire qu'elle soit aussi pourueuë de cét instinct naturel, aux actions de son espece, qui sont sagesse & prudence, & comment tout soudain par le moyen du bon temperament, l'homme peut sçauoir les sciences, sans les auoir apprises de personne, attendu que l'experience nous fait voir que si on ne les apprend, personne ne veint au monde auec elles? Entre Platon & Aristote, il y a vne grande question fort debattuë, pour verifier d'où peut prouenir le sçauoir de l'homme. L'vn dit que nostre ame raisonnable est plus ancienne que le corps, pource que deuant que la Nature le composast, l'ame estoit desia au Ciel en la compagnie de Dieu, d'où elle sortit pleine de science & de sagesse; mais que venant à informer le corps, elle vient à perdre cette science & sagesse, à cause du mauuais tēperament qu'elle trouue, iusqu'à ce que par suitte de temps, ce mauuais tēperament vient à s'amander, & qu'il en succede vn autre meilleur en sa place, par le moyen duquel, pource qu'il est plus propre aux sciences qu'elle a perduës, elle vient peu à peu à se ressouuenir de ce qu'elle auoit oublié. Cette opinion est fausse, & ie m'estonne que Platon qui estoit vn si grand Philosophe, n'ait pas peu donner la raison du sçauoir humain, voyant que les bestes brutes sōt pourueües de leur prudence & habileté naturelle, sans que leur ame ait esté hors du corps, ny instruite dans le Ciel ; c'est pourquoy il n'est pas excusable, attendu principalement qu'il auoit leu dans la Genese (où il adiouſtoit tant de foy) que Dieu forma le corps d'Adam, deuant que de créer l'ame. Le semblable arriue encore à present, excepté que c'est la Nature qui engendre le corps, & lors qu'il a sa derniere disposition, Dieu crée & infuse l'ame dans le mesme corps ; sans qu'elle demeure dehors l'espace d'vn sul moment.

Aristote a pris vn autre chemin, disant : *Toute doctrine & toute discipline vient d'vne cognoissance qui a precedé*, comme s'il eust dit, tout ce que sçauent & tout ce qu'apprennent les hommes vient de l'auoir ouy, veu, senty, gousté & touché : pource que l'entendement ne peut auoir aucune connoissance qui n'ait passé premierement par quelqu'vn des cinq sens. C'est pourquoy il a dit que ces puissances sortent des mains de la nature, comme vne table d'attente, où il n'y a rien de peint, laquelle opinion est aussi fausse que celle de Platon. Et afin que nous le puissions mieux prouuer & faire connoistre, il faut premierement demeurer d'accord auec les Philosophes, qu'au corps humain il n'y a pas plus d'vne ame, qui est la raisonnable, laquelle est le principe de tout ce que nous faisons & mettons en execution; quoy qu'il y ait des opinions contraires, & des personnes qui souftiennent qu'auec l'ame raisonnable, il y en a deux ou trois autres. Cela estant ainsi pour ce qui est des actions que fait l'ame raisonnable comme ame vegetatiue, nous auons desia prouué qu'elle sçait former l'homme, & luy donner la figure qu'il doit auoir; qu'elle sçait attirer l'aliment, le retenir, le cuire & reietter les excremés;& que s'il vient à manquer au corps quelque partie, elle sçait la refaire de nouueau & luy donner la composition que demande l'vsage auquel elle est destinée. Et quant aux actions des facultez sensitiue & motrice ; l'enfant aussi-tost qu'il est nay, sçait tetter & demener les lévres pour tirer le lait, & cecy auec tant d'addresse, que l'homme le plus sage du monde ne le sçauroit si bien faire. Outre cela il recherche les qualitez qui sont conuenables à la conseruation de sa nature, & fuit ce qui luy est nuisible & dommageable: il sçait pleurer & rire sans l'auoir appris de personne. Et si cela n'est ainsi? Que les Philosophes vulgaires me disent qui a enseigné aux enfans de faire ces actions, ou par quel sens leur est entrée cette connoissance, qu'il les falloit faire? Ie sçay bien qu'ils respondront que Dieu leur a donné cet instinct naturel, comme aux bestes brutes: en quoy ils ne disent pas mal, si l'instinct naturel est la mesme chose que le temperament.

L'homme aussi-tost qu'il est nay, ne peut pas exercer les actions propres à l'ame raisonnable, qui sont, entendre, imaginer & faire des actes de memoire, parce que le temperament des enfans est mal propre à de telles actions & fort propre à la vegetatiue & sensitiue: comme celuy de la vieillesse est conuenable à l'ame raisonnable, & mauuais à la vegetatiue & senſitiue. Et ſi, comme le cerueau acquiert peu à peu le temperament qui ſert à la prudence, il pouuoit l'obtenir tout à coup, l'homme ſçauroit à l'heure meſme diſcourir & Philoſopher, mieux que s'il l'auoit appris aux Eſcoles: mais comme la Nature ne le peut donner que par ſucceſſion de temps, auſſi l'homme va-t'il acquerant peu à peu la ſcience. Que c'en ſoit là la vraye cauſe, on le verra clairement ſi l'on conſidere, que depuis que l'homme eſt fort ſage, il vient peu à peu à ſe rendre ignorant, pource que de iour en iour, quand il approche de l'aage dernier & decrepit, il acquiert vn autre temperament tout contraire. Quant à moy, ie croy, que comme la Nature fait l'homme de ſemence chaude & humide, qui eſt le temperament qui enſeigne à l'ame vegetatiue & à la ſenſitiue ce qu'elles doiuent faire ; ſi elle le formoit de ſemence froide & ſeche, en naiſſant il ſçauroit diſcourir & raiſonner, & n'auroit pas l'habileté de tetter, dautant que ſon temperament ne s'accorderoit

pas

pas auec de telles actions. Mais afin que l'on connoisse par experience, que si le cerueau est temperé, selon que les sciences naturelles le requierent, il n'est pas besoin de maistre qui nous enseigne, il faut auoir égard à vne chose qui arriue tous les iours; qui est, que si l'homme tombe en quelque maladie, qui fasse que le cerueau change soudain son temperament (comme est la manie, la melancolie & la frenesie) il perdra en vn moment, s'il estoit sage & prudent, tout ce qu'il auoit de prudence, de sçauoir & de sagesse, & dira mille extrauagances; & s'il est ignorant, il acquerra plus d'esprit & d'habileté qu'il n'auoit auparauant. Au moins donneray-ie bon tesmoignage d'vn certain Laboureur, qui estant frenetique, fit vn discours deuant moy, par où il recommandoit son salut aux assistans & les prioit d'auoir soin de ses enfans & de sa femme, s'il plaisoit à Dieu l'appeller de ce monde; auec autant de lieux de Rhetorique, & vne aussi grande elegáce & pureté de mots, que Ciceron en auroit peu trouuer pour

L

haranguer en plein Senat: Dequoy les assistans demeurant estonnez; ils me demanderent d'où pouuoit prouenir vne si grande eloquence & sçauoir, en vn homme qui en santé, à peine pouuoit parler: Et il me souuient que ie fy response, que la faculté de haranguer estoit vne science qui prouenoit de certain point & degré de chaleur, & que ce laboureur y estoit paruenu par le moyen de sa maladie. Ie pourray bien aussi asseurer d'vn autre frenetique, qu'en plus de huit iours il ne dit pas vne parole, qu'il ne luy trouuast incontinent sa rime, & le plus souuent il faisoit quelque stance entiere fort bonne, & les assistans demeurans, estonnez d'ouyr parler en vers vn homme, qui en santé n'en sceut iamais faire vn, ie leur dis, qu'il n'arriuoit gueres que celuy-là fust Poëte en la frenesie, qui l'estoit en santé; pource que le temperament du cerueau que l'homme a quand il est en santé, & auec lequel il est Poëte, d'ordinaire se doit renuerser dans la maladie, & luy faire produire des actions contraires. Ie me souuiens que la femme de ce frenetique, & vne sœur (qui s'appelloit Marigarcia) le reprenoient de ce qu'il disoit du mal des Saints; dequoy le malade entrant en colere, parla à sa femme de cette sorte. *Pues reniego de Dios por amor de vos, y de Santa Maria, por amor de Marigarcia, y de san Pedro, por amor de Iuan de Olmedo*: & continua ainsi par plusieurs Saints, qu'il faisoit rimer auec les noms des autres assistans. Mais cela n'est rien au prix des choses hautes & subtiles, que dit le Page d'vn grand Seigneur d'Espagne estant maniaque, quoy qu'en santé il fust tenu pour vn ieune homme de peu d'esprit: mais estant tombé malade, il faisoit des rencontres si agreables & de si bonnes responses à ce qu'on luy demandoit, & se formoit vne si belle idée pour bien gouuerner vn Royaume (dont il s'estimoit le Maistre) que chacun le venoit voir & ouyr par merueille Et son propre Maistre ne sortoit gueres du cheuet de son lit, souhaitant qu'il ne guerist iamais. Ce que l'on recognust apres aisément: car le Page estant deliuré de cette maladie, le Medecin qui le traitoit s'en alla prendre congé de son maistre, en esperance de receuoir quelque recompense, ou pour le moins quelques bonnes paroles: mais voicy ce qu'il luy dit: Ie vous asseure, Monsieur le Medecin, que ie ne fus iamais si fasché d'aucun mal qui me soit arriué, que ie le suis maintenant, de voir mon page guery, pource qu'il me semble qu'il n'estoit pas raisonnable de changer vne si sage folie, en vn entendement lourd comme le sien, quand il est en santé. Il m'est aduis que de prudēt & auisé qu'il estoit, vous l'auez fait deuenir vn sot & vne beste, qui est la plus grande misere qui puisse arriuer à vn homme. Le pauure Medecin voyant le peu de gré qu'on luy sçauoit de ce qu'il auoit fait, s'en alla prendre aussi congé du Page, & enfin apres plusieurs propos tenus de part & d'autre, le Page luy dit: Monsieur ie vous remercie humblement & vous baise les mains, du grand bien que vous m'auez fait en me faisant recouurer le iugement, mais ie vous iure ma foy, que i'ay quelque regret d'estre guery, pource qu'estant dans ma folie, ie viuois dans les plus belles imaginations du monde, & pensois estre si grand Seigneur, que ie croyois qu'il ne se trouuoit pas vn Roy sur la terre, qui ne fust mon vassal. Et que m'importoit il que cela fust vn mensonge, puisque i'y prenois autant de plaisir, que si c'eustt esté la verité mesme. Ma condition est bien pire à cette heure, que ie ne me trouue effectiuement qu'vn pauure Page, qui doit commencer demain au matin à seruir celuy, qu'à peine eusse-ie daigné dans ma maladie, prendre pour me seruir. Que les Philosophes reçoiuent tout cecy & croyent qu'il se peut faire, il n'est pas de grande consequence: mais si ie leur certifiois maintenant par des Histoires tres veritables, que quelques hommes ignorans, estant malades de cette maladie, ont parlé Latin, sans l'auoir appris en santé, que diroient ils? Ie pourrois parler d'vne femme frenetique, qui découuroit à tous ceux qui l'alloient voir leurs vertus & leurs vices, & quelquefois rencontroit auec bien autant de certitude qu'ont accouſtumé de faire ceux qui deuinent par ſignes & coniectures; de ſorte que perſonne n'oſoit l'aller voir, de crainte des veritez qu'elle reueloit. Et ce qui cauſa encore plus d'admiration, fut, que comme le Barbier la ſaignoit, elle luy dit: Regarde ce que tu fais, car tu n'as plus gueres de iours à viure, & ta femme ſe doit remarier auec vn tel, ce qui fuſt vray, quoy que dit à l'auanture, & arriua deuant que ſix mois fuſſent paſſez. Il m'eſt auis deſia que i'entends dire à ceux qui fuyent la Philoſophie naturelle, que tout cecy n'eſt qu'vne pure mocquerie & menſonge, ou que ſi cela eſt vray, le Diable comme il eſt fin & ſubtil, entra par la permiſſion de Dieu, dans le corps de cette femme, & des autres frenetiques dont nous auons parlé, & leur fit dire ces choſes merueilleuſes. Encore doiuent-ils faire difficulté de dire cela, pource que le Diable ne peut ſçauoir ce qui eſt à venir, n'ayant pas l'eſprit de Prophetie. Ils tiennent pour vn fort argument de dire, cela est faux, pource que ie n'entends pas comment il se peut faire; comme si les choses hautes & sublimes, se laissoient comprendre à toute sorte d'entendements. Ie ne veux pas conuaincre icy par raisons ceux qui ont faute d'esprit; pource que ce seroit trauailler en vain: mais ie leur veux faire dire par Aristote que les hommes qui ont le temperament que leurs actions demandent, peuuent sçauoir plusieurs choses sans les auoir connuës par aucun sens particulier, & sans les auoir apprises de persóne: *Plusieurs aussi à cause que cette chaleur est proche du siege de l'esprit, sont empeschez & surpris des maladies de folie, ou bien sont eschauffez de l'instinct furieux; d'où viennent les Sibilles & les Bacchantes & ceux que l'on croit inspirez d'vn esprit diuin; cela arriuant non par maladie, mais par vne intemperie naturelle. Marcus Citoyen de Siracuse, en estoit meilleur Poëte, quand il estoit aliené d'esprit, & ceux en qui cette excessiue chaleur se relasche & se modere, sont entierement melancholiques, mais beaucoup plus sages.* Aristote confesse ouuertement par ces paroles, qu'à cause de l'excessiue chaleur du cerueau, plusieurs hommes connoissoient les choses à venir, comme les Sibilles: ce qui ne prouient pas, à ce qu'il dit, de maladie, mais de l'inegalité de la chaleur naturelle. Et que c'en soit là la raison, il le prouue clairement par vn exemple, disant que Marcus le Syracusien estoit plus excellent Poëte, lors qu'il estoit hors de soy, par la trop grande chaleur du cerueau, & que quand cette chaleur venoit à se moderer, il perdoit l'art de faire des vers, mais il demeuroit plus prudent & plus sage. De sorte que non seulement Aristote admet pour cause principale de ces estranges effets, le temperament du cerueau; mais il reprend aussi ceux qui disent que c'est vne reuelation diuine & non pas vne chose naturelle.

Hippocrate fut le premier qui nomma du nom de diuin, ces effets merueilleux: *S'il y a quelque chose de diuin dans les maladies, il faut aussi apprendre à en faire le prognostique*. Par où il aduise les Medecins, que si les malades deuinent, ils iugent delà, en quel estat ils sont, & qu'ils predisent la fin du mal. Mais ce qui m'estonne plus en ce point, est que si ie demande à Platon, d'où vient que de deux enfans d'vn mesme pere, l'vn sçait faire des vers, sans que personne le luy ait appris, & l'autre trauaillant aussi en l'art de Poësie, n'en sçauroit faire? il faudra qu'il responde que celuy qui est nay Poëte, est remply d'vn Demon qui l'inspire, & l'autre, non. C'est pourquoy Aristote a eu raison de le reprendre, puis qu'il pouuoit bien rapporter cela au temperament, comme il auoit fait autre part.

Quant au frenetique qui parle Latin sans l'auoir appris estant en santé; cela monstre le rapport & la conuenance qu'il y a de la langue Latine auec l'ame raisonnable. Or est-il que, comme nous prouuerons cy apres, il y a vn esprit particulier & propre pour inuenter les langues; & les mots Latins, & façons de parler de cette langue, sont si raisonnables & ont vne si bonne cadance pour les oreilles, que l'ame raisonnable rencontrant le temperament necessaire pour inuenter vne langue fort elegante, trouue incontinent la Latine. Or que deux inuenteurs de langues puissent forger les mesmes mots, ayant tous deux mesme esprit & mesme habileté, cela s'entendra clairement, si nous supposons que comme Dieu crea Adam, & mit toutes choses deuant luy, afin qu'il leur donnast le nom qu'elles deuoient auoir; il en eust formé vn autre en mesme temps auec la mesme perfection & grace surnaturelle; Ie demande à cette heure, si Dieu eust mis deuant celuy-cy les mesmes choses pour leur dôner les noms qu'elles deuoient auoir, quels noms leur eussent esté donnez? Ie ne doute point que ce n'eussent esté les mesmes qu'Adam auroit donnez, & la raison en est claire : pource que tous deux auoient à considerer la nature de la chose, qui n'estoit qu'vne. De cette façon le frenetique a peu rencontrer la langue Latine & parler Latin, sans l'auoir appris eſtant en ſanté : pource que le temperament naturel de ſon cerueau s'alterant par la maladie, il ſe pût faire qu'il deuint pour quelques moments de temps, tel que l'auoit celuy qui inuenta la langue Latine, & qu'il prononça comme les meſmes mots, non pas toutesfois ſi bien arrangez & auec vne elegance ſi ſuiuie : car cela c'eſt vn ſigne que le Diable remüe la langue, ainſi que l'Egliſe enſeigne à ſes Exorciſtes. Ariſtote dit que la meſme choſe eſt arriuée à quelques enfans, qui en naiſſant ont prononcé diſtinctement quelques paroles, & puis ſont rentrez dans le ſilence: & reprend les Philoſophes vulgaires de ſon temps, leſquels ignorans la cauſe naturelle de cet effet, l'attribuoient aux Demons. Toutesfois il n'a iamais ſceu trouuer comment les enfans peuuent parler auſſi-toſt qu'ils ſont nais, & ſe taiſent auſſi-toſt apres, encore qu'il ait dit pluſieurs choſes là deſſus : mais il ne luy entra iamais en l'eſprit que ce fuſt vne inuention de Demon, ny aucun effect ſurnaturel, comme s'imaginent les

Philosophes vulgaires, qui se voyant embarrassez des choses hautes & subtiles de la Philosophie naturelle, font entendre à ceux qui ne sçauent gueres, que Dieu ou le Diable sont autheurs des effects rares & prodigieux, pource qu'ils en ignorent les causes naturelles. Les enfans qui sont engendrez de semence froide & seche, comme sont les enfans que l'on a en vieillesse, commencent à discourir & à Philosopher peu de iours & de mois apres qu'ils sont nais; pource que le temperament froid & sec, ainsi que nous prouuerons cy-apres, est fort propre aux actions de l'ame raisonnable, & que ce que deuoient faire le têps & le long cours de iours & de mois, a esté suppleé par le soudain temperament du cerueau, qui de cette sorte s'est trouué auancé par plusieurs causes qui sont ordonnées pour cet effet.

Aristote fait mention d'autres enfans qui commencerent à parler aussi-tost qu'ils furent nais, & depuis se teurent iusqu'à ce qu'ils eurent l'aage où d'ordinaire ils parlent. Tant y a que cet effet

des Esprits. 173

est à peu pres la mesme chose que ce que nous auons dit du Page & des autres maniaques & frenetiques, & mesme de celuy qui parla incontinent Latin, sans l'auoir appris en santé. Or que les enfans, estant encore au ventre de la mere, & aussi-tost qu'ils sont nais, ne puissent souffrir ces mesmes maladies, c'est vne chose qui ne se peut nier.

Quant à cette femme frenetique qui deuinoit, comment cela se pût faire, ie le donnerois mieux à entendre à Ciceron, qu'à ces Philosophes naturels: car Ciceron descriuant la nature de l'homme, parle ainsi; *Cet animal preuoyant, subtil, fin & rusé, pourueu de memoire, plein de conseil & de raison, que nous appellons homme*: Et en particulier il dit, qu'il y a vne certaine nature d'hommes, qui surpassent les autres en la cognoissance de ce qui est à venir. Il y a, dit-il, *vne certaine force & nature, qui penetre & annonce les choses futures, dont la raison n'a iamais sceu exprimer ny la force ny la nature*. La faute que font les Philosophes naturels, c'est de ne considerer pas comme fait Platon, que l'homme a esté creé à la semblance de Dieu; qu'il participe de sa diuine prouidence, & qu'il a des puissances pour connoistre toutes les trois differences de temps : la memoire pour le passé, les sens pour le present, l'imagination & l'entendement pour l'auenir : Et comme il se trouue quelques hommes qui surpassent les autres à se ressouuenir de ce qui est passé, & d'autres qui surpassent les autres à connoistre ce qui est present : aussi y en a t'il plusieurs qui naturellement sont plus habiles que les autres, à imaginer ce qui est à venir. L'vn des plus forts argumens qui ayent contraint Ciceron de croire que l'ame raisonnable estoit incorruptible, ç'a esté de voir auec quelle certitude les malades predisoient les choses futures, particulierement lors qu'ils estoient proches de la mort. Mais la difference qu'il y a entre l'esprit Prophetique & cet esprit naturel, est, que ce que Dieu dit par la bouche des Prophetes, est infallible, pource que c'est sa parole expresse; & que ce que l'homme

des Esprits. 175

predit par la force de l'imagination, n'a pas cette certitude.

Que ceux qui disent que la femme frenetique decouuroit les vertus & les vices des personnes qui l'alloient voir, par l'artifice du Diable, sçachent que Dieu donne aux hommes certaine grace surnaturelle, par laquelle ils peuuent connoistre quelles œuures sont de Dieu, & quelles, du Diable. S. Paul la met entre les dons diuins & l'appelle *Le Discernement des Esprits* : C'est par là qu'on reconnoist si celuy qui nous vient toucher est vn bon ou mauuais Ange. Car le Diable vient souuent à nous, sous l'apparence d'vn bon Ange, afin de nous seduire : au moyen dequoy nous auons besoin de cette grace surnaturelle, pour le reconnoistre & distinguer d'auec le bon. Ceux qui n'ont pas l'esprit propre à la philosophie naturelle, seront les plus esloignez de cette grace, pource que cette science & la surnaturelle que Dieu inspire, tombent en vne mesme faculté, qui est l'entendement; au moins s'il est vray que pour l'ordinaire, quand

Dieu depart ſes graces, il s'accommode à l'eſprit naturel de chacun, comme i'ay dit cy-deſſus.

Iacob eſtant à l'article de la mort (qui eſt vn temps où l'ame raiſonnable eſt plus libre pour voir l'auenir) tous ſes douze fils entrerent dans ſa chambre pour le voir, & à chacun d'eux en particulier, il dit leurs vertus & leurs vices, & propheriſa ce qui deuoit auenir & à eux, & à leurs deſcendans. Il eſt certain qu'il fit cela en l'eſprit de Dieu : mais ſi l'Eſcriture Sainte & noſtre foy ne nous en aſſeuroient, comment ces Philoſophes naturels connoiſtroient-ils que c'eſtoit là vne œuure de Dieu, & vne œuure du Diable ce que faiſoit la femme frenetique, qui declaroit à ceux qui l'alloient voir leurs vertus & leurs vices, veu que ce fait eſt en partie ſemblable à celuy de Iacob ? Ils penſent que la nature de l'ame raiſonnable eſt fort eſloignée de celle du Diable : & que ſes puiſſances, l'entendement, l'imagination & la memoire, ſont d'vn autre genre fort different: En quoy ils ſe trompent ; parce que ſi

l'ame

des Esprits. 177

l'ame raisonnable anime vn corps bien organisé, comme estoit celuy d'Adam, elle n'en sçait gueres moins que le Diable le plus clairuoyant ; & quand elle est separée du corps, elle a des facultez aussi subtiles que luy. Que si les Diables trouuent l'auenir en coniecturant & raisonnant par quelques signes, l'ame raisonnable en peut autant faire quand elle se deliure du corps, ou qu'elle a cette difference de temperament, qui donne vne science de l'auenir à l'homme ; De sorte qu'il est aussi difficile à l'entendement de comprendre comment le Diable peut sçauoir des choses si hautes & si cachées, que d'en attribuer la connoissance à l'ame raisonnable. Il ne leur peut entrer dans l'esprit, qu'il y puisse auoir dans les choses naturelles des signes pour preuoir l'auenir : Et ie dy moy, qu'il y a des indices qui nous donnent connoissance du passé, du present, & qui nous font coniecturer le futur, & mesme deuiner quelques secrets du Ciel. *Car les choses de Dieu qui ne sont pas visibles aux creatures du monde, se trouuent*

M

entenduës par le moyen de celles qui sont creées. Celuy qui aura la faculté necessaire pour y paruenir, y paruiendra : & l'autre sera tel que dit Homere; L'ignorant entend le passé, & non pas l'auenir; mais celuy qui est aduisé & discret, est le Singe de Dieu, qu'il imite en plusieurs choses, & quoy qu'il ne le puisse faire auec vne si grande perfection, si est-ce qu'il le contrefait auec beaucoup de ressemblance.

Entre ces mots *qu'il n'auoit auparauant.* & ceux-cy. *Au moins donneray-ie bon tesmoignage* page 161. il y a cecy d'adiousté dans l'autre impression.

POur preuue dequoy ie ne puis m'empescher de rapporter icy ce qui arriua à Cordouë l'année 1570. (comme la Cour estoit en cette Ville-là) en la maladie d'vn Courtisan qui estoit deuenu foû & qui se nommoit Louys Lopez. Celuy-cy dans sa santé auoit entierement perdu les actions d'entendement; mais en ce qui regardoit l'imagination, il disoit des mots tres plaisans, & faisoit des rencontres de tres bonne grace; vn certain mal contagieux qui couroit alors, vint à le faire tomber dans vne fiévre chaude, au milieu de laquelle il tesmoigna tant de iugement & de sagesse, que toute la Cour en fut estonnée: Si bien qu'on luy administra les Sacremens, il fit son testament le plus prudemment du monde, & mourut en implorant la misericorde de Dieu, & demandant pardon de ses pechez. Mais ce qui causa plus d'admiration, fut que le mesme mal prit à vn homme fort sage & fort auisé, à qui l'on auoit recommandé le traictement de ce malade, & qu'il mourut depourueu tout a fait de iugement, sans faire ny dire la moindre chose raisonnable. Et la cause de cecy estoit que le temperament de ce dernier, quand il se portoit bien, estoit celuy qu'il faut pour estre sage, & que Louys Lopez l'obtint dans sa maladie; au lieu que le temperament qu'auoit Louys Lopez en santé, suruint à l'autre dans son mal.

CHAPITRE VIII.

Où il se prouue que de ces trois qualitez seules, la chaleur, l'humidité & la secheresse, prouiennent toutes les differences d'esprit qui se trouuent parmy les hommes.

TAndis que l'ame raisonnable est au corps, il est impossible qu'elle fasse des actions differentes & contraires, si pour chacune, elle n'a son propre & particulier instrument. Cela se void clairement en la faculté animale, laquelle exerce diuerses actions dans les sens exterieurs, pource que chacun a son particulier & propre organe : La veuë l'a d'vne façon, l'ouye, d'vne autre, le goust, l'odorat, & l'attouchement, d'vne autre ; Et si cela n'estoit ainsi, il n'y auroit qu'vne sorte d'actions ; tout consisteroit ou en la veuë, ou en l'oüye, ou au goust, ou en l'odorat, ou au toucher : pource que l'organe détermine la puiſſance à vne action ſeulement & non à pluſieurs. De cecy donc qui ſe paſſe manifeſtement dans les ſens exterieurs, nous pourrons recueillir ce qui ſe fait dans les ſens interieurs. Par cette meſme vertu animale, nous entendons, nous imaginons & nous nous reſſouuenons. Mais s'il eſt vray que chaque action demande ſon inſtrument particulier, il faut dire neceſſairement qu'il y a dans le cerueau vn inſtrument pour entendre, vn, pour imaginer, & vn autre, pour ſe reſſouuenir : car ſi le cerueau eſtoit tout compoſé d'vne meſme ſorte, tout côſiſteroit ou en la memoire, ou en l'entendement, ou en l'imagination ; Or nous voyons qu'il y a là des actions fort differentes ; partant il faut auoüer qu'il y a diuerſité d'inſtruments. Cependant ſi l'on ouure la teſte & que l'on faſſe diſſection du cerueau, on trouuera qu'il eſt compoſé d'vne ſubſtance ſemblable, & non point de parties de diuers genre. Seulement y trouue-t'on quatre petites ſinuoſitez, leſquelles, ſi on les conſidere bien, sont faites & composées d'vne mesme sorte, sans qu'il y ait aucune chose en quoy elles puissent estre differentes. Quel est leur vsage & dequoy elles seruent dans la teste, il n'est pas aisé de le resoudre, pource qu'encore que Galien & les Anatomistes, tant modernes qu'anciens, se soient efforcez de le trouuer ; il n'y en a pas vn qui ait dit certainement ny en particulier, dequoy sert le ventricule droit, le gauche, celuy qui est au milieu, ny le quatriesme, dont le siege est en la partie posterieure de la teste. Ils ont seulement dit, & cela auec crainte, que ces quatre concauitez estoient les lieux où se cuisent les esprits vitaux, & se conuertissent en animaux, pour donner le sentiment & le mouuement à toutes les parties du corps. Et Galien a dit vne fois que le ventricule du milieu est le plus excellent ; & en vn autre endroit il change d'aduis & croit que celuy de derriere est de plus grande vertu. Mais cette doctrine n'est pas veritable, ny fondée en bonne Philosophie naturelle, pource qu'on ne sçauroit trouuer dans le corps humain deux operations si contraires, ny qui s'empeschent tant, comme sont le raisonnement & la concoction des viandes & des alimens. La raison est, que la contemplation demande du repos, de la tranquillité & de la clarté dans les esprits animaux: là où la coction se fait auec bruit & tempeste, & de cette operation s'esleuent plusieurs vapeurs, qui troublent & obscurcissent les esprits animaux, de façon que l'ame raisonnable ne peut bien voir les figures des choses. Or est il que la Nature n'estoit pas si mal auisée, que de ioindre en vn mesme lieu deux actions qui se font auec vne si grande repugnâce & contrarieté. Tant s'en faut, Platon louë grandement la prudence & le sçauoir de celuy qui nous a formez, d'auoir separé le foye du cerueau par vne si grande distance, de peur que par le bruit qui se fait en la mixtion & coction des alimens, & par l'obscurité & les tenebres que causent les vapeurs parmy les esprits animaux, l'ame raisonnable ne fust empeschée de raisonner. Mais sans que Platon nous fasse remarquer cette Philosophie, nous le voyons à toute heure par l'experience ; car nonobstant que le foye & l'estomach soient fort esloignez du cerueau, quand on acheue de manger & assez long-temps apres, il n'y a personne qui puisse estudier.

Ce qui semble plus veritable en cette matiere, est, que l'office du quatriesme ventricule est de cuire & de changer les esprits vitaux, & les conuertir en animaux, pour la fin que nous auons dite: Et pour cette cause Nature l'a ainsi separé des trois autres, & luy a fait comme vn petit cerueau à part & reculé, ainsi que l'on peut voir, de peur que par son operation, la contemplation des autres ne fust empeschée. Car quant aux trois petits ventricules de deuant, ie ne doute point que la Nature ne les ait faits pour discourir & philosopher : Ce qui se prouue clairement, en ce que aux grandes estudes & meditations, tousjours fait mal la partie de la teste qui respond à ces trois concauitez. La force de cét argument se connoist, si l'on considere que les autres puissances estāt lasses d'exercer leurs offices, tousiours causent quelque douleur les organes auec lesquels elles se sont exercées: comme apres auoir regardé trop long-temps, les yeux cuisent, & apres auoir trop cheminé, les plantes des pieds deuiennent douloureuses.

La difficulté est maintenant de sçauoir auquel, de ces ventricules reside l'entendement, auquel la memoire, & auquel, l'imagination : pource qu'ils sont si proches & si voisins, que l'on ne sçauroit distinguer ny connoistre cela par l'experience que nous venons d'apporter, ny par aucun autre indice. Toutesfois si nous considerons que l'entendement ne peut agir sans que la memoire soit presente, laquelle luy offre & luy represente les figures & les especes, suiuant ce dire d'Aristote, *Qu'il faut que celuy qui entend, contemple les images*; ny la memoire, sans estre assistée de l'imagination, ainsi qu'ailleurs nous l'auons declaré, nous comprendrons aisément que toutes les trois puissances sont iointes & assemblées en chaque ventricule; que l'entendement n'est pas seul en vn, ny la memoire seule en vn autre, ny l'imagination au troisiesme, comme les Philosophes vulgaires ont pensé. Cette vnion de vertus & de puissances, a coustume de se faire au corps humain, quand l'vne ne peut exercer son office sans l'aide de l'autre, comme l'on void dans les quatre vertus naturelles, *d'attirer, de retenir, de cuire & de reietter*, lesquelles pour estre necessaires les vnes aux autres, ont esté assemblées par Nature en vn lieu, & non pas separées l'vne de l'autre.

Mais si cela est vray, à quel propos Nature a t'elle fait trois ventricules, & en chacũ d'eux a ioint toutes les trois puissances raisonnables, puisque c'estoit assez d'vn pour entendre, & pour faire les actes de memoire? On peut respondre à cecy, que la mesme difficulté est de sçauoir pourquoy la Nature a fait deux yeux & deux oreilles, puis qu'en chacune de ces choses consiste toute la faculté de voir & d'ouyr, & que l'on peut

des Esprits. 187

voir n'ayant qu'vn œil feulement? A quoy l'on refpond, que des organes des puiffances ordonnées & eftablies pour la perfection de l'animal, plus le nombre en eft grand, & plus la perfection & poffeffion en eft affeurée, pource que vn ou deux peuuent manquer par quelque accident, & qu'il eft bon qu'il en demeure d'autres de la mefme efpece, auec lefquelles on puiffe agir.

Dans la maladie que les Medecins appellent refolution ou paralyfie de la moitié du corps, fe perd ordinairement l'operation du ventricule qui refpond au cofté malade; de façon que fi les deux autres ne demeuroient dans leur entier & fans lefion, l'homme feroit hebeté & priué de raifonnement. Et neãtmoins pource qu'il a faute de ce ventricule, on le remarque fort lâche aux actions tant de l'entendement, que de l'imagination & de la memoire: comme celuy qui auroit accouftumé de voir auec deux yeux, fentiroit vn grand déchet en fa veuë, fi on luy en creuoit vn. Au moyen dequoy l'on peut entendre clairement qu'en chaque ventricule se trouuent toutes les trois puissances, puisque par la lesion d'vn seul, toutes les trois sont debilitées.

Or attendu que tous les trois ventricules sont composez d'vne mesme sorte, & qu'on ne trouue en eux aucune diuersité de parties, nous ne pouuons manquer quand nous prendrons pour instrumēt les premieres qualitez, & que nous ferons autant de differences d'esprit, qu'il y a de premieres qualitez. Car de croire que l'ame raisonnable estant au corps, puisse exercer ses actiōs sans instrument corporel qui luy aide, c'est contre toute la philosophie naturelle. Mais des quatre qualitez qui se trouuent, la chaleur, la froideur, l'humidité & la secheresse, tous les Medecins reiettent la froideur, comme inutile à toutes les actions de l'ame raisonnable : Ainsi void on par experience en toutes les autres puissances de l'homme, que quand la froideur surpasse la chaleur, elles sont lentes & tardiues à leurs offices : de sorte que ny l'estomach ne

des Esprits. 189

peut cuire la viande, ny les parties qui seruent à la generation, faire vne semence feconde, ny les muscles, bien mouuoir le corps, ny le cerueau, bien discourir & raisonner. Pour cette cause Galien a dit *La froideur gaste & perd manifestement toutes les actions de l'ame*, & ne sert au corps qu'à temperer la chaleur naturelle, & à faire qu'elle ne soit pas si ardante. Mais Aristote est d'opinion contraire, quand il dit, *que le sang gros & chaud rend l'homme fort & puissant, & que celuy qui est plus delié & plus froid, le fait de fort bon entendement*. D'où l'on connoist clairement que de la froideur prouient la plus grande difference d'esprit qui soit en l'homme, à sçauoir, l'entendement. Aristote demande aussi pourquoy les hommes qui demeurent aux pays chauds, comme est l'Egypte, sont plus ingenieux & plus auisez que ceux qui demeurent aux pays froids. A quoy il respond, que l'excessiue chaleur du pays, consume la chaleur naturelle du cerueau & le laisse froid, au moyen dequoy les hommes deuiennent fort raisonnables. Et qu'au contraire la grande froideur de l'air fortifie la chaleur naturelle du cerueau, & ne permet pas qu'elle se dissipe: Ainsi ceux qui ont le cerueau fort chaud, dit-il, ne peuuent discourir ny philosopher, mais sont inquiets, & ne perseuerent iamais dans vne mesme opinion. Il semble que Galien fasse allusion à cecy, quand il dit, que la raison pour laquelle l'homme change d'aduis à chaque moment, c'est pource qu'il a le cerueau fort chaud; & au contraire qu'il est ferme & stable en son opinion, à cause du cerueau qu'il a froid. Mais la verité est, que de cette qualité ne prouient aucune difference d'esprit, ny Aristote n'a pas voulu dire que le sang froid par excez fist l'entendement meilleur, mais bien quand il n'est pas si chaud. Que l'homme soit changeant, il est vray que cela procede d'vne trop grande chaleur, laquelle esleue les figures qui sont au cerueau, & les fait comme bouïllir: à raison dequoy se representent à l'ame raisonnable les images de plusieurs cho-

des Esprits.

ses, qui l'appellent & l'inuitent à leur contemplation ; & pour iouyr de toutes, elle en laisse les vnes, & prend les autres. Il arriue tout le contraire dans la froideur, laquelle rend l'homme ferme & stable en vne opinion, pource qu'elle tient les figures resserrées, & ne leur permet pas de s'esleuer : de sorte qu'il ne se represente à l'homme aucune image qui l'appelle ailleurs. La froideur a cecy de propre, qu'elle empesche les mouuemens, non seulement des choses corporelles, mais rend aussi les figures & les especes (que les Philosophes disent estre spirituelles) immobiles au cerueau, & cette fermeté semble plustost estre quelque engourdissement, qu'vne difference d'esprit. Il y a pourtant vne autre difference de fermeté, qui vient de ce que l'entendement est bien resolu, & a pris vne bonne conclusion, & non pas de la froideur du cerueau. La secheresse donc, l'humidité & la chaleur demeurent pour instrumens de la faculté raisonnable. Mais pas vn Philosophe n'a sceu donner cer-

tainement à chaque difference d'esprit, la qualité qui luy sert d'instrument: Heraclite a dit, *que la sagesse de l'esprit venoit d'vne splendeur seche.* Par lesquelles paroles il nous donne à entendre que la secheresse est cause de la grande prudence & sagesse de l'homme: mais il n'a pas declaré en quel genre de sçauoir l'homme estoit excellent par le moyen de cette qualité. Platon a entendu cela mesme, quand il a dit que l'ame entroit dans le corps, estant tres-sage, mais que la grande humidité qu'elle y trouuoit, la rendoit pesante & ignorante; toutesfois que cette humidité venant à se perdre & à se consumer auec l'aage, & le corps deuenant plus sec, l'ame decouuroit le sçauoir & la prudence qu'elle auoit auparauant. Entre les bestes brutes (dit Aristote) celles dont le temperament est plus froid & plus sec, sont les plus aduisées, comme les fourmis & les abeilles, lesquelles en ce qui est de la prudence, le pourroient disputer auec les hommes les plus raisonnables. De plus, il n'y a pas vne beste brute qui soit
plus

plus humide que le pourceau, & qui ait moins d'esprit; pour cette cause vn certain Poëte nommé Pindare, voulant taxer les Boæociens d'estre lourds, dit *qu'on a nommé pourceaux les Boeociens stupides.* Galien dit aussi que le sang, a cause de sa trop grande humidité, rend les hommes simples. Et le mesme Galien raconte que les Comiques accusoient de cela les enfans d'Hippocrate, disant qu'ils auoient beaucoup de chaleur naturelle, qui est vne substance humide & remplie de vapeurs. Les enfans des hommes sages doiuent auoir ce défaut; dequoy ie donneray cy-apres la raison. Des quatre humeurs aussi que nous auons, il ne s'en trouuera pas vne qui soit froide & seche, comme la melancolie, & Aristote dit que tous les hommes qui furent iamais signalez dans les sciences, ont esté melancholiques. Enfin chacun demeure d'accord que la secheresse rend l'homme fort sage : mais personne ne declare à laquelle des puissances raisonnables elle sert plus. Le seul Prophete Esaye le determine, quand il dit, *Que les tourmens donnent de l'entendement*; pource que la tristesse & l'affliction consume non seulement l'humidité du cerueau, mais a le pouuoir de dessecher aussi iusqu'aux os, auec laquelle qualité l'entendement se fait plus aigu & plus subtil. Ce qui peut estre euidemment demonstré, en considerant que plusieurs hommes reduits en pauureté & en misere, sont venus à dire & à escrire des choses dignes d'admiration, & que depuis ayant la Fortune à souhait, & dequoy faire bonne chere, ils n'ont plus rien fait qui vaille. Car la vie delicieuse, le contentement, les heureux succez, & voir toutes choses arriuer à sa volonté, relaschent & humectent fort le cerueau, qui est ce qu'a dit Hippocrate, *Que le contentement & l'allegresse amplifie & dilate le cœur*, luy donne vne chaleur douce & l'engraisse. Ce qui est derechef facile à prouuer, car si la tristesse & l'affliction desseichent & cõsument la chair, & si pour cette raison l'homme en acquiert vn meilleur entendement; il est certain que son contraire, qui est l'allegresse, doit humecter le cerueau & empirer l'entendement. Ceux qui acquierent cette derniere sorte d'esprit, s'addonnent aussi-tost aux passe-temps, aux festins, à la musique, hantent les compagnies ioyeuses, & fuyent les choses contraires, qui en vn autre temps auoient accoustumé d'estre leurs delices.

D'icy le vulgaire pourra apprendre d'où vient qu'vn homme sage & vertueux, & qui estoit pauure & humble, s'il monte à quelque haute dignité, chãge quelquefois incontinent de mœurs, & de façon de raisonner: car cela se fait pource qu'il a acquis vn nouueau temperament, humide & plein de vapeurs, par le moyen duquel se viennent à effacer les figures qu'il auoit auparauant dans la memoire, & son entendement s'appesantit & s'abastardit.

Il est bien difficile de sçauoir quelle difference d'esprit peut proceder de l'humidité, veu qu'elle contredit si fort à la faculté raisonnable. Au moins selon l'opinion de Galien, toutes les humeurs de nostre corps qui sont humides par excez, rendent l'homme stupide & ignorant; ce qui luy a fait dire, *La prudence & la dexterité de l'ame raisonnable, viennent de la bile, l'integrité & la constance de l'homme, prouiennent de l'humeur melancholique: la simplicité & la stupidité du sang; le flegme ou la pituite, ne seruent à rien qu'à faire dormir.* De sorte que le sang, pource qu'il est humide, & le flegme aussi, aident à ruiner & à perdre la faculté raisonnable: Mais cela s'entend des facultez qui discourent & qui agissent, & non point des passiues, comme est la memoire, laquelle depend de l'humidité, ainsi que l'entendement, de la secheresse. Or nous appellons la memoire, puissance raisonnable, pource que sans elle l'entendement & l'imagination sont inutiles. Elle leur donne matiere & leur fournit des figures pour raisonner, suiuant ce dire d'Aristote; *Qu'il faut que celuy qui entend, contemple les especes.* Et le propre office de la memoire, c'est de garder ces figures pour l'entendement quand il voudra les contempler : C'est pourquoy si la memoire se perd, il est impossible que les autres puissances exercent leur action. Que le deuoir de la memoire ne soit autre que de garder les figures des choses, sans qu'elle ait aucune inuention propre, Galien le dit ainsi: *La memoire renferme & conserue les choses qui ont esté connuës par les sens & par l'esprit, comme quelque coffre & reseruoir, n'ayant aucune inuention d'elle-mesme.* Estant donc là son office, on peut entendre clairement qu'elle depend de l'humidité, qui rend le cerueau mol; car la figure s'imprime par voye de compression: L'enfance nous est vne preuue euidente de cette doctrine : puis qu'en cét aage-là, l'homme a meilleure memoire qu'en tous les autres, & qu'il a pour lors le cerueau tres humide. Ainsi Aristote demande, *Pourquoy estant vieux nous auons plus d'esprit & meilleur entendement, & quand nous sommes ieunes, nous apprenons plus viste & plus facilement?* A quoy il respond, que la memoire des vieilles gens est remplie de tant d'ima ges des choses qu'ils ont veuës & oüyes, durant le long cours de leur vie, qu'il ne s'y trouue plus aucune place pour rien receuoir : mais que celle des ieunes gens, comme de personnes qui ne viennent que de naistre, n'a aucun embarras : ce qui fait qu'ils reçoiuent & retiennent incontinent tout ce qu'on leur dit & tout ce qu'on leur enseigne. Ce qu'il nous donne encore à entendre en faisant comparaison de la memoire du matin, auec celle du soir, & disant que nous apprenons mieux le matin, pource qu'en ce temps là nous nous leuons ayant la memoire vuide : & qu'au soir nous apprenons mal, pource qu'elle est pleine de tout ce qui s'est passé entre nous tout le long du iour. Aristote ne respond pas trop bien à ce probleme, & la raison en est claire, pource que si les especes & les figures qui sont en la memoire, auoient corps & quantité pour occuper vn lieu, il semble que sa responsse seroit bonne ; mais estant indiuisibles & spirituelles, comme elles sont, elles ne peuuent ny remplir ny laisser vuide aucun lieu; tant s'en faut, nous voyons par experience que plus la memoire s'exerce, receuant chaque iour nouuelles figures, & plus elle se rend capable d'en receuoir. La responfe au probleme eft fort aisée selon ma doctrine; car ie dirois que les vieillards ont bon entendement, pource qu'ils sont fort secs, & qu'ils n'ont point de memoire, pource qu'ils n'ont gueres d'humidité. A raison dequoy s'endurcit la substance du cerueau, de sorte qu'elle ne peut receuoir l'impression des figures: ny plus ny moins que la cire dure reçoit malaisément la figure du sceau, & celle qui est molle, la reçoit si facilement. Le contraire arriue dans les ieunes gens; lesquels pour l'abondance de l'humidité du cerueau, sont dépourueus d'entendement, & ont bonne memoire à cause de la douceur & mollesse du mesme cerueau, dans lequel, à raison de l'humidité, les figures & les especes qui viennent de dehors, font vne bonne, forte, facile, & profonde impression.

Que la memoire soit meilleure & plus

aisée le matin que le soir, on ne le peut nier, mais ce n'est pas pour la raison qu'Aristote met en auant: Le sommeil de la nuit en est cause, lequel humecte & fortifie le cerueau, que la veille de tout le iour auoit desseché & endurcy. C'est pourquoy Hippocrate dit: *Que ceux-là qui ont soif la nuit, font bien s'ils s'endorment là dessus*, & que la soif les quitte, dautant que le dormir humecte le corps, & fortifie toutes les facultez qui gouuernent l'homme. Et que le sommeil produise cét effet, Aristote luy-mesme le confesse.

De cette doctrine s'ensuit clairement que l'entendement & la memoire sont puissances opposées & contraires; de maniere que l'homme pourueu d'vne grande memoire, doit auoir faute d'entendement; Et celuy au contraire qui est pourueu de grand entendement, ne peut auoir bonne memoire; pource qu'il est impossible que le cerueau soit sec & humide tout ensemble en vn souuerain degré. Aristote se fonde sur cette maxime, pour prouuer que la memoire est vne puiſſance differente de la reminiſcence, & forme ſon argument en cette ſorte. Ceux qui ont grande reminiſcence, ſont hommes de grand entendement, & ceux qui ont bône memoire, ſont dépourueus d'entendement; donc la memoire & la reminiſcence ſont deux puiſſances contraires. La premiere propoſition, ſelon ma doctrine, eſt fauſſe, pource que ceux qui ont grande reminiſcence, ont faute d'entendemét, & ſont pourueus d'vne grande imagination, comme ie prouueray bien-toſt: mais la ſeconde propoſition eſt vraye, quoy qu'Ariſtote n'ait pas ſceu la raiſon ſur laquelle eſt fondée l'inimitié qui eſt entre l'entendement & la memoire.

L'imagination prouient de la chaleur qui eſt la troiſieſme qualité, pource que comme il ne reſte plus au cerueau aucune autre puiſſance raiſonnable, auſſi n'auons nous plus aucune autre qualité à luy donner. Outre que les ſciences qui appartiennent à l'imagination, ſont celles dont parlent ceux qui reſuent dans les maladies, & non pas celles qui appartiennent à l'entendement & à la memoire. Et attendu que la frenesie, la manie & la melancolie, sont des passions chaudes du cerueau, nous pouuons delà tirer vne grande preuue, que l'imagination consiste en la chaleur. Il n'y a qu'vne chose ou ie trouue de la difficulté : c'est que l'imagination est contraire à l'entendement, & aussi à la memoire : & la raison ne s'en rencontre pas dans l'experience ; Pource que vne grande chaleur & secheresse se peuuent bien assembler au cerueau en vn degré souuerain ; comme aussi la chaleur & l'humidité ; & par là, l'homme pourroit auoir grand entendement & grande imagination ; & vne heureuse memoire auec vne vaste imagination ; & neantmoins c'est comme vn miracle de trouuer vn homme de grande imagination, qui ait bon entendement ny bonne memoire ; Ce qui doit venir de ce que l'entendement a besoin que le cerueau soit composé de parties fort subtiles & fort delicates, comme nous l'auons prouué ailleurs par Galien, & que la grande cha-

des Esprits. 203

leur dissipe & consume le plus delicat, & laisse ce qui est de plus grossier & de plus terrestre. Par la mesme raison, la bonne imagination ne se peut ioindre auec vne bonne memoire, pource que la chaleur excessiue resoud l'humidité du cerueau, & le laisse dur & sec: au moyen dequoy il ne peut receuoir aisément les figures.

Ainsi l'on ne sçauroit trouuer en l'homme plus de trois principales differences d'esprit, pource qu'il ne se trouue que trois qualitez d'où elles puissent venir. Mais sous ces trois differences generales, sont contenuës plusieurs autres differences particulieres, à raison des degrez que peuuent auoir, la chaleur, l'humidité & la secheresse: Encore qu'il ne soit pas vray que de chaque degré de ces trois qualités, resulte vne difference d'esprit, pource que la secheresse, la chaleur & l'humidité, peuuent arriuer à tel point, que toute la faculté animale en soit renuersée, suiuant ce mot de Galien qui dit, *Que toute intemperie trop grande resoud les forces.* Chose tres certaine; car encore que l'entendement se serue de la secheresse, elle peut neantmoins estre si grande, que ses actions en reçoiuent vn notable interest. Ce que n'approuue pas Galien, ny les Philosophes anciens, qui au contraire asseurent, que si le cerueau des vieillards ne se refroidissoit point, iamais ils ne deuiendroient caducs, bien qu'ils fussent secs au quatriesme degré. Mais ils n'ont point de raison en cecy, comme il apert par les choses que nous prouuerons de l'imagination; car quoy que ses actions se fassent par le moyen de la chaleur; aussi-tost que l'on passe le troisiesme degré, cette faculté commence incontinent à se renuerser : autant en auient-il à la memoire, par vne trop grande humidité.

Ie ne puis dire maintenant en particulier, combien resultent de differences d'esprit, à raison des degrez de chacune de ces trois qualitez : mais il faut que nous soyons venus deuant à deduire & à raconter toutes les actions de l'entendement, de l'imagination & de

des Esprits. 205

la memoire: En attendant, il faut sçauoir qu'il y a trois principales actions de l'entendement: la premiere, c'est d'inferer, la seconde, de distinguer, & la troisiesme, d'eslire. Et delà s'establissent trois differences d'entendement: Pour la memoire elle se diuise en trois sortes, en celle qui reçoit facilement & oublie aussi tost, celle qui est longue à receuoir & retient long-temps, & celle qui reçoit auec facilité & est long-temps à oublier.

L'imagination comprend beaucoup plus de differences; car elle en a trois, ainsi l'entendement & la memoire, & de chaque degré en resultent trois autres. Nous en parlerons cy apres plus distinctement, quand nous donnerons à chacune, la science qui luy respond en particulier.

Mais celuy qui voudra considerer trois autres differences d'esprit, trouuera qu'il y a de certaines habiletez parmy ceux qui estudient; dont les vnes les disposent naturellement aux contemplations claires & faciles de l'art qu'ils apprennent; mais quand ils paſſent aux obſcures & ſubtiles, c'eſt en vain que le maiſtre ſe rompt la teſte à les traiter, qu'il eſſaye de les leur faire comprendre par bons exemples, & qu'eux meſmes tâchent à s'en former l'idée dans l'imagination; car ils n'en ſont pas capables. En ce degré ſont tous les mauuais ſçauans dans quelque ſcience que ce ſoit, leſquels eſtant interrogez ſur les choſes faciles de leur art, diſent tout ce qui s'y peut entendre; mais eſtant venus au ſubtil, ils diſent mille abſurditez. Il y a d'autres eſprits qui montent vn degré plus haut; car ils ſont dociles & aiſez à receuoir l'impreſſion de toutes les regles & conſiderations de l'art, claires, obſcures, faciles & difficiles: mais la doctrine, l'argument, la reſponſe, la doute & la diſtinction, tout cela leur doit donner beaucoup d'affaires: Ceux-là ont beſoin d'ouyr la ſcience de bons Maiſtres, qui ſçachent beaucoup; d'auoir quantité de liures, & d'eſtudier ſans ceſſe: car moins ils liront & trauailleront, & moins ils ſçauront.

De ceux-cy se peut verifier ce dire si celebre d'Aristote, *Que nostre entendement est comme vne table d'attente, où il n'y a encore rien de peint*; pource que tout ce qu'ils sçauront & apprendront, ils le doiuent entendre d'vn autre, & sur cela n'ont aucune inuention. Dans le troisiesme degré, la Nature forme de certains esprits si parfaits, qu'ils n'ont aucun besoin de maistres qui leur enseignent côme ils doiuent philosopher; car de quelque remarque que le Maistre aura seulement touchée, ils tirent mille considerations, & sans qu'on leur dise rien, on est tout estonné qu'ils ont la bouche toute pleine de science & de sagesse. Ces esprits-là tromperent Platon, & luy firent dire que nostre sçauoir estoit vne certaine sorte de reminiscence, les entendant parler & dire ce qui n'estoit iamais entré dans la pensée des hommes. A ceux là il est permis d'escrire des liures, & non à d'autres; car l'ordre que l'on doit tenir, afin que les sciences reçoiuent tous les iours accroissement & plus grande perfection, c'est de ioindre la nouuelle inuention de nous autres qui viuons maintenant, auec ce que les anciens nous ont laiſſé eſcrit dans leurs liures : Car ſi chacun faiſoit cela en ſon temps, les arts viendroient à s'augmenter, & les hommes qui ſont à naiſtre, iouyroient de l'inuention & du trauail de ceux qui ont veſcu deuant eux. La Republique ne deuroit pas conſentir que les autres qui manquent d'inuention, eſcriuiſſent des liures, & les fiſſent imprimer : car tout ce qu'ils font ne ſont que des redites de ce qui eſt dans les graues Aurheurs, & en deſrobant d'vn coſté & d'autre, il n'y a perſonne qui ne compoſe maintenant quelque ouurage. Les Eſprits inuentifs ſont appellez en langue Toſcane, *Capricieux*, pour la reſſemblance qu'ils ont auec la Cheure. La Cheure ne prend iamais plaiſir d'aller dans la plaine aiſée, elle aime à grimper ſur les lieux eſleuez, & ſur le bord des precipices, c'eſt pourquoy elle ne ſuit aucun chemin, & ne veut point marcher en compagnie. L'ame raiſonnable lors qu'elle rencontre

tre vn cerueau bien composé & bien temperé, a la mesme proprieté, elle ne se contente iamais d'aucune contemplation, elle est tousiours inquiete & va tousiours cherchant à découurir quelques choses qui soient nouuelles. De cette sorte d'ames se verifie ce dire d'Hippocrate, *La pensée de l'homme est la pourmenade de l'ame.* Car on trouue d'autres hommes qui ne sortent iamais d'vne contemplation, & qui ne croyent pas qu'il y ait plus rien au monde à sçauoir. Ceux-cy ont la proprieté de la Brebis qui ne quitte iamais les pas du Belier, n'ose cheminer par les lieux deserts & sans trace, mais seulement par les sentiers les plus frayez, & ne va point si l'on ne marche deuant. Ces deux differences d'esprit, sont fort ordinaires entre les hommes de lettres. Il s'en trouue qui sont releuez & par dessus l'opinion commune, qui iugent & qui traitent les choses d'vne façon particure, qui sont libres à donner leur auis & qui ne suiuent personne; Il y en a d'autres qui sont resserrez, humbles, paisibles, deffiant d'eux-mesmes, & se tenant à l'aduis d'vn graue Autheur qu'ils suiuent, dont ils estiment les paroles & les opinions autant que des demonstrations certaines, & tout ce qui ne s'y accorde pas, pur mensonge & vanité.

Ces deux differences d'esprit estant iointes, sont fort vtiles; car de mesme qu'en vn grand troupeau de brebis, les Bergers ont accoustumé de mettre vne douzaine de Cheures pour les faire aller d'vn pas plus viste aux pasturages frais & noueaux : Ainsi est-il à propos qu'il y ait dans les lettres humaines, de ces esprits Capricieux, pour découurir aux entendemens doux & comme de brebis, de noueaux secrets de la nature, & leur donner des suiets inoüys de contemplation à s'exercer ; dautant que de cette façon les arts croissent, & les hommes deuiennent tous les iours plus sçauans.

Entre ces mots, *Aristote ne respond pas trop bien à ce probleme* page 198. Et ceux-cy qui suiuent immediatement *& la raison en est claire.* Il y a cecy dans l'autre impression, qui peut seruir d'excuse pour toutes les choses, en quoy nostre Autheur contredit Aristote & les Anciens Philosophes.

ET afin que le curieux Lecteur ne s'estonne pas qu'vn grand Philosophe comme Aristote, ne rencontre pas tousiours à donner la veritable responce, & que de bien moindres esprits que le sien la trouuent quelquesfois & forment de meilleurs raisonnemens : Il doit sçauoir que Platon ne doutant point que les plus graues Philosophes ne faillent bien souuent comme hommes, ou par inaduertance, ou pour ne pas demeurer & n'estre pas assez bien versez dans tous les principes qu'embrasse la doctrine dont ils traitent ; il auise ceux qui liront ses œuures, de les considerer auec grand soin, de ne se pas trop fier à luy ny à la bonne opinion qu'ils en auroient conceuë; *d'examiner* dif-ie, *& peser meurement toutes ses paroles, & celles des Philosophes, & ne les pas receuoir sans en auoir fait auparauant l'espreuue*, encore qu'elles paruffent les plus veritables du monde. Parce qu'en effet ce me seroit vne grande honte, que la Nature m'eust donné des yeux pour voir, & vn entendement pour entendre, & que ie demandasse à Aristote & aux autres Philosophes, quelles sont les figures & les couleurs des choses & quel est leur estre & leur nature. Ouurez les yeux (diroit Platon) seruez-vous de vostre esprit & de vostre suffisance, & ne craignez rien; car celuy-là mesme qui forma Aristote vous a formez aussi, & le mesme qui fit vn si grand esprit, pourra bien encore en créer vn plus grand; sa main n'estant pas moins puissante ny adroite. Il est pourtant bien raisonnable d'auoir les excellents Autheurs en grande veneration, pour la quantité des choses qu'ils nous ont apprises : mais il y faut apporter quelque moderatiō, & ne pas estouffer entierement tout ce que nous auons d'esprit : dautant que la science de celuy qui apprend, ne consiste pas à croire le Maistre qui l'enseigne ; mais son entendement se doit seulement satisfaire & repaistre de la verité & conformité de la doctrine. Ainsi Platō parlant aux Medecins, & en leur nom, à tous ceux qui s'attachent & iurent sur les paroles du Maistre, dit, *Qu'il ne faut pas considerer seulement Hippocrate, mais si les choses dont il est question, s'accordent auec la raison & auec nostre esprit.* Car en faisant autrement, nous n'acquerons aucune science, mais vne foy humaine, qui est tout a fait contraire au desir que nous auons de sçauoir. De la vraye science Aristote a dit : *Nous pouuons croire que nous sçauons vne chose, quand nous en connoissons la cause, comment elle en est la cause, & qu'il ne se peut faire autrement.* Ce que nous ignorons quand nous n'auons qu'vne foy & vne pieuse affection pour celuy qui nous enseigne. Que si nous voulons pousser cette cōsideration plus auant, nous trouuerons que non seulement l'homme a permission d'examiner & de soufmettre à la preuue ce que difent Ariftote & Platon, & tous les autres Philofophes naturels; mais que si les Philofophes & les Anges qui en fçauent plus que tous les Philofophes du monde, viennent à luy enfeigner quelque doctrine que ce foit, il luy eft confeillé & commandé de ne pas croire, fans auoir auparauant éprouué & connu fi la doctrine eft vraye ou fauffe, & fans auoir opposé toutes les difficultez & argumens qui fe peuuent faire & obiecter fur cette matiére. C'eft pourquoy l'Apoftre fçachant bien que nous fommes fans ceffe enuironnez de Demons, qui ne cherchent qu'à nous perdre, & de nos bons Anges qui nous gardent & preferuent, & que les vns & les autres parlẽt à nous, & nous mõftrent les chofes en leur langage fpirituel; il nous cõfeille de ne leur pas adioufter foy; tãt que nous ayons efprouué & examiné fi ce font de bons ou de mauuais Anges. Ainfi dit il, *Mes freres ne vous fiez pas à toute forte d'Efprits, mais efprouuez s'ils sont de la part de Dieu.* Quelle Ambassade plus certaine & plus vraye, & de plus grande importance pour le genre humain, fut iamais faite au monde, que celle de l'Archange Gabriel vers la sainte Vierge ? & neantmoins elle ne laissa pas de l'esprouuer & de l'examiner premierement, & de luy opposer les plus fortes raisons qui se pouuoient trouuer sur cette matiere; & voyant & croyant que c'estoit vn bon Ange, & que sa salutation estoit bonne, elle luy dit; *Ie suis la seruante de mon Dieu, preste à consentir à tout ce que vous me dites.* Ce que si elle eust fait sans cette precaution, elle ne se fust pas acquittée de son deuoir.

Mais pour retourner à nostre propos, Platon dit *Que celuy qui ne veut pas croire ce qu'on luy dit, doit refuter, & celuy qui ne peut pas refuter, doit croire.* Par où il nous donne à entedre qu'il y a deux differences d'esprits parmy les hommes de lettres; les vns qui ne sont pas assez habiles pour refuter, & à ceux là il ordonne de croire, encore que la doctrine de l'Autheur ne les satisfasse pas; Les autres, qui sont assez habiles pour refuter, & pour ceux cy, il les oblige à rendre la raison de leur incredulité. Puisque donc la response qu'Aristote a donnée au Probleme, ne me contente pas, ie suis obligé par ce que ie viens de dire, à rendre la raison pourquoy mon entendement ne la veut pas receuoir, *& cette raison est claire, &c.*

Au lieu de. *Mais s'il est vray que chaque action &c.* page 181. iusques à ces mots, *Pour ce qu'on ne sçauroit trouuer dans le corps humain deux actions si contraires, &c.* page 183. il y a dans l'autre impression ce qui suit.

MAis s'il est vray que chaque action demande son particulier instrument, il faut necessairement qu'il y ait dans le cerueau vn organe pour la memoire, & vn autre pour l'imagination. Pour ce qui est de l'entendement, la Nature n'a point fait pour luy aucun

des Esprits. 217

instrument, comme nous auons dit vn peu auparauant; quoy qu'il en faille pour les images & les especes, ainsi que nous prouuerons bien-tost; d'autant que si tout le cerueau estoit organisé d'vne mesme sorte, tout seroit ou memoire ou imagination; Or est-il que nous voyons des actions fort differentes, donc il faut de necessité qu'il y ait diuers instrumés. Encore que si l'on vient à ouurir la teste, & que l'on fasse l'anatomie du cerueau, tout paroist composé d'vne mesme façon, d'vne substance semblable, sans aucune difference, ny de parties ny de nature. I'ay dit, qu'il paroist, parce que comme remarque Galien, la nature a mis beaucoup de choses dans le corps de l'homme, qui sont composées, & que les sens neantmoins iugent estre simples, à cause de la subtilité du meslange. Ce qui pourroit aussi arriuer en ce qui est du cerueau de l'homme, quoy qu'à la veuë il ne paroisse rien de tel. Outre cecy, il y a quatre petits ventricules dans la capacité du cerueau, dont Galien apprendra l'vsage à celuy qui le voudra sçauoir de luy. Mais pour moy ie tiens que le quatriesme ventricule, qui est au derriere de la teste, n'a point d'autre fonction, que de cuire & d'espurer les esprits vitaux, & les conuertir en esprits animaux, pour donner le sentiment & le mouuement à toutes les parties du corps, *pource que on ne sçauroit &c.*

CHAPITRE IX.

Où sont rapportez quelques doutes & argumens qu'on peut faire contre la doctrine du precedent Chapitre, auec les responses.

L'Vne des raisons pourquoy la sagesse de Socrate a esté iusques auiourd'huy si celebre, ce fut qu'apres auoir esté iugé par l'Oracle d'Apollon, pour le plus sage homme du monde, il parla de cette sorte. *Ie ne sçay qu'vne chose, qui est que ie ne sçay rien.* Tous ceux qui ont leu ou entendu ce mot, tiennent qu'il fut dit, pource que Socrate estoit vn homme tres humble, qui auoit à mespris les choses du monde, & qui en comparaison des diuines, ne faisoit estat de rien. Mais en effet ils se trompent: car pas vn Philosophe ancien n'eut cette vertu d'humilité, & n'a t'on sceu ce que c'estoit, deuant que nostre Seigneur vint au monde, & nous l'enseignast.

Ce que Socrate voulut faire entendre par là, ce fut le peu de certitude qu'il y a dãs les sciences humaines, & combien l'entendement du Philosophe a peu de repos & d'asseurance en tout ce qu'il sçait ; voyant par experience que tout est plein de doutes & de difficultez, & que sans crainte d'estre contredit, on ne peut donner son sentiment sur quoy que ce soit: aussi a-t'il esté dit: *Que les pensées des hommes estoient timides & toutes leurs preuoyances incertaines.* Mais celuy qui doit auoir la vraye science des choses, doit demeurer ferme & en repos, sans crainte ny soubçon d'estre trompé, & le

Philosophe qui n'est pas tel, peut dire veritablement & sans feinte qu'il ne sçait rien.

Galien auoit cette mesme pensée, quand il dit ; *Que la science estoit vne connoissance conuenable, ferme & qui ne s'esloignoit iamais de la raison; qu'on ne la trouuoit point chez les Philosophes, principalement lors qu'ils recherchoient la nature des choses, & moins encore en ce qui regarde la Medecine, & pour le dire en vn mot, qu'elle ne venoit pas iusqu'aux hommes.* Suiuant cecy, la vraye connoissance des choses doit estre demeurée au delà de nous, & l'homme n'a seulement qu'vne espece d'opinion, qui le tient incertain & en doute, si ce qu'il dit est veritable ou non. Mais ce que Galien remarque plus particulierement en cecy, est que la Philosophie & la Medecine sont les sciences les plus incertaines qu'ayent les hommes. Et s'il est ainsi, que dirons nous de la Philosophie dont nous traitons, où l'entendement fait vne anatomie de choses si obscures, comme sont les puissances & les habile-

des Esprits.

tez de l'ame raisonnable? sur laquelle matiere il s'offre tant de doutes, & de difficultez, qu'il n'y a rien surquoy l'on se puisse fonder ny arrester. L'vne desquelles & des principales, c'est que nous auons fait l'entendement vne puissance qui a besoin d'organe, comme l'imagination & la memoire, & luy auons donné le cerueau auec la secheresse, pour luy seruir d'instrument en ses actions; chose fort esloignée de la doctrine d'Aristote & de tous ses Sectateurs, qui faisant que l'entendement fust separé de l'organe corporel, prouuoient facilement que l'ame raisonnable estoit immortelle, & qu'estant sortie du corps, elle subsistoit éternellement, & bien qu'on puisse soustenir que l'entendement se sert d'vn organe corporel, le chemin nous en est fermé, à faute de demonstrations valables. Dailleurs, les raisons surquoy s'est fondé Aristote, pour prouuer que l'entendemēt n'estoit pas vne puissance organique, sont de telle force, que l'on ne sçauroit conclurre autrement; pource qu'il appartient à cette puissance, de connoistre & d'entendre la nature & l'estre de toutes les choses materielles qui sont au monde, & si elle estoit iointe auec vne chose corporelle, cette chose empescheroit qu'on ne connust les autres, comme nous voyons dans les sens exterieurs; que si le goust est amer, tout ce que la langue touche, semble auoir la mesme saueur: & si l'humeur Crystalline est verte ou iaune, l'œil iuge que tout ce qu'il void, est de la mesme couleur; Et la cause en est que *ce qui est dedans empesche l'entrée de ce qui est au dehors.* Aristote dit aussi que si l'entendement estoit meslé auec quelque instrument corporel, il seroit susceptible de qualité materielle, pource que ce qui se ioint auec ce qui est chaud ou froid, necessairement doit auoir communication de chaleur ou de froideur. Or de dire que l'entendement soit chaud, froid, humide ou sec, c'est vne proposition abominable aux oreilles des Philosophes naturels.

L'autre principale difficulté, c'est qu'Aristote & tous les Peripateticiens

des Esprits.

establissent deux autres puissances, outre l'entendement, l'imagination & la memoire, qui sont, la reminiscence & le sens commun, se fondant sur cette regle, qui dit que *les puissances se connoissent par les actions.* Ils trouuent qu'outre les actions de l'entendement, de l'imagination & de la memoire, il y en a deux autres fort differentes ; donc l'esprit de l'homme consiste en cinq puissances & non en trois seulement, comme iusques icy nous auons prouué.

Nous auons dit aussi au chap. precedent suiuant l'opinion de Galien, que la memoire ne fait autre chose au cerueau, que garder les figures & les especes des choses, tout de mesme qu'vn coffre retient en garde les habits, & tout ce qu'on met dedans. Et si par cette comparaison nous deuons entendre l'office de cette puissance, il est besoin de mettre vne faculté raisonnable, qui tire & qui fasse sortir les figures de la memoire & les represente à l'entendement, ainsi qu'il est necessaire que quelqu'vn ouure le coffre pour en tirer ce qui a esté mis dedans. Outre cecy nous auons dit, que l'entendement & la memoire estoient deux puissances contraires, & que l'vne estoit la ruine de l'autre, pource que l'vne demande beaucoup de secheresse, & l'autre beaucoup d'humidité & de mollesse au cerueau. Et si cela est vray, pourquoy est-ce que Platon & Aristote ont dit que les hommes qui ont la chair douce ont grand entendement, veu que cette douceur est vn effet de l'humidité ? Nous auons dit aussi que pour auoir bonne memoire, il falloit que le cerueau fust moû, dautant que les figures s'y doiuent imprimer comme en les pressant, & que s'il est dur, elles ne pourront pas facilement se grauer. Il est bien vray que pour receuoir promptement la figure, il est necessaire d'auoir le cerueau mou ; mais pour conseruer long-temps les especes, tous les Philosophes tiennent que la dureté & la secheresse sont necessaires ; comme il appert aux choses de dehors ; car la figure imprimée en vne matiere molle, s'efface aisément, mais

ne

ne se perd iamais, quand c'est dans vne matiere seche & dure : Ainsi voyons nous plusieurs personnes qui apprennent facilement par cœur, & qui oublient incontinent apres. Dequoy Galien donne la raison, & dit que ceux-là par vne grande humidité, ont la substance du cerueau coulante & non ferme ; ce qui fait que la figure s'efface aussi tost ; comme il en arriueroit, si l'on pretendoit grauer sur l'eau. D'autres au contraire retiennent difficilement quelque chose, mais n'oublient iamais ce qu'ils ont vne fois appris. Partant il semble impossible d'auoir cette difference de memoire, dont nous auons parlé, d'apprendre facilement & de retenir long-temps.

Aussi est-il difficile à comprendre comment tant de figures s'impriment ensemble au cerueau, sans que les vnes effacent les autres, & qu'il n'arriue pas la mesme chose que nous voyons arriuer en vn morceau de cire molle, sur lequel si l'on imprime plusieurs cachets de differentes formes, il est certain que les vns deffont les autres, & qu'il ne reste qu'vne confusion de figures. Et ce qui ne donne pas moins de peine & de difficulté, c'est de sçauoir d'où vient que quand la memoire s'exerce, elle se rend plus facile à receuoir les figures, estant certain, que l'exercice non seulement du corps, mais encore plus de l'esprit, essuye & desseiche la chair.

Il est tres mal aisé aussi d'entendre, comment l'imagination est contraire à l'entendement, s'il n'y a point d'autre raison plus pressante, que de dire que les parties subtiles du cerueau, se resoudent & se dissipent par la chaleur, & qu'il ne demeure que les plus grossieres & les plus terrestres ; attendu que la melancholie est l'vne des plus grossieres & terrestres humeurs de nostre corps. Et neantmoins Aristote dit que l'entendement ne se sert de pas vne autre, tant que de celle-là ; La difficulté se fait encore plus grande, quand on vient à considerer que la melancolie est vne humeur grossiere, froide & seche, & que la bile est d'vne substance delicate, & d'vn temperament chaud & sec: cependant la melancholie est plus propre à l'entendement que n'est la bile. Ce qui semble repugner à la raison, pource que cette derniere humeur aide l'entendement par le moyen de deux qualitez, & luy est contraire en vne seule, qui est la chaleur; & la melancholie l'aide par la secheresse, & rien plus, & luy est contraire par sa froideur & grosseur de substance, qui est ce que l'entendement a le plus en horreur. Ainsi Galien donne-t'il plus d'esprit & de prudence à la bile qu'à la melancholie, quand il dit. *La dexterité & prudence vient de la bile, l'integrité & la constance, de l'humeur melancholique.*

Enfin on demâde d'où vient que l'attachement à l'estude & l'assiduë contêplation, en rend plusieurs sçauans & sages, qui au commencement auoient faute des bonnes qualitez naturelles que nous disons; & cependant à force d'agitation d'esprit, ils viennent à acquerir la connoissance de plusieurs veritez qu'ils ignoroient auparauant. Ils n'auoient pas le temperament requis pour y paruenir, car s'ils l'eussent eu, il ne leur eut pas esté besoin de trauailler tant.

Toutes ces difficultez & beaucoup d'autres, sont contre la doctrine que nous auons enseignée au chap. precedent; parce qu'en effet la Philosophie naturelle n'a pas de si certains principes que les Mathematiques, dans lesquelles vn Medecin & Philosophe qui seroit aussi Mathematicien, peut tousjours faire des demonstrations; mais quand il viendra à traiter vn malade suiuant les regles de la Medecine, il y commettra plusieurs erreurs, & non pas tousiours par sa faute, puisque dans les Mathematiques il rencontroit tousjours bien, mais à cause de l'incertitude de son art. C'est pourquoy Aristote a dit : *Que le Medecin qui apporte toutes les diligences requises dans son art; encore qu'il ne guerisse pas tousiours son malade, ne doit pas estre tenu pour mal habile homme en son mestier*; mais si le mesme faisoit quelque faute dans les Mathematiques, il ne seroit point excusable; car

ds Esprits. 229

si l'on employe en cette science tous les soins qui y sont necessaires, il est impossible de faillir. De sorte que encore que nous ne fassions pas de demonstrations de cette doctrine, il n'en faut pas attribuer toute la faute à nostre esprit, ny croire pour cela, que ce que nous auons dit soit faux.

A la premiere & principale difficulté l'on respond, que si l'entendement estoit separé du corps, & qu'il n'eust aucun besoin de chaleur, froideur, humidité, ny secheresse, ny de toutes les autres qualitez corporelles, il s'ensuiuroit que tous les hommes seroient d'vn mesme entendement, & que tous raisonneroient également bien. Or est il que nous voyons par experience, qu'vn homme a meilleur entendement, & discourt mieux que l'autre: donc il faut croire que cela vient de ce que l'entendement est vne puissance organique, qui est mieux disposée en l'vn qu'en l'autre, & non pour aucune autre raison. Car toutes les ames raisonnables & leurs entendemens estans separez du corps, sont d'égale perfection & sçauoir. Ceux qui suiuent la doctrine d'Aristote, voyant par experience que quelques-vns raisonnent mieux que les autres, ont trouué vn eschappatoire tout apparent; disant que si vn homme raisonne mieux que l'autre; cela ne vient pas de ce que l'entendement soit vne puissance organique, ny de ce que le cerueau soit mieux disposé en l'vn qu'en l'autre : mais pource que l'entendement humain, tandis que l'ame raisonnable demeure au corps, a besoin des figures & des especes qui sont en l'imagination & en la memoire; à faute dequoy l'entendement vient à discourir mal, & non par sa faute, ny pour estre ioint à vne matiere mal organisée. Mais cette responfe est contre la doctrine du mesme Aristote, qui prouue que l'entendement est d'autant meilleur, que la memoire est mauuaise : & au contraire, que plus la memoire s'esleuera & montera de degrez ; plus l'entendement s'abbaissera & se relaschera : ce que nous auons desia prouué de l'imagination. En confirmation de cecy, Aristote demande pourquoy estant vieux nous auons si mauuaise memoire & si bon entendement, & quand nous sommes ieunes, nous auons bonne memoire & mauuais entendement? L'experience nous en fait voir vn exemple, & Galien le remarque aussi, que quand le temperament & la bonne composition du cerueau se corrompt dans la maladie, souuent nous perdons l'vsage des actions de l'entendement, tandis que celles de la memoire & de l'imagination demeurent en leur entier; ce qui ne pourroit pas arriuer si l'entendement n'auoit pour soy vn instrument particulier, & distingué de celuy des autres puissances. Ie ne sçay ce que l'on peut respondre, si ce n'est de dire que cela se fait par quelque relation metaphysique, composée d'acte & de puissance, qu'ils ne sçauent eux mesmes ce que c'est, ny ce qu'ils veulent dire par là, ny homme qui viue ne les entend. Il n'y a rien qui nuise tant au sçauoir de l'homme, que de confondre les sciences, & de traiter dans la Metaphysique ce qui est de la Philosophie naturelle; & au contraire ce qui est de la Philosophie naturelle dans la Metaphysique.

Les raisons sur lesquelles Aristote se fonde n'ont pas grand poids; car il ne s'ensuit pas qu'à cause que l'entendement doit connoistre les choses materielles, il ne doive pas auoir vn organe ou vn instrument corporel; Pource que en effect les qualitez corporelles qui seruent à la composition de l'organe, n'alterent & ne changent pas la puissance, & d'elles ne sortent point d'especes, de mesme que *l'obiet sensible appliqué immediatement au sens, ne cause point d'action dans le sens*. Cela se void clairement en la faculté du toucher; car quoy que son organe soit composé de quatre qualitez materielles, & qu'il ait en soy quantité, mollesse, ou dureté, neantmoins la main ne laisse pas de re-reconnoistre si vne chose est chaude ou froide, dure ou molle, grande ou petite; Et si l'on demande comment la chaleur naturelle qui est en la main, n'empes-

des Esprits. 233

che pas au toucher de connoiſtre la chaleur qui eſt en la pierre? Nous reſpondrons que les qualitez qui ſeruent à la compoſition de l'organe, ne font point d'impreſſion, ny n'apportent point de changement dans le propre organe, & que d'elles ne ſortent point d'eſpeces pour les faire connoiſtre. Il appartient auſſi à l'œil de connoiſtre toutes les figures & quantitez des choſes, & nous voyons pourtant que l'œil luy meſme a ſa propre figure & quantité, & que des humeurs & tuniques qui le compoſent, il y en a qui ont de la couleur, auſſi bien que de tranſpraentes; ce qui n'empeſche point que par le moyen de la veuë, nous ne connoiſſions les figures & quantitez de toutes les choſes qui ſont miſes deuant nous. Et c'eſt, parce que les humeurs & les tuniques, la figure & la quantité ſeruent à la compoſition de l'œil, & que ces choſes-là ne peuuent alterer, ny changer la puiſſance de la veuë; au moyen dequoy elles n'empeſchent pas que l'on ne connoiſſe les figures de dehors. Nous diſons la meſme chose de l'entendement, que son propre instrument (bien que ce soit vn obiet sensible & ioint auec luy) il ne peut l'entendre, pource que de luy ne sortent point d'especes intelligibles qui le puissent alterer ou châger, & la raison en est, que *c'est comme vne chose intelligible mise tout contre l'intellect, laquelle ne cause point d'action dans l'entendement*. Ainsi il demeure libre, pour entendre toutes les choses materielles de dehors, sans auoir rien qui l'en détourne. La seconde raison sur laquelle se fonde Aristote est encore plus legere que l'autre; car ny l'entendement ny aucun autre accident ne peuuent estre denommez d'aucune qualité materielle, c'est à dire, appellez chauds ou froids; attendu qu'ils ne peuuent estre de soy le subiet d'aucune qualité. De sorte qu'il importe peu que l'entendement ait le cerueau pour organe, auec le temperament des quatre premieres qualitez; pour faire qu'il puisse estre denommé de quelque qualité materielle, puisque c'est le cerueau qui est le subiet de la chaleur, froideur, humidité & secheresse, & non pas l'entendement.

Quant à la troisiesme difficulté qu'ameinent les Peripateticiens, lors qu'ils disent, que en faisant que l'entendement soit vne puissance organique, on perd vn principe qu'il y auoit pour prouuer l'immortalité de l'ame raisonnable: nous disons qu'il y a d'autres argumens plus forts pour cet effet, desquels nous traiterons au chap. suiuant.

On peut respondre au second argument, que toute difference d'actions ne demonstre pas vne diuersité de puissances ; car comme nous prouuerons cy-apres, l'imagination fait des choses si estranges, que si cette maxime estoit aussi vraye que les Philosophes vulgaires le pensent, ou s'il falloit l'interpreter comme ils l'interpretent, il y auroit plus de dix ou douze puissances dans le cerueau. Mais pource que toutes ces actions conuiennent en vn genre, elles ne denotent qu'vne imagination, laquelle se diuise apres en plusieurs particulieres differences, à raison des diuerses actions qu'elle fait. Composer les especes en presence des obiets ou en leur absence, non seulement ne concludpas qu'il y ait des puissances differentes en genre, comme on veut que soient le sens commun & l'imagination; mais non pas mesme que ce soient des puissances particulieres.

On respond au troisiesme argument, que la memoire n'est qu'vne mollesse & douceur de cerueau, disposée par certaine sorte d'humidité, à receuoir & à garder ce que l'imagination conçoit, auec le mesme rapport qu'il y a entre le papier blanc & poly, & la personne qui doit escrire; Car comme l'Escriuain escrit sur le papier les choses qu'il ne veut pas mettre en oubly, & les reuient lire apres les auoir mises par escrit; tout de mesme doit on comprendre que l'imagination escrit en la memoire les figures des choses que les cinq sens & l'entendement ont connuës, & d'autres qu'elle forge elle-mesme: Et quand elle s'en veut ressouuenir, Aristote dit qu'elle retourne les voir & contempler. Pla-

des Esprits. 237

ton s'est seruy de cette comparaison, quand il a dit, que craignant le peu de memoire de la vieillesse, il se hastoit de s'en faire vne autre de papier, qui sont les liures, afin que son trauail ne se perdist point, & que quand il voudroit le reuoir, il peust luy estre representé: l'imagination en fait autant, escriuant en la memoire ce qu'elle y va lire, quand elle s'en veut ressouuenir. Le premier qui a découuert cette opinion, ç'a esté Aristote, & puis apres Galien qui a parlé de cette sorte: *Car la partie de l'ame laquelle imagine quelle qu'elle soit, il semble que ce soit celle-là mesme qui se ressouuient.* Et cecy paroist euident en ce que les choses que nous imaginons auec soin, s'impriment bien auant dans la memoire; & celles à quoy nous pensons comme en passant, s'oublient incontinent. Or de mesme que l'Escriuain, quand il forme vne bonne lettre, il la lit aisement & sans faillir: ainsi en arriuet'il à l'imagination: car si elle imprime auec force, la figure demeure au cerueau bien emprainte & marquée; autrement à peine se peut-elle connoistre. Cela mesme auient aussi aux Escritures anciennes, dont vne partie demeurant entiere, & l'autre vsée par le temps, on ne les sçauroit lire, si ce n'est en deuinant le plus souuent, & suppleant par coniecture à ce qui manque. L'imagination en fait iustement de mesme, quand quelques especes se sont perduës dans la memoire, & qu'il en demeure quelques autres. Delà est venuë l'erreur d'Aristote, qui a creu pour cette raison, que la reminiscence estoit vne puissance differente de la memoire. Outre qu'il a dit que ceux qui ont vne grande reminiscence, sont de grand entendement: ce qui est pareillement faux: pource que l'imagination, qui est celle d'où procede la reminiscence, est contraire à l'entendement. De sorte que mettre les choses en memoire, & se souuenir d'elles apres les auoir sceuës, c'est vne action de l'imagination; comme d'escrire quelque chose & la retourner lire, est vne action de l'Escriuain & non pas du papier.

des Esprits. 239

Ainsi la memoire demeure pour vne puissance passiue & non actiue; comme le papier blanc & poly, n'est autre chose qu'vne cómodité pour y pouuoir escrire.

Au quatriesme doute on peut respondre, qu'il ne sert de rien à l'homme pour l'esprit, d'auoir la chair dure ou delicate & douce, si le cerueau n'a aussi la mesme qualité, lequel nous voyons fort souuent auoir vn autre temperamẽt que celuy de toutes les autres parties du corps. Mais quand bien la chair & le cerueau s'accorderoient en ce qui est de la douceur & mollesse, c'est vn mauuais signe pour l'entendement, & vn mauuais signe pour l'imagination. Qu'ainsi ne soit, considerons la chair des femmes & des enfans, & nous trouuerons qu'elle est plus douce & plus delicate que celle des hommes, & neantmoins les hommes pour l'ordinaire ont meilleur esprit que les femmes. Et la raison naturelle de cecy, c'est que les humeurs qui font la chair douce, sont le flegme & le sang, pource que l'vn & l'autre sont humides (comme nous l'auons desia remarqué)& c'est d'eux que Galië a dit, qu'ils rēdent les hōmes simples & hebetez, & au contraire les humeurs qui endurcissent la chair, sont la bile & la melancholie, d'où procede la prudence & le sçauoir des hommes. De maniere que d'auoir la chair douce & delicate, c'est vn plus mauuais signe, que de l'auoir seche & dure. Ainsi dans les hommes qui sont d'vn temperament égal par tout le corps, il est fort aisé de deuiner la difference de leur esprit, par la mollesse ou dureté de la chair : car si elle est dure & aspre, elle demonstre ou vn bon entendement ou vne bonne imagination, & si elle est molle & delicate, elle denote le contraire, qui est bonne memoire, peu d'entendement & moins d'imagination. Or pour sçauoir si le cerueau correspond à la chair ; il faut considerer les cheueux : car s'ils sont gros, noirs, rudes & espais, c'est signe d'vne bonne imagination ou d'vn bon entendement : & s'ils sont deliez & doux, c'est signe d'vne grande memoire & non d'autre chose. Mais celuy

qui

qui voudra diſtinguer & cōnoiſtre ſi c'eſt entendement ou imagination, quand les cheueux ſont de la ſorte que nous auons dit, doit conſiderer comme ſe comporte le ieune homme en ce qui eſt du rire, car cette action découure fort ſi l'imagination eſt bonne ou mauuaiſe.

Quelle eſt la cauſe du ris, pluſieurs Philoſophes ſe ſont efforcez de le ſçauoir: mais perſonne n'en a dit choſe qui ſe puiſſe entendre; ſeulement ſont-ils tous d'accord en cecy, que le ſang eſt vne humeur qui prouoque l'homme à rire, quoy qu'aucun ne declare quelles ſont les qualitez particulieres de cette humeur, pour faire que l'homme ſoit ſuiet à rire. *Quand les malades tombent en freneſie, & ſe mettent à rire au milieu de leurs reſueries, ils ſont moins en danger, que s'ils ſe monſtrent ſoucieux & chagrins;* car le premier ſe fait par le moyen du ſang, qui eſt vne humeur fort benigne; & l'autre eſt vn effet de la melancholie. Mais nous arreſtant ſeulement en la doctrine que nous traitons, on vient faci-

Q

lement à entendre tout ce qu'on defire sçauoir fur cette matiere. La caufe du ries n'eſt autre, à mon auis, qu'vne approbation que fait l'imaginatiue, quand l'on void ou que l'on entend quelque action ou quelque rencontre qui conuient fort bien : Et comme cette puiſſance refide au cerueau ; alors qu'on raconte quelqu'vne de ces chofes, auſſi-toſt elle le remuë, & apres luy, les mufcles de tout le corps ; ainſi nous approuuons fouuent les propos aigus & fubtils en baiſſant la teſte. Quand donc l'imaginatiue eſt fort bonne, elle ne fe contente pas de chàque rencontre, mais feulement de celles qui viennent fort bien ; & ſi elles ne font pas telles, elle en reçoit pluſtoſt de la peine que de la fatisfaction. De là vient que rarement voyons nous rire les hommes de grande imagination : & ce qui eſt encore plus à remarquer, eſt, que ceux qui raillent fort agreablement & qui font tres-facetieux, ne rient iamais de ce qu'ils difent, ny de ce qu'ils entendent dire aux autres : pource qu'ils ont l'imagination si delicate & si subtile, que mesme leurs propres rencontres & gentillesses, n'y respondent pas encore & n'ont pas toute la conuenance & grace qu'ils voudroient. A quoy l'on peut adiouster, que la grace, outre la bonté de la chose qui se doit dire & faire à propos, doit estre nouuelle & non iamais ouye ny veuë. Ce que l'imagination ne desire pas toute seule, mais aussi les autres puissances qui gouuernent l'hõme: Ainsi nous voyons que l'estomach s'ennuye d'vne mesme viande, & qu'il l'abhorre quand il en vse deux fois; la veuë, quand elle ne void qu'vne mesme figure & couleur; l'ouye, quand elle n'entend qu'vn mesme accord, pour bon qu'il puisse estre; & l'entendement, quand il ne vaque qu'à vne mesme contemplation. C'est pourquoy aussi celuy qui raille bien, ne rit point des traits qu'il dit, pource que deuant qu'ils sortent de sa bouche, il sçait desia ce qu'il doit dire. D'où ie conclus que ceux qui sont grands rieurs, sont tous dépourueus d'imagination, de manière que quelque mot que ce soit, si froid soit-il, leur reuient & les touche extremement. Et pource que ceux qui sont fort sanguins, ont beaucoup d'humidité, laquelle nous auons dit estre contraire & nuire à l'imagination, ils sont aussi fort grands rieurs. L'humidité a cecy de propre, qu'à cause de sa douceur & mollesse, elle émousse la pointe & oste les forces à la chaleur, & fait qu'elle ne brule pas tant : Ainsi la chaleur se trouue mieux auec la secheresse, parce qu'elle aiguise ses actions : Ioint que là où se trouue beaucoup d'humidité, c'est signe que la chaleur est lasche & moderée, puisque cette chaleur ne la peut resoudre ny consumer ; & auec vne chaleur si foible, l'imaginatiue ne peut bien faire son action. De là s'ensuit aussi que les hommes de grand entendement sont fort grands rieurs, pource qu'ils sont depourueus d'imagination : comme on lit de ce grand Philosophe Democrite, & de plusieurs autres que i'ay veus & remarqués. Nous connoistrons donc par le moyen du rire, si les personnes qui auront la chair dure & aspre, & qui auront outre cela les cheueux noirs & espais, dures & rudes, excellent ou en entendement ou en imagination. De maniere qu'Aristote s'est trompé en ce qui regarde la mollesse & douceur de la chair.

On peut respondre au cinquiesme argument, qu'il y a deux sortes d'humidité au cerueau: l'vne, qui vient de l'air, quand cét element domine en la mixtion, & l'autre, de l'eau, par le moyen de laquelle se sont pestris ensemble les autres Elemens.

Si le cerueau est moû de la premiere humidité, la memoire sera fort bonne, facile à receuoir; & puissante à retenir long-temps les figures, pource que l'humidité de l'air est fort huileuse & pleine de graisse, à laquelle les especes des choses tiennent fort, comme l'on void aux peintures faites à l'huyle, lesquelles exposées au Soleil, & mises dans l'eau, ne reçoiuent aucun dommage, & si l'on respand de l'huile sur quelque escriture, iamais elle ne s'efface. Voire mesme celle qui est si fort gastée qu'ō ne la peut lire, deuient lisible auec de l'huyle, qui luy donne vne certaine splendeur & transparence. Mais si la mollesse & douceur du cerueau vient de l'autre humidité, l'argument va bien ; car s'il reçoit aisément, la figure vient aussi à s'effacer aisément, pource que l'humidité de l'eau n'a point de graisse, à laquelle les especes se puissent prendre & attacher. Ces deux humiditez se connoissent aux cheueux ; celle qui vient de l'air les rend crasseux, huileux & comme pleins de beurre, & celle qui vient de l'eau, les rend seulement humides & plats.

On respond au sixiesme argument, que les figures des choses ne s'impriment pas au cerueau, comme la figure du cachet dans la cire, mais bien en penetrant pour y demeurer attachées, ou de la façon que les oyseaux se prennent à la glus & les mouches au miel ; pource que ces figures n'ont point de corps, & ne se peuuent mesler, ny se corrompre les vnes les autres.

On peut respondre à la septiesme difficulté, que les figures pestrissent & amollissent la substance du cerueau, ny plus ny moins que la cire s'amollit en la maniant entre les doigts. Outre que les esprits vitaux ont la vertu d'addoucir & d'humecter les membres durs & secs, de mesme que nous voyons que la chaleur du feu amollit le fer. Et que les esprits vitaux montent au cerueau quand on apprend quelque chose par cœur, nous l'auons desia prouué cy-dessus. Puis tout exercice corporel ny spirituel ne desseiche pas, tant s'en faut, les Medecins disent que le moderé engraisse.

On respond à l'argument huictiesme, qu'il y a deux genres de melancolie; vne naturelle, qui est comme la lie du sang, dont le temperament est froid & sec; & qui est de fort grosse substance; celle-là ne vaut rien pour l'esprit, mais rend les hommes ignorans, lourds & subiects à rire, pource qu'ils ont faute d'imagination. Il y en a vne autre qui s'appelle *bile noire, ou colere aduste*, laquelle selon l'opinion d'Aristote, fait les hom-

Q iiij

mes tres sages, & dont le temperament est diuers comme celuy du vinaigre, qui tantost produit des effets de chaleur, faisant leuer la terre, comme de la paste, & tantost refroidit; mais demeure tousiours sec & d'vne substâce fort delicate. Ciceron confesse qu'il auoit l'esprit pesant, pource qu'il n'estoit pas melancholique aduste, en quoy il dit vray: car s'il eust esté tel, il n'eust pas esté si eloquent; pource que les melancholiques adustes ont faute de memoire, à laquelle appartient de discourir auec grand apparat. Elle a vne autre qualité qui sert beaucoup à l'entendement, qui est d'estre resplandissante comme l'agathe, au moyen de laquelle splendeur, elle illumine le dedans du cerueau, afin que les figures se voyent bien. Et c'est ce qu'entendoit Heraclite, quand il a dit, *que la splendeur seche rendoit l'ame tres-sage.* laquelle splendeur la melancholie naturelle n'a pas, mais son noir est sombre & mort. Or nous prouuerons cy-apres, comme l'ame raisonnable a besoin d'auoir au cerueau vne lumiere, pour voir les figures & especes.

On peut respondre au neufuiesme argument, que la prudence & dexterité d'esprit que dit Galien, appartient à l'imagination, par le moyen de laquelle se connoist ce qui est à venir; & pour cette cause Cicero a dit *que la memoire estoit du passé & la prudence de ce qui est à venir*. La dexterité d'esprit est ce que nous appellós subtilité, finesse & ruse dãs les choses & intrigues du monde. Et partant Ciceron a dit, *que la prudence estoit vne finesse qui par certaine voye pouuoit faire choix du bien & du mal*. Les hommes de grand entendement sont depourueus de cette sorte de prudence & d'addresse, pource qu'ils ont faute d'imagination: ainsi le voyons nous par experience dans les hommes de grand sçauoir, aux choses qui appartiennent à l'entendement; lesquels tirez delà, ne valent rien pour aller & venir dans les affaires du monde. Galien a tres bien dit que cette sorte de prudence procede de la bile: car Hippocrate comptant à Damagete son amy en quel estat il trouua Democrite, quãd il le fut voir pour le guerir, escrit qu'il estoit en plein champ, dessous vn Plane sans chausses ny chaussure, appuyé sur vne pierre, vn liure en la main, & enuironné de bestes mortes & depecées: dequoy Hippocrate se trouuant estonné luy demanda ce qu'il faisoit de ces animaux en cet estat là: à quoy il respondit qu'il cherchoit l'humeur qui rendoit l'hõme changeant, rusé, double, & trompeur, & qu'il auoit trouué en faisant l'anatomie de ces bestes brutes, que la bile estoit la cause d'vne si pernicieuse qualité, & que pour se vanger des hommes rusez & malins, il eust voulu les auoir traitez, comme il auoit fait le Renard, le Serpent, & le Singe. Cette sorte de prudence, non seulement est odieuse aux hommes; mais aussi sainct Paul dit d'elle, *Que la prudence de la chair est ennemie de Dieu.* Et Platon en donne la raison quand il dit; *Que la science qui est esloignée de iustice, merite plustost le nom de ruse & de finesse, que de sagesse & de vertu.* C'est d'elle que le Diable se sert

des Esprits. 251

tousiours, quand il veut faire du mal aux hommes. *Cette sagesse (dit sainct Iacques) ne descend pas du Ciel, mais elle est de la terre, elle est brutale & Diabolique.* Il y a vne autre sorte de sagesse, accompagnée de droiture & de simplicité, par laquelle les hommes connoissent ce qui est bon, & reprouuent ce qui est mauuais. Galien dit que ce genre de sagesse appartient à l'entendement, pource que cette faculté n'est pas capable de malice ny de ruse, & qu'elle ne sçait pas seulement comme on fait le mal; ce n'est que droiture, iustice, simplicité & franchise. L'homme qui est doüé de cette sorte d'esprit, s'appelle droit & simple: ainsi Demosthene voulant gagner la bienueillance des Iuges, en vne harangue qu'il fit contre Æschines, les appelle droits & simples, eu égard à la simplicité de leur charge, dont Ciceron dit, *que leur deuoir est simple, comme la cause de tous les gens de bien n'est qu'vne.* La froideur & la secheresse de la melancholie est vn instrument fort propre pour cette sorte de sagesse: mais cette melancholie doit estre composée de parties subtiles & delicates.

On peut respondre au dernier doute, que quand l'homme se met à côtempler quelque verité qu'il veut connoistre, & qu'il ne trouue pas incontinent, c'est dautant que son cerueau est priué du temperament necessaire pour ce qu'il desire, mais quand il s'arreste quelque temps en contemplation, aussi-tost accourt à la teste la chaleur naturelle (qui sont les esprits vitaux & le sang des arteres) qui font que le temperament du cerueau monte tousiours iusques à ce qu'il arriue au degré dont il a besoin. Il est vray que la grande speculation nuit aux vns & sert aux autres : car s'il ne manque gueres au cerueau pour paruenir au point de chaleur qu'il luy faut, il n'est pas besoin d'vne longue speculation, & s'il passe plus auant, incontinent l'entendement se trouble par la presence de trop d'esprits vitaux : au moyen dequoy il ne paruient pas à cette verité qu'il cherche : D'où vient que nous voyons plusieurs personnes qui disent fort bien sur le champ, & qui s'estant preparez, ne font rien qui vaille. Les autres au contraire ont l'entendement si lent, à cause de la grande froideur ou secheresse, qu'il faut de necessité que la chaleur naturelle soit long-temps dans leur teste, pour faire monter le temperament aux degrez qui luy manquent; ainsi font-ils bien mieux, quand ils ont eu le temps de premediter ce qu'ils ont à dire, qu'ils ne feroient pas sur le châp.

Au lieu de cecy, *L'vne desquelles & des principales, c'est que nous auons fait l'entendement &c.* page 221. iusques à ces paroles. *D'ailleurs les raisons surquoy s'est fondé Aristote &c.* page 221. il y a ainsi dans l'autre impression.

L'Vne desquelles est, que nous auõs donné à l'entendement pour instrument par lequel il peust agir, le cerueau auec la secheresse, ayant dit cy-dessus que la raison pour laquelle les hommes ont le cerueau organisé de la mesme façon que les bestes brutes, eſtoit, parce que l'entendement, (par où l'homme ſurpaſſe de beaucoup les autres animaux) n'eſtoit pas vne puiſſance qui euſt beſoin d'organes corporels; ſi bien que la Nature n'auoit adiouſté aucun inſtrumēt particulier pour luy, dans le cerueau de l'homme. Ce qu'Ariſtote prouue clairement quand il dit, qu'à cette puiſſance appartient de connoiſtre & d'entendre.

Au lieu de ce qui commence par ces mots. *A la premiere & principale difficulté l'on reſpond*, page 229. iuſques à ceux-cy. *Cela ne vient pas de ce que l'entendement ſoit vne puiſſance organique* page 230. il y a dans l'autre impreſſion.

A La premiere doute on reſpond, que l'on conſidere dans l'homme deux ſortes d'entendement, dont l'vn eſt la puiſſance qui eſt dans l'ame raiſonnable, & celuy-là eſt incorruptible, ainſi que l'ame raiſonnable meſme, ſans que ny en ſa conſeruation ny en

des Esprits. 255

son estre, il depéde aucunemēt du corps ny de ses organes materiels, & pour ce qui regarde cette puissance, les argumēs que fait Aristote, ont lieu. L'autre sorte d'entendement, c'est tout ce qui se trouue necessaire dans le cerueau de l'homme, afin qu'il puisse entendre, comme il doit. C'est en ce sens là que nous auons accoustumé de dire que Pierre a meilleur entendement que Iean: ce qui ne se peut prendre pour la puissance qui est dans l'ame, parce qu'elle est d'égale perfection en tous, mais bien des autres puissances organiques, dont l'entendement se sert dans ses actions, desquelles il en fait bien quelques vnes, & les autres mal, non point par sa faute, mais parce que les puissances dont il se sert en quelques-vns, rencontrent de bons organes, & en d'autres, de mauuais. Ce qui ne se peut entendre d'vne autre façon, puisque nous voyons par experience qu'il y a des hommes qui raisonnent mieux que les autres, & que la mesme personne discourt & raisonne bien en vn aage, & mal en l'autre, &

comme nous auons prouué cy-deſſus, il y en a quelques-vns qui perdent le iugement, & d'autres qui le recouurent par certaines maladies du cerueau. Cela ſe void particulierement en la fiévre hectique, mieux qu'en aucune autre fiévre; parce que quand elle commence à gagner le cerueau, le malade commence auſſi à parler & à raiſonner plus eloquemment & plus iudicieuſement qu'il n'auoit pas accouſtumé, & tant plus ce mal s'enracine, plus en deuiennent excellentes les actions de l'entendement: Ce qu'aucun des Medecins anciens n'a conſideré; quoy que cette connoiſſance ſoit d'importance ſi grande au commencement du mal, où la gueriſon eſt facile.

Mais quelles ſont ces puiſſances organiques, dont l'entendement ſe ſert en ſes actions, il n'a pas encore eſté reſolu ny determiné, dautant que les Philoſophes naturels diſent que ſi vn homme raiſonne mieux que l'autre, *Cela ne vient pas de ce que l'entendement ſoit vne puiſſance organique*, &c.

L'impreſſion

L'Impression d'où ie tire ces additions, ayant esté faite apres la mort de l'Autheur, est si pleine de fautes, non seulement d'impression, comme sont des mots pour d'autres, ou des periodes entieres oubliées: mais aussi en ce qui est de l'ordre ou retranchement de ce que l'Autheur change ou adiouste, qu'on y voidles mesmes choses repetées en differentes façons. Ainsi cette difficulté qui commence par ces mots, *L'experience nous en fait voir vn exemple &c.* page 231. se trouue deux fois dans ce mesme Chapitre; vne fois l'Autheur respond qu'on n'y sçauroit que respondre, & l'autre fois il y respond ce qui suit.

Ce que ie dirois à ce propos, est que quand le cerueau se trouue plus humide qu'il ne faut; que la facilité de receuoir & de retenir s'augmente dans la memoire, mais que la representation des especes n'en est pas si viue ny si bonne, laquelle se fait mieux sans comparaison auec de la secheresse, qui ait de l'éclat

& de la splendeur, que non pas auec l'humidité qui est trouble & obscure; si bien que l'entendement vient à faillir en ses actions, à cause des tenebres & de l'obscurité des especes. Tout au contraire, ceux qui sont secs du cerueau, n'ont pas vne memoire qui reçoiue & qui retienne bien : mais en recompense, ils sont pourueus d'vne imagination qui leur fait voir nettement les figures, à cause de l'éclat qui accompagne la secheresse; & c'est cela dont l'entendement a plus de besoin, suiuant ce dire d'Heraclite, *La splendeur seche fait l'ame tres-sage.* Quelle obscurité & quel trouble l'humidité respand sur les obiets, & quelle lumiere la secheresse leur apporte, on le peut aisément reconnoistre par la nuit, alors que regnent le vent du Midy ou du Nort : Le premier rend les Estoilles tristes & obscures, & l'autre, claires & resplendissantes. Il arriue la mesme chose à l'esgard des figures & des especes qui sont dans la memoire, si bien qu'il ne faut pas s'estonner que l'entendement manque quelquefois, & quelquefois rencontre bien, selon que ces especes & ces figures dont il se sert dans sa contemplation, sont ou lumineuses ou obscures, sans que pour cela ce soit vne puissance attachée aux organes, ny qu'il y ait aucune faute de son costé.

Quelques Philosophes naturels ont voulu dire que l'incorruptibilité des Cieux, & leur clarté & transparence, aussi bien que le brillant des Estoilles, venoient de la grande secheresse qui entroit dans leur meslange. C'est pour cette raison que les vieilles gens raisonnent si bien, & dorment si mal, à cause, dis-je, de la grande secheresse de leur cerueau, qu'ils ont comme diaphane & transparent, & les especes & les figures, éclattantes comme des Astres. Et parce que la secheresse endurcit la substance du cerueau ; de là vient qu'ils apprennent si mal par cœur : Au contraire, les enfans ont bonne memoire, dorment bien, & raisonnent mal, à cause de la grande humidité du cerueau, qui le rend moû, opaque, plein de vapeurs, de nuages & d'obscurités, & les especes troubles & peu claires, lesquelles venant à passer en cét estat là deuant l'entendement, luy font commettre des erreurs par la faute de l'obiet & non point par la sienne. C'est en cecy que consiste la difficulté qu'a trouuée Aristote à ioindre vn bon entendement auec vne grande memoire, & non pas que la memoire soit contraire à l'entendement. Car si nous y prenons bien garde, nous trouuerons qu'il n'y a point de puissance qui serue tant aux actions de l'entendemẽt, que la memoire, dautant que s'il n'y auoit quelque chose qui luy gardast & representast les figures & les especes, il nẽ pourroit raisonner en façon du monde; si bien qu'à faute d'auoir où s'exercer, l'homme demeureroit court & tout hebeté. C'est ainsi que Galien raconte, qu'en vne certaine paste qu'il y eut en Asie, les hommes y perdirent tellement la memoire, qu'ils oublierent iusqu'à leurs propres noms; beaucoup perdirent aussi ce qu'ils auoient acquis dãs les arts & dans les lettres; si bien qu'ils furent obligez d'estudier tout de nouueau, comme s'ils n'eussent iamais rien appris. Quelques autres oublierent mesme iusqu'à leur langue & demeurerent comme des bestes brutes, sans pouuoir ny parler, ny raisonner aucunement, faute de memoire. Ce fut pour cela, dit Platon, que les Anciens dresserent des Temples & des Autels à la Memoire, & l'adorerent comme la Deesse des Sciences ; car il parle ainsi, *Mais outre les Dieux que tu m'as alleguez, il en faut encore inuoquer d'autres, & principalement la Memoire, qui donne le premier poids & ornement à nos discours, afin qu'en public nous nous acquittions bien de nostre charge.* En quoy il a grande raison: car l'hōme ne sçait qu'autant de choses que cette puissance luy en garde, qui est comme le Thresor des sciences. Or, ainsi que nous prouuerons ailleurs, quand le cerueau est bien temperé, & qu'aucune qualité n'y surmonte les autres, l'homme a tout ensemble grand entendemēt & grande memoire ; ce qui n'arriueroit pas, si ces deux puissances estoient deux veritables contraires.

Apres ces mots, *Elles n'empeschent pas que l'on ne connoisse les figures de dehors*, page 233. dans l'autre impression il y a ce qui suit.

AV troisiesme argument on respond que la Memoire se peut considerer en deux façons. L'vne, comme vne puissance qui a son subiet dans l'ame raisonnable, & l'autre, entant qu'elle regarde vn organe corporel que la Nature a fabriqué au cerueau. Pour le premier, cela n'est pas de la Iurisdiction du Philosophe naturel, mais du Metaphysicien, de qui nous deuons apprendre ce qui en est. Pour le second: c'est vne chose si difficile à comprendre de quelle sorte vn homme est pourueu de grande memoire, & l'autre n'en a point, & quels instrumens la Nature a faits dans nostre teste, pour nous ressouuenir du passé; que le Philosophe naturel est contraint de feindre & de chercher des exemples, plus propres à le faire cōprendre, qu'ils ne sont veritables & certains. Platon voulant nous enseigner, comment il se peut faire qu'vn homme soit de grande memoire & l'autre en ait peu, & comment l'vn se ressouuient du passé clairement & distinctement, & l'autre confusément, en a trouué deux exemples tres exprez, supposant vne chose qui n'est point. Feignons, ce dit-il, pour nous seruir d'exemple, que la Nature ait mis dans l'ame des hommes vn morceau de cire, aux vns, plus gros & aux autres, plus petit ; aux vns, d'vne cire plus pure & plus nette, & aux autres, plus sale & excrementeuse, aux vns, plus dure & plus difficile à penetrer, & aux autres, plus douce, plus molle & plus traitable : & que la veuë, l'ouye & les autres sens y impriment auec vn cachet, la figure de ce qu'ils ont perceu & découuert. Ceux qui ont beaucoup de cire, auront beaucoup de memoire, parce qu'ils ont vn grand champ, où pouuoir seeller. Ceux qui ont peu de

R iiij

cire, auront peu de memoire, pour la mesme raison: Ceux qui ont la cire sale, meslée d'ordures & excrementeuse, seront des figures confuses & mal marquées. Ceux qui l'ont dure, auront de la peine à apprendre de memoire, parce que cette cire receura difficilement les figures. Ceux qui l'ont douce & molle, seront de grande memoire, apprendrōt & retiendront aisément par cœur tout ce qu'ils voudront sçauoir. Apres tout, il est certain, que Platon n'a pas creu, que quand la Nature nous forma, elle eust mis dans nos ames ces morceaux de cire, ny que la memoire de l'homme se fist de cette matiere; mais que c'est seulement vn exemple de chose feinte & accommodée à la dureté de nostre intelligence: Et non content de cét exemple, il en a cherché vn autre qui ne donne pas moins à entendre ce qu'il veut dire; qui est de l'Escriuain & du papier: *Car comme l'Escriuain &c.* page 236.

CHAPITRE X.

Où il est monstré qu'encore que l'ame raisonnable ait besoin du temperament des quatre premieres qualitez, tant pour demeurer au corps, que pour discourir & raisonner, il ne s'ensuit pas pour cela qu'elle soit corruptible & mortelle.

Platon tenoit pour vne chose vraye que l'ame raisonnable estoit vne substance spirituelle, qui n'estoit pas subiette à la corruption ny à la mort, comme est celle des bestes brutes, & qu'au sortir du corps elle iouyssoit d'vne vie beaucoup meilleure & plus tranquille : mais cela s'entend, dit Platon, quand l'homme a vescu selon les loix de la raison : car autrement, il vaudroit mieux pour le bien de l'ame, qu'elle demeurast tousiours dans le corps, que de souffrir les peines dont Dieu chastie les méchans. Cette conclusion est si illustre & si Catholique, que s'il l'a trouuée par la bonté de son esprit, c'est iustement qu'il est appellé diuin : Cependant bien qu'elle soit telle, iamais Galien ne l'a peu comprendre, au contraire il l'a tousiours tenuë pour suspecte, voyant l'homme resuer & sortir de son bon sens, quand il auoit le cerueau trop eschauffé, & le voyant recouurer son iugement, par l'application des medicamens froids : Aussi disoit-il, qu'il auroit esté bien aise que Platon eust esté en vie, pour luy demander comment il estoit possible que l'ame raisonnable fust immortelle, attendu qu'elle souffroit si aisément du changement & de l'alteratiõ par la chaleur, la froideur, l'humidité, & la secheresse, veu mesme qu'elle sortoit du corps par vne trop grande ardeur de fiévre, ou par vne trop grande saignée, ou pource qu'on auroit pris de la ciguë, ou pour d'autres alterations corporelles qui ont accoustumé d'oster la vie ; là où, si elle estoit spirituelle, comme dit Platon, la chaleur, qui est vne qualité materielle, n'auroit pas le pouuoir de luy faire perdre ses facultez, ny de renuerser ses operations. Ces raisons ont embroüillé Galien, & luy ont fait desirer que quelque Platonicien luy en donnast la solution. Ie croy qu'il n'en trouua point durant sa vie; mais il est à craindre qu'apres sa mort, l'experience ne luy ait fait sentir ce que son entenment n'auoit peu comprendre. Ainsi est-il certain que la demonstration infaillible de l'immortalité de nostre ame, ne se tire pas des raisons humaines, & qu'il se trouue moins encore des argumens pour prouuer qu'elle soit corruptible; car d'vn & d'autre costé on peut facilement respondre. Il n'y a que la foy qui nous rende certains de son éternelle durée. Nonobstant cela Galien n'eut point de raison de se laisser embarrasser par de si foibles argumens: car ce n'est pas bien conclure en Philosophie naturelle, d'accuser de défaut le premier & principal agent, alors que les actions qui se doiuent faire par le moyen de quelque inſtrument, ne ſe rencontrent pas telles qu'il faudroit. Le Peintre qui peint bien, tenant le pinceau ſelon les regles de ſon art, eſt-il à blâmer quand auec vn mauuais pinceau il fait de mauuais lineamens & des figures comme effacées? & eſt ce bien raiſonner de croire qu'vn Eſcriuain ait dās les doigts aucune leſion ny manquement, quand à faute de trouuer vne plume bien taillée, il a eſté contraint d'eſcrire auec vn baſton?

Galien conſiderant les œuures merueilleuſes qui ſont dans l'Vniuers, & auec quelle ſageſſe & prouidence elles ſont faites & ordonnées a recueilly delà qu'il y auoit vn Dieu dans le monde, encore que nous ne le viſſions pas des yeux corporels, duquel il a dit ces paroles. *Dieu n'a iamais eſté fait, luy qui eſt increé de toute eternité.* Et en vn autre endroit, il a dit, que ce n'eſtoit pas l'ame raiſonnable ny la chaleur naturelle, qui compoſoient cette fabrique du corps humain, mais que c'eſtoit Dieu luy-meſme ou quelque Intelligence tres ſage:

des Esprits. 269

D'où l'on peut tirer cét argument contre Galien pour renuerser sa mauuaise conséquence: Tu soupçonnes que l'ame raisonnable soit corruptible, pource que si le cerueau est bien temperé, de vray elle raisonne & philosophe fort bien, & s'il s'échauffe ou se refroidit plus qu'il ne faut, elle tombe en delire & dit mille absurditez: La mesme chose se peut inferer en considerant les œuures que tu dis estre de Dieu: car s'il forme vn homme en vn lieu temperé, où la chaleur n'excede point la froideur, ny l'humidité, la secheresse, il le rend fort ingenieux & fort auisé: mais si la region est intemperée, tous les hommes y seront sots & ignorans. C'est pour cette cause que le mesme Galien dit, que c'est vne merueille si en Scythie il se rencontre vn homme sage; là où dans Athenes tous naissent Philosophes. Or de croire que Dieu soit corruptible, à cause qu'auec certaines qualitez, il fait bien telles & telles operations qui se font mal auec les qualitez contraires; Galien ne le peut pas dire, puis qu'il a confeſſé que Dieu eſtoit eternel.

Platon va par vn autre chemin plus aſſeuré, diſant qu'encore que Dieu ſoit Eternel, d'vne puiſſance & d'vne ſageſſe infinie, il agit dans ſes œuures comme vn agent naturel, & s'aſſuiettit à la diſpoſition des quatre premieres qualitez; de façon que pour engendrer vn homme tres-ſage & ſemblable à luy; il a eſté obligé de chercher le lieu le plus temperé qui fuſt dans tout le monde, où la chaleur de l'air ne ſurpaſſaſt point la froideur, ny l'humidité, la ſechereſſe; c'eſt pourquoy il a dit, *Que Dieu, comme amateur de la vaillance & de la ſageſſe, auoit choiſi vn lieu qui deuoit produire des hommes tres ſemblables à luy, & qu'il leur auoit donné tout le premier a habiter.* Et ſi Dieu vouloit créer vn homme tres ſage en Scythie, ou en quelque autre region intemperée, & qu'il ne ſe ſeruiſt pas de ſa toute-puiſſance, il ſeroit bien mal-aiſé que cét homme là ne fuſt groſſier & ignorant, à cauſe des qualitez premieres qui l'auroient compoſé, qui feroient contraires au temperament de la sageſſe : mais Platon n'infereroit & ne concluroit pas de là, comme a fait Galien, que Dieu ſeroit corruptible, ny ſuiet à aucune alteration, à cauſe que la chaleur ou la froideur auroient apporté quelque empeſchement en ſes œuures.

Cela meſme ſe doit dire quand l'ame raiſonnable ne peut plus vſer de ſa ſageſſe & prudence, à cauſe que le cerueau eſt enflãmé, & ne pas croire pour cela qu'elle ſoit mortelle ny corruptible.

Sortir du corps & ne pouuoir ſouffrir la trop grande chaleur, ny les autres alterations qui tuent les hommes: monſtre ſeulement que c'eſt vn acte & forme ſubſtantielle du corps humain, qui a beſoin pour y demeurer, de certaines diſpoſitions materielles, accommodées à cét eſtre d'ame qu'elle a ; & que les inſtrumens auec leſquels elle doit agir, ſoient bien compoſez, & dans l'vnion & le téperament requis pour ſes actions; leſquelles choſes manquant, il faut de neceſſité que l'ame manque auſſi en ſes operations, & quitte le corps.

L'erreur de Galien consiste en ce qu'il veut verifier par des principes de la Philosophie naturelle, si l'ame raisonnable manquant de corps, meurt incontinent ou non; attendu que c'est vne question qui appartient à vne autre science superieure, & dont les principes sont plus certains; dans laquelle nous prouuerons que son argument ne vaut rien, & que ce n'est pas bien conclurre, de direque l'ame de l'homme soit corruptible, à cause qu'elle demeure paisiblement au corps auec de certaines qualitez, & qu'elle en sort pour d'autres qualitez contraires. Ce qui n'est pas difficile à prouuer, dautant que d'autres substances spirituelles plus parfaites que l'ame raisonnable, choisissent bien des lieux qui soient alterez par des qualitez materielles, où il semble qu'elles habitent auec plaisir, & s'il suruient d'autres dispositions contraires, incontinent elles s'en vont & ne les sçauroient souffrir. Ainsi est-il certain qu'il se trouue au corps de l'homme de certaines

taines dispositions dont le Diable est si amoureux que pour en iouyr, il entre dãs la personne où elles sont, au moyen dequoy cette personne demeure possedée, & quand elles sont corrompuës & alterées par des medicamens contraires, & qu'il a esté fait euacuation des humeurs noires, pourries & puantes, naturellement le Diable vient à en sortir. Cecy se void clairement par experience; car s'il se trouue quelque grande maison, obscure, sale, puante, triste, & inhabitée, bien-tost quantité d'Esprits Folets & de Demons Succubes & Incubes y accourent; mais si on vient à la nettoyer, à ouurir les fenestres pour y faire entrer le Soleil & la lumiere, ces Esprits se retirent incontinent, particulierement si la maison deuient fort habitée, qu'on y prenne des plaisirs & passe-temps, & si l'on y touche plusieurs instrumens de musique.

Combien l'harmonie & la bonne consonãce offensent le Diable, cela se prouue clairement par le texte de la Sainte Escriture; qui dit que quand Dauid prenoit sa Harpe, & qu'il la touchoit, au mesme instant le Diable fuyoit & sortoit du corps de Saül. Et quoy que cecy puisse auoir vn autre sens, ie croy que naturellement la Musique tourmentoit le Diable, & qu'il ne la pouuoit souffrir. Le peuple d'Israël sçauoit desia par experience que le Diable estoit ennemy de la Musique, c'est pourquoy les seruiteurs de Saül parlerent de cette sorte: *Voila que Dieu permet que le malin esprit te tourmente: qu'il te plaise, Seigneur, de commander, & tes seruiteurs qui sont en ta presence, chercheront vn homme qui sçache toucher la Harpe, afin que quand ce méchant esprit t'aura surpris, il iouë incontinent, & que tu supportes ton mal plus aisément.*

De façon qu'il y a des paroles & des coniurations qui font trembler le Diable, & qui, plustost que de les ouyr, luy font quitter le lieu qu'il auoit choisi pour sa demeure. Ainsi Iosephe raconte que Salomon laissa par escrit certaines manieres de coniurer, par le moyen desquelles non seulement on chassoit le

Diable dehors pour vn temps, mais il n'ofoit iamais retourner dans le corps d'où on l'auoit vne fois chaſſé. Le meſme Salomon fit voir auſſi vne racine dont l'odeur eſtoit ſi horrible au Diable, qu'auſſi-toſt qu'elle eſtoit appliquée au nez du patient, le Diable ſortoit. Le Demon eſt ſi ſale, ſi morne, & ſi fort ennemy des choſes qui ſont nettes, gayes & claires, que comme Ieſus-Chriſt entra au pays des Geraſéens, S. Matthieu raconte qu'il rencontra en ſon chemin de certains Diables qui s'eſtoient mis dans deux corps morts, qu'ils auoient tirez du ſepulchre; qui crioient & diſoient *Ieſus fils de Dauid, quelle indignation ſi obſtinée as tu conceuë contre nous, d'eſtre venu deuant le temps nous tourmenter? nous te prions que ſi tu as à nous chaſſer du lieu où nous ſommes, tu nous laiſſes entrer en ce troupeau de pourceaux qui eſt là.* Auſſi eſt-ce pour cette raiſon que la Sainte Eſcriture les appelle *Eſprits immondes*. Par où il ſe void clairement, que non ſeulement l'ame raiſonnable demande que le corps ait

S ij

de certaines difpofitions pour le pouuoir informer & eftre le principe de toutes fes actions; mais qu'elle en a encore befoin pour y demeurer comme en vn lieu propre & conuenable à fa nature; puifque les Diables mefme, qui font d'vne fubftance bien plus parfaite, abhorrent certaines qualitez corporelles, & fe plaifent en celles qui leur font contraires. De façon que l'argument de Galien ne vaut rien; L'ame raifonnable fort du corps par vne grande & exceffiue chaleur, donc elle eft corruptible, puifque le Diable en fait bien autant (comme nous auons dit) & toutesfois il n'eft pas mortel.

Mais ce qui eft le plus à remarquer en ce fuiet, eft que le Diable non feulement recherche les lieux qui font alterez par des qualitez materielles, pour y demeurer auec ioye; mais auffi, quand il veut faire quelque chofe qui luy importe beaucoup, il fe fert des qualitez corporelles qui contribuent à cette fin. Et de fait fi ie demandois maintenát pourquoy, quand il voulut deceuoir Eue, il entra pluftoft dãs vn Serpent venimeux, que dans vn Cheual, vn Ours, vn Loup, & plufieurs autres animaux qui n'eſtoient pas d'vne figure fi efpouuentable? Ie ne ſçay pas ce qu'on me pourroit refpondre. Il eſt vray que Galien ne reçoit pas la doctrine de Moyſe, ny de Ieſus-Chriſt noſtre Redempteur, parce que l'vn & l'autre, à ce qu'il dit, parlent fans demonſtration: mais i'ay touſiours fouhaitté que quelque Catholique me donnaſt vne refolution fur cette doute, & perfonne ne me l'a pû donner.

Il eſt certain (comme nous auons deſia prouué) que la colere aduſte & bruſlée, eſt vne humeur qui enſeigne à l'ame raifonnable, de quelle façon ſe doiuent dreſſer les embuſches & les tromperies: Or eſt-il qu'entre les beſtes brutes, il n'y en a point qui participe tant de cette humeur que fait le Serpent, ſi bien que la Sainte Eſcriture dit, qu'il eſt plus fin & plus ruſé que tous les animaux. Quoy que l'ame raifonnable ſoit la derniere des Intelligences, elle eſt pourtant de meſme nature que le

Diable & les Anges : Et comme l'ame raisonnable se sert de cette colere venimeuse, afin que l'homme soit adroit, fin & cauteleux, aussi le Diable estant entré au corps de cette fiere beste, s'en rendit en quelque façon plus ingenieux & plus rusé. Cette façon de philosopher n'estonnera pas beaucoup les Philosophes naturels, parce qu'il y a quelque apparence de verité ; mais ce qui acheuera de les persuader, est, quand ils considereront que Dieu voulant detromper le monde, & luy enseigner ouertement la verité (qui est vne action toute contraire à celle du Diable) il vint sous la forme d'vne Colombe & non d'vne Aigle, d'vn Paon ou de quelques autres oyseaux de plus belle figure : & la cause en est, que la Colombe participe fort de l'humeur qui incline à droiture, verité & simplicité ; & n'a point de colere : qui est l'instrument de la finesse & de la malignité.

Galien, ny les Philosophes naturels ne reçoiuent aucune de ces choses, pource qu'ils ne peuuent comprendre comment l'ame raisonnable & le Diable, qui font des substāces spirituelles, se peuuent alterer par des qualitez materielles, telles que sont la chaleur, la froideur, l'humidité & la secheresse; parce que si le feu introduit de la chaleur dans le bois, c'est dautant que tous deux ont corps & quantité qui seruent de subiet: ce qui n'est pas dans les substances spirituelles: Et quand on admettroit, disent-ils (ce qui est impossible) que les qualitez corporelles peussent causer aucune alteration dans la substance spirituelle; Quels yeux a le Diable ny l'ame raisonnable pour voir les couleurs ny les figures des choses? quel sentiment du flairer ont-ils pour perceuoir les odeurs? quelle ouye pour la Musique, & quel sens du toucher, pour estre offensez de la grande chaleur? pour toutes lesquelles choses sont necessaires les organes corporels. Et si l'ame raisonnable estant separée du corps se trouue offensée, reçoit de la douleur & de la tristesse, il n'est pas possible que sa nature ne s'altere & ne vienne enfin à se corrompre.

Ces difficultez ont embarrassé Galien & quelques Philosophes de nostre temps; mais elles ne me font rien; car lors qu'Aristote a dit que la plus grande proprieté de la substance, c'estoit d'estre le suiet des accidens; il n'a pas resserré cecy à la corporelle ny à la spirituelle, pource que les especes participent également la proprieté du genre: Ainsi a-t'il dit que les accidens du corps, passent à la substance de l'ame raisonnable, & ceux de l'ame, au corps; sur lequel principe il s'est fondé pour escrire tout ce qu'il nous a laissé de la Physionomie: D'autant plus que les accidens par lesquels s'alterent les puissances, sont tous spirituels, sans corps, sans quantité ny matiere; si bien qu'ils se multiplient en vn moment dans le milieu, & passent au trauers d'vne vitre sans la casser; & deux de ces accidens, quoy que contraires en apparence, peuuent demeurer en vn mesme suiet auec toute l'intention, c'est à dire, l'estenduë de forces qu'ils sçauroient auoir; à raison dequoy le mesme Galien les appelle (*Indiuisibles*) & les Philosophes vulgaires (*Intentionels*.) Estant donc de cette sorte, ils peuuent bien auoir du rapport auec la substance spirituelle.

Pour moy, ie n'ay point de peine à croire que l'ame raisonnable estant separée du corps & le Demon aussi, ayent les facultez de voir, de sentir, d'ouyr & de toucher. Ce qui me semble aisé à prouuer; car s'il est vray que les puissances se connoissent par les actions, il est certain que le Diable auoit la puissance de sentir & de flairer, puis qu'il sentoit la racine que Salomon faisoit appliquer aux narines des Demoniaques; & qu'il auoit la puissance d'ouyr, puis qu'il oyoit la Musique que Dauid donnoit à Saül: Car de dire que le Diable receuoit ces qualitez auec l'entendement, cela ne se peut soustenir dans la doctrine des Philosophes vulgaires; dautant que cette puissance là est spirituelle, & que les obiets des cinq sens sont materiels; Si bien qu'il est besoin de chercher d'autres puissances dans l'ame raisonnable & dans le Demon, auec lesquelles ces obiets puissent auoir du rapport. Qu'ainsi ne soit, posons que l'ame du Mauuais Riche obtienne d'Abraham que l'ame du Lazare vienne au monde pour prescher ses freres, & leur persuader de viure en gens de bien, de peur de descendre au lieu de tourmens où il est: Ie demande à cette heure, comment l'ame du Lazare pourra venir sans faillir en la Ville & en la maison de ceux-cy? Et si elle vient à les rencontrer dans la ruë, en la compagnie d'autres ieunes hommes, si cette ame les reconnoistra à leur visage, & si elle sçaura bien les discerner d'auec les autres? Et si les freres du mauuais Riche viennent à s'enquerir qui elle est & qui l'enuoye; si elle aura quelque puissance qui luy fasse ouyr leurs paroles? On peut faire la mesme question touchant le Diable, quand il alloit apres I. C. nostre Redempteur; qu'il l'entendoit prescher; qu'il luy voyoit operer des miracles, & quand ils disputerent ensemble au desert; on peut, dis-ie, demander auec quelles oreilles le Démon entendoit les paroles & les responses de Iesus-Christ?

C'est sans doute vn manque d'esprit & de bon entendement de croire que le Diable, ou l'ame raisonnable estant separée du corps ne puissent pas connoistre les obiets des cinq sens, quoy que l'vn & l'autre soient dépoureus d'instrumens corporels: Car par la mesme raison ie prouueray que l'ame raisonnable estant separée du corps ne peut entendre, imaginer, ny faire aucun acte de memoire; parce que tout ainsi que quand elle est au corps, elle ne peut voir, les deux yeux estant creuez; elle ne peut non plus raisonner ny se ressouuenir, lors que le cerueau est enflammé. Or de dire que l'ame raisonnable estant separée du corps, ne puisse raisonner, pource qu'elle a faute de cerueau, c'est vne resuerie tres-grande. Ce qui se prouue par la mesme Histoire d'Abraham. *Mon fils, ressouuiens toy que tu as receu des biens durant ta vie, & que le Lazare n'a eu que des maux. C'est pourquoy il reçoit maintenant de la consolatiõ, & toy tu n'as que des tourmẽs. Outre cecy, entre vous & nous, il y a vne si grãde & si cõfuse distãce, que ceux qui veulent passer d'icy à vous, ne le sçauroient, ny ceux qui sont où vous estes, venir à nous. Alors le Mauuais Riche respondit: Ie vous prie donc, mon pere, d'envoyer le Lazare en nostre maison, pour rendre tesmoignage de ces veritez, à cinq freres que i'ay, de peur qu'ils ne descendent comme moy en ce lieu de tourments.* D'où ie conclus que comme ces deux ames raisonnerẽt ensemble, & que le mauuais Riche se souuint qu'il auoit cinq freres en la maison de son Pere, & qu'Abraham luy remit en memoire la bonne vie qu'il auoit menée au monde, & les miseres du Lazare; sans qu'il fust besoin de cerueau: ainsi les ames peuuent voir sans yeux corporels, ouyr sans oreilles, gouster sans langue, flairer sans nez, & toucher sans nerfs ny chair, voire beaucoup mieux sans cõparaison que nous. La mesme chose doit s'entendre du Diable, puis qu'il est de la mesme nature que l'ame raisonnable.

L'ame du mauuais Riche pourra resoudre toutes ces doutes là, duquel S. Luc raconte, qu'estant en Enfer, il leua les yeux & vid le Lazare, qui estoit dans le sein d'Abraham, & qu'en s'écriant il dit ainsi : *Pere Abraham ayez pitié de moy ; Enuoyez le Lazare moüiller seulement le bout du doigt dans l'eau, afin qu'il me vienne rafraischir la langue, car cette flâme me tourmente infiniment.* De ce que nous auons dit cy dessus, & de ce que porte ce passage à la lettre, on peut recueillir que le feu qui brusle les ames en Enfer, est materiel, comme celuy que nous auons icy, & que par l'excez de sa chaleur, il causoit de la douleur au Mauuais Riche, comme il fait à toutes les autres ames, par la volonté & disposition diuine ; & que si le Lazare luy eust porté vn vaisseau plein d'eau froide, il en eust ressenty vn grand soulagement en se mettant dedans. Et la raison en est claire; car si l'ame de ce Riche ne pût demeurer au corps, pour la violente ardeur de la fiévre, & que quand il beuuoit de l'eau froide, il est certain que son ame en receuoit vn grand contentement : pourquoy ne croirons nous pas qu'il en soit de mesme, lors que cette ame est vnie aux flâmes de l'Enfer? Le leuer des yeux du mauuais Riche, sa langue alterée & le doigt du Lazare, sont autant de noms des puissances de l'ame, dont se sert la Sainte Escriture pour se pouuoir exprimer. Ceux qui ne tiennent pas cette voye, & qui ne se fondent pas sur la Philosophie naturelle, disent mille absurditez.

Mais aussi peu doit-on inferer & conclurre, que si l'ame raisonnable ressent de la douleur & de la tristesse, à cause que sa nature est alterée par des qualitez qui luy sont contraires, elle soit pour cela corruptible ny mortelle. Car on void que les cendres sont cõposées des quatre Elemens, & d'acte & de puissance, & neantmoins il n'y a point d'agent naturel au monde qui les puisse corrompre, ny qui leur fasse perdre les qualitez conuenables à leur nature. Nous sçauons tous que le temperament des cendres, c'est d'estre froides & seches :

Or nous auons beau les ietter dans le feu, elles ne quittent iamais leur froideur radicale, & quoy qu'elles demeurassent cent mille ans dans l'eau, il est impossible quand elles en seront tirées, qu'elles retiennent iamais aucune humidité qui leur soit propre & naturelle. Cependant on ne laissera pas de confesser, que par le moyen du feu, elles reçoiuent de la chaleur, & par le moyen de l'eau, de l'humidité: mais ces deux qualitez leur sont seulement superficielles & durent peu dans le suiet, car on ne les a pas si tost separées du feu, qu'elles redeuiennent froides, & l'humidité ne leur dure pas vne heure apres qu'on les a tirées de l'eau.

Mais il s'offre vne difficulté sur le dialogue du Mauuais Riche auec Abraham, qui est, pourquoy l'ame d'Abraham sceut des raisons plus subtiles que l'ame du mauuais Riche, veu que nous auons dit cy-dessus, que toutes les ames raisonnables depuis qu'elles sont sorties du corps, estoient d'vne égale perfection & sçauoir ? A quoy l'on peut respondre de l'vne de ces deux façons, ou en difant que la fageffe & la fcience que l'ame auoit acquife eftant dans le corps ne fe perd pas quand l'homme meurt, au contraire, fe rend plus acheuée, en s'éclairciffant de fes doutes, & fe purgeant de quelques erreurs. L'ame d'Abraham partit de cette vie tres fage & tres-fçauante, & pleine de plufieurs reuelations & fecrets que Dieu luy communiqua comme à fon amy : Là ou neceffairement l'ame du Mauuais Riche deuoit eftre fortie ignorante; premierement à caufe du peché qui nourrit cette ignorance dans l'homme, & fecondentent à caufe que les richeffes produifent vn effet tout contraire à celuy de la pauureté ; celle-cy donne de l'efprit à l'homme, ainfi que nous prouuerons cy-apres, au lieu que les richeffes & la profperité, l'oftent tout a fait. On peut refpondre d'vne autre façon, fuiuant noftre doctrine, en difant que la matiere dont ces deux ames difputoient, eftoit de Theologie Scholaftique : car de fçauoir fi en Enfer il y a lieu de mifericorde, sericorde; si le Lazare y pouuoit venir du Limbe, & s'il estoit à propos d'enuoyer au monde quelque mort qui declarast aux viuans la peine & les horribles tourmens des damnez; ce sont tous points de Theologie Scolastique, dont la decision appartient à l'entendement, comme ie prouueray cy-apres: Or est-il que des quatre premieres qualitez, il ne s'en trouue point qui trouble tant cette puissance que fait l'excessiue chaleur, de laquelle le Mauuais Riche estoit infiniment tourmenté: mais pour l'ame d'Abraham, elle demeuroit en vn lieu fort temperé, où elle receuoit beaucoup de ioye & de consolation; de sorte qu'il ne se faut pas estonner si elle raisonnoit mieux. C'est pourquoy ie conclus que l'ame raisonnable & les Demons, se seruent des qualitez materielles pour agir, & que de ces qualitez, il y en a quelques vnes qui les blessent & leurs contraires, qui leur plaisent: Et que pour cette raison ils cherchent à demeurer en de certains lieux, & fuyent les autres, sans estre pour cela aucunemēt corruptibles.

T

CHAPITRE XI.

Où l'on donne à chaque difference d'esprit la science qui luy conuient plus particulierement, en luy ostant celle qui luy repugne, & qui luy est contraire.

TOus les arts (dit Cicéron) sont establis sous de certains principes vniuersels; lesquels estant appris auec estude & trauail, enfin on vient à acquerir la science. Mais l'art de Poësie a cecy de particulier, que si Dieu & la Nature n'ont fait l'homme Poëte, on ne gagne gueres de luy enseigner par regles & par preceptes, comme il doit faire des vers. *L'estude & la science des autres choses*, dit-il, *consistent en preceptes & en art; mais le Poëte est Poëte par nature, il doit estre seulement excité par les forces de son esprit, & comme inspiré d'vn diuin enthousiasme.* Toutesfois Ciceron n'a point de raison en cecy; parce qu'en effet il ne se trouue ny science ny art inuentez dans les Republiques, dont l'homme puisse venir à bout s'il manque d'esprit, encore qu'il trauaille toute sa vie à en apprendre les preceptes & les regles; au lieu que s'il vient à rencontrer la science que demande son inclination naturelle, nous voyons qu'en deux iours, il y est tout sçauant: Il en est tout de mesme de la Poësie, car si celuy qui y est nay, se met à composer des vers, il s'en acquitte parfaitement bien; sinon il demeure tousiours tres mauuais Poëte.

Cecy supposé, il me semble qu'il est temps de connoistre par art, à quelle difference d'esprit respond en particulier chaque sorte de science, afin que chacun sçache distinctement, apres apres auoir desia découuert quelle est sa nature & son temperament, à quel art il est plus disposé. Les arts & les sciences qui s'acquierent par le moyen de la memoire, sont celles qui suiuent; la Grammaire Latine, ou de quelque autre langue que ce soit, la Theorie de la Iurisprudence, La Theologie positiue, la Cosmographie & l'Arithmetique.

Celles qui appartiennent à l'entendement, sont, la Theologie Scholastique, La Theorie de Medecine, La Dialectique, la Philosophie Naturelle & Morale, la pratique de la Iurisprudence qui est la science de l'Aduocat.

De la bonne imagination, naissent tous les arts & sciences qui consistent en figure, correspondance, harmonie & proportion; comme sont la Poësie, l'Eloquence, la Musique, & la science de Prescher; La pratique de la Medecine, les Mathematiques, l'Astronomie, l'art Militaire, & celuy de gouuerner vne Republique; Peindre, tracer, escrire, lire, estre agreable, poly, dire de bons mots & de bonnes rencontres; se monstrer subtil dans les choses qui consistent aux actions & intrigues de la vie; auoir vn certain esprit propre aux Machines, & à tout ce que font les Artisans: comme aussi vne certaine adresse que le peuple admire, qui est, de dicter à quatre personnes en mesme temps des matieres diuerses, & qui soient toutes bien rangées & dans vn bel ordre. De tout cecy nous ne pouuons pas faire vne euidente demonstration, ny prouuer chaque chose à part, car ce ne seroit iamais fait: mais nous le prouuerons en trois ou quatre sciences, & les mesmes raisons pourront seruir aux autres.

Dans le catalogue des sciences que nous auons dit appartenir à la memoire, nous auons mis la langue Latine, & celles que parlent toutes les nations du monde: ce qu'aucun homme sage ne peut nier, dautant que les langues n'ont esté qu'vne inuention des hommes, afin de pouuoir communiquer ensemble & expliquer leurs conceptions les vns aux autres, sans qu'il y ait en cela plus grand mystere ny autres principes naturels, sinon comme ie dy, que les premiers inuenteurs se sont assemblez, & ont forgé des mots à leur fantaisie, ainsi que dit Aristote, & sont demeurez d'accord de ce que chacun signifieroit. C'est delà qu'est venu vn si grand nombre de mots, & tant de façons de parler, auec si peu de regles & si peu de raison, que si l'on n'a bonne memoire, il est impossible de les comprendre ny retenir par aucune autre puissance. Combien sont mal propres l'imagination & l'entendement pour apprendre les langues & les diuerses façons de parler, l'Enfance le prouue clairement, en laquelle, quoy que ce soit vn aage ou l'homme est le plus depourueu de ces deux puissances, neantmoins, comme dit Aristote, il apprend mieux quelque langue que ce soit, que les hommes tout faits, encore que ces derniers soient beaucoup plus raisonnables : Et sans que personne le die, l'experience nous le monstre ; car nous voyons que si vn Biscain de trente ou quarante ans vient demeurer à Castille, il n'apprendra iamais le langage du pays ; mais que s'il est fort ieune, deuant qu'il soit deux ou trois ans, il semblera natif de Tolede. Le mesme arriue de la langue Latine & de toutes les autres ; car toutes les langues sont d'vne mesme nature : S'il est donc vray qu'en l'aage où regne le plus la memoire, & moins l'entendement & l'imagination, on apprend mieux les langues, que quand il y a faute de memoire, & que l'entendement est en sa vigueur, il est certain qu'elles s'acquierent par le moyé de la memoire, & non point par aucune autre puissance.

Aristote dit que les langues ne se peuuent apprendre par discours, & ne consistent point en raisonnement, & qu'ainsi il est necessaire d'entendre d'vn autre les mots & leur signification, & de les garder en sa memoire. En suitte dequoy il prouue que si l'homme est sourd dés sa naissance, infailliblement il doit estre muet, pource qu'il ne peut entendre d'vn autre la prononciation des mots, ny la signification que les premiers inuenteurs leur ont donnée. Que les langues soient vn effet du bon plaisir & caprice des hommes, & rien plus, on le connoist clairement en ce que les sciences se peuuent enseigner en toutes langues, & qu'en chacune on peut dire & exprimer ce que l'autre a voulu dire.

Ainsi il ne se trouuera gueres de graues Autheurs, qui ayent esté chercher vne langue estrangere pour donner à entendre leurs côceptions; mais les Grecs ont escrit en Grec, les Romains, en Latin, les Hebrieux, en Hebrieu, les Mores, en Arabe, & ainsi fay-ie moy, en Espagnol, pource que ie sçay mieux cette langue qu'aucune autre. Les Romains, comme gens qui estoient maistres du monde, voyant qu'il estoit necessaire qu'il y eust vne langue commune, par le moyen de laquelle toutes les nations peussent s'entrecommuniquer, & eux, entendre ceux qui viendroient leur demander Iustice, & traiter des choses concernant les affaires publiques du pays, ils commanderent qu'on ouurist des Escoles par tous les ressorts de leur Empire, où l'on enseignast la langue Latine, si bien que cette langue s'est maintenuë florissante iusques auiourd'huy.

Pour la Theologie Scholastique, il est certain qu'elle appartient à l'entendement, attendu que les actions de cette puissance, sont, distinguer, inferer, raisonner, iuger & eslire; & qu'il ne se fait rien en cette science, que ce ne soit douter par inconueniens, respondre auec distinction, inferer contre la response ce qui se peut conclurre en bonne consequence, & puis respondre derechef, tant que l'entendement s'appaise & demeure satisfait. Mais la meilleure preuue qui se puisse faire sur ce suiet, c'est de donner à entendre, combien difficilement la langue Latine & la Theologie Scholastique se trouuent ensemble, & comme on ne void gueres arriuer qu'vn homme soit tout à la fois bon Latin & profond Scholastique: Dequoy s'estonnant quelques Curieux qui s'en estoient desia auisez, ils ont recherché d'où cela pouuoit prouenir, & ont iugé que la Theologie Scholastique estant escrite en langage grossier & commun, & les bons Latins ayant l'oreille accoustumée au doux & elegant stile de Ciceron, ils ne pouuoient s'accommoder ny prendre plaisir auec cette science. Il seroit à souhaiter pour ces Messieurs qui sçauent tant de Latin, que en fuſt là la veritable cauſe, parce que en forçant & en accouſtumant leurs oreilles, ils trouueroient enfin quelque remede à leur mal; mais pour en parler franchement, le mal ne leur tient pas tant aux oreilles que dans la teſte.

Ceux qui ſont bons Latins, ont neceſſairement bonne memoire; car ſans cela ils n'euſſent pas peu deuenir ſi excellens en vne langue, qui ne leur eſtoit pas naturelle; Et pource que vne grande & heureuſe memoire eſt comme contraire au grand & haut entendement en vn meſme ſuiet, elle l'abbaiſſe & deprime d'vn point. Delà vient que celuy qui n'a pas l'entendement ſi exquis ny ſi releué, qui eſt la puiſſance à laquelle appartient de diſtinguer, inferer, raiſonner, iuger & eſlire, ne fait pas vn grand fonds, ny vn notable progrez dans la Theologie Scholaſtique. Quiconque ne ſe contentera pas de cette raiſon, n'a qu'à lire S. Thomas, l'Eſcot, Durand & Caietan, qui ſont les Chefs en cette faculté & profeſſion, & il trouuera de grandes ſubtilitez dans leurs œuures, mais dites & escrites auec vn Latin fort simple & vulgaire: Dequoy il n'y a point d'autre raison; sinon que ces grands Autheurs ont eu dés leur enfance, fort pauure memoire pour pouuoir exceller en la langue Latine; mais estant venus à la Dialectique, Metaphysique & Theologie Scholastique, ils sont montez au sublime degré des connoissances que nous admirons, pource qu'ils estoient doüez d'vn grand entendement. Au moins puis-ie tesmoigner cecy d'vn Theologien Scholastique (auec plusieurs autres personnes qui l'ont aussi connu & frequenté) qu'estant vn miracle en cette science, non seulement il ne parloit pas auec elegance & n'arrondissoit pas ses periodes au tour de Ciceron; mais quand il lisoit en chaire, ses Disciples remarquoient qu'il sçauoit fort peu de Latin & encore du plus grossier; de sorte qu'ils luy conseillerent, comme gens qui ignoroient nostre doctrine, de dérober secrettement quelques heures à l'estude de la Theologie Scholastique, pour les employer à la lecture de Ciceron : Et parce qu'il reconnoissoit que c'estoit vn conseil d'amys, il tascha de remedier à ce defaut non point à la dérobée, mais tout publiquement : Car apres auoir traité d'vne matiere de la Trinité, qui estoit comment le Verbe diuin auoit peu prendre Chair, il entroit en classe auec les autres, pour apprendre le Latin : & ce fut vne chose remarquable, que durant vn fort long temps qu'il fit ainsi; non seulement il n'apprit rien de nouueau, mais il vint presque à perdre tout le Latin qu'il sçauoit auparauant, de sorte qu'il fut côtraint de faire Leçon en sa langue. Le Pape Pie IV. de ce nom, demandant quels Theologiens auoient dauantage paru au Concile de Trente; on luy dit que ç'auoit esté particulierement vn certain Theologien Espagnol, duquel les resolutions, les argumens, les distinctions & les responses estoient veritablement dignes d'admiration. Le Pape desirant voir & connoistre vn si excellent personnage, luy enuoya faire commandement de venir à Rome, pour luy rendre compte de tout ce qui s'estoit passé au Concile. Quand il fut arriué, il luy fit force honneurs; entr'autres il luy commanda de se couurir, & le prenant par la main, le mena pourmener iusqu'à son chasteau de S. Ange, & auec vn Latin fort elegant, l'entretenoit de certains ouurages qu'il faisoit faire pour le fortifier dauantage, luy demandant mesme son aduis sur quelques desseins: A quoy il respondoit auec vn tel embarras, pour ne sçauoir pas trop bien parler Latin, que l'Ambassadeur d'Espagne d'alors, qui estoit Dom Louys de Requesens, grand Commandeur de Castille, prit la parole pour luy, en luy faisant la faueur de le secourir de son Latin, & de destourner le Pape à d'autres matieres. En vn mot, le Pape dit à quelques-vns de ses plus familiers, qu'il n'estoit pas possible qu'vn homme qui sçauoit si peu de Latin, fust si habile en Theologie, qu'on disoit: Mais comme il l'esprouua en cette langue, qui est vne œuure de la memoire, & dans les desseins & bastimens, qui font des choses qui appartiennent à la bonne imagination, il l'eust sondé en ce qui regarde l'entendement, il luy eust ouy dire des choses diuines.

Au Catalogue des sciences qui appartiennent à l'imagination, nous auõs mis d'abord la Poësie, & non point par hazard ny sans raison: mais pour donner à entendre combien sont esloignez d'auoir de l'entendement, ceux dont la venne est bonne pour faire des vers. Et ainsi nous trouuerons que la mesme difficulté qu'il y a, que la langue Latine se puisse ioindre auec la Theologie Scholastique, la mesme, voire encore plus grande sans comparaison, se rencontre entre cette science & l'art de versifier; cét art estant si contraire à l'entendement, que par la mesme raison que quelqu'vn se rendra vn Poëte signalé, il peut prendre congé de toutes les sciences qui appartiennent à cette faculté, & de la lãgue Latine mesme, à cause de la contrarieté qu'il y a entre la bonne imagination & la bonne memoire.

Aristote n'a peu trouuer la raison du premier; mais il confirme mon opinion par vne experience, quand il dit, *Que Marcus de Syracuse, estoit meilleur Poete quand il perdoit le iugement*, & la cause la voicy, c'est que la difference d'imagination, à laquelle appartient la Poësie, est celle qui demande trois degrez de chaleur; & nous auons dit cy-dessus, qu'vne si excessiue chaleur ruinoit tout à fait l'entendement. C'est ce qu'a remarqué le mesme Aristote, quand il a dit, que ce Syracusien venant à estre plus temperé, auoit meilleur entendement; mais qu'il ne rencontroit pas si bien à faire des vers, à cause qu'il auoit faute de la chaleur auec laquelle cette difference d'imagination agit. De cette difference d'imagination, Ciceron monstra bien qu'il estoit dépourueu; lors que voulant descrire en vers les faits heroïques de son Consulat, & comme sa ville auoit heureusement obtenu vne seconde naissance pour auoir esté gouuernée par luy, il s'écria en cette sorte:

O Rome trois fois fortunée
D'estre soubs mon Consulat née!

Et pource que Iuuenal ne comprenoit pas que la science de la Poesie estoit contraire à vn esprit comme celuy de Cicero̅, il le pique dans ses Satyres en disant, si tu eusses prononcé tes Philippiques contre Marc Antoine, au ton de ces beaux vers, il ne t'en auroit pas cousté la vie.

Platon a encore plus mal rencontré quand il a dit que la Poësie n'estoit pas vne science humaine, mais plustost vne reuelation diuine, pource que les Poetes, s'ils ne sont hors d'eux-mesmes ou remplis d'vn Dieu, ne sçauroient composer ny dire rien d'excellent : Ce qu'il prouue par cette raison ; que l'homme estant en son libre iugement, ne peut faire des vers : mais Aristote le reprend de dire que l'Art de Poësie n'est pas vne habileté humaine, mais vne reuelation diuine, & aduouë pourtant que l'homme qui est dans son bon sens, & qui iouyt de la liberté de son entendement, ne peut estre Poëte. Et la raison est, que

là

là où il y a beaucoup d'entendement, de necessité il y doit auoir faute d'imagination, à laquelle appartient l'art de composer des vers. Ce qui paroistra encore plus clair, quand on se souuiendra que depuis que Socrate eut appris l'art Poëtique, il ne pût auec tous ses preceptes & ses regles, faire seulement vn vers: & neantmoins il fut iugé par l'Oracle d'Apollon, le plus sage homme du monde. Ainsi ie tiens pour chose asseurée que le ieune homme qui aura bonne veine pour faire des vers, & qui du premier coup trouuera force rimes, pour l'ordinaire court grand danger de ne pas trop bien sçauoir la langue Latine, la Dialectique, la Philosophie, la Medecine, la Theologie Scholastique, ny les autres arts & sciences qui appartiennent à l'entendement, & à la memoire. Aussi voyons-nous par experience que si nous baillons à quelqu'vn de ces ieunes gens là vn nominatif à apprendre par cœur, il ne le sçaura pas en deux ou trois iours; mais si on luy donne vne feüille de papier pleine de vers, ou

V

ou quelque Roolle pour representer vn personnage de quelque Comedie ; en moins de deux ou trois fois qu'il iettera les yeux dessus, il fera tout entrer dans sa teste. Ceux là ne respirent qu'apres la lecture des liures de Cheualeries, comme de Roland le Furieux; sont éperduement amoureux du Boscan, de la Diane de Montemaior, & d'autres œuures semblables, parce qu'elles sont toutes d'imagination : Mais que dirons nous des Organistes, des Chantres & Maistres de Musique, dont l'esprit est fort mal propre au Latin & à toutes les autres sciences qui appartiennent à l'entendement & à la memoire ? Il en faut autant dire de la science de toucher les instrumens & de toute sorte de Musique.

Par ces trois exemples que nous auōs rapportez de la langue Latine, de la Theologie Scholastique, & de la Poesie, nous entendrons que nostre doctrine est veritable : & que nous auons bien fait nostre diuision, encore que nous ne fassions pas aucune preuue particuliere, dans les autres arts & sciences.

L'Escriture découure aussi l'imagination; ainsi void-on peu d'hommes de grand entendement qui forment bien leurs lettres, dequoy i'ay remarqué plusieurs exemples. Entr'autres i'ay connu vn Theologien Scholastique tres docte, qui estant honteux de voir son mauuais caractere, n'osoit escrire à personne, ny respondre à ceux qui luy escriuoient, iusqu'à ce qu'il se resolut de faire venir en secret vn Maistre à sa maison, qui luy apprit à escrire passablement. Mais il y trauailla plusieurs iours, & ne fit que perdre son temps: si bien que de depit il abandonna tout, laissant le maistre estonné de voir qu'vne personne des plus habiles de sa Faculté, fust si mal habile pour l'escriture: mais pour moy qui sçauois que de bien peindre ses lettres, c'estoit vne œuure de l'imagination, ie pris cela pour vn effet naturel. Et si quelqu'vn le veut voir & remarquer, qu'il prenne la peine de considerer ces pauures Escoliers qui gagnent leur vie aux Vniuersitez, à transcrire en beaux caracteres, & il

V ij

trouuera qu'ils sçauent fort peu de Grāmaire, fort peu de Dialectique, & fort peu de Philosophie, & que s'ils estudient en Medecine ou en Theologie, ils n'approfondissent iamais aucune difficulté. C'est pourquoy le ieune homme qui auec la plume sçaura fort biē representer vn cheual ou vn homme apres le naturel, & faire de grands & hardis traits de plume, ne doit point estre mis à l'estude d'aucune science ; mais plustost auec vn bon Peintre, qui par le moyen de l'art, puisse faciliter sa bonne nature.

Lire bien & aisément, découure aussi certaine espece d'imagination, & si c'est en vn si haut degré d'excellence, on n'a que faire de perdre son temps à l'estude des lettres, mais on doit songer seulement à gagner sa vie à lire des procez. Il y a icy vne chose bien digne d'estre considerée, c'est que la difference d'imagination, qui fait que les hommes ont le mot agreable & sont propres à railler, est contraire à celle qui est necessaire à l'homme pour lire facilement;

si bien que nul de ceux qui ont la grace que ie viens de dire, ne lira iamais parfaitement, mais en hæsitant & prenant tousiours vn mot pour l'autre.

Sçauoir iouer à la prime, faire de vrays enuys, ou aller à cassade, tantost vouloir & tantost ne vouloir pas, selon le temps & l'occasion, & par certaines coniectures connoistre le point de son aduersaire & sçauoir bien écarter, c'est vne œuure qui appartient à l'imagination. Autant en est-il de iouer au Cent ou à la Triomphe; encore qu'il n'y faille pas tant d'imagination qu'à la Prime, qui non seulement marque cette difference d'esprit, mais découure aussi toutes les vertus & tous les vices de l'homme, pource qu'à tout moment il s'offre en ce ieu là des occasions, où l'homme monstre ce qu'il feroit en d'autres rencontres plus grandes.

Le Ieu des Echets est vne des choses qui découurent le plus l'imagination. C'est pourquoy celuy qui aura des desseins fort subtils en ce Ieu-là, iusques à dix ou douze coups tout à la fois, presens dans son esprit, est en danger d'estre mal propre aux sciences, qui appartiennent à l'entendement & à la memoire, si ce n'est qu'il ioignist deux ou trois puissances ensemble, comme nous auons desia remarqué. Que si vn certain Theologien Scholastique fort sçauant que i'ay connu, eust sceu cette doctrine, il auroit eu la solution d'vne chose qui le mettoit fort en peine. Cettuy cy ioüoit souuent auec vn de ses domestiques, & perdant, il luy disoit tout confus & tout en colere; Qu'est-ce que cecy! tu ne sçais ny Latin, ny Dialectique, ny Theologie, encore que tu y aye estudié, & tu me gagnes, moy qui suis plein de l'Escot & de S. Thomas! Est-il possible que tu ayes meilleur esprit que moy? certainement ie ne puis croire autre chose sinon que le Diable te reuele les coups que tu fais. Tout le mystere de cecy, estoit que le Maistre estoit homme de grand entendement, par le moyen dequoy il paruenoit à l'intelligence des subtilitez de l'Escot & de

Saint Thomas, & qu'il estoit dépourueu de cette difference d'imagination, auec laquelle on iouë aux Eschets; & que pour le ieune homme, il auoit mauuais entendement & memoire, & l'imagination fort subtile.

Les Escoliers qui tiennent leurs liures bien arrangez en leur estude, leur chãbre bien dressée & bien nette, chaque chose en son lieu & penduë à son clou, ont vne certaine difference d'imagination fort contraire à l'entendement & à la memoire; Les hommes qui sont propres & polis, & qui ne sçauroient souffrir le moindre poil, ny le moindre ply sur leurs habits, ont cette mesme sorte d'esprit. Tout cecy procede sans doute de l'imagination, & qu'ainsi ne soit, si vn homme ne sçauoit pas faire des vers & qu'il fust mal propre, & qu'il vint à estre amoureux, Platon dit qu'il se fait incontinent Poëte & se rend fort propre & fort poly, pource que l'amour eschauffe & desseiche le cerueau, qui sont les qualitez qui reueillent l'imagination. Iuuenal remarque que l'indignation produit le mesme effet ; qui est aussi vne passion qui eschauffe le cerueau.

Si la Nature nous refuse
La colere excite la Muse.

Ceux qui parlent agreablement, qui disent de bons mots, & qui sçauent donner le trait, ont vne certaine difference d'imagination, fort contraire à l'entendement & à la memoire. C'est pourquoy ils ne sont iamais bons Grammairiens, Dialecticiens, Theologiens Scholastiques, Medecins, ny Legistes. S'ils sont donc outre cela subtils dans la pratique & les intrigues du monde, adroits pour venir à bout de quoy que ce soit qu'ils entreprennent, prompts à parler & respondre à propos ? ils sont naïs pour seruir au Palais, & pour estre Procureurs & Solliciteurs d'affaires ; pour la marchandise & negotiation; mais ils ne valent rien pour les lettres. En quoy le peuple se trompe grandement, les voyant si adroits à toutes choses : car il pense que s'ils se fussent addonnez aux lettres, ils fussent deuenus de grãds Personnages: Cependant il n'y a point d'esprits qui y soient plus repugnants ny plus contraires.

Les enfans qui seront long-temps sans parler, ont en la langue & au cerueau trop d'humidité, laquelle, estant consumée par succession de temps, ils deuiennent fort eloquens & grands parleurs, à cause de la grande memoire qu'ils acquierent, depuis que leur humidité vient à se moderer. Ce que nous auons remarqué cy-dessus estre arriué autrefois à ce fameux Orateur Demosthene, dont nous auons dit que Ciceron s'estoit estonné, pour la difficulté qu'il auoit à parler dans sa ieunesse, de voir qu'il estoit deuenu apres si eloquent.

Les ieunes gens aussi qui ont bonne voix, & qui font forces passages de la gorge, sont tres mal propres à toutes les sciences, pource qu'ils sont froids & humides, lesquelles deux qualitez iointes ensemble, comme nous auons dit cy-dessus, font perdre la partie raisonnable. Les Escoliers qui apprendront punctuellement & reciteront la leçon mot pour mot, comme ils l'ont ouye du Maiſtre, teſmoignent qu'ils ont bonne memoire, mais c'eſt aux deſpens de l'entendement.

Il s'offre quelques problemes & quelques doutes ſur cette doctrine; dont la reſponſe pourra ſeruir peut-eſtre de lumiere à faire mieux connoiſtre la verité de ce que nous diſons.

Le premier eſt, d'où vient que ceux qui ſont grands Latins, ſont plus arrogans & preſomptueux de leur ſçauoir, que ne ſont pas les hommes fort doctes, dans le genre de lettres qui appartiennent à l'entendement, de maniere que pour faire entendre ce que c'eſt que le Grammairien, le Prouerbe dit, *Que le Grammairien c'eſt l'arrogance meſme*. Le ſecond eſt, d'où vient que la langue Latine eſt ſi contraire à l'eſprit des Eſpagnols, & ſi propre & naturelle aux François, Italiens, Allemans, Anglois, & à tous les autres qui habitent vers le Septentrion; comme l'on void par leurs ouurages; car auſſi toſt que nous voyons vn liure eſcrit en bon Latin, nous connoissons que c'est d'vn Autheur estranger; & si nous envoyons vn autre dont le Latin soit barbare & mal tourné, nous concluons qu'il a esté composé par vn Espagnol. Le troisiesme Probleme, est, pourquoy les choses qui se disent & escriuent en la langue Latine, sonnent mieux, & ont plus de force, de maiesté & d'elegance, qu'en quelque autre langue quelque bonne qu'elle puisse estre, puisque nous auons dit cy-dessus que toutes les langues ont esté inuentées à plaisir & par caprice, sans auoir aucun fondement dans la Nature? Le quatriesme est, comment cecy se peut accorder, que toutes les sciences qui appartiennent à l'entendement, estant escrites en Latin, ceux qui sont dépourueus de memoire les puissent estudier, & lire dans les liures, puisque par faute de memoire la langue Latine leur repugne?

On peut respondre au premier Probleme, que pour connoistre si vn homme est dépourueu d'entendement, il n'y en a point de meilleure marque, que de le voir hautain, dans le point d'honneur, presomptueux, enflé, ambitieux & plein de ceremonies. La raison est, que tout cecy part d'vne difference d'imagination, qui ne demande pas plus d'vn degré de chaleur, auec lequel demeure fort bien la grande humidité, que demande la memoire, parce que ce degré de chaleur n'a pas assez de force pour la resoudre. Au contraire la marque infallible qu'vn homme est naturellement humble, c'est quand on le voit se mépriser soy mesme & tout ce qui vient de luy, ou luy appartient; & quand non seulement il ne se vante & ne se louë pas, mais qu'il s'offence & ne sçauroit souffrir qu'on le loüe, & qu'il se trouue tout défait & honteux dans les lieux de ceremonies : celuy-là dis-ie qui aura ces marques, peut passer asseurement pour vn homme de grand entendement & de peu d'imagination & de memoire : I'ay dit naturellement humble, car si c'est par artifice, ces marques là ne sont pas certaines : Delà vient donc que comme les Grammairiens sont pourueus de

des Esprits. 317

grande memoire, & ont ensemble cette difference d'imagination, dont nous parlions tout à l'heure, necessairement ils sont dépourueus d'entendement, & tels que les descrit le Prouerbe.

Au second Probleme, on peut respondre, que Galien recherchant l'esprit des hommes, par le temperament de la region qu'ils habitent, dit que ceux qui demeurent sous le Septentrion ont tous faute d'entendement; & que ceux qui sont situez entre le Septentrion & la Zone torride, sont tres prudens; laquelle situation respond iustement à nostre pays d'Espagne; & sans doute cela est ainsi, parce que ny l'Espagne n'est si froide que les terres qui sont soubs le Nort, ny si chaude que la Zone torride. Aristote est du mesme aduis, quand il demande, pourquoy ceux qui habitent en des pays fort froids, n'ont pas si bon entendement, que ceux qui naissent aux pays plus chauds? Dans la responfe, il traite fort mal les Flamands, les Allemans, les Anglois & les François mesme; disant que la pluspart des esprits de ces regions-là, ressemblent à ceux des yurongnes, à raison dequoy ils ne peuuent rechercher ny sçauoir la nature des choses : Et la cause de cecy, c'est la grande humidité qu'ils ont au cerueau, & aux autres parties du corps, ce que monstre assez la blancheur de leur visage, & la couleur blonde de leurs cheueux, & que c'est vne merueille de voir vn Allemand qui soit chauue ; Outre cela, ils sont tous grands & d'vne ample stature, à cause de la grande humidité qui fait dilater les membres. Ce qui se trouue tout au contraire aux Espagnols, qui sont vn peu basannez, de poil noir, de mediocre stature, & la pluspart chauues ; qui est vne disposition que Galien dit venir d'vn cerueau chaud & sec. Et si cela est vray, il faut de necessité qu'ils ayent mauuaise memoire & grand entendement ; & les Allemans grande memoire & peu d'entendement : si bien que les vns ne peuuent apprendre le Latin, & les autres l'apprennent facilement. La raison que dône Aristote, pour prouuer le peu d'entendement de ceux qui habitent sous le Septentrion, c'est que la grande froideur de la region repousse au dedans, par antiperistase, la chaleur naturelle, & l'empesche de se dissiper; ainsi il y a beaucoup d'humidité & de chaleur: C'est pourquoy ces gens là sont ensemble pourueus d'vne grande memoire pour les langues, & d'vne bonne imagination par le moyen de laquelle ils font des horologes, trouuent l'inuention de faire monter l'eau, de la riuiere à Tolede, & fabriquent des machines & autres ouurages de grand esprit, que les Espagnols ne peuuent faire, pource qu'ils sont priuez d'imagination: Mais si on les met sur quelque point de Dialectique, de Philosophie, de Theologie Scholastique, de Medecine & de Loix: vn Espagnol dira sans comparaison de plus hautes & de subtiles choses en son patois & auec ses termes barbares, que ne fera pas vn Estranger, auec tout son beau Latin, parce que si on vient à tirer ces gens là hors de l'elegance & politesse auec laquelle ils escriuent, ils ne diront chose qui vaille, ny qui tesmoigne la moindre inuention. Pour preuue de cette doctrine, Galien dit *Qu'en Scythie* (qui est vn pays situé sous le Septentrion) *il ne s'y est veu qu'vn seul Philosophe, au lieu que dans Athenes, tous naissent sages & prudens*. Mais encore que la Philosophie & les autres sciences dont nous auons parlé, repugnent à ces Septemtrionaux, les Mathematiques & l'Astronomie leur sont propres, pource qu'ils ont l'imagination excellente.

La response qu'on peut faire au troisiesme probleme, depend d'vne question fort celebre qui est entre Platon & Aristote. L'vn dit qu'il y a des noms propres qui signifient naturellement les choses, & qu'il faut beaucoup d'esprit pour les trouuer ; laquelle opinion est fauorisée de la Sainte Escriture, qui dit qu'Adam imposoit à chaque chose que Dieu auoit mise deuant luy, le nom qui luy estoit le plus conuenable. Et quant à Aristote, il ne veut pas accorder qu'il y ait en aucune langue, aucun nom, ny façon de parler qui signifie naturellement

ment la chose ; mais que tous les noms ont esté feints & faits suiuant la volonté & la fantaisie des hommes. Ainsi void on par experience, que le vin a plus de soixante noms & le pain autant, chacun le sien en chaque langue, & on ne peut dire de pas vn qu'il soit le plus propre & le plus naturel ; car si cela estoit, tous les hommes du monde s'en seruiroient. Neantmoins apres tout, l'opinion de Platon est la plus veritable. Car ie veux que les premiers inuenteurs des langues, ayent imposé les noms selon leur fantaisie ; cette fantaisie toutesfois a esté raisonnable, a consulté l'oreille, a eu égard à la nature de la chose, a obserué quelque grace en la prononciation, de sorte que les mots ne fussent ny trop longs ny trop courts, & qu'il ne fust pas besoin de faire voir aucune difformité dans la bouche en parlant, que chaque accent fust assis en sa place, & d'autres conditions que doit garder vne langue pour estre elegante & non barbare. De l'aduis de Platon fut vn Gentil-homme Espagnol qui se diuertissoit à escrire des

X

liures de Cheualeries, parce qu'il eſtoit pourueu de cette difference d'imagination, qui emporte l'homme à des fictiõs & menſonges: On dit donc de luy qu'ayant à introduire dans ſon Roman, vn certain Geãt furieux, il demeura pluſieurs iours à ſonger vn nom qui reſpondiſt entierement à ſes fougues, & que iamais il n'en pût rencontrer; iuſqu'à ce que ioüant vne fois aux cartes chez vn de ſes amis, il ouyt dire au Maiſtre du logis, *O la mochaco traquitantos à eſta me ſa.* C'eſt à dire, hola ho garçon, apporte icy des iettons pour noſtre table. Ce Gentil homme dés qu'il eut ouy ce mot *Traquitantos*, trouua qu'il ſonnoit ſi bien à ſes oreilles, que ſans attendre dauantage, il ſe leua, & dit; Meſſieurs, ie ne ioüe plus, car il y a long-temps que ie cherchois vn nom qui conuinſt bien à vn Geant furieux, que i'introduis dans de certaines fantaiſies que ie compoſe, & ie ne l'ay peu trouuer qu'à cette heure, en ce logis, dis-ie, où ie reçoy touſiours quelque grace. Les premiers inuenteurs de la langue Latine eurent le mesme soin & curiosité qu'eut ce Gentil-homme d'appeller son Geant *Traquitantos*; c'est pourquoy ils trouuerent vn langage qui sonne si bien aux oreilles; Ainsi ne se faut-il pas estonner, si les choses qui se disent & qui s'escriuent en Latin, sonnent si bien, & dans les autres langues, si mal; pource que les premiers inuenteurs de ces dernieres, estoient des Barbares.

Pour le dernier doute, i'ay esté contraint de le mettre, afin de contenter plusieurs personnes qui s'y sont arrestées, encore que la solution en soit fort facile: Car ceux qui ont grand entendement, ne sont pas tout à fait priuez de memoire; parce que s'ils n'en auoient point du tout, leur entendement ne pourroit raisonner en façon du monde; la memoire estant la puissance qui garde la matiere & les especes sur lesquelles les speculations se doiuent faire: Mais dautant qu'en ces gens-là la memoire est tres-foible; de trois degrez de perfection qui se peuuent acquerir en la langue Latine, qui sont, l'entendre, l'escrire, & la bien parler, elle ne peut passer le premier degré, si ce n'est fort mal & comme en trebuchant à chaque mot.

CHAPITRE XII.

Où il est prouué que l'eloquence & la politesse du langage, ne se peuuent rencontrer dans les hommes de grand entendement.

L'Vne des bonnes qualitez qui incitent plus le peuple à croire qu'vn hôme soit fort sage & prudent, c'est de l'entendre parler auec beaucoup d'eloquence; c'est de voir son discours fleury & orné de quantité de beaux mots, & de l'ouyr rapporter force exemples conuenables au suiet dont il est question. Mais en effet cela ne vient que d'vn assemblage de la memoire & de l'imagination, en vn degré & demy de chaleur, auquel point l'humidité du cerueau ne se peut resoudre, & la chaleur esleue quantité d'especes & les fait comme bouillir, par le moyen dequoy se presentent à l'esprit plusieurs choses à dire. Il est impossible que l'entendement se trouue en cét assemblage, parce que comme nous auons desia dit & prouué cy deuant, cette puissance abhorre extremement la chaleur & ne sçauroit non plus souffrir l'humidité. Que si les Atheniens eussent connu cette doctrine, ils ne se fussent pas si fort estonnez de voir vn homme si sçauant & si sage, qu'estoit Socrate, qui ne sçauoit pas presque dire vn mot. De façon que ceux qui n'ignoroient pas ce qu'il valoit, disoient que ses paroles & ses sentences ressembloient à des caisses faites d'vn marrein grossier & sans aucune façõ par dehors, mais qui renfermoient au dedans des peintures exquises & dignes d'admiration. Dans la mesme erreur ont esté ceux qui voulant donner la raison de l'obscurité & du mauuais stile d'Aristote, ont dit, que tout exprez & afin que ses œuures en eussent plus d'authorité, il auoit vsé de ce mauuais iargon, & efcrit auec le peu d'ornement que nous voyons. Et fi nous confiderons auffi les difficultez qui font dans Platon, fa briefueté en quelques endroits, l'obfcurité de fes raifons, & la mauuaife œconomie de fon difcours, nous n'en trouuerons point d'autre caufe que celle que nous venons d'alleguer. Mais que dirons-nous fi nous voyons les œuures d'Hippocrate, comme il oublie des noms & des verbes, comme il place mal fes dits & fes fentences, comme il enchaifne mal fes raifons, enfin comme il s'offre peu de chofes à fon efprit, pour faire paroiftre & releuer le fonds de fa doctrine? Quoy plus, finon que voulant informer tout au long Damagete fon amy, comment Artaxerxe Roy de Perfe, l'auoit follicité de venir deuers luy, en promettant de luy donner autant d'or & d'argent qu'il en fouhaiteroit, & de le mettre au rang des premiers de fon Royaume, ayant dif-ie tant dequoy s'eftendre là deffus, il ne dit que cecy : *Le Roy*

des Esprits. 327

de Perse a enuoyé deuers moy pour m'auoir, ne sçachant pas que ie fay plus de cas de la sagesse que de l'or. Si ce suiet fust tombé entre les mains d'Erasme ou de quelque autre qui auroit esté pourueu d'vne aussi bonne imagination & memoire que luy, il n'eut pas eu assez d'vne main de papier pour l'amplifier. Mais qui eust osé cõfirmer cette doctrine par l'exemple de l'esprit mesme de Sainct Paul, ny dire que c'estoit vn homme de grand entendement & de peu de memoire, & qui ne pouuoit par les forces de sa nature apprendre les langues ny les parler auec ornement & politesse, si luy mesme ne l'auoit dit en ces termes? *Ie confesse que ie ne sçay pas parler, mais en ce qui est de la science, ie n'ay pas moins fait que le plus grand des Apostres* : & ailleurs. *Quelques-vns disoient que veut dire celuy-cy qui ne sçauroit parler qu'à demy?* Or est-il que cette difference d'esprit estoit si propre pour la publication de l'Euangile, qu'il n'estoit pas possible d'en choisir de meilleure : Car de se seruir en cette occasion de beaucoup d'e-

X iiij

loquence & de grands ornemens de langage, c'eut esté faire tres mal à propos; attendu que la force des Orateurs de ce temps-là, paroissoit à faire passer à leurs Auditeurs des choses fausses pour vrayes : & à persuader aux peuples par les preceptes & subtilité de la Rhetorique, que ce qu'ils receuoient pour bon & vtile, estoit tout le contraire : comme de soustenir qu'il valoit mieux estre pauure, que riche ; malade, que sain ; ignorant, que sçauant ; & mille autres choses qui combattoient ouuertement l'opinion vulgaire. C'est pourquoy les Hebrieux appelloient ces gens-là *Geuanin*, qui veut dire, trompeurs. Caton le vieux fut du mesme sentiment, & trouua qu'il estoit dangereux de les retenir à Rome, veu que les forces de l'Empire Romain estoient fondées sur les armes, & que ceux cy commençoient desia à persuader qu'il estoit bon que les ieunes gens de Rome les quittassent, pour s'addonner à cét autre exercice, & sorte de science. De façon qu'il les fit bien-tost bannir de Rome, auec deffence de n'y plus retourner.

Posé donc que Dieu euſt fait choix d'vn Predicateur eloquent & pourueu de tous les ornemens du bien dire, & que ce Predicateur fuſt entré à Athenes ou à Rome, pour annoncer qu'en Ieruſalem, les Iuifs auoient crucifié vn Homme veritablement Dieu, & qu'il eſtoit mort de ſon bon gré, pour Racheter les pecheurs; qu'il eſtoit Reſſuſcité le troiſieſme iour & Monté aux Cieux, où il eſt maintenant: qu'euſſent penſé les Auditeurs, ſinon que cette propoſition eſtoit vne de ces propoſitions folles & ridicules que leurs Orateurs auoient accouſtumé de mettre en auant & de perſuader par la force de leur art? C'eſt ce qui a fait dire à Sainct Paul. *Ieſus-Chriſt ne m'a pas enuoyé pour baptiſer, mais pour preſcher & non pas pour preſcher en Orateur & dans la ſcience des mots, de peur que le peuple ne ſe figuraſt que la Croix de Ieſus-Chriſt fuſt quelque vanité de celles que les Sophiſtes auoient accouſtumé de perſuader.* L'eſprit de S. Paul eſtoit tout propre à ce miniſtere, parce qu'il eſtoit pourueu d'vn grand entendement, pour souſtenir & prouuer aux Synagogues & aux Gentils que Ieſus-Chriſt eſtoit le Meſsie qui auoit eſté promis en la loy, & qu'il n'en falloit point attendre d'autre; & auec cela il auoit peu de memoire, ſi bien qu'il ne pouuoit eſtaller ces ornemens de belles & douces paroles : & c'eſtoit de cette difference d'eſprit qu'auoit beſoin la publication de l'Euangile. Ie ne veux pas pourtant dire par là que S. Paul n'euſt le don des langues: car il eſt certain qu'il les parloit toutes auſſi facilement que la ſienne. Ie ne veux pas dire non plus que pour deffendre le nom de Ieſus-Chriſt, les forces de ſon grand entendement fuſſent ſuffiſantes ſans la grace & ſans le ſecours particulier que Dieu luy donna pour cét effet. Tout ce que ie pretends, c'eſt de dire, que les dons ſurnaturels operent bien mieux quand ils tombent dans vne bonne nature, qu'alors que l'homme qui les reçoit eſt naturellemét lourd & ignorant. A cecy ſe rapporte ce que dit S. Hieroſme en la Preface qu'il a faite ſur

Isaye & Ieremie, quand il demande, pourquoy, veu que c'est le mesme Sainct Esprit qui parle par la bouche des deux, Isaye propose les choses qu'il escrit auec tant d'elegance, & Hieremie à peine sçait-il parler? Il respond que le S. Esprit s'accommode à la façon ordinaire de chaque Prophete, sans que la grace change leur nature, ny sans qu'ils apprennent vn nouueau langage pour annoncer les Propheties. Il faut donc remarquer qu'Isaye estoit vn noble Caualier, nourry à l'air de la Cour & dans la Ville de Ierusalem : c'est pourquoy son langage estoit plus orné & plus poly : mais pour Ieremie, il estoit né & fut esleué en vn village aupres de Ierusalem, qui s'appelloit *Anathotites* ; si bien que comme vn paysan, il estoit rude & grossier en son stile, duquel pourtant le S. Esprit se seruit dans les propheties qu'il luy inspira. On peut dire la mesme chose des Epistres de S. Paul, qu'à la verité le Sainct Esprit presidoit en luy quand il les escriuit, afin qu'il ne peust errer; mais que le langage & la façon de parler estoit le langage & la façon naturelle de parler de S. Paul, fort propres neantmoins à la doctrine dont il traitoit; pource que la verité de la Theologie Scholastique abhorre l'abondance des paroles.

Auec la Theologie positiue s'accorde & se ioint fort bien la connoissance des langues & l'ornement & politesse des mots, parce que cette science appartient à la memoire, & que ce n'est autre chose qu'vn ramas de dits & sentences Catholiques, qu'on tire des SS. Peres & de la Sainte Escriture, pour les donner en garde à cette faculté, comme fait vn Grammairien, les plus belles fleurs de Virgile, Horace, Terence, & des autres Poëtes Latins qu'il lit : & qui, dés qu'il en trouue l'occasion se met à les debiter, ou biē recite quelques passages de Ciceron & de Quintilian, auec lesquels il fait parade de son erudition deuant les Auditeurs.

Ceux qui ont cét assemblage de l'imagination auec la memoire, & qui recueillent diligemment tout ce qui a esté dit & escrit de plus beau dans la science où ils s'addonnent, & qui le citent en temps & lieu auec vn grand ornement de langage; comme ainsi soit qu'on a desia trouué tant de choses dans toutes les sciences, ces gens-là dis-je, paroissent tres profonds au iugement de ceux qui ignorent nostre doctrine, mais en effet ils n'ont qu'vne superficie : & on découurira leur défaut, si tost qu'on viendra à les sonder dans les fondemens de ce qu'ils affirment auec tant d'asseurance. Et la raison en est, que l'entendement, à qui il appartient de sçauoir la verité des choses en leur racine, ne peut compatir auec vne si grande abondance de beaux mots. C'est de ces gens-là qu'a dit la Sainte Escriture : *Où il y a beaucoup de paroles, il y a pour l'ordinaire grande disette*, c'est à dire faute de sens & de prudence.

Ceux qui ont ces deux facultez iointes ensemble, l'imagination & la memoire, entreprennent hardiment d'interpreter la Sainte Escriture, croyant qu'à cause qu'ils sçauent beaucoup d'Hebrieu, de Grec & de Latin, il leur est facile de tirer le vray sens de la lettre; mais apres tout ils se perdent. Premierement, parce que les mots de la Sainte Escriture & ses façons de parler ont beaucoup d'autres significations que celles que Ciceron a peu sçauoir en sa langue. Secondement, parce que telles gens ont manqué d'entendement, qui est la puissance qui verifie si vn sens est Catholique ou non. C'est cette puissance qui auec le secours de la grace surnaturelle, de deux ou trois sens qu'on peut tirer d'vn texte, peut choisir celuy qui sera le plus veritable & le plus Catholique.

Il n'arriue iamais, dit Platon, qu'on se trompe aux choses qui sont fort differentes si fait bien quand il s'en presente plusieurs qui ont grande ressemblance; car si nous venons à mettre deuant les yeux de l'hôme le plus clair voyant du monde, vn peu de sel, de succre, de farine & de chaux le tout bien broyé & bien passé & chaque chose à part, que feroit vn homme qui sans se seruir du goust, auroit à discerner par la veuë chacune de ces choses sans faillir, en disant, voila du sel, voicy du sucre, là, de la farine, & icy, de la chaux : Sans doute qu'il n'y a personne qui ne s'y trompast à cause de la grande affinité qui s'y trouue. Mais s'il y auoit vn tas de blé, vn autre d'auoine, vn autre de paille, vn autre de terre, & vn autre de pierres ; il est certain qu'à cause de la grande diuersité de chaque obiet, celuy-là mesme qui n'auroit pas trop bonne veuë, ne manqueroit iamais à nommer toutes ces choses par leur nom. Nous voyons tous les iours arriuer le mesme aux sens que les Theologiens donnent à la Sainte Escriture; car vous en voyez deux ou trois, qui à les considerer d'abord, ont apparence d'estre Catholiques & de s'accorder bien auec le texte : cependant il n'en est rien, & le S. Esprit n'a rien moins entendu que cela. Pour choisir le meilleur de tous ces sens, & reietter celuy qui est mauuais ; il est certain que le Theologien ne se sert ny de la memoire ny de l'imagination, mais de l'entendement seul. De maniere que ie souſtiens que le Theologien poſitif, doit conſulter le Scholaſtique, & le prier de luy choiſir celuy de tous ces ſens qu'il trouuera le meilleur, ſi ce n'eſt qu'il veuille eſtre mis vn beau matin à l'Inquiſition. C'eſt pour cette raiſon que les hereſies ont ſi fort en horreur la Theologie Scholaſtique, & qu'elles voudroient l'auoir tout a fait bannie du monde, parce que en diſtinguant, inferant, raiſonnant & iugeant, la verité & le menſonge viennent à la fin à ſe connoiſtre.

CHAPITRE

CHAPITRE XIII.

Où il est prouué que la Theorie de la Theologie appartient à l'entendement, & la Predication, qui en est la pratique, à l'imagination.

C'Est vne question fort agitée, non seulement entre les sçauans; mais le peuple mesme s'est aduisé de cét effet & tous les iours en demande la cause, d'où vient qu'vn Theologien estant grand Scholastique, subtil dans la dispute, facile en ses responses, & pourueu d'vne doctrine admirable pour escrire & pour enseigner; neantmoins quand il est monté en chaire, il ne sçauroit prescher? & au contraire, quand vn homme est excellent Predicateur, eloquent, agreable, & qu'il tire tout vn peuple apres soy; c'est vn grand miracle s'il sçait beaucoup de Theologie Scholastique? & pour cette raison, on ne reçoit pas pour bonne confequence, vn tel eft grand Theologien Scholaftique, il fera donc bon Predicateur: Et au contraire on ne veut pas conclurre, vn tel eft grand Predicateur, donc il fçait beaucoup de Theologie Scholaftique; car pour deftruire l'vne & l'autre confequence, chacun trouuera plus d'exemples, qu'il n'a de cheueux à la tefte.

Perfonne iufques icy n'a peu donner d'autre refponfe que celle qu'on fait d'ordinaire, qui eft d'attribuer tout cecy à Dieu & à la diftribution de fes graces: Et ie trouue que c'eft fort bien fait, quand on ne fçait pas de plus particuliere caufe. Nous auons aucunement refpondu à cette doute au Chapitre precedent, mais non pas fi precifement qu'il faut. Car i'ay defia dit, que la Theologie Scholaftique appartenoit à l'entendement. Maintenant ie dis & veux prouuer que la Predication, qui en eft la pratique, eft vne œuure de l'imagination. Et comme il eft difficile d'affembler en vn mefme cerueau, vn grand entendement, & vne grande imagination ; aussi ne se peut-il faire qu'vn homme soit tout à la fois grand Theologien Scholastique, & fameux Predicateur. Or que la Theologie Scholastique soit vne œuure de l'entendement, nous l'auons desia prouué ailleurs, en monstrant la repugnance qu'elle auoit auec la langue Latine; c'est pourquoy il ne sera pas besoin de le prouuer encore vne fois. Seulement veux-ie faire entendre, que la bonne grace par le moyen de laquelle les bons Predicateurs attirent ainsi le peuple à eux, & tiennent les esprits rauis & en suspens, tout cela n'est que l'ouurage d'vne excellente imagination & en partie, d'vne heureuse memoire. Et afin que ie puisse mieux m'expliquer & le faire toucher comme au doigt, il faut supposer premierement que l'homme est vn animal raisonnable, sociable & politique : Qu'à dessein que sa bonne nature en deuinst plus habile par l'art; les Philosophes anciens inuenterent la Dialectique, pour luy apprendre comment il deuoit raisonner, par quels preceptes & par quelles regles; comment il deuoit definir la nature des choses, distinguer, diuiser, inferer, iuger & eslire; desquelles actions il est impossible que le moindre artisan se puisse passer: Et afin qu'il fust sociable & politique, il estoit besoin qu'il parlast & donnast à entendre aux autres hommes, les choses qu'il conceuoit en son esprit. Mais de peur qu'il ne les expliquast sans ordre ny regle, ils ont trouué vn autre art qu'ils appellent Rhetorique, laquelle auec ses preceptes & ses maximes embellit son discours de mots polis & façons elegantes de parler, de mouuemens & de couleurs agreables. Or tout de mesme que la Dialectique n'enseigne pas l'homme à discourir & raisonner en vne seule science, mais en toutes, sans aucune distinction: ainsi la Rhetorique apprend à parler dans la Theologie, dans la Medecine, dans la Iurisprudence, dans l'art Militaire, & dans toutes les autres sciences & commerces des hommes. De sorte que si nous voulons nous imaginer vn parfait

Dialecticien, ou vn Orateur confommé; il n'eſt pas poſſible de les confiderer que comme des perſonnes qui ſçauent toutes les ſciences, pource qu'elles ſont toutes de leur iuriſdiction, & qu'ils peuuent en toutes ſans exception pratiquer leurs preceptes. Il n'en eſt pas ainſi de la Medecine, de la Philoſophie Naturelle, de la Morale, de la Metaphyſique, de l'Aſtronomie & des autres, qui toutes ont leur ſuiet limité, dont elles doiuent traiter: C'eſt pourquoy Ciceron a dit, *Que quelque part que ſoit l'Orateur, il eſt chez ſoy.* Et en vn autre endroit il dit, *Que dans le parfait Orateur toute la ſcience des Philoſophes s'y trouue.* Pour cette cauſe le meſme Ciceron a dit encore, qu'il n'y auoit rien de plus difficile à rencontrer qu'vn parfait Orateur; ce qu'il euſt dit auec plus de raiſon, s'il euſt ſceu la repugnance qu'il y a, que toutes les ſciences ſe puiſſent aſſembler en vn particulier.

Les Iuriſconſultes ſe vantoient anciennement du nom & d'office d'Orateurs, pource que la parfaite science de l'Aduocat demande vne connoissance de tous les arts du monde, à cause que les loix iugent tout le monde indifferemment; & pour sçauoir le droit & ce qui fait à la deffense de chaque profession, il est necessaire d'auoir vne particuliere intelligence de toutes, au moyé dequoy Ciceron a dit, *Qu'aucun ne deuoit estre mis au nombre des Orateurs, qu'il n'eust vne connoissance acheuée dans tous les arts.* Mais voyant qu'il estoit impossible d'apprendre toutes les sciences, premierement à cause de la briefueté de la vie, & secondement à cause que l'esprit de l'homme a des bornes si estroites, ils ont renoncé à ce nom specieux; & se sont contentez d'adiouster foy dans le besoin, aux Maistres de l'art dont ils entreprenoient la deffense: Apres cette façon de deffendre les causes, est venuë incontinent la doctrine de l'Euangile, qui se pouuoit mieux persuader par l'art de Rhetorique, que toutes les sciences qu'il y a au monde; dautant que c'est la plus certaine & la

des Esprits. 343

plus veritable : mais Iesus Christ nostre Redempteur deffendit à S. Paul de la prescher *dans la vaine science des paroles,* de peur que les Nations ne se figurassent que ce qu'il annonçoit, ne fust quelqu'vn de ces beaux mensonges, que les Orateurs de ce temps-là auoient accoustumé de persuader par la force de leur art : Mais maintenant que la foy est receuë & establie depuis tant d'années, il est permis de prescher par lieux de Rhetorique & de se seruir de l'Eloquence, puisque nous n'auons plus à craindre les inconueniens qu'on pouuoit apprehender du temps de S. Paul. Tant s'en faut, nous voyons que le Predicateur qui est pourueu des conditions d'vn Orateur parfait, fera beaucoup plus de fruit & sera suiuy de bien plus de monde, que celuy qui ne s'en sert pas. La raison en est toute claire : car si les anciens Orateurs faisoient passer au peuple les choses fausses pour vrayes, en appliquant à ce dessein les preceptes & les regles de leur art ; l'assemblée des Chrestiens se gagnera beaucoup mieux sans comparaiſon, quand on luy perſuadera par le meſme artifice des choſes qu'elle entend & croit deſia : Outre que la Sainte Eſcriture eſt en quelque façon toutes choſes, & que pour la bien interpreter, il eſt beſoin de toutes les ſciences, ſuiuant ce dire ſi celebre, *Il a enuoyé appeller ſes ſeruantes au ſecours de la forteresse.*

Il n'eſt pas beſoin de recommander cecy aux Predicateurs de noſtre temps, ny de les aduertir qu'il leur eſt permis de le faire : car outre le profit particulier qu'ils pretendent de leur doctrine; leur ſoin principal c'eſt de chercher vn beau ſuiet, où ils puiſſent appliquer bien à propos force penſées, & beaux paſſages tirez de la Sainte Eſcriture, des Saints Peres, des Poëtes, Hiſtoriens, Medecins & des Loix, ſans oublier aucune ſcience, & de s'eſtendre auec elegance & quantité de paroles agreables; au moyen dequoy ils amplifient leur ſuiet pour l'eſpace d'vne heure ou de deux, s'il eſt neceſſaire. Ciceron dit que c'eſtoit de cela proprement que le parfait

Orateur faisoit profession en son temps. *La force de l'Orateur & la profession mesme de bien dire, semble entreprendre & promettre de traiter & de parler auec ornement & abondance de tout ce qui luy sera proposé.* Si nous prouuons donc que les graces & les conditions que doit auoir le parfait Orateur, appartiennent toutes à l'imagination & à la memoire, nous tiendrons pour constant que le Theologien qui les aura, sera fort grand Predicateur; mais que si on le met sur la doctrine de S. Thomas & de l'Escot, on trouuera qu'il y sçaura fort peu de choses; pource que c'est vne science qui appartient à l'entendement, qu'il doit auoir necessairement tres-foible.

Nous auons desia dit ailleurs, quelles choses appartiennent à l'imagination, & par quelles marques on les doit reconnoistre, & maintenant nous allons le redire, pour en rafraischir la memoire. Ce qui emporte bonne figure, ce qui est bien à propos & comme bien enchassé, les rencontres, les mots excellens & les comparaisons iustes; tout cela font des dons & des graces de l'imagination.

La premiere chofe que doit faire le parfait Orateur, quand il a fon fuiet entre les mains, c'eſt de chercher des argumens & des fentences & paſſages qui luy foient propres & accommodés, par le moyen defquels il puiſſe l'eſtendre & le prouuer; & non point en fe feruant des paroles les premieres venuës, mais feulement de celles qui fonnent bien aux oreilles, & pour cette caufe Ciceron a dit: *J'eſtime celuy-là veritablement Orateur, qui fe peut feruir de paroles agreables à l'oreille & de fentences & raifons propres à ce qu'il entreprend de prouuer.* Il eſt certain que cecy appartient à l'imagination, puis qu'il y a confonance de paroles agreables, & vn aiuſtement au fuiet, dans les fentences & raifons.

La feconde bonne qualité d'vn parfait Orateur, c'eſt d'auoir beaucoup d'inuention & beaucoup de lecture; car s'il faut qu'il eſtende & qu'il prouue quelque fubiet qu'on luy donne, par pluſieurs paſſages & fentences citées à propos, il faut qu'il ait vne haute imagination, qui soit comme le Chien de chasse, qui queste bien & luy fasse tomber le gibbier entre les mains ; & quand il ne sçaura que dire, qu'il vse de fictions qui rendent la chose vraysemblable. Pour cette cause nous auons dit cy dessus, que la chaleur estoit l'instrument auec lequel l'imagination agissoit, dautant que cette qualité esleue les figures & les fait comme boüillir ; si bien qu'on découure par ce moyen tout ce qui se peut voir, & si l'on ne peut plus rien trouuer, l'imagination a la vertu, non seulement de composer des figures de choses possibles ; mais aussi d'assembler ce qui ne se peut ioindre dans l'ordre de la Nature, & de se forger des montagnes d'or & des Hyppogryfes.

Aux choses d'inuention, les Orateurs peuuent suppléer par le moyen de la grande lecture, quand ils manquent d'imagination : Mais apres tout ce que les liures enseignent est finy & terminé, & l'inuention propre est comme la bonne & viue source d'où iallit tousiours vne eau fraifche & nouuelle. Pour retenir ce qu'on a leu, il eſt befoin d'auoir grande memoire, & pour le reciter fort aiſément deuant vne aſſemblée, il faut encore vne bonne memoire : C'eſt pourquoy Ciceron a dit, *Cét Orateur là, à mon auis, fera digne d'vn ſi grand nom, qui pourra diſcourir fur quelque ſuiet qui s'offre, prudemment*, qui eſt s'accommoder aux Auditeurs, au lieu, au temps, & à l'occaſion ; *abondamment, auec ornement de paroles agreables, & recitées par cœur.*

Nous auons defia dit & prouué cy-deſſus, que la prudence appartient à l'imagination ; l'abondance des mots & des fentences, à la memoire ; l'ornement & l'aiuſtement, à l'imagination : comme encore de reciter tant de choſes fans broncher ny fe reprendre, il eſt tout certain que cela fe fait par le moyẽ d'vne bonne memoire. A propos de ce que Ciceron a dit, que le bon Orateur doit parler de memoire, & non point par eſcrit, il faut ſçauoir que Maiſtre Anthoine de Lebriſſe eſtoit deuenu

des Esprits. 349

si caduc de memoire, par sa grande vieillesse, qu'il lisoit en vn papier la leçon de Rhetorique qu'il faisoit à ses Escoliers, & comme c'estoit vne personne eminente en cette Faculté, qui auoit donné tant de preuues de sa suffisance, & qu'on estoit bien asseuré de son defaut de memoire, personne ne trouuoit mauuais qu'il en vsast de la sorte : Mais ce qui ne se pût souffrir, fut, qu'estant mort subitement d'apoplexie, l'Vniuersité d'Alcala recommanda son Oraison funebre à vn fameux Predicateur, lequel inuenta & disposa ce qu'il deuoit dire, le mieux qu'il pût ; mais le temps fut si court, qu'il n'eut pas le loisir d'apprendre par cœur ce qu'il auoit preparé : si bien qu'il monta en chaire le papier en la main, & commença de cette sorte. I'ay deliberé, Messieurs, d'imiter & de faire ce que faisoit ordinairement cét illustre personnage, dont nous celebrons auiourd'huy les obseques, c'est de lire ainsi qu'il lisoit à ses Disciples ; pource que sa mort a esté si soudaine, & le temps qu'on m'a donné pour faire cette Oraison funebre, si precipité, qu'à peine ay-ie eu le temps de songer à ce que ie deuois dire, & encore moins à le repasser par ma memoire: Ie vous apporte donc escrit en ce papier, tout ce que i'ay pû composer cette nuit ; & vous supplie, Messieurs, de l'entendre auec patience, & d'excuser le défaut de ma memoire.

Cette façon de prescher par escrit & auec le papier en main, sembla si mauuaise au peuple, que l'on ne fit que sousrire & murmurer : Partant Ciceron a eu raison de dire, qu'il falloit haranguer par cœur, & non par escrit. Sans doute que ce Predicateur manquoit d'inuention ; il falloit qu'il tirast tout des liures, & pour cecy il est besoin de force estude & de grande memoire: mais ceux qui puisent dans leur teste, n'ont besoin d'estude, de temps ny de memoire, pource qu'ils trouuent heureusement en eux, & bien souuent à l'heure mesme, tout ce qu'ils ont à dire. Ceux-cy pourroient prescher toute leur vie deuant vn peuple, sans redire vn mot de ce qu'ils auroient dit vingt-ans auparauant : là où ceux qui manquent d'inuention, en moins de deux Caresmes enleuent la fleur de tous les liures, & viennent à bout de leurs manuscripts & lieux communs ; de sorte que la troisiesme année il faut qu'ils aillent prescher ailleurs, s'ils ne veulent qu'on die d'eux, qu'ils preschent comme l'année d'auparauant.

La troisiesme qualité que doit auoir le bon Orateur, c'est de sçauoir disposer ce qu'il a inuenté, & bien placer chaque chose en son lieu : de sorte que rien ne se demente, qu'il semble que l'vn appelle l'autre, & que l'autre luy responde en vne iuste & parfaite proportion ; C'est pourquoy Ciceron a dit. *Que la disposition est vn ordre & bonne œconomie qu'il faut garder en la distribution des dits & sentences dont on se doit seruir deuant vn peuple, & qui nous monstre en quel lieu les choses doiuent estre placées;* afin que le tout estant bien d'accord, il en resulte vne bonne figure. Quand les Predicateurs n'ont pas obtenu de la Nature cette qualité, ils en ont d'ordinaire bien plus de peine : car apres qu'on a trouué dans les liures beaucoup de choses à dire; chacun n'a pas l'addresse de les enchasser en chaque lieu qui leur conuient. Il est certain que cette proprieté d'ordonner & de distribuer, est vne œuure de l'imagination, puisque cela emporte figure & correspondance.

La quatriesme proprieté que doiuent auoir les bons Orateurs, & qui est la plus importante de toutes, c'est l'action, par laquelle ils donnent comme vne ame à ce qu'ils disent, excitent les Auditeurs, les attendrissent & les obligent de croire veritable ce qu'ils leur veulent persuader. Ainsi Ciceron a dit : *Que l'action se deuoit gouuerner en faisant les mouuemens du corps & du visage, & les gestes que requiert ce qu'on dit, en haussant la voix, ou l'abbaissant ; en se courrouçant & tout d'vn coup venant à s'appaiser, en parlant quelquefois viste, quelquefois plus doucement, en repre-*
nant

des Esprits. 353

nant quelquefois, & quelquefois flattant, portant son corps tantost d'vn costé & tantost de l'autre, fermant les bras, & puis les despliant, riant & pleurant, & frappant des mains bien à propos. Cette grace est de si grande importance aux Predicateurs, qu'auec elle seulement, sans inuention ny disposition, ils feront vn Sermon de choses communes & de peu de consequence, qui remplira tout vn peuple d'admiration, à cause qu'il sera animé de l'action, qui se peut appeller l'esprit & l'ame de la prononciation.

Il y a en cecy vne chose remarquable, qui fait assez voir combien peut cette grace, qui est, que les Sermons qui paroissent extremement par le moyen de l'action & de cét esprit de l'Orateur, ne valent rien sur le papier & ne se peuuent lire : La raison en est, qu'il est impossible de peindre ny de representer auec la plume, les mouuemens & les gestes qui leur donnoient tant de relief en la chaire. Il y a d'autres Sermons qui se trouuent bons par escrit, & qu'on

Z

ne sçauroit ouyr quand on les recite, pource qu'on ne leur donne pas l'action qu'ils demandent. C'est pourquoy Platon a dit, que le stile qu'on obserue en parlant, est fort different de celuy qu'il faut pour bien escrire ; & pour cette cause voyons-nous plusieurs hommes qui parlent fort bien, & escriuent mal ; & d'autres au contraire qui escriuent fort bien, & parlent tres mal. Toutes lesquelles choses se doiuent reietter sur l'action, laquelle est sans doute vne œuure de l'imagination, puisque tout ce que nous en auons dit emporte auec soy figure, correspondance & bonne consonance.

La cinquiesme grace que doit auoir l'Orateur, c'est de sçauoir bien appliquer & apporter de beaux exemples & de belles comparaisons ; ce qui contente plus les Auditeurs que toute autre chose : car par vn bon exemple, ce qu'on enseigne se rend aisé à entendre, & sans cela tout passe pour estre trop releué : Ainsi Aristote demande, *Pourquoy ceux qui entendent les Orateurs prennent plus de plaisir aux exemples & aux fables qu'on leur rapporte pour prouuer ce qu'on veut persuader, qu'à tous les argumens & raisons qu'on allegue?* A quoy il respond, que par les exemples & les fables, les hommes s'instruisent mieux, à cause que c'est vne preuue qui regarde le sens, & qu'il n'en est pas ainsi des argumens & des raisons, à cause que pour en estre capable, il faut estre pourueu d'vn grand entendement. C'est pourquoy Iesus-Christ nostre Redempteur se seruoit en ses discours de tant de paraboles, & de comparaisons, parce que par ce moyen là, il faisoit mieux comprendre plusieurs secrets diuins. Or est-il que d'inuenter des fables & des comparaisons, c'est vne œuure de l'imagination, pource que comme nous auons desia dit tant de fois, cela emporte figure, bonne correspondance & similitude.

La sixiesme proprieté du bon Orateur, c'est que son langage soit bon, propre & sans nulle affeterie; qu'il se serue de termes polis, & de plusieurs nobles & belles façons de parler : desquelles

Z ij

graces nous auons desia discouru plusieurs fois, & prouué qu'vne partie appartient à l'imagination, & l'autre à la bonne memoire.

La septiesme chose que doit auoir le bon Orateur, est comprise dans ces mots de Ciceron, *Qu'il faut qu'il soit doüé d'vne bonne voix, d'vne belle action, & d'vne grace naiue*: d'vne voix, dis-je, pleine & sonore, qui ne soit ny enroüée, ny trop rude, ny trop deliée. Et encore qu'il soit vray que cecy procede de la constitution de l'estomach & du gosier, & non de l'imagination; il est pourtant certain, que du mesme temperament que vient la bonne imagination, qui est la chaleur, vient aussi la bonne voix. Ce qui est bien à remarquer pour nostre dessein ; pource que les Theologiens Scholastiques, à cause qu'ils sont d'vn temperament froid & sec, ne peuuent auoir l'organe de la voix bon ; ce qui leur est vn grand defaut pour la chaire. Aristote prouue cecy par l'exemple des vieillards, qui sont froids & secs. Pour auoir la voix pleine & sonore, il est besoin de beaucoup de chaleur qui dilate, & d'vne humidité moderée qui adoucisse : C'est pourquoy le mesme Aristote demande, *Pourquoy ceux qui sont d'vne nature chaude, ont tous la voix forte & haute* : Et nous apprenons cette verité par l'experience du contraire dans les femmes & dans les Eunuques, lesquels pour la grande froideur de leur temperament, comme dit Galien, ont le gosier fort estroit & la voix fort deliée : De façon que quand nous entendrons quelque bonne voix, nous pourrons dire incontinent que cela vient d'vne grande chaleur & humidité d'estomach, lesquelles deux qualitez, quand elles arriuent iusques au cerueau, font perdre l'entendement, & rendent la memoire & l'imagination bonnes, qui sont les deux puissances dont se seruent les bons Predicateurs pour satisfaire l'esprit de ceux qui les escoutent.

La huictiesme proprieté du bon Orateur, Ciceron dit que c'est d'auoir la langue bien penduë, bien prompte, & bien exercée; qui est vn don qui ne peut échoir aux hommes de grand entendement, parce que pour estre ainsi prompte, il faut beaucoup de chaleur, & vne secheresse mediocre ; ce qui ne se peut trouuer aux melancholiques, tant ceux qui le sont par nature, que ceux qui le sont par adustion. Aristote le prouue, quand il demande, *Pourquoy ceux qui hesitent en parlant, sont tenus de complexion melancolique ?* Auquel probleme il respond fort mal, à mon aduis, disant que les melancholiques ont vne forte imagination, & que leur langue ne peut pas aller assez viste, pour les choses que l'imagination leur dicte, de sorte qu'ils viennent à hesiter & à vaciller. Ce qui ne vient pas delà : mais plustost de ce que les melancholiques ont tousiours force eau & force saliue dans la bouche, au moyen dequoy ils ont la langue humide & fort lâche, chose qui se peut voir clairement, si l'on considere combien ils crachent. Le mesme Aristote donne cette raison là mesme, quād il demande *pourquoy quelques-vns hesitent & balbutient en parlant ?* à quoy il respond que ceux-là ont la langue fort froide & fort humide, qui sont deux qualitez qui la rendent lourde & comme paralytique, tellement qu'elle ne peut suiure assez viste l'imagination. Pour à quoy remedier, il dit qu'il est bon de boire vn peu de vin, ou deuant que de se presenter à discourir deuant le peuple, ietter de grands élans de voix, afin que la langue s'eschauffe & se desseche par ce moyen.

Aristote dit aussi, que ce défaut de ne parler pas aisément, peut venir de trop de chaleur & de secheresse dans la langue; ce qu'il prouue par l'exemple des Coleriques, qui au fort de leur passion ne sçauroient dire vn mot, & quand ils sont sans trouble & sans colere, sont tres-eloquents: au contraire des hommes phlegmatiques, qui ne sçauroient presque parler, lors qu'ils sont en paix: mais quand ils sont courroucez, tiennent des discours tout pleins d'eloquence. La raison de cecy est tres manifeste; car encore qu'il soit vray, que la chaleur aide à l'imagination & à la langue aussi ; cette chaleur neantmoins peut estre si grande, qu'elle renuerse l'imagination, & l'empesche de trouuer des mots aigus & de subtiles responses, & fait que la langue ne peut rien articuler à cause de sa trop grande secheresse ; ainsi voyons nous qu'en beuuant vn peu d'eau, l'homme parle mieux.

Les Coleriques, quand ils sont en paix, parlent bien & facilement, pource qu'ils ont alors le degré de chaleur, qui est necessaire à la langue, & à la bonne imagination ; mais viennent-ils à s'irriter, la chaleur monte d'vn degré plus qu'il ne faut & trouble l'imagination. Les flegmatiques, quand ils ne sont pas en colere, ont beaucoup de froideur & d'humidité au cerueau; c'est pourquoy rien ne s'offre à eux qu'ils puissent dire, & leur langue outre cela est lâche, à cause de la grande humidité: Mais quand ils se fâchent & se piquent, la chaleur monte d'vn degré & esleue leur imagination ; ce qui fait qu'il s'offre à eux beaucoup de choses à dire, &

leur langue ne leur porte point d'empeſchement, dautant qu'elle eſt deſia eſ-
chauffée. Ceux-cy n'ont pas trop bonne veine pour faire des vers, à cauſe
qu'ils ſont froids de cerueau : & quand
ils ſont piquez, ils font de meilleurs
vers & auec plus de facilité, contre ceux
qui les ont mis en colere : A propos dequoy Iuuenal a dit,

Si la Nature nous refuſe,
La colere excite la Muſe.

Les hommes de grand entendement ne
peuuent eſtre bons Orateurs, ny bons
Predicateurs, à cauſe de ce defaut de
langue ; & particulierement dautant
que l'action demande qu'on parle quelquefois haut, & quelquefois bas ; & que
ceux qui ſont empeſchez de la langue,
ne peuuent haranguer ſans crier à gorge deſployée : ce qui eſt vne des choſes
qui laſſent le plus les Auditeurs : Ainſi
Ariſtote demande *pourquoy ceux qui he-*
ſitent de la langue ne peuuent parler bas?
A quoy il reſpond fort bien, que la langue qui tient comme attachée au palais
par la grande humidité, ſe detache

mieux auec impetuofité, que fi l'on n'y employoit qu'vn petit effort: Il en est côme de celuy qui voudroit leuer vne lance fort pefante, en la prenant par le bout; car il la leue mieux tout d'vn coup & par effort, que s'il la leuoit peu à peu.

Il me femble auoir affez bien prouué que les bonnes qualitez naturelles que doit auoir l'Orateur parfait, viennent pour la plufpart de la bonne imagination, & quelques vnes de la memoire: Et s'il eft vray, que les bons Predicateurs de noftre temps contentent le peuple, à caufe qu'ils font pourueus de ces qualitez-là mefmes que nous difons, il s'enfuit que celuy qui fera grand Predicateur, fçaura fort peu de Theologie Scholaftique, & que celuy qui fçaura beaucoup de Theologie Scholaftique, ne pourra pas prefcher, à raifon de la grande contrarieté qu'a l'entendement auec l'imagination & la memoire.

Ariftote a bien veu par experience, qu'encore que l'Orateur eftudie la Philosophie naturelle & morale, la Medecine, la Metaphysique, la Iurisprudence, les Mathematiques, l'Astronomie, & toutes les autres sciences, il n'en recueilloit pourtant que les fleurs, & n'en retenoit que les propositions les plus verifiées, sans connoistre la racine ny la premiere cause dequoy que ce soit. Mais il croyoit que de ne pas sçauoir la Theologie, ny la raison veritable & essentielle des choses, venoit de ce que l'on ne s'y estoit pas addonné : Ainsi il demande, *Pourquoy & en quoy nous pensons que le Philosophe soit different de l'Orateur*, puisqu'ils estudient l'vn & l'autre la Philosophie ? Auquel Probleme il respond, que le Philosophe employe toute son estude à sçauoir la raison & la cause de chaque effet, & l'Orateur, à connoistre seulement l'effet & rien plus. Mais apres tout, il n'y a point d'autre raison de cette difference que celle-cy, qui est que la Philosophie naturelle appartient à l'entendement, de laquelle puissance les Orateurs ne sont pas si bien pourueus ; de sorte qu'ils ne sçauroient auoir qu'vne superficielle connoissance de la nature des choses. Cette mesme difference se trouue entre le Theologien Scholastique & le Positif; car l'vn sçait la raison de ce qui touche & concerne sa Faculté ; & l'autre, les propositions les plus connuës, & rien plus. Ce qu'estant ainsi, c'est vne chose fort dangereuse, que le Predicateur ait la charge & l'authorité d'enseigner la verité au peuple Chrestien, & que l'Auditeur soit obligé de le croire; & que ce Predicateur ne soit pas bien pourueu de cette puissance, par laquelle on connoist les veritez en leur racine ; Nous pourrions luy appliquer auec raison ces paroles de nostre Sauueur, *Laissez-les, ils sont aueugles, & conduisent des aueugles : mais si l'aueugle conduit l'aueugle, ils tomberont tous deux dans la fosse.* C'est vne chose intolerable de voir auec quelle hardiesse se mettent à prescher quelques vns, qui ne sçauent pas vn mot de Theologie Scholastique, & qui n'ont aucune disposition naturelle pour la pouuoir apprendre. Sainct Paul se plaint grandement de ces gens-là, quād il dit, *Que la fin de la loy de Dieu, c'est la charité, qui sort d'vn cœur pur, d'vne bonne conscience, & d'vne foy non dissimulée, dont quelques-vns s'esloignant, se sont tournez à vne eloquence vuide, voulant estre Docteurs de la Loy, sans sçauoir ny dequoy ils parlent, ny ce qu'ils asseurent.*

Le vain langage & babil des Theologiens Allemans, Anglois, Flamans, & quelquefois François, & de tant d'autres qui habitent le Septentrion, a bien souuent pensé perdre le peuple Chrestien, auec toute leur connoissance de langues & toutes leurs graces & ornemens de bien dire ; parce qu'ils n'auoient pas cét entendement propre à trouuer la verité. Et qu'ils soient depourueus d'entendement pour la pluspart, nous l'auons desia prouué cy-dessus, par l'opinion d'Aristote ; outre plusieurs autres raisons & experiences que nous auons apportées pour cet effet. Que si les Auditeurs Anglois & Allemans eussent bien pris garde à ce que Sainct Paul escrit aux Romains, qui estoient aussi circonuenus & assiegez par d'autres faux Predicateurs, peut-estre ne se fussent ils pas laissé tromper si aisément. *Mes freres*, dit-il, *ie vous coniure par l'amour de Dieu, de prendre garde particulierement à ceux qui vous enseignent vne autre doctrine, que celle que vous auez apprise, & de les fuyr: car ils ne sont pas seruiteurs de nostre Seigneur Iesus-Christ, mais plustost seruent à leur ventre & à leur sensualité, & par de beaux discours & des paroles douces & emmiellées, ils seduisent le cœur des innocens.*

Outre cecy, nous auons prouué cy-dessus, que ceux-là qui sont pourueus d'vne grande imagination, sont coleriques, fins, malicieux & rusez, qui sont des personnes tousiours enclines au mal, & qui le sçauent executer auec vne grande dexterité & prudence. Aristote demande, à propos des Orateurs de son temps, *Pourquoy nous appellons l'Orateur, fin & adroit, & non pas le Musicien, ny celuy qui represente sur vn Theatre?* Et la difficulté eust esté encore plus grande, si Aristote eust sceu que la Musique & la Comedie, sont œuures de l'imagination. A quoy il respond, que les Musiciens & ceux qui representent, n'ont point d'autre but que de contenter ceux qui les escoutent & qui les voyent: mais que l'Orateur trauaille à gagner quelque chose pour soy, c'est pourquoy il a besoin d'vser d'addresse, afin que les Auditeurs ne connoissent rien de son dessein.

Telles mauuaises qualitez auoient ces faux Predicateurs, dont l'Apostre escrit ainsi à peu prés aux Corinthiens. Mais ie crains mes freres, que cõme le Serpent a seduit Eue par sa ruse & pernicieuse addresse, ainsi vos sens & vos iugemens ne soient peruertis & corrompus: car de tels faux Apostres sont comme de fins Renards; des Predicateurs, dis-ie, qui sont des ouuriers d'iniquité, qui parlent sous le masque & contrefont les Saincts; ils ont l'apparence d'Apostres de Iesus-Christ, & sont des Disciples du Diable, qui sçait si bien representer vn Ange de lumiere, qu'il est besoin d'vn don surnaturel, pour decouurir qui c'eſt : & puiſque le Maiſtre ſçait ſi bien ſe contrefaire, il ne faut pas s'eſtonner que ceux qui ont eſtudié ſous luy, ſoient ſi ſçauans ; La fin de ces gens-là ſera conforme à leurs œuures. Toutes leſquelles proprietez, on void bien que ce ſont des effets de l'imagination, & qu'Ariſtote a eu raiſon de dire, que les Orateurs ſont fins & ruſez, pource qu'ils ne ſongent qu'à gagner quelque choſe pour eux.

Nous auons deſia dit cy-deſſus, que ceux qui ont vne forte & grande imagination, ſont d'vn temperament fort chaud, & de cette qualité deriuent trois principaux vices de l'homme, la ſuperbe, la gourmandiſe & la luxure : & pour cette cauſe l'Apoſtre a dit ; *Telle ſorte de gens ne ſeruent pas à Ieſus Chriſt noſtre Sauueur, mais à leur ventre.* C'eſt pourquoy ils cherchent à interpreter la Sainte Eſcriture, d'vne façon qui s'accorde à leur inclination naturelle, donnant à entendre à ceux qui ne ſçauent gueres de choſes, que les Preſtres ſe peuuent marier,

marier, qu'il n'eſt beſoin ny de Careſ-me, ny de ieuſnes, ny qu'il ne faut pas découurir au Confeſſeur tous les pechez que nous commettons contre Dieu. Et vſant de cette ruſe, par le moyen de l'Eſcriture mal appliquée, ils font paſſer leurs vices & leurs mauuaiſes œuures pour des actes de vertu, en mandiant du peuple vne fauſſe reputation de ſainteté.

Or que de la chaleur prouiennent ces trois mauuaiſes inclinations, & de la froideur, les vertus contraires; Ariſtote le prouue diſant, *Que de la chaleur & de la froideur naiſſent toutes les couſtumes & habitudes de l'homme, pource que ces deux qualitez alterent plus noſtre nature qu'aucune autre.* D'où vient que les hommes de grande imagination ſont d'ordinaire méchants & vicieux, pource qu'ils ſe laiſſent aller à la pente de leurs inclinations naturelles, & qu'ils ont de l'eſprit & de l'habileté pour faire le mal. Et partant Ariſtote demande, *Pourquoy l'homme, qui eſt plein d'vn ſi grād ſçauoir, eſt le plus iniuſte de tous les animaux?* Auquel probleme il respond, que l'homme est pourueu d'vn grand esprit & d'vne grande imagination, par le moyen dequoy il trouue mille inuentions de mal faire, & comme il souhaite aussi naturellement ses plaisirs, & d'estre plus heureux que tous les autres, de necessité il commet quelque iniure, dautant qu'il ne peut posseder ces auantages-là, sans faire tort à plusieurs personnes. Mais ny Aristote n'a pas bien sceu proposer ce probleme, ny n'a pas sceu y respõdre comme il falloit. Il eust mieux fait de demander, pourquoy les méchans sont ordinairement de grand esprit, & entre les méchans, ceux qui sont les plus habiles commettent de plus grandes indignitez; veu qu'il seroit raisonnable, que le bon esprit & la grande habileté portast plustost l'homme à la vertu & au bien, que non pas au vice & au mal ? La responce qu'on peut donner de cecy, c'est que ceux qui ont beaucoup de chaleur, sont gens de grande imagination, & que la mesme qualité qui les rend ingenieux, les pousse à estre malins & vicieux : Mais quand c'est l'entendement qui domine, l'homme ordinairement se porte à la vertu, pource que cette puissance consiste en froideur & secheresse, desquelles qualitez procedent plusieurs vertus, comme sont, la continence, l'humilité & la temperance, ainsi que de la chaleur prouiennent les contraires. Laquelle philosophie si Aristote eut entenduë, il eust sceu respondre à ce probleme qui demande, *Pourquoy ceux qui gagnent leur vie à representer des Comedies, les Cabaretiers, les Cuisiniers, les Artisans de Bacchus & de la bonne chere, & tous ceux qui se trouuent aux banquets & festins pour preparer & ordonner les viandes, sont d'ordinaire de mauuaise & vicieuse vie?* A quoy il respond, disant qu'à cause qu'ils se sont occupez à ces offices qui regardent la bonne chere, ils n'ont pas eu le temps d'estudier, si bien qu'ils ont passé leur vie au milieu de l'intemperance ; A quoy mesme la pauureté leur a seruy, qui a accoustumé d'apporter quant & soy beaucoup de maux. Mais en effet ce n'est pas là la vraye raison ; plustost il faut dire, que de representer des Comedies, & donner ordre aux festes & festins de Bacchus, vient d'vne difference d'imagination, qui conuie l'homme à cette façon de viure. Et comme cette difference d'imagination consiste en chaleur, tous ces gens-là ont fort bon estomach, & vn haut appetit pour boire & pour manger ; & quoy qu'ils se fussent addonnez aux lettres, ils n'y eussent fait aucun progrez ; & quand mesme ils auroient esté riches, ils n'auroient pas laissé de s'addonner à ces offices, eussent-ils encore esté cent fois plus vils, pource que l'esprit & la disposition de chacũ le porte à embrasser l'art auec lequel il a plus de rapport. C'est pour cette cause qu'Aristote demande ; *Pourquoy il y a de certains hommes qui se iettent à estre Comediens ou Ioüeurs d'instrumens, & ne prendroient aucun plaisir à estre ny Orateurs ny Astronomes ?* A quoy il respond fort bien, disant que l'homme ressent incontinent à quel art il est nay ; pource qu'il a dans soy-mesme ie ne sçay quoy qui luy enseigne cela; & que la Nature peut tant par son instigation & poursuitte, qu'encore que l'art & l'office soient peu seants à la qualité & condition de celuy qui les apprend: il faut neantmoins qu'il s'y addonne, & qu'il laisse tous les autres honestes exercices.

Mais puisque nous auons reietté cette façon d'esprit, comme mal propre à la charge de Predicateur, & que nous sommes obligez de donner & de departir à chaque difference d'habileté, la science qui luy conuient plus particulierement; il faut monstrer quelle sorte d'esprit doit auoir celuy à qui l'on doit confier la charge de la predication, qui est vne des choses les plus importantes à la Republique Chrestienne. Il est donc besoin de sçauoir qu'encore que nous ayons prouué cy-dessus, que cela repugne naturellement, qu'vn grand entendement se ioigne auec vne grande imagination & vne grande memoire; il n'y a pourtant point de regle si generale en pas vn art, qui n'ait son exception, &

ne manque en quelque chose. Nous prouuerons fort au long au Chapitre penultieme de ce liure, que la Nature ayant toutes ses forces, & ne trouuant aucun obstacle, fait vne difference d'esprit si parfaite, qu'elle assemble en vn mesme suiet, vn grand entendement auec vne grande imagination & grande memoire; comme si ces puissances n'estoient pas contraires & naturellement opposées l'vne à l'autre.

C'est là iustement la disposition la plus propre & la plus conuenable pour la chaire, si elle se pouuoit rencontrer en plusieurs personnes : mais comme nous dirons au lieu que nous venons d'alleguer, elle se trouue si peu, que de cent mille esprits que i'ay consideré, à peine en ay ie trouué vn seul qui l'eust. C'est pourquoy il nous faudra chercher vne autre difference d'esprit qui soit plus ordinaire, encore qu'elle ne soit pas si parfaite que la premiere. Surquoy il faut remarquer, qu'entre les Medecins & les Philosophes, il y a vne grande dispute pour iustifier quel est le tempera-

des Esprits.

ment & les qualitez du vinaigre, de la colere adufte & des cendres : attendu que ces choses là produisent quelquefois vn effet de chaleur, & d'autrefois de froideur. Ce qui fait qu'ils ont esté de diuerses opinions : mais la verité est que toutes les choses qui ont souffert adustion & que le feu a consumées, sont de diuers temperament. La meilleure partie du suiet est froide & seche ; mais il y a d'autres parcelles entremeslées qui sont si subtiles & si delicates & si brulantes, qu'encore qu'elles soient en petite quantité, elles agissent neantmoins auec plus de force que tout le reste du suiet. Ainsi voyons nous que le vinaigre & la melancholie adufte, entr'ouurent & font leuer la terre par leur chaleur, & ne la resserrent pas, quoy que la plus grande partie de ces humeurs soit froide.

D'icy l'on peut inferer que ceux qui sont melancholiques par adustion, assemblent vn grand entendement auec vne grande imagination ; mais ils sont tous dépourueus de memoire, à cause

Aa iiij

de la grande fechereffe & dureté que l'aduftion a faite au cerueau. Ceux-là font bons pour prefcher, au moins font-ce les meilleurs qu'on puiffe trouuer, apres ces parfaits dont nous auons parlé: car encore qu'ils ayent faute de memoire, leur propre inuention eft fi grande, que leur imagination mefme leur fert comme de memoire & de reminifcence, en les rempliffant de figures & leur fourniffant dequoy dire, fans qu'ils ayent plus befoin de rien. Ce que n'ont pas ceux-là qui apprennent leur fermon mot à mot; car s'ils viennent à faire la moindre faute, les voila demeurez tout court, fans auoir rien qui leur fourniffe dequoy pouuoir paffer plus auant.

Or que la melancholie par aduftion ait cette varieté de temperament, de froideur & de fechereffe pour l'entendement, & de chaleur pour l'imagination, Ariftote le dit en ces termes, *Les hommes qui font melancholiques par aduftion, font d'vne complexion diuerfe & inégale, dautant que la colere adufte eft une humeur fort inegale & diuerse: tantost elle peut deuenir tres chaude, & tantost se rendre froide outre mesure.*

Les signes par où l'on connoist ceux qui ont ce temperament, sont tres manifestes; ils ont le visage vertbrun ou cendré, les yeux fort ardens (à raison dequoy on a dit, *Il est homme qui a du sang à l'œil*) le poil noir & la teste chauue, peu de chair, aspre & veluë, les veines fort larges & grosses; ils sont affables & de bonne compagnie; mais au reste luxurieux, superbes, hauts à la main, grands renieurs, fins, trompeurs, iniurieux, & qui aiment à faire du mal & à se vanger. Cela s'entend lors que la melancholie s'enflamme: car quand elle est refroidie, les voila incontinent remplis des vertus contraires; chasteté, humilité, crainte & respect pour Dieu, charité, misericorde, & grande reconnoissance de leurs pechez, auec des souspirs, des gemissemens & des larmes. A raison dequoy ils viuent en vne perpetuelle guerre, sans auoir ny paix ny repos. Quelquefois le vice domine en eux, & d'autrefois c'est la vertu: mais nonobstant tous ces défauts, ce sont les plus ingenieux & les plus habiles pour le ministere de la predication & pour toutes les choses du monde où il est besoin de prudence, dautant qu'ils ont de l'entendement pour trouuer la verité, & vne grande imagination pour la sçauoir persuader. Qu'ainsi ne soit, voyons, ie vous prie, ce que fit Dieu, quand il voulut former vn homme *dans le ventre de sa mere*, qui fust propre à découurir au mõde la venuë de son Fils, & qui eust le don de prouuer & de persuader que Iesus-Christ estoit le Messie promis en la Loy; & nous trouuerons que le faisant de grand entendement & de grande imagination, necessairement en obseruant l'ordre de la Nature, il le forma auec cette colere aduste & brulée. Cela se connoistra clairement, si l'on considere de quel feu & de quelle fureur il persecutoit l'Eglise, & quelle affliction receurent les Synagogues, quand elles le virent conuerty, comme ayant perdu vn homme de grande consequence, & dont le party contraire venoit de profiter.

Cela se connoist aussi par ces repliques pleines d'vne colere raisonnable, auec lesquelles il parloit & respondoit aux Proconsuls & aux Iuges qui le faisoient prendre; deffendant sa personne & le nom de Iesus-Christ auec vne telle dexterité, qu'il les rendoit tout confus. Il auoit aussi vne imperfection de langue & ne parloit pas auec tant de facilité : qui est vne chose, comme a dit Aristote, à laquelle sont suiets ceux qui sont melancholiques par adustion.

Les vices dont il confesse auoir esté taché, deuant sa conuersion, tesmoignent bien aussi qu'il estoit de ce temperament. Il estoit blasphemateur, iniurieux & persecuteur; tous effets d'vne grande chaleur. Mais le signe qui denote plus euidemment qu'il eut cette colere aduste, se prend de la guerre continuelle que luy mesme auoüe auoir esté dans luy, entre la partie superieure & l'inferieure, quand il dit, *Ie ressens vne autre loy dans mes membres, qui re-*

pugne à la loy de mon esprit, & qui me conduit dans la captiuité du peché. A laquelle dispute & contrarieté, nous auons prouué suiuant l'opinion d'Aristote, que les melancholiques par adustiō, estoient subiets. Il est vray que quelques-vns expliquent, & fort bien, que cette guerre venoit du desordre qu'a mis le peché originel entre l'esprit & la chair : encore qu'à la voir si grande & si continuelle, ie puisse bien croire aussi qu'elle procedoit de l'inegalité de la bile noire qui entroit dans sa complexion naturelle. En effet le Prophete Roy Dauid participoit de mesme au peché originel, & ne se plaignoit pas tant que Sainct Paul; au contraire il disoit qu'il trouuoit la partie inferieure d'accord auec la raison, quand il vouloit s'esiouyr en Dieu. *Mon cœur & ma chair ont tressailly de ioye deuant le Dieu viuant.* Or, comme nous dirons au Chapitre penultiesme, Dauid auoit le meilleur temperament que puisse donner la Nature, & que nous prouuerons par l'opinion de tous les Philosophes, incliner ordinairement l'homme à la vertu, sans grande contradiction du costé de la chair.

Les Esprits donc qui se doiuent choisir pour la Predication, sont en premier lieu, ceux qui assemblent vn grand entendement auec vne grande imagination & memoire; dequoy nous rapporterons les marques au penultiesme Chapitre. A faute d'eux, succedent en leur place, ceux qui sont melancholiques par adustion. Ceux-cy ioignent vn grand entendement auec vne grande imagination; mais sont dépourueus de memoire: Ainsi ne peuuent ils pas auoir abondance de paroles, ny prescher auec vn grand torrent d'eloquence, qui rauisse les Auditeurs. Au troisiesme rang sont les hommes de grand entendement; mais qui ont manqué d'imagination & de memoire. Ceux-cy prescheront fort desagreablement; mais ils enseigneront la verité. Les derniers, (ausquels ie ne voudrois pas commettre la charge de la Predication) sont ceux là qui assemblent vne heureuse memoire, auec vne vaste imagination, & sont dépourueus d'entendement. Ceux-cy tirent tout vn peuple apres eux, & le tiennent comme suspendu en extase & dans l'admiration: mais lors qu'on y pense le moins, on est tout esbahy qu'on vous les met à l'Inquisition, parce que *par leurs douces paroles & belles Benedictions, ils seduisoient le cœur des Innocens.*

CHAPITRE XIV.

Où il est prouué que la Theorie des loix appartient à la memoire: Plaider des causes & les Iuger (qui en est la pratique) à l'entendement: & la science de Gouuerner vne Republique, à l'imagination.

CEcy ne doit pas estre sans mystere en la langue Espagnole, que ce mot *Letrado* estant vn terme commun pour signifier tous les hommes de lettres, aussi bien les Theologiens, comme les gens de Droit, Medecins, Dialecticiens, Philosophes, Orateurs, Mathematiciens & Astronomes ; neantmoins quand on dit, *fulano es letrado, vn tel est lettré*; nous entendons tous d'vn commun consentement, que sa profession est de sçauoir les loix ; comme si ce nō luy estoit plus propre & plus particulier qu'aux autres. Quoy qu'il soit facile de respondre à cette doute; neantmoins pour s'en bien acquitter, il faut remarquer premierement ce que c'est que Loy, & à quoy s'obligent ceux qui se mettent à estudier en cette Faculté, pour s'en seruir apres dans les charges de Iuge ou d'Aduocat. La Loy, à le bien prendre, n'est rien qu'vne volonté raisonnable du Legislateur, par laquelle il explique & declare comme il entend que se determinent les cas qui arriuent d'ordinaire en la Republique, pour maintenir les subiets en paix, & leur enseigner comment ils doiuent viure, & dequoy ils se doiuent garder: I'ay dit *vne volonté raisonnable*, pource qu'il ne fuffit pas que le Roy ou l'Empereur (qui font la caufe efficiente de la Loy) expliquent & declarent leur volonté en quelque façon que ce foit, pour faire que ce foit vne loy ; car fi cette volonté n'eft iufte & conforme à la raifon, elle ne peut pas s'appeller loy, & ne l'eft pas effectiuement ; non plus que celuy-là ne feroit pas homme, qui feroit priué d'ame raifonnable. C'eft pourquoy il a efté tres bien auifé, que les Roys eftabliffent leurs loix, auec le confeil d'hommes fort fages & entendus, afin qu'elles foient pleines de iuftice, de bonté & d'integrité, & que les fubiets les reçoiuent de bon cœur, & s'en reffentent plus obligez à les garder & accomplir. La caufe materielle de la loy ; c'eft, qu'elle fe faffe fur des cas qui ordinairement arriuent en la Republique, fuiuant l'ordre de Nature, & non fur des chofes impoffibles ou qui n'aduiennent que rarement. La caufe finale, c'eft de regler la vie de l'homme, & de luy enfeigner ce qu'il doit faire, & ce qu'il doit fuyr; afin que luy demeurant

des Esprits.

rant dans les regles de la raison, la Republique se conserue en paix & tranquillité. C'est pour ce suiet qu'on commande que les loix soient escrites en paroles claires, non equiuoques, obscures, ny qui portent diuers sens; sans chiffres ny abbreuiations: en vn mot qu'elles soient si manifestes, que quiconque les lira, les puisse facilement entendre & retenir dans sa memoire. Et afin que personne n'en pretende cause d'ignorance, on les fait publier à son de trompe, pour auoir plus de suiet de chastier celuy qui y contreuiendra.

Attendu donc le soin exact & la grande diligence que les bons Legislateurs apportent à rendre leurs Loix iustes & claires, il est deffendu aux Iuges & aux Aduocats, *d'vser de leur entendement dans les Iugemens & Actions; mais de se laisser conduire par l'authorité des Loix,* c'est à dire, de disputer si la loy est iuste ou iniuste, ny de luy donner autre sens que celuy qui est porté simplement par la lettre. D'où s'ensuit que les Legistes doiuent construire le texte de la Loy, &

Bb

prendre le sens qui en resulte, & non aucun autre.

Cette doctrine ainsi supposée, il est maintenant aisé à entendre, pourquoy le Legiste s'appelle *Letrado*, & non point tous les autres hommes de lettres, & c'est dautant qu'il est *à letra dado*, addonné à la lettre; c'est à dire, vn homme qui n'a pas la liberté d'opiner selon son entendement, mais qui est obligé de suiure ce que porte la lettre.

Ce que comprenant fort bien ceux qui sont les plus excellens en cette profession, ils n'osent nier ny affirmer aucune chose, touchant la decisiõ de quelque cas, s'ils n'ont deuant leurs yeux la loy qui le determine en termes exprez: Et si quelquefois ils auancent quelque chose de leur teste, & meslent leurs propres iugemens & raisons sans s'appuyer sur le Droit, ils le font auec certaine espece de timidité & de honte; aussi disent-ils en commun Prouerbe, *Nous rougissons quand nous parlons sans Loy*: c'est à dire, de iuger & de donner conseil, quand nous n'auons point de loy deuant nous, qui decide le fait qui nous est proposé. Les Theologiens ne se peuuent pas nommer *Lettrez* en cette signification, pource qu'en la Sainte Escriture: *La lettre tuë, & l'esprit viuifie*. La Sainte Escriture est toute pleine de mysteres & de figures, elle est obscure & non manifeste à tout le monde: Ses termes & ses façons de parler, ont vne signification bien differente de celle que donnent communement ceux qui sont versez dans les trois langues. C'est pourquoy celuy qui construira à la lettre, & qui prendra le sens qui resulte de la composition des mots, selon les regles de la Grammaire, ne sçauroit manquer de tomber dans plusieurs fautes.

Les Medecins ne sont point non plus obligez de s'assuiettir à la lettre: car si Hippocrate & Galien, & les autres graues Autheurs de cette science, affirment vne chose, & que l'experience & la raison monstrent le contraire; ils ne sont point tenus de les suiure; & la cause en est, qu'en la Medecine, l'experience a plus de force que la raison, & la raison, plus que l'authorité. Mais dans les Loix, il arriue tout le contraire, que leur authorité & ce qu'elles establissent a plus de force & de vigueur, que toutes les raisons qui se peuuent apporter contre. Ce qu'estant ainsi, nous auons desormais le chemin ouuert pour trouuer quel esprit requierent les Loix: car si le Legiste doit auoir l'entendement & l'imagination attachez à suiure simplement ce que dit la Loy, sans y adiouster ny diminuer en façon du monde: il est certain que cette Faculté appartient à la memoire, & que tout ce à quoy l'on doit trauailler, c'est de sçauoir le nombre des Loix & des Regles du Droit, & de se ressouuenir de chacune à part, sçauoir par cœur ce qu'elle porte & sa decision, afin que quand quelque cas s'offrira, l'on sçache qu'il y a vne Loy qui le determine, & en quelle façon. C'est pourquoy il me semble qu'il est plus auantageux à l'homme de Droit, d'auoir beaucoup de memoire & peu d'entendement, que beaucoup d'entendement & peu de memoire: Car s'il ne se doit pas seruir de son esprit & habileté, & qu'il doiue regarder à vn si grand nōbre de Loix, comme il y en a, si détachées les vnes des autres, auec tant d'exceptions, tant de restrictions & d'amplifications; il vaut mieux sçauoir par cœur ce qui est determiné dans le Droit pour chaque chose qui se presentera, que non pas discourir dans son entendement, de quelle sorte on la pourra determiner, puisque l'vn est necessaire, & l'autre impertinent; nul autre aduis ne deuant preualoir sur la decision de la Loy. Partant il est certain que la Theorie de la Iurisprudence appartient à la memoire, & non à l'entendement ny à l'imagination. Pour cette raison donc, & attendu que les Loix sont vne chose entierement positiue & de fait, & que les Legistes ont l'entendement si fort attaché à la volonté du Legislateur, qu'ils ne peuuent interposer leur aduis sans sçauoir asseurement quelle est la decision de la Loy: lors qu'on les vient consulter, il leur est permis de dire, &

Bb iij

l'on le souffre volontiers : Ie verray mes liures sur ce fait ; ce que si le Medecin disoit, quand on luy demande vn remede pour quelque maladie, ou le Theologien, dans quelque cas de conscience ; on les tiendroit pour des gens mal habiles en leur Faculté. Et la raison en est, que ces deux dernieres sciences ont leurs definitions & principes vniuersels, sous lesquels sont contenus les cas particuliers ; mais dans la Iurisprudence, chaque loy contient vne seule espece, sans que la loy qui suit en depende, quoy qu'elles soient toutes deux sous vn mesme tiltre. Ainsi est-il necessaire de sçauoir toutes les Loix, d'estudier chacune en particulier, & de les garder distinctement dans sa memoire.

Cependant, contre cette doctrine Platon remarque vne chose qui merite bien d'estre considerée : c'est que de son têps il tenoit pour suspect l'hôme de Droit, qui sçauoit force Loix par cœur, voyant par experience que de telles gens n'estoient pas si bons Iuges ny si bons Aduocats, que l'apparence sembloit le promettre; dequoy sans doute il n'a pas sceu la raison, puis qu'il ne l'a pas dite en vn lieu si conuenable. Seulement a-t'il connu par experience, que les Legistes de grande memoire, ayant à deffendre vne cause ou à en donner leur auis, n'appliquoient pas les Loix si à propos qu'il falloit.

Il est aisé dans ma doctrine de rendre la raison de cecy, supposé que la memoire soit contraire à l'entendement, & que la vraye interpretatió des Loix, leur amplification, leur restriction, & les accorder auec celles qui leur semblent opposées & contraires; tout cela se fait en distinguant, inferant, raisonnant, iugeant & choisissant: lesquelles actions, comme nous auons dit plusieurs fois cy dessus, sont actions de l'entendement, qu'il est impossible que l'homme de Droit qui aura grande memoire, puisse pratiquer en façon du monde.

Nous auons desia dit autre part, que la memoire n'auoit aucune autre charge que de garder fidellement les figures & les especes des choses : & que l'en-

Bb iiij

tendement & l'imagination sont ceux qui les mettent en œuure. Si donc l'hōme de Droit a toute la Iurisprudence dans la teste, & qu'il manque d'entendement & d'imagination, il ne sera pas plus capable de iuger & de plaider vne cause, que le Code ny le Digeste mesme : lesquels bien qu'ils comprennent toutes les regles & loix du Droit, ne sçauroient neātmoins auoir dressé deux mots d'Escriture.

D'ailleurs, encore qu'il soit vray que la Loy deust estre telle que porte sa définition ; toutesfois malaisément se peuuent rencontrer les choses aussi parfaites que l'entendement les propose. Que la Loy soit iuste & raisonnable ; qu'elle preuoye & pouruoye à tout ce qui peut arriuer ; qu'elle soit escrite en termes clairs ; qu'elle ne souffre point de doutes, d'oppositions, ny d'aduis contraires ; cela ne s'obtient pas tousiours, pource que enfin elle a esté establie par vn conseil humain, lequel n'est pas assez puissant pour donner ordre à tout ce qui est à venir. Ce qui se void tous les iours par experience, car apres qu'vne Loy a esté faite auec grande sagesse & meure deliberation ; en peu de temps on vient à l'abolir, parce que depuis sa publication & qu'on l'a mise en vsage, se sont découuerts mille inconueniens, ausquels personne n'auoit pensé quand on consultoit sur son establissement. C'est pour cette cause que le Droit donne aduis aux Roys & aux Empereurs de n'auoir point de honte d'amander & de corriger leurs Loix, puis qu'apres tout ils sont hommes ; & qu'il ne faut pas s'estonner s'ils sont suiets à faillir. D'autant plus qu'il n'y a point de loy qui puisse comprendre par ses paroles, toutes les circonstances du fait qu'elle determine, parce que la finesse des Méchans est plus subtile pour inuenter de nouueaux maux, que la prudence des Bons pour les preuoir, & trouuer quel iugement on en doit faire : C'est pourquoy il a esté dit, *Qu'il n'est pas possible d'escrire les Loix de telle façon qu'elles comprennent tous les cas qui peuuent eschoir, & que c'est assez de determiner ceux qui arriuent plus ordinairement* : car s'il en suruient d'autres qui ne soient point decidez en termes exprez par aucune loy; le Droit n'est pas si dépourueu de regles & de principes, que si le Iuge ou l'Aduocat ont bon entendement, pour sçauoir inferer & conclurre, ils ne trouuent la vraye decision & deffense, & d'où on les peut tirer.

S'il est donc vray qu'il se rencontre plus d'affaires que de Loix, il faut que le Iuge ou l'Aduocat ayent beaucoup d'entendement, pour faire de nouuelles loix, & non telles quelles, mais qui soient conformes & ne contredisent pas au Droit. C'est ce que ne peuuent faire les Legistes qui n'ont qu'vne grande memoire : car horsmis ces cas là que la Iurisprudence leur met pour ainsi dire, tout taillez & tout machez dans la bouche, ils demeurent court & ne sçauroient que faire. On compare celuy qui sçait beaucoup de Loix par cœur, au Frippier qui a dans sa boutique quantité de sayes couppez au hazard, & qui pour en dõner vn qui soit propre à celuy qui en demande, les luy fait tous essayer l'vn apres l'autre, & s'il ne s'en trouue pas vn qui vienne bien, il renoye le marchand; là où l'Aduocat de bon entendement, est comme le bon Tailleur qui a les ciseaux en main, & la piece de drap en sa maison; lequel ayant pris la mesure, couppe vn saye selon la taille de celuy qui le veut. Les Ciseaux du bon Aduocat, c'est vn entendement aigu, auec lequel il prend la mesure conuenable au fait dont il s'agit, & le reuest d'vne loy qui luy vient bien, & s'il ne la trouue pas toute entiere pour le decider en propres termes, il bastit vn accoustrement de diuerses pieces de Droit pour le couurir & le deffendre.

Les Legistes qui sont doüés d'vn tel esprit & habileté ne se doiuẽt pas nommer *Letrados*, dautant qu'ils ne construisent pas la lettre, & qu'ils ne s'attachent pas aux paroles formelles de la Loy: Ils semblent estre plustost des Legislateurs ou des Iurisconsultes, ausquels les Loix mesmes vont demandant ce qu'elles doiuent determiner. En effet, s'ils ont le pouuoir & l'authorité de les interpreter, restraindre, amplifier, & d'en tirer les exceptions; s'ils peuuent les corriger & les amander; c'est bien dit qu'ils semblent des Legislateurs. D'vne telle habileté que celle-cy a esté dit, *Sçauoir les loix, ce n'est pas en sçauoir les paroles, mais en connoistre la force & la puissance.* Comme s'il disoit, Que personne ne s'imagine que de sçauoir les Loix, ce soit sçauoir par cœur tous les mesmes termes ausquels elles sont escrites: mais sçauoir les loix, c'est comprendre iusques où s'estendent leurs forces & ce qu'elles ont le pouuoir de determiner, dautant que leurs raisons sont suiettes à plusieurs changemés pour les diuerses circōstances, du temps, de la personne, du lieu, des moyens, de la matiere, de la cause & de la chose mesme: toutes lesquelles considerations font que la Loy resoud autrement. Et si le Iuge ou l'Aduocat n'a pas l'entendement assez bon pour conclurre de la loy, ou pour oster ou adiouster ce qu'elle ne peut dire par paroles, il commettra beaucoup de fautes dif-ie, en ne s'attachant qu'à la lettre. C'est pourquoy l'on a dit, *Que les termes de la loy ne se doiuent pas interpreter à la Iudaïque*, qui est construire mot à mot & prendre seulement le sens literal.

De ce que nous auons dit, nous concluons que le mestier de l'Aduocat est vne œuure de l'entendement ; & que si l'homme de Droit a grande memoire, il n'est nullement propre à iuger ny à plaider, à cause de la contrarieté de ces deux puissances : & c'est pour cette raison que ces gens de Droit dont parle Platon, qui estoient pourueus d'vne grande memoire, ne deffendoient pas bien les causes, & n'appliquoient pas les Loix comme il falloit. Mais il s'offre vne difficulté sur cette doctrine, qui en apparence n'est pas legere ; c'est que, s'il est vray que l'entendement soit celuy qui aiuste le fait à la propre loy qui le decide, en distinguant, limitant, amplifiant, inferant & respondant aux argumens du party contraire ; comment est-il possible que l'entendement fasse tout cela, si la memoire ne luy met deuant les yeux tout le Droit ? car ainsi que nous auons dit cy-dessus, il est ordonné, *Que personne aux actions & iugemens, ne se seruira de son sens, mais se conduira par l'authorité des loix.* Suiuant cecy, il faut sçauoir premierement toutes les Loix & toutes les regles du Droit, deuant que de pouuoir rencontrer celle qui est à propos du suiet dont il s'agit: car encore que nous ayons dit que l'Aduocat de bon entendement, soit maistre des Loix, si est-ce que toutes ses raisons & argumens doiuent se fonder & s'appuyer sur les principes de cette Faculté, sans lesquels ils ne seroient de nul effet ny valeur. Or afin de pouuoir faire cecy, il est besoin d'auoir beaucoup de memoire, qui conserue & retienne vn si grand nombre de loix qu'il y en a d'escrites dans les liures. Cét argument prouue que pour estre parfait Aduocat, il est necessaire d'auoir ensemble grand entendement & grande memoire, ce que ie confesse : Mais ce que ie veux dire, c'est que posé le cas

des Esprits.

qu'on ne peust trouuer vn grand entendement auec beaucoup de memoire, à cause de la repugnance qu'il y a, il vaut mieux que l'Aduocat soit pourueu d'vn haut entendement & de peu de memoire, que d'auoir grande memoire auec peu d'entendement: dautant que pour suppleer au defaut de la memoire, il y a quantité de remedes, comme sont les liures, les tables, & particulierement celles qui sont dressées par l'ordre de l'alphabet, & plusieurs autres inuentions des hommes; mais si l'on manque d'entendement, il n'est pas possible d'y remedier en aucune façon. De plus, Aristote dit que les hommes de grand entendement, bien qu'ils soient depourueus de memoire, ont vne grande reminiscence: par le moyen de laquelle ils retiennent vne certaine connoissance confuse de tout ce qu'ils ont vne fois veu, ouy, ou leu; surquoy faisant reflexion & raisonnant, ils viennent à s'en ressouuenir: Et encore qu'il n'y eust pas tant d'inuentions, comme il y en a, ponr remettre tout le Droit deuant les yeux de l'entendement, les Loix sont tellement fondées sur la raison, que les anciens, ainsi que dit Platon, appelloient mesme la Loy, du nom de raison & de prudence. De sorte que le Iuge ou l'Aduocat qui seront pourueus d'vn grand entendement, quand ils viendront à iuger ou à donner conseil, quoy qu'ils n'eussent pas deuant eux la Loy, feroient neantmoins peu de fautes, parce qu'ils ont auec eux l'instrument qui a seruy aux Empereurs à fabriquer les Loix. Ainsi voyons nous souuent arriuer qu'vn Iuge bien sensé donnera vn arrest, sans sçauoir la decision de la Loy, qu'il trouuera apres dans les liures toute conforme à son opinion; & cela mesme arriue aux Aduocats, quand ils donnent quelquefois leur aduis sur le champ, & suiuant leur fantaisie.

Les Loix & les regles du Droit, à le bien considerer, sont l'origine & la source, d'où les Aduocats tirent des argumens & des raisons pour prouuer ce qu'ils veulent; Or est-il qu'vne telle
action

action se fait par le moyen de l'entendement ; de laquelle puissance si l'Aduocat est dépourueu, ou qu'il l'ait en vn degré fort bas, il ne sçaura iamais former vn argument, encore qu'il sçache tout le Droit par cœur. Nous voyons clairement que cecy arriue en ceux qui estudient l'art de Rhetorique, quand ils n'ont pas la disposition necessaire pour cela ; car ils ont beau apprendre par cœur les Topiques de Ciceron (qui sont comme les sources d'où se puisent les argumens, qui peuuent seruir à soustenir de part & d'autre vne question problematique) iamais ils ne produiront aucune raison qui vaille ; au lieu qu'il y en a d'autres qui sont si ingenieux & si habiles, que sans voir aucun Liure ny apprendre les Topiques, ils formeront mille argumens propres & concluans pour le suiet dont il s'agit. Il en auient de mesme des gens de Droit qui ont grande memoire ; car ils reciteront par cœur tout le corps de Droit sans faillir d'vn seul mot ; & d'vn si grand nombre de Loix qu'il y a, ils ne pourront pas tirer vn argument furquoy fonder leur opinion ; Au contraire, il s'en trouue d'autres qui ayant mal eftudié à Salamanque, & fans liures, & fans approbation, ne laiffent pas de faire des merueilles quand il faut plaider vne caufe. D'ou l'on peut entendre, combien il importe à vne Republique, qu'on faffe ce choix & cét Examen d'efprits propres aux fciences , puis qu'il y en a quelques-vns , qui fans art, comprennent ce qu'ils doiuent faire, & d'autres qui tout chargez de preceptes & de regles , commettent mille impertinences, à caufe qu'ils n'ont pas cette habileté que la pratique requiert. Donc fi pour iuger, & pour plaider, il faut diftinguer, inferer, raifonner & eflire; il fera raifonnable que celuy qui fe mettra à l'eftude des Loix, foit doüé d'vn bon entendement, puifque ces actions-là font des effets de cette puiffance, & non de la memoire, ny de l'imagination.

Par quels moyens on pourra reconnoiftre, fi le ieune homme eft pourueu de cette difference d'esprit, ou non, il est bon de le sçauoir: mais il faut expliquer auparauant quelles qualitez a l'entendement, & combien il embrasse de differences, afin que nous sçachions plus distinctement à laquelle de ces differences l'estude des Loix appartient.

Quant au premier point, il faut remarquer qu'encore que l'entendement soit la plus noble & la plus digne puissance de l'homme; il n'y en a point toutesfois qui se trompe si facilement alentour de la verité que luy. Aristote auoit commencé de le prouuer, quand il dit que le sens estoit tousiours veritable; mais que pour l'ordinaire, l'entendement raisonnoit mal. Ce qui se void clairement par experience; car s'il n'estoit ainsi, y auroit-il entre les grands Philosophes, Medecins, Theologiens & Legistes, tant de diuisions & vne telle diuersité d'opinions & de iugemens sur chaque chose, la verité n'estant qu'vne?

D'où cela peut venir, que les sens ont vne si grande certitude de leurs obiets, & que l'entendement est si aisé à se

Cc ij

tromper à l'endroit du sien, nous le comprendrons auſſi-toſt, ſi nous conſiderons que les obiets des cinq ſens, & les eſpeces par leſquelles ces obiets ſe connoiſſent, auoient deſia obtenu de la Nature vn eſtre reel, ferme & ſtable, deuant que d'eſtre connus: Là ou la verité que l'entendement doit contempler, n'a de ſoy aucune ſubſiſtance actuelle; mais ſeulement celle que l'entendement luy donne en la formant & compoſant: Elle eſt toute broüillée & diſperſée en ſes materiaux, s'il faut ainſi dire, comme ſeroit vne maiſon qu'on verroit conuertie en pierres, terre, charpenterie & tuilles, dont ſe pourroient faire autant de fautes en baſtiſſant, qu'il y auroit d'hommes qui entreprendroient de la rebaſtir, & qui ne ſeroient pas pourueus d'vne imagination excellente: Il en eſt tout de meſme de l'edifice que fait l'entendement, quand il côpoſe vne verité: car tous les hommes, horſmis ceux qui auront bon eſprit, commettront mille impertinences auec les meſmes principes. Delà vient cette grande diuersité d'opinions qui se trouue entre les hommes, touchant vne mesme chose; parce que chacun compose & forme vne figure, selon que son entendement est fait.

De ces fautes & diuersitez d'opinions, sont exempts les cinq sens : car ny les yeux ne font la couleur, ny le goust, la saueur, ny le toucher, les qualitez palpables: tout cela est fait & composé par la Nature, deuant que pas vn des sens connoisse son obiet.

Parce que les hommes ne sont pas bien aduertis de cette fascheuse condition de l'entendement, ils donnent auec hardiesse leur aduis, sans connoistre certainement la qualité de leur esprit, ny s'il compose bien ou mal la verité. Qu'ainsi ne soit, demandons à quelques hommes de lettres, qui apres auoir escrit & confirmé leur opinion par plusieurs argumens & raisons, ont changé d'aduis en vn autre temps, quād ou cōment ils pourrōt sçauoir qu'ils ont rencontré & frappé au but de la verité? Ils confessent eux-mesmes qu'ils auoiēt failly la premiere fois, puis qu'ils se sont retractez de ce qu'ils auoient auancé. Et pour la seconde fois, ie souftiens qu'ils se doiuent encore plus deffier de leur entendement, parce que on peut soupçonner que cette puissance là qui a desia vne fois composé mal la verité, dans la confiance qu'elle auoit en ses argumens & raisons, ne se trompe aisément encore vn coup, s'appuyant sur des argumens aussi incertains. D'autant plus qu'il s'est veu assez souuent par experience, qu'on a tenu d'abord la veritable opinion, & que depuis on s'est contenté d'vne pire & bien moins probable.

Ils veulent que ce soit vn tesmoignage suffisant que leur entendement compose bien la verité, quand ils le voyent affectioné à de certaines images & figures, & qu'il trouue des argumens & des raisons qui le poussent & le forcent à les construire de telle sorte; mais en effet ils se trompent, pource qu'il y a le mesme rapport de l'entendement auec ses fausses opinions, que de chacune des autres puissáces inferieures à l'égard de leurs obiets : Car si nous demandions aux Medecins, quelle viande est la meilleure & la plus sauoureuse de toutes celles dont l'homme se sert ? ie croy qu'ils respondroient, qu'il n'y en a pas vne qui soit absolument bonne ou mauuaise pour les hommes intemperez & de mauuais estomach; mais qu'elle est telle que l'estomach qui la reçoit, puis qu'il y a des estomachs, au dire de Galien, qui se trouuent mieux de la chair de bœuf, que de chappons & de truittes; d'autres, qui ont les œufs & le lait en horreur, & d'autres, qui les aiment éperduement: Et en la façon d'apprester la viande, les vns la veulent rostie, les autres la demandent bouillie; & de celle qu'on rostit, les vns l'aiment toute sanglante encore, & les autres toute bruslée de cuire. Et ce qui est plus à remarquer, c'est que la viande mesmo qu'on mange auiourd'huy auec vn grád goust & appetit, demain on l'aura en horreur, & en souhaittera-t'on vne autre cent fois pire. Tout cela s'entend

C iiij

quand l'eſtomach eſt bon & en ſanté, mais s'il eſt maleficié & s'il tombe dans vne maladie, que les Medecins appellent *Pica* ou *Malacia* ; àlors il luy prend des appetits de choſes que la nature humaine abhorre; puis qu'on aimera mieux manger du plaſtre, de la terre & des charbons, que non pas des chappons ny des truites.

Si nous paſſons à la faculté generatiue, nous y trouuerons autant d'autres & d'auſſi diuers appetits : car il y a des hommes qui conuoitent vne laide femme, & hayſſent celle qui ſera belle: d'autres qui ſe plaiſent mieux en la compagnie d'vne ſotte, que d'vne habile; d'autres qui aiment vne maigre, & à qui l'embonpoint fait mal au cœur : d'autres que les habits de ſoye & les ornemens offenſent & qui courent apres des femmes toutes dechirées. Cela s'entend quand les parties deſtinées à la generation demeurent en ſanté; car ſi elles viennent à tomber en vne maladie conforme à celle de l'eſtomach, que nous auons nommée *Malacia*, elles ſe portent à des brutalitez horribles & damnables. La mesme chose arriue en la faculté sensitiue; car des qualitez palpables & qui sont l'obiet de l'attouchement, le dur, le mol, l'aspre, le poly, le chaud, le froid, l'humide & le sec, il n'y en a pas vne qui satisfasse egalement le toucher de chacun; parce qu'il y a des personnes qui dorment mieux dans vn lit dur, que dans vn lit mollet, & d'autres, dans vn lit mollet, que dans vn lit dur.

Toutes ces diuersités de gousts & d'appetits estranges, se trouuent dans les compositions que fait l'entendement; car si nous mettons ensemble cent hommes de lettres, à qui nous proposions quelque difficulté; chacun d'eux donnera vn iugement particulier & raisonnera à sa mode: vn mesme argument paroistra à l'vn, sophistique & à l'autre, tres probable, & conuaincra vn troisiesme, comme si c'éstoit vne demonstration tres euidente. Et non seulement cecy est vray dans plusieurs testes: mais nous voyons par experience, que la mesme raison conuainc le mesme entendement en vn certain temps, & en vn autre temps, non. Ainsi reconnoissons-nous chaque iour que les hommes changent d'aduis ; les vns acquerant par succession de temps, vn esprit plus delicat, viennent à s'apperceuoir des défauts du raisonnement dont ils estoient auparauant persuadez, & les autres, en perdant le bon temperament de leur cerueau, ont en horreur la verité, & approuuent le mensonge.

Mais si le cerueau vient à estre affecté du mal que nous auons appellé *Malacia*, nous y verrons alors des iugemens & des compositions estranges touchant la verité : Les argumens faux & foibles auront plus de force, que les plus forts & les plus vray semblables : on trouuera que respondre à vn bon argument, & on se rendra à vn mauuais : Des premisses & antecedens d'où doit sortir vne veritable conclusion, on en tirera vne fausse, & on pretendra prouuer ses imaginations chimeriques, par des raisons & des argumens aussi extrauagants. A quoy les graues & doctes Personnages ayant pris garde, ils taschent à donner leur auis, sans faire paroistre les raisons sur lesquelles ils se sont fondez, parce qu'on sçait bien que l'authorité n'a pas plus de force qu'en a la raison surquoy elle s'appuye; & comme ainsi soit que les argumens concluent indifferemment d'vn costé ou d'autre, à cause de la diuersité des esprits; chaque personne iuge d'vne raison selon l'entendement qu'il a : Ainsi croit-on que c'est plus grauement fait de dire : Telle est mon opinion pour certaines raisons qui me poussent à cela, que d'expliquer en detail tous les argumens ou l'on s'est arresté.

Que s'il arriue qu'on les contraigne de rendre raison de leur aduis, ils n'en oublient aucune pour legere qu'elle soit, dautant que celle ou ils s'attendoient le moins, a quelquefois plus d'effet & conuainc plus fortement, que celle qu'ils croyoient la meilleure. En quoy se monstre la misere de nostre entendement, qui se trauaille à composer, diuiser, argumenter & raisonner, & apres auoir pris toute cette peine & estre paruenu, ce luy semble, à la conclusion, il n'a ny preuue ny lumiere quelconque, pour connoistre si son opinion est veritable.

Les Theologiens souffrent cette incertitude dans les matieres qui ne sont pas de la Foy: car apres auoir bien & raisonnablement discouru, ils n'ont point de preuue infaillible, ny aucun succez qui leur décourre euidemment quelles raisons sont les meilleures; de sorte que chaque Theologien donne son aduis fondé sur les plus belles vray-semblances qu'il peut trouuer. Et pourueu qu'il responde apparemment bien aux argumens du party contraire, il en sort auec honneur, & on ne luy doit rien demander dauantage. Mais malheureux sont les Medecins & les Chefs d'armées! car apres qu'ils ont bien conclu & renuersé par viues raisons, les fondemens de l'opinion contraire, on attend le succez, & s'il est bon, on les tient pour habiles & pour bien auisez, & s'il est mauuais, tout le monde crie qu'ils ne se sont appuyez que sur de fausses coniectures.

Aux choses qui sont de la Foy, & que l'Eglise nous propose, il n'y peut auoir aucune erreur ; parce que Dieu qui connoist combien sont incertains les iugemens de l'homme & comme facilement il se trompe ; n'a pas permis que des choses si hautes & de si grande importance, dependissent de luy pour estre determinées : mais quand deux ou trois s'assemblent en son nom, auec les solemnitez requises de l'Eglise, il se met aussi-tost au milieu, pour presider à l'acte, ou il approuue ce qu'ils disent de bon, reiette les erreurs, & reuele ce qui ne se peut decouurir par les forces de l'entendement humain. De façon que toute la preuue des raisonnemens qui se font dans les matieres de Foy ; c'est de considerer si ce qu'ils inferent & concluent, est la mesme chose que ce que dit & declare l'Eglise Catholique: car si l'on peut recueillir quelque chose au contraire ; c'est vne marque infaillible que ces raisonnemens là sont mauuais : Mais dans toutes les autres queſtions ou noſtre entendement a la liberté d'opiner, on n'a point encore trouué de moyen pour ſçauoir quelles raiſons ſont concluantes, ny quand cet entendement compoſe bien la verité. On s'arreſte ſeulement à voir ſi elles ont bonne conformité & correſpondance : ce qui eſt vn argument bien ſuiet à caution, parce qu'il y a quantité de choſes fauſſes, qui ont plus belle apparence de verité & qui ſe prouuent mieux, que les plus veritables.

Les Medecins & ceux qui commandẽt des armées, ont pour preuue de leurs raiſonnemens, le ſuccez & l'experience : En effet, ſi dix Capitaines obſtinent par quantité de raiſons, qu'il eſt à propos de donner bataille, & que dix ſouſtiennent qu'il n'eſt pas à propos; le ſuccez confirmera vne opinion & reprouuera l'autre : Et ſi deux Medecins diſputent ſi le malade doit mourir ou rechapper, on reconnoiſtra par le decez ou par la conualeſcence, qui auoit meilleure raiſon des deux. Neantmoins auec tout cela, le succez n'est pas encore vne preuue assez suffisante, pource que vn mesme effet ayant plusieurs causes, le succez peut estre bon par le moyen de certaine cause, que les raisons ne laisseront pas d'auoir esté fondées sur vne cause toute contraire.

Aristote dit aussi que pour connoistre quelles raisons sont les plus concluantes, il est bon de suiure l'opinion commune, pource que quand plusieurs hommes sages & sçauans affirment la mesme chose & concluent tous par les mesmes raisons; c'est vn argument, quoy qu'il ne soit que de coniecture, que ces raisons-là concluent bien & qu'elles vont à la verité. Mais à le bien considerer, cette preuue est encore fort incertaine & trompeuse, pource que en ce qui regarde les forces de l'entendement, la quantité & le nombre vaut moins que la qualité & l'excellence: Il n'en est pas comme des forces du corps, ou plusieurs personnes se ioignant pour leuer vn fardeau, peuuent beaucoup plus, que quand il y en a peu : Mais pour decouurir vne verité bien cachée, vn seul entendement subtil fera plus, que cent mille qui ne le feront pas; Et la raison en est, que les entendemés ne s'entr'aident pas, & ne s'vnissent pas pour ne deuenir qu'vn, comme il arriue dans les forces du corps. C'est pourquoy le Sage a bien dit, *Ayes beaucoup d'amis qui te deffendent, s'il est besoin d'en venir aux mains ; mais pour prendre conseil, choisis en vn seul entre mille.* Suiuant laquelle sentence Heraclite auoit aussi tres bien rencontré, quand il dit, *Vn seul m'est autant que mille.* Aux causes & plaidoyers, chaque Aduocat donne son aduis, le mieux fondé en droit qu'il peut : mais apres auoir bien discouru, il ne sçauroit connoistre certainement par aucun art, si son entendement a composé vn iugement tel que requiert la vraye Iustice: Car si vn Aduocat prouue par des raisons de Droit que le Demandeur est bien fondé, & qu'vn autre le nie aussi par des raisons de Droit ; comment sçaura t'on lequel des deux Aduocats

forme

forme vn meilleur raisonnement ? La sentence que prononce le Iuge, ne donne pas vne entiere connoissance de ce qui est veritablement iuste, & ne se peut pas appeller succez, parce que sa sentence n'est qu'vne opinion non plus, & qu'il ne fait autre chose que se ioindre à l'vn des Aduocats. Et de voir vn grand nombre de sçauans dans le Droit, qui sont du mesme aduis ; ce n'est pas vn argument pour croire que leur sentiment soit la verité, parce que comme nous auons desia dit & prouué, plusieurs mauuais entendemens auront beau se ioindre pour découurir quelque verité fort cachée, iamais ils n'arriueront au point ny au degré de forces de celuy là tout seul, qui sera releué & sublimé de luy-mesme.

Or que la sentence du Iuge ne soit aucune preuue ny demonstration certaine de la verité ; il se void clairement, en ce qu'on en appelle à vn autre Siege Superieur, où l'on iuge bien souuent tout d'vne autre sorte : & ce qui est de plus fascheux, il peut arriuer que le Iuge Subalterne auoit meilleur entendement, que celuy deuant qui on en appelle, & que son opinion par consequent estoit plus conforme à la raison. Que l'arrest du Iuge Superieur, ne soit pas non plus vne preuue infaillible, c'est vne chose encore tres manifeste: car nous voyons tous les iours que sur les mesmes actes, sans rien adiouster ny diminuer, & par les mesmes Iuges, se prononcēt des Sentences toutes contraires. Et on peut craindre que celuy qui s'est desia trompé vne fois, s'estant si fort asseuré sur ses raisons, ne se puisse bien tróper encore d'autrefois: Si bien qu'on se doit moins fier à son aduis, parce que, *Celuy qui fait mal vne fois, chassez-le*, dit le Sage. Les Aduocats voyant la grande diuersité d'entendements qu'il y a parmy les Iuges, & comme chacun est porté pour la raison qui reuient mieux à son esprit, & qu'auiourd'huy vn argument les conuainc, & demain vn autre tout contraire, entreprennent hardiment de deffendre chaque cause, & de soustenir la partie affirmatiue ou ne-

gatiue : D'autant plus qu'ils connoiſſent par experience, que d'vn & d'autre
coſté, ils obtiennent ſentence en leur
faueur. Par là ſe verifie fort bien ce qu'a
dit la Sageſſe, *Que les penſées des hommes ſont timides & leurs preuoyances, incertaines*. Le remede donc qu'il y a en
cecy, puiſque les raiſonnemens de la
Iuriſprudence demeurent ſans experience & ſans preuue ; c'eſt de choiſir
des hommes de grand entendement,
pour eſtre Iuges & Aduocats, dautant
que comme dit Ariſtote, les raiſons &
les argumens de ces perſonnes là, ſont
auſſi certains & auſſi fermes que l'experience meſme. Et ſi cette election ſe fait,
il ſemble que la Republique en ſera plus
aſſeurée que ſes Officiers adminiſtreront
bien la Iuſtice. Là où ſi l'on ſouffre,
comme on fait à cette heure, que tout
le monde entre indifferemment dans
les charges, & ſans donner aucune
preuue de ſon eſprit ; les deſordres &
les erreurs dont nous auons parlé, arriueront touſiours.

Par quels ſignes on pourra reconnoistre si celuy qui se veut mettre à l'estude des Loix, a la difference d'entendement dont cette science a besoin, nous l'auons desia cy-dessus aucunement expliqué ; neantmoins pour en rafraischir la memoire & le prouuer plus amplement, il faut remarquer que quand l'enfant qui apprendra à lire, connoistra bien tost toutes ses lettres, & les appellera facilement chacune par son nom, lors qu'on les luy monstrera sans ordre & par surprise dans son Alphabet; c'est vn indice qu'il a grande memoire; car il est certain que ce n'est ny l'imagination ny l'entendement, qui fait vne telle action ; mais que c'est l'office seul de la memoire, de garder les figures des choses, & de rapporter le nom de chacune quand il en est besoin : Or puis qu'il a grande memoire, nous auons desia prouué cy dessus, que par consequent il manque d'entendement.

Nous auons aussi dit que d'escrire facilement & de faire de grands traits de plume, & former vne bonne & belle eſcriture, denotoit de l'imagination; ſi bien que l'enfant qui dans peu de iours ſçaura bien aſſeoir & tenir ſa main ſur ſon papier, tirer ſes lignes droites, & faire tous ſes characteres égaux & en bonne forme; donne dès-là ſuiet d'auoir mauuaiſe opinion de ſon entendement, pource que de telles actions ſe font par le moyen de l'imagination, & que ces deux puiſſances ont la grande contrarieté entre elles, que nous auons deſia remarquée.

Que ſi eſtant paſſé à la Grammaire, il l'apprend ſans beaucoup de peine, & qu'en peu de temps il eſcriue en bon Latin & auec elegance, & que les periodes bien tournées de Cicéron s'attachent fortement à ſon eſprit; iamais il ne deuiendra ny bon Iuge ny bon Aduocat, parce que c'eſt ſigne qu'il a grande memoire; & ſi ce n'eſt par merueille, il doit eſtre depourueu d'entendement. Mais s'il s'addonne tout de bon à l'eſtude des Loix, & s'il hante long-temps les Eſcholes du Droit; il ne ſçauroit manquer d'eſtre vn Docteur fameux, & qui sera suiuy de quantité d'Auditeurs; dautant que la langue Latine est fort agreable en chaire, & que pour lire publiquement auec grand apparat, il est besoin d'apporter plusieurs allegations, & de ramasser en chaque loy, tout ce qu'on a escrit dessus : à quoy la memoire est plus necessaire que l'entendemēt. Et bien qu'en la chaire on ait à distinguer, inferer, raisonner, iuger & eslire, pour tirer le vray sens de la Loy; si est ce qu'apres tout, le Docteur expose le cas comme il luy semble mieux; s'oppose des difficultez & les resoud comme il luy plaist, & donne son aduis tel qu'il veut, sans que personne luy contredise ; pour lesquelles choses il suffit d'vn mediocre entendement. Mais quand vn Aduocat parle au nom de celuy qui accuse, & qu'vn autre deffend le coupable, & qu'vne troisiesme personne aussi habile dans le Droit, doit estre Iuge : cela c'est comme vn combat qui se fait à l'espée blanche, & où l'on ne parle pas si à son aise, que quand on s'escrime en l'air, sans que persōne repousse

des Esprits. 423

nos coups. Que si l'Enfant dont nous parlons, ne profite pas beaucoup en la Grammaire ; on peut soubçonner qu'il a bon entendement ; ie dy qu'on le peut soupçonner, car il ne s'ensuit pas necessairement que celuy qui n'a sceu apprendre le Latin, ait grand entendement, puisque nous auons prouué cy-dessus, que les enfans qui sont doüez d'vne forte imagination, ne viennent iamais bien à bout de cette lãgue. Mais ce qui pourra mieux decouurir ce qui en est, ce sera la Dialectique ; dautant que cette science a le mesme rapport auec l'entendement, que la pierre de touche auec l'or. Ainsi est-il tres certain, que si celuy qui fait son cours en Philosophie, ne commence dans vn mois ou deux à raisonner & à proposer des difficultez; & s'il ne s'offre à son esprit des argumens & des responses sur la matiere qui se traite, il n'a point du tout d'entendement : mais s'il profite beaucoup en cette science, c'est vne preuue infaillible qu'il a l'entendement & la disposition que l'estude des Loix requiert ; si

Dd iiij

bien qu'il peut incontinent s'y mettre sans attendre dauantage. Encore que ie trouuerois meilleur, qu'on ouyst deuant, toute la Philosophie : car la Dialectique est peu de chose, & n'est pas plus pour l'entendement, comme nous auons desia dit, que les entraues qu'on met aux pieds d'vne Mule Sauuage, auec lesquelles marchant quelque-têps, elle prend vne certaine habitude agreable & reglée qui la fait aller l'amble. La mesme alleure acquiert nostre entendement pour les disputes, tant qu'il est lié par les regles & preceptes de la Dialectique.

Mais si l'Enfant que nous examinons n'a pas bien reüssy en la langue Latine, ny en la Dialectique, comme il deuoit : il faut considerer, s'il n'est point pourueu d'vne bonne imagination ; deuant que nous le chassions de l'estude des Loix ; parce que en cecy se trouue vn fort grand mystere, & qu'il est bon que la Republique sçache : c'est qu'il y a des gens de Droit, qui estant mis en chaire, font merueille en l'interpretation des Loix; & d'autres, dans les causes: aufquels cependant fi on met vne baguette en main, on les trouue auffi mal propres pour Gouuerner, que fi les Loix n'auoient iamais efté faites pour cela. Au contraire, il y en a d'autres qui auec deux ou trois malheureufes Loix, qu'ils auront mal apprifes à Salamanque; fi on leur commet quelque charge & commandement, s'en acquitteront le mieux du monde, & ne laifferont rien à defirer : Dequoy quelques Curieux demeurent tout eftonnez, pource qu'ils ne fçauroient comprendre d'où cela peut prouenir. En voicy pourtant la raifon en deux mots; c'eft que de gouuerner & de commander, cela appartient à l'imagination, & non point à l'entendement ny à la memoire. Ce qui fe prouue clairement, fi l'on prend garde que la Republique doit fubfifter & fe maintenir par le moyen de l'ordre, de la bonne concorde & harmonie, chaque chofe eftant en fon lieu : de forte que le tout enfemble faffe vne bonne figure & correfpondance. Or eft-il que nous auons defia prouué plufieurs fois, que cecy eftoit vne œuure de l'imagination. Et ce ne feroit pas mieux fait d'eftablir pour Gouuerneur, vn grād Iurifconfulte, que de faire vn fourd, Iuge d'vne mufique. Cecy doit s'entendre pour l'ordinaire, & non pas fe prendre pour vne regle generale. Car nous auons defia prouué qu'il fe peut faire que la Nature ioigne enfemble vn grād entendement auec vne grande imagination: De forte qu'en ce cas là, il ne feroit pas repugnant que la mefme perfonne fuft vn excellent Aduocat, & vn grand & celebre Gouuerneur: & nous monftrerons cy-apres, que la Nature fe trouuant auec toutes les forces qu'elle peut auoir, & trauaillant fur vne matiere bien difposée, elle produira vn homme de grande memoire, de grand entendement, & de grande imagination: lequel s'eftant mis à l'eftude des Loix, deuiendra vn fameux Docteur, vn tres habile Aduocat, & n'en fera pas moins admirable pour le Gouuernement: Mais à dire le vray, la Nature en fait fi peu de

des Esprits. 427

cette trempe, que noftre maxime peut bien paffer pour generale.

Entre ces mots, *par des raifons & des argumens auſſi extrauagans.* page 410, & ceux-cy qui fuiuent immediatement: *A quoy les graues & doctes Perfonnages &c.* page 411. Il y a dans l'autre impreſſion ce qui fuit.

CEtte doctrine eft tres-certaine & tres veritable mais nous en ferions vne plus grande & plus forte demonſtration ; fi nous pouuions rapporter quelques exemples de la Sainte Efcriture, qui nous fiſſent voir à l'œil les mauuais & les bons raifonnemens de quelques-vns; par la faute ou par la bonté de leur entendement. Et parce que le défaut le plus ordinaire, c'eſt quand de bons antecedents, on en tire vne mauuaife confequence (qui eſt la plus grande impertinence qui fe puiffe commettre) ie rapporteray cette parabole de S. Matthieu qui dit, Qu'vn certain homme voulant faire vn grand voyage, appella tous ses seruiteurs, à qui il departit tout son argent pour le faire profiter ; à l'vn, il donna cinq talens; à l'autre, deux ; & au troisiesme, il n'en donna qu'vn. Celuy qui receut les cinq talens, eut assez d'industrie pour les augmenter au double ; autant en fit le second : mais le troisiesme fit vn trou dans terre, où il cacha son talent, & puis se mit à dormir. Le Maistre estant de retour de son voyage, fit aussi-tost venir ses seruiteurs, pour entrer en compte auec eux. Celuy qui auoit receu les cinq talens, dit, vous m'auez donné cinq talens, en voicy cinq autres que i'ay gagnez ; le second en dit tout de mesmes des siens, & le troisiesme estant arriué commence à dire; Maistre, ie sçay bien que vous estes d'vne humeur estrange & tres fascheuse ; que vous voulez recueillir sans semer, & ramasser où vous n'auez rien respandu: C'est ce qui m'a fait enfouyr dans terre vostre talent, iusques à ce que vous fussiez reuenu, le voila tel que vous me

des Esprits. 429

l'auez donné. Le Maiſtre piqué de ce diſcours, luy dit, vien ça, n'es tu pas vn méchant homme & bien pareſſeux? par les meſmes raiſons que tu allegues, ne deuois tu pas t'employer auec ſoin à faire doubler ce talent? car ſi ie ſuis d'humeur eſtrange & faſcheuſe, & ſi ie veux recueillir ſans ſemer, & ramaſſer où ie n'ay rien reſpandu; la concluſion qu'il te falloit tirer delà, c'eſtoit de trauailler diligemment à augmenter mon bien, afin de m'eſprouuer gracieux & de me rendre content, ainſi qu'ont fait les autres, & ne t'amuſer pas à dormir comme ſi i'eſtois vn homme de bonne humeur, & qui ne ſongeaſt à rien moins qu'à multiplier ſon reuenu. Ainſi dit le texte: *Méchant & pareſſeux ſeruiteur, tu ſçauois que i'aime à moiſſonner où ie n'ay pas ſemé, & à ramaſſer où ie n'ay rien reſpandu; tu deuois donc donner mon argent aux Changeurs & aux Banquiers; & à mon retour i'euſſe receu ce qui m'appartient auec vſure.* C'eſt vne choſe ſi commune parmy les hommes de peu d'entendement, de tirer vne concluſion fausse & contraire à ce que promet la bonté & la verité des antecedents, qu'il n'y a rien de plus ordinaire.

Il se trouue d'autres entendemens, non moins lourds & grossiers que ceux-cy : car en voulant se deffendre & prouuer quelque chose pour eux, ils alleguent des raisons qui sont contre eux, sans sçauoir ce qu'ils font : De cette sorte est ce que diront à Dieu au iour du Iugement, pour s'excuser, quelques-vns de ceux qui seront condamnez: *Seigneur, Seigneur, n'auons-nous pas prophetisé en vostre nom? n'auons nous pas chassé les Demons en vostre nom? n'auons nous pas operé mille belles choses en vertu de ce mesme nom?* C'est iustement comme si vn Caualier auoit commis quelque trahison alendroit de son Prince & de sa Couronne, & que pour sa deffense il alleguast qu'il a receu mille graces de la main de ce Prince, & que de pauure Gentil-homme qu'il estoit, il l'a fait vn des Grands de son Royaume, & rendu Gouuerneur de plusieurs Villes & Places fortes : lesquelles raisons, attendu qu'il n'y a rien de plus impertinent, ne feruent qu'à irriter dauantage celuy qui luy doit faire coupper la tefte. Ce qui paroift en ces mots, *Si vn ennemy euft médit de moy, certes ie le fupporterois, mais toy qui mangeois fi amiablement à ma table &c.* Ces perfonnes-là ont accouftumé d'alleguer des raifons & des excufes extrauagantes qui ne font rien au fuiet : mais qui font les premieres chofes qui leur viennent à la bouche.

Il y a vne autre forte d'entendements parmy les hommes, auffi malfaits que ceux dont nous auons parlé ; car encore qu'ils ayent deuant les yeux les veritables premiffes, ils n'en fçauroient tirer la conclufion. C'eft ainfi que l'Euangile raconte que les Difciples de Iefus Chrift manquant de pain, & fe deffiant de fe voir raffafiez, noftre Seigneur leur dit : *A quoy penfez vous, hommes de peu de foy ? vous n'auez point de pain : mais auez vous perdu l'entendement, & ne vous fouuient-il plus des cinq pains & des deux poiffons dont ie raffafiay mil-*

le personnes au Desert, & des corbeilles qui resterent ? Ne vous souuient-il plus des sept pains, dont ie rassasiay quatre mille hommes, & de la quantité de corbeilles qui resterent ? Pourquoy ne vous seruez vous donc pas de vostre entendement, & pourquoy ne raisonnez-vous pas comme des personnes raisonnables ? Le Centurion auoit l'entendement bien meilleur pour tirer des conclusions ; puisque connoissant la Toute-puissance de Iesus-Christ, il ne voulut pas souffrir qu'il prist la peine d'aller en sa maison pour guerir vn de ses seruiteurs ; mais qu'il agist seulement du lieu où il estoit, quoy qu'assez esloigné. Et Iesus-Christ estant mort en Croix ; ayant veu le tremblement de terre, & tout ce qui se passoit: de ces choses, dis-ie, qui luy seruoient de premisses, il tira cette conclusion: *Sans doute c'estoit là le Fils de Dieu*: là ou les autres, à faute d'entendement, infererent mille impertinences. Mais ce qui m'estonne plus sur ce suiet, est que que le peuple d'Israël estant si ingenieux & si bien versé dans l'Escriture

Sainte,

Sainte, comme il estoit, & les marques qui tesmoignoient que Iesus-Christ estoit le vray Messie promis en la Loy, estant si claires & si manifestes; il ne put neantmoins tirer la conclusion du Centurion, ny reconnoistre son Seigneur, parce que *s'ils l'auoient connu*, ce dit sainct Paul, *iamais ils ne l'eussent crucifié, ny bassoüé comme ils firent*. Dequoy Isaye rapporte la raison en termes clairs : *Car le cœur de ce peuple là*, dit-il, *s'est espaissy, leurs oreilles sont deuenuës pesantes, & leurs yeux ont esté clos & fermez*. Par où ce Prophete donne à entendre, que le peuple d'Israël auoit auparauant l'entendement fort subtil & delicat, & qu'il s'estoit rendu grossier par ses pechez; qu'il auoit bonne veuë, & qu'elle s'estoit troublée; qu'il oyoit bien clair, & qu'il estoit deuenu sourd: Si bien que ce n'estoit pas merueille que de si grandes premisses passant deuant ses yeux, il ne tirast pas la mesme consequence que le Centurion; parce qu'encore qu'il vist, il ne voyoit pas, encore qu'il ouyst, il n'oyoit pas, & en-

E e

core qu'il entendist, il n'entendoit pas.

Il y a encore vne autre sorte d'entendements, qui tirent de vray la conclusion; mais fort tard, & quand il n'est plus temps, & que l'occasion en est passée; ainsi bien souuent quand on a eu prise ou qu'on a disputé contre quelqu'vn, & qu'on est de retour au logis, on donneroit volontiers vn œil de sa teste, pour se retrouuer au combat; seulement afin de repliquer à propos ce qui est venu depuis dans l'esprit, & à quoy on n'auoit pas pensé dans la chaleur de la dispute : Cela mesme arriua à ces deux Disciples qui cheminerent auec Iesus-Christ vers le Chasteau d'Emaüs, puis qu'il leur dit: *O trop pesans & tardifs de cœur à croire toutes les choses que les Prophetes ont annoncées.* Il s'en trouue d'autres au contraire qui sont si prompts à tirer la conclusion, & qui le font auec si peu de premisses & encore si foibles, qu'on en demeure tout estonné : tel fut ce Natanaël, dont nostre Seigneur dit : *Voila vrayement vn*

Ifraëlite sans-fraude & sans malice. Ce que Natanaël ayant ouy, il luy demanda, *Seigneur d'où me connois-tu?* A quoy Iesus-Christ respondit, *deuant que Philippe t'eust appellé, ie t'ay veu, comme tu estois dessous le figuier;* Natanaël repliqua, *Maistre tu es le Fils de Dieu, & le Roy d'Ifraël;* Iesus-Christ repartit & luy dit, *à cause que ie t'ay dit que ie t'ay veu dessous le figuier, tu crois que ie suis le Fils de Dieu, & le Roy d'Ifraël: mais tu verras bien d'autres choses.*

CHAPITRE XV.

Où il se prouue que la Theorie de la Medecine appartient en partie à la memoire, & en partie à l'entendement; & la pratique, à l'imagination.

DV temps que la Medecine des Arabes fleurissoit, il y eut vn Medecin qui y estoit fort celebre ; tant à enseigner, qu'à escrire, argumenter, distinguer, respondre & conclurre ; duquel on disoit, veu son grand sçauoir, qu'il deuoit reffusciter les morts & guerir toutes sortes de maladies. Et cependant il estoit si malheureux, qu'il ne voyoit pas vn malade, qui ne couruft danger entre ses mains : Dequoy estant honteux & fasché, il se rendit Moine, se plaignant de sa mauuaise fortune & ne pouuant comprendre d'où cela venoit. Et dautant que les exemples plus frais prouuent mieux & conuainquent dauantage les sens, ie diray que plusieurs grands Medecins ont creu que Iean l'Argentier, Medecin de nostre temps, a de beaucoup surpassé Galien, en ce qui est de reduire l'art de Medecine en vne meilleure methode ; & neantmoins on raconte qu'il estoit si malheureux en ses cures, que pas vn malade de son pays & de sa connoissance, ne s'osoit abandonner à luy, tant on craignoit ses mauuais succez. De cecy il semble que le peuple a bien raison de s'estonner : voyant par experience non seulement en ceux que nous venons de rapporter, mais en plusieurs autres encore qu'on connoist tous les iours, que dés-là qu'vn Medecin est fort sçauant, il n'est pas capable de bien traiter vn malade. Aristote en a voulu donner la raison : mais à mon aduis il n'a pas bien rencontré. De ce que les Medecins Rationels de son temps n'estoient pas heureux en leurs cures, il croyoit que cela arriuast, parce qu'ils auoient vne connoissance vniuerselle de l'homme, &

qu'ils ignoroiēt le naturel de chacun en particulier ; au contraire des Empiriques, qui employoient tous leurs soins & toute leur estude à connoistre les proprietez indiuiduelles & particulieres des hommes, & ne se soucioient aucunement du general : mais il se trompe, parce que les vns & les autres trauaillent à guerir les particuliers & à découurir autant qu'il se peut, cette nature & complexion indiuiduelle & singuliere. Si bien que toute la difficulté est de sçauoir, pourquoy des Medecins tres doctes, encore qu'ils s'exercent toute leur uie à faire des cures, iamais ne deuiennent excellens en la Pratique; là où d'autres qui ne sont que des ignorans, auec trois ou quatre regles de Medecine qu'ils auront mal apprises aux Escoles, sçauront en moins de temps remettre vn malade en meilleur estat.

La vraye response qu'on peut donner à ce doute, n'est pas si aisée à trouuer, puis qu'Aristote y a esté empesché, encore qu'il en ait dit aucunement quelque chose: Mais nous tenant aux

des Esprits. 439

principes de noſtre doctrine, nous y ſatisferons entierement.

Il faut donc ſçauoir que la perfection du Medecin conſiſte en deux choſes, qui ſont auſſi neceſſaires pour obtenir la fin de ſon art, que ſont les deux iambes pour marcher droit. La premiere eſt de ſçauoir methodiquement les preceptes & les regles de guerir l'homme en commun, ſans deſcendre dans le particulier; La ſeconde, c'eſt d'auoir longtemps exercé la Medecine, & d'auoir connu par ſes propres yeux, vn grand nombre de malades : car ny les hommes ne ſont ſi differents entr'eux, qu'ils ne conuiennent en beaucoup de choſes, ny ſi ſemblables auſſi, qu'il n'y ait en eux de certaines particularitez, d'vne telle nature, qu'elles ne ſçauroient ny ſe dire, ny eſcrire, ny enſeigner, ny recueillir, de ſorte qu'on les puiſſe reduire en art : mais qu'il n'appartient de connoiſtre qu'à ceux qui les ont deſia veuës pluſieurs fois & traitées. Ce qui s'entendra aiſément, ſi l'on conſidere, que le viſage de l'homme n'eſtant com-

Ee iiij

posé que d'vn si petit nombre de parties, comme sont les deux yeux, le nez, les deux ioües, la bouche & le front: neantmoins la Nature les assemble si diuersement & en fait tant de combinaisons, que si l'on ramasse cent mille hommes, on verra que chacun a vn visage si particulier & qui luy est si propre, que c'est vne grande merueille si l'on en trouue deux qui soient tout a fait semblables.

La mesme chose arriue en ce qui est des quatre Elemens & des quatre qualitez premieres, la chaleur, la froideur, l'humidité & la secheresse, de l'harmonie & proportion desquelles resultent la vie & la santé de l'homme; Et auec vn si petit nombre que celuy cy, la Nature fait tant de diuerses proportions, que si cent mille personnes sont engendrées; chacune aura sa santé qui luy sera si propre & si particuliere, que si Dieu, par miracle, permettoit que tout à coup la proportion de ces quatre qualitez premieres changeast & passast de l'vn à l'autre: ils demeureroient tous malades, excepté peut estre deux ou trois, qui par grand hazard auroient vne mesme harmonie de temperament. D'où s'inferent necessairement deux cõsequences: La premiere, que tout homme qui sera malade, se doit traiter selon son particulier temperament; de façon que si le Medecin ne le remet dans la proportion des humeurs & des qualitez qu'il auoit auparauant, il ne sera point bien guery. L'autre, que pour faire cela, comme il faut, il est besoin que le Medecin ait veu & traité plusieurs fois le malade, quand il estoit en santé, en luy tastant le poulx, en considerant son vrine, la couleur de son visage, & sa complexion; afin de iuger quand il sera malade, de combien il est esloigné de sa santé, & iusques où il le doit restablir par ses remedes.

Quant à ce premier point, qui estoit de sçauoir & d'entendre la Theorie & la composition de l'art; Galien dit, qu'il est necessaire d'auoir vn grand entendement & beaucoup de memoire, pource que vne partie de la Medecine consiste, en raison & l'autre en experience, & est comme Historique ; pour l'vn, il faut de l'entendement, & pour l'autre, de la memoire : Et comme il est fort difficile de ioindre ces deux puissances en vn souuerain degré, de necessité le Medecin doit estre imparfait en la Theorie ; ainsi en voyons-nous plusieurs tres-sçauans en Grec & en Latin, grands Anatomistes & Herboristes (qui sont des connoissances qui appartiennent à la memoire) lesquels, si on les met à argumenter, à disputer & à rechercher la raison & la cause de chaque effet, (ce qui est vne action de l'entendement) demeurent court & ne sçauroient rien dire. On en void d'autres au contraire, qui dans ce qui est du raisonnement de l'art, font paroistre beaucoup d'esprit & de capacité ; & si on les met sur le Latin & sur le Grec, à parler des plantes & des parties du corps humain, ils n'en sortent iamais à leur honneur, à cause qu'ils sont depourueus de memoire: Pour cette raison Galien a dit, *Ie ne m'estonne pas que dans vne si grande mul-*

*titude d'hommes, qui s'addonnent à l'estude de la Medecine, il y en ait si peu qui deuiennent bons Medecins, & quand il en donne la raison, il dit, qu'à peine peut-on trouuer l'esprit que cette science requiert, ny vn Maistre qui l'enseigne parfaitement, ny personne qui l'estudie auec assez de soin & de diligence. Mais auec toutes ces raisons, Galien marche comme à tastons, parce qu'il ne sçait pas precisément, d'où vient que personne ne possede la Medecine en perfection.

Il est vray que quand il a dit qu'à peine se trouue parmy les hommes l'esprit que demande cette science, il a fort bien rencontré; encore qu'il n'ait pas specifié cela comme nous allons faire: car à cause de la difficulté qu'il y a de ioindre vn grand entendement auec vne grande memoire, personne ne deuient consommé en la Theorie de la Medecine. Et pource qu'il y a repugnance entre l'entendement & l'imagination, à laquelle nous prouuerons maintenant qu'appartient la pratique*

& la science de guerir auec certitude, rarement trouue-t'on vn Medecin, qui soit habile dans la Theorie & dans la Pratique tout ensemble, ny au contraire, vn qui soit fort habile dans la Pratique & fort sçauant dans la Theorie. Or que l'imagination soit la puissance dont le Medecin se sert en la connoissance & cure des particuliers, & non pas l'entendement : c'est vne chose tres-facile à prouuer, en supposant ce qu'enseigne Aristote, qui dit que l'entendement ne sçauroit connoistre les singuliers ou indiuidus, ny faire difference de l'vn d'auec l'autre, ny connoistre le temps & le lieu, ny d'autres particularitez qui font que les hommes sont dissemblables entr'eux & se doiuét traiter chacun de differente façon ; & la raison en est (selon ce que disent les Philosophes vulgaires) que l'entendement est vne faculté spirituelle, qui ne peut receuoir impression ny alteration quelconque des choses singulieres, parce qu'elles sont toutes materielles. C'est pourquoy le mesme Aristote a

des Esprits. 445

dit, que le sens estoit des choses singulieres, & l'entendement, des vniuerselles. Si donc les cures se doiuent faire des personnes particulieres & non pas de l'homme en general, (qui ne se peut ny engendrer ny corrompre,) l'entendement sera vne puissance fort mal propre pour trauailler à la guerison d'vn malade.

La difficulté est maintenant de sçauoir, pourquoy les hommes de grand entendement ne peuuent auoir les sens exterieurs bons pour les choses singulieres, ces deux puissances estant si contraires l'vne à l'autre : Et la raison en est fort claire : c'est que les sens exterieurs ne sçauroient bien agir, si la bonne imagination ne leur preste son assistance. Ce que nous pouuons prouuer par l'opinion d'Aristote, lequel voulant declarer ce que c'est que l'imagination, dit que c'est vn mouuement causé par le sens exterieur : de sorte que la couleur par exemple qui sort de l'obiet coloré en se multipliant, altere l'œil par son espece, ce qui est vray, mais cette mesme couleur qui est dans l'humeur crystallin, passe plus auant à l'imagination, & y imprime la figure qui estoit dans l'œil : Et si l'on demande de laquelle de ces deux especes se forme la connoissance de la chose singuliere? tous les Philosophes respondent, & tres bien, que c'est la seconde figure qui affecte & altere l'imagination ; & que par le moyen de l'vne & de l'autre, la connoissance se fait, suiuant ce dire si commun, *Que des obiets & de la puissance la connoissance s'engendre.* Mais de la premiere espece qui est en l'humeur crystalin, & de la faculté de la veuë, ne se fait aucune connoissance, si l'imagination n'y prend garde. Ce que les Medecins prouuent clairement quand ils disent, que si l'on coupe ou brusle la chair d'vn malade, & qu'il n'en ressente aucune douleur : c'est signe que l'imagination est distraite en quelque contemplation ou plustost réuerie profonde : Nous le voyons aussi par experience dans ceux qui sont sains : car s'ils sont plongez en quelque meditation, ny ils ne voyent pas les choses qui sont deuant eux, ny ils n'entendent pas, encore qu'on les appelle, ny ils ne s'apperçoiuent pas si vne viande est de bon ou de mauuais goust, encore qu'ils en mangent. D'où il est certain que c'est l'imagination qui cause le iugement & la connoissance des choses particulieres, & non point l'entendement ny les sens exterieurs. Il s'ensuit donc fort bien, que le Medecin qui sera tres sçauant dans la Theorie, ou parce qu'il a beaucoup d'entendement, ou parce qu'il est pourueu d'vne grande memoire: de necessité reüssira tres mal en la Pratique, dautant qu'il doit auoir faute d'imagination: Comme au contraire, celuy qui deuiendra fort habile dans la Pratique, indubitablement sera mal habile en la Theorie: pource que la grande imagination ne se peut pas trouuer auec beaucoup d'entendement & de memoire. Et c'est la raison pourquoy personne ne peut estre à la fois parfaitement consommé dans la Medecine & infaillible dans ses cures : car pour y rencontrer tousiours bien, il est besoin de sçauoir tout l'art, & d'estre pourueu d'vne bonne imagination pour le pouuoir exercer : Or est-il que ces deux choses-là, comme nous auons prouué cy-deuant, sont entierement incompatibles.

Iamais le Medecin ne se met à rechercher la cause & la guerison d'aucune maladie, qu'il ne fasse en soy mesme tacitement vn syllogisme & raisonnement, en la figure qu'on nomme *Darij*, encore que ce Medecin ne soit qu'Empirique : dont la maieure ou premiere proposition doit tirer sa preuue de l'entendemēt, & la mineure ou secōde proposition, de l'imagination. Ainsi les plus habiles en la Theorie, errent ordinairement en la mineure, & ceux qui sont habiles dans la Pratique, en la maieure: Comme si nous disions ainsi : Toute fiévre qui vient d'humeurs froides & humides, se doit traiter auec des medicamens chauds & secs (en prenant l'indication, de la cause) la fiévre que souffre cét homme, vient d'humeurs froides

froides & humides, par cõsequent elle se doit traiter par des remedes chauds & secs. L'entendement prouuera bien la verité de la maieure, parce que c'est vne proposition vniuerselle, en disant que la froideur & l'humidité demandent de la chaleur & de la secheresse pour se moderer, dautant que chaque qualité se rabbat & relasche par son contraire: mais quand ils viendront à la preuue de la mineure, l'entendement ne leur seruira plus de rien, pource qu'elle regarde vne chose particuliere, & qui n'est point de sa iurisdiction ; mais dont la connoissance appartient à l'imagination, qui tire alors des cinq sens exterieurs, les propres & particuliers signes de la maladie.

Or si l'indication se doit prendre de la fiévre ou de sa cause, c'est ce que l'entendement ne sçauroit connoistre: Seulement enseigne-t'il qu'elle se doit prendre de ce qui menace de plus de peril: mais laquelle des indications est la plus grande, il n'y a que l'imagination qui le puisse comprendre, en com-

F f

parant les maux que fait la fiévre, auec ceux qui viennent du symptome ou accident, pesant la cause de la maladie, & l'estat des forces du malade. Pour paruenir à cette connoissance, l'imagination a de certaines proprietez qui ne se peuuent exprimer ; par le moyen desquelles elle rencontre des choses qui ne se peuuent non plus ny dire, ny comprendre, & pour lesquelles il n'y a point d'art. Si bien que nous voyons entrer vn Medecin pour visiter vn malade, & par la veuë, l'oüye, l'odorat & le toucher, venir à la connoissance de ce qui paroissoit impossible de sçauoir ; de façon que si nous luy demandions à luy-mesme, comment il a peu arriuer à des notions si subtiles, il ne le pourroit dire, parce que c'est vn don qui procede d'vne fœcondité d'imagination, qui se peut nommer autrement, *Sagacité*, & qui par des signes communs, incertaines coniectures, & où il y a peu de fondement, en vn clin d'œil, trouue mille choses differentes, en quoy consiste la vertu de guerir & de prognostiquer auec asseurance.

De cette sorte de sagacité sont dépourueus les hommes de grand entendement, parce qu'elle depend immediatement & fait comme vne partie de l'imagination: Si bien qu'encore qu'ils ayent deuant les yeux, les mesmes signes qui découurent aux autres le secret de la maladie; neantmoins il ne s'en fait aucune impression dans leurs sens ; dautant que ces gens là sont depourueus d'imagination. Vn Medecin me tira vne fois à part pour me demander, d'où pouuoit venir qu'ayant estudié fort exactemēt toutes les regles & toutes les obseruations de l'art de prognostiquer, & y estant fort bien versé, iamais il ne luy arriuoit de bien rencontrer en pas vn prognostique ? auquel il me souuient que ie respondis, que l'art de la Medecine s'apprenoit par vne puissance, & se mettoit en execution par vne autre. Celuy là auoit tres bon entendement, & estoit depourueu d'imagination.

Mais il s'offre vne grande difficulté

sur cette doctrine ; c'est de sçauoir comment il se peut faire que les Medecins doüez d'vne grande imagination, apprennent l'art de Medecine, veu qu'ils ont faute d'entendement ? Et s'il est vray qu'ils guerissent mieux les malades, que les Medecins les plus profonds, dequoy sert-il de s'aller rompre la teste à estudier dans les Escoles? A cela l'on respond que c'est desia vn auancement de grande importance, de sçauoir l'art de Medecine, pource qu'en deux ou trois ans on apprend tout ce que nos peres ont trouué en deux mille: Et s'il falloit que l'homme l'acquist par l'experience, il faudroit qu'il vesquit du moins trois mille ans, pendant lesquels, faisant espreuue des medicamens; deuant que de connoistre toutes leurs qualitez, il feroit mourir vne infinité de personnes : dequoy il est exempt, lisant les liures des Medecins Rationels & bien experts, lesquels par leurs escrits nous auertissent de ce qu'ils ont remarqué durant leur vie; afin que les Medecins qui viendront apres eux, se seruent hardiment d'aucunes choses qui sont salutaires, & se gardent des autres comme venimeuses. Outre cela il faut sçauoir que les choses communes & vulgaires de tous les arts, sont fort claires & faciles à apprendre, quoy qu'elles soient les plus importantes en l'œuure; & qu'au contraire, les plus curieuses & les plus subtiles, sont les plus obscures & les moins necessaires pour la guerison du malade; Or est-il que les hommes de grande imagination ne sont pas tout a fait depourueus d'entendement & de memoire: Si bien que dans le degré quoy que foible, auquel ils possedent ces deux puissances, ils peuuent apprendre ce qui est le plus necessaire dans la Medecine, parce que c'est ce qui est le plus clair, & par le moyen de leur bonne imagination, connoistre mieux vne maladie & sa cause, que les plus entendus dans la science : Ioint que c'est l'imagination qui trouue le temps du remede qu'on doit appliquer; & dans ce bon heur consiste presque toute la Pratique: C'est pourquoy Galien a dit que le vray nom du Medecin, c'estoit d'estre *Inuenteur de l'Occasion*; Mais de sçauoir connoistre le temps, & le lieu, sans doute c'est à faire à l'imagination, parce que cela porte auec soy figure & correspondance.

La difficulté est maintenant de sçauoir, à laquelle de tant de differences d'imagination qu'il y a, appartient la Pratique de la Medecine: car il est certain que toutes ces differences ne conuiennent pas en vne mesme proprieté specifique, Ce qui m'a plus trauaillé l'esprit que tout le reste: & neantmoins ie ne luy ay peu donner encore le nom qu'il luy faut; si ce n'est que ie die qu'elle vient d'vn degré de chaleur moins que n'a cette difference d'imagination, auec laquelle on fait des vers. Encore ne m'en asseuré ie pas trop; parce que toute la raison surquoy ie me fonde, c'est que tous ceux que i'ay connus bien pratiquer la Medecine, se piquoient vn peu de Poësie; mais leurs pensées n'estoient pas fort releuées, ny leurs vers fort admirables: Ce qui pourroit aussi arriuer de ce que la chaleur seroit en vn point plus haut que ne demande la Poëfie; & s'il estoit ainsi, il faudroit que la chaleur fust si grande, qu'elle bruslast vn peu la substance du cerueau ; & ne dissipast pas beaucoup la chaleur naturelle: Encore que si elle passe plus auant, elle ne fasse pas vne mauuaise difference d'esprit pour la Medecine ; dautant que par le moyen de l'adustion, elle assemble l'entendement auec l'imagination. Mais cette sorte là d'imagination n'est pas si bonne pour traiter les malades, que celle que ie cherche, & qui pousse l'homme à estre Sorcier, Superstitieux, Magicien, Enchanteur, Chiromancien, addonné à l'Astrologie Iudiciaire & à deuiner; parce qu'en effet les maladies des hommes sont si cachées, & ont leurs periodes & leurs mouuemens si secrets, qu'il est presque tousiours besoin de deuiner ce qui en est.

Cette difference d'imagination est difficile à trouuer en Espagne: car comme nous auons prouué cy-dessus, les habitans de ce pays-là, ont faute de memoire & d'imagination, & sont pourueus d'vn bon entendement. L'imagination non plus de ceux qui demeurent sous le Septentrion, ne vaut rien pour la Medecine; parce qu'elle est fort lente & fort lâche; elle n'est bonne que pour faire des horloges, des peintures, des espingles & autres denrées qui ne sont pas de grand seruice pour l'homme

L'Egypte seule est le pays qui produise dans ses habitans cette difference d'imagination: Aussi les Historiens ne disent iamais assez à leur gré, combien les Gitains sont grands Sorciers, & combien ils sont habiles à trouuer les choses qui leur sont besoin, & les remedes dans leurs necessitez.

Pour bien exaggerer la grande sagesse de Salomon, Iosephe parle en ces termes, *La Sagesse & la Prudence que Salomon auoit receuës de Dieu, furent si grandes, qu'il surpassa tous ses predecesseurs, & mesme les Egyptiens, qui passent pour les plus sages de tous.* Platon dit aussi que les Egyptiens surmontent tous les hommes du monde, à sçauoir gagner leur vie; qui est vne habileté qui appartient à l'imagination.

des Esprits. 457

Or que cecy soit vray, il se void clairement, en ce que toutes les sciences qui appartiennent à l'imagination, ont esté trouuées en Egypte, comme sont les Mathematiques, l'Astronomie, l'Astrologie Iudiciaire, l'Arithmetique, la Perspectiue, & quantité d'autres semblables.

Mais ce qui me conuainc plus puissamment sur ce suiet, c'est que François de Valois Roy de France, estant trauaillé d'vne fort longue maladie, & voyant que les Medecins de sa maison & de sa Cour n'y pouuoient que faire; toutes les fois que sa fiévre redoubloit, il disoit qu'il estoit impossible que les Medecins Chrestiens sceussent guerir vn malade, & qu'il n'esperoit d'eux aucun secours. Si bien qu'vne fois dans l'impatience de se voir tousiours auec la fiévre, il fit depescher vn Courrier en Espagne, pour prier l'Empereur Charles-Quint nostre Prince, de luy enuoyer vn Medecin Iuif, le meilleur qui se trouuast en sa Cour, duquel il se figuroit qu'il receuroit quelque remede à son mal, s'il y en auoit quelqu'vn dans la Medecine : On rit vn peu de cette demande en Espagne, & tout le monde demeura d'accord que c'estoit vne fantaisie de fiévre chaude. L'Empereur ne laissa pas de commander qu'on cherchast vn Medecin tel qu'on le demandoit, s'il s'en pouuoit trouuer; quand on eust deu l'aller chercher hors du Royaume ; & comme on n'en eut peu rencontrer, il enuoya vn Medecin, nouueau Chrestien, croyant que par là il satisferoit l'enuie du Roy. Mais quand le Medecin fut arriué en France, & en la presence du Prince, il se passa vn Dialogue entr'eux tres agreable, par où se decouurit que le Medecin estoit Chrestien, si bien que le Roy ne se voulut pas seruir de luy. Le Roy, dans l'opinion qu'il auoit, que ce Medecin fust Iuif, luy demanda par maniere d'entretien, s'il n'estoit point las desormais d'attendre le Messie promis en la Loy? Sire, respond le Medecin, ie n'attends pas le Messie promis en la Loy Iudaïque; Et vous sage en cela, dit le Roy, car les signes qui sont marquez en la Sainte Escriture pour connoistre sa venuë, sont desia accomplis il y a long-temps. Nous autres Chrestiens (replique le Medecin) sçauons bien le compte du temps qu'il y a qu'ils sont accomplis : parce que il y a maintenant mil cinq cent quarante & deux ans qu'il est venu; il demeura au monde trente trois ans, au bout desquels il mourut en Croix, & ressuscita le troisiesme iour; apres quoy il monta au Ciel, où il regne à cette heure. Quoy vous estes donc Chrestien! dit le Roy. Ouy, Sire, respond le Medecin, par la grace de Dieu. Puis qu'ainsi est (adiouste le Roy) retournez-vous en à la bonne heure en vostre pays ; car i'ay assez de Medecins Chrestiens dans ma maison & dans ma Cour; i'en voulois auoir de Iuifs, qui sont ceux à mon auis, qui ont vne habileté naturelle pour guerir les malades. Ainsi luy donna-t'il son congé sans souffrir qu'il luy tastast le poulx, ny qu'il vist son vrine, ny qu'il luy dist le moindre mot touchant sa maladie: Et tout auſſi toſt il enuoya à Conſtantinople pour faire venir vn Iuif, qui le guerit en luy donnant ſeulement du lait d'aſneſſe.

Cette imagination du Roy François, à mon aduis, eſt tres-raiſonnable, & ie croy que la choſe eſt ainſi; car nous auons deſia prouué cy deuant, que dans les grandes intemperies chaudes du cerueau, l'imagination trouue ce que l'homme ne peut trouuer en ſanté. Et afin qu'il ne ſemble pas que cecy ſoit dit gratuitement & ſans aucun fondement dans la Nature; il faut ſçauoir que la diuerſité des hommes, tant en la compoſition du corps, qu'en l'eſprit & aux qualitez de l'ame, vient de ce qu'ils habitent des regions de diuers temperament, de ce qu'ils boiuent des eaux differentes, & de ce qu'ils n'vſent pas tous des meſmes viandes. C'eſt pourquoy Platon a dit, *Que quelques hommes ſont differents des autres, ou parce qu'ils reſpirent vn air different, ou parce qu'ils boiuent d'autres eaux, ou parce qu'ils n'vſent pas des meſmes alimens; & cette di-*

uersité, non seulement se remarque au visage, & en la composition du corps, mais aussi dans le naturel de l'ame, s'il faut ainsi dire. Si nous prouuons donc maintenant que le peuple d'Israël fit vn seiour de plusieurs années en Egypte, & qu'au sortir delà, il beut & mangea des eaux & des viandes propres à faire cette difference d'imagination; nous aurons confirmé & iustifié l'opinion du Roy de France, & découurirons tout d'vn têps, de quels esprits d'hômes nous deuôs faire choix en Espagne, pour la Medecine.

Quant au premier point, il faut sçauoir qu'Abraham demandant des signes pour connoistre, que luy ou ses descendans deuoient posseder la terre de promission; le texte dit, que comme il dormoit, Dieu luy respondit de cette sorte; *Sçaches que tes successeurs erreront comme Pelerins en pays estranger, & qu'ils doiuent estre affligez de seruitude, l'espace de quatre cens ans; mais asseure-toy que ie chastieray la Nation qui les opprimera, que ie les deliureray de cét esclauage, & les feray sortir auec grande abondance de biens.*

Laquelle Prophetie fut accomplie, encore que Dieu, pour de certaines considerations, ait adiousté trente trois ans: Ainsi le texte diuin porte, *Que le temps que le peuple d'Israel demeura en Egypte, fut de quatre cent trente ans, lesquels estant accomplis, tout le peuple & toute l'armée du Seigneur sortirent aussi-tost de captiuité.* Mais encore que ce texte dise manifestement, que le peuple d'Israël fut en Egypte quatre cent trente ans; il y a vne Glose qui declare que par ce nombre d'années, est entendu tout le temps que le peuple d'Israël fut vagabond, iusques à ce qu'il eust vne terre qui luy fust propre; mais qu'il ne fut en Egypte que deux cent dix ans: Lequel commentaire ne s'accorde pas bien auec ce qu'à dit S. Estienne premier Martyr, en ce discours qu'il eut auec les Iuifs; *Il faut que vous sçachiez que le peuple d'Israel demeura quatre cent trente ans en la seruitude d'Egypte.*

Et encore que le seiour de deux cent dix ans, suffist pour faire que le peuple d'Israël contractast les qualitez d'Egypte ; si est-ce que le temps qu'il en fut dehors, ne fut pas vn temps perdu, pour ce qui regarde l'esprit : dautant que ceux qui viuent sous le ioug de la seruitude, dans la tristesse, dans l'affliction, & dans vne terre estrangere, engendrent beaucoup de colere aduste, pour n'auoir pas la liberté de parler ny de se vanger des iniures, & cette humeur ainsi recuitte, est l'instrument de la ruse, de l'industrie & de la malice. Aussi voyons-nous par experience qu'il n'y a point de mœurs plus pernicieuses, ny de pires qualitez, que celles des esclaues, dont l'imagination est tousiours occupée à chercher comment ils feront quelque tort à leur Maistre, & se deliureront de seruitude.

De plus, le pays par ou chemina le peuple d'Israel, n'estoit pas fort esloigné d'Egypte, non plus que de ses qualitez, puisque Dieu ayant égard à sa misere & sterilité, promit à Abraham, qu'il luy en donneroit vn autre fort abondant & fertile. Or c'est vne chose verifiée, tant en bonne Philosophie naturelle, que par l'expérience ; que les regions ſteriles & maigres, & qui ne portent ny grains ny fruits en abondance, produiſent des hommes d'eſprit fort ſubtil ; & qu'au contraire les terres graſſes & fertiles, engendrent des hommes membrus, courageux & robuſtes de corps; mais dont l'eſprit eſt foible & defectueux.

Les Hiſtoriens ne font autre choſe que nous raconter combien la Grece eſt vne Prouince propre à eſleuer d'habiles hommes, & Galien dit particulierement, que c'eſtoit vne merueille de voir naiſtre à Athenes vn ignorant (remarquez que c'eſtoit la terre la plus pauure & la plus ſterile de toute la Græce.) Si bien qu'on peut recueillir, qu'au moyen des qualitez de l'Egypte & des autres Prouinces par où le peuple d'Iſrael paſſa, il ſe rendit d'vn eſprit fort ſubtil : Mais il faut ſçauoir pourquoy la temperature d'Egypte donne cette difference d'imagination ? Ce qui ſera aiſé à connoiſtre, ſi l'on ſe ſouuient qu'en ce pays là, le Soleil eſt fort brulant,

lant, & que pour cette raison, les habitans ont le cerueau tout boüillant & cette colere aduste, qui est l'instrument de la ruse & de l'industrie: C'est ce qui fait qu'Aristote demande: *D'où vient que les Negres d'Ethiopie & les Egyptiens naturels, ont les pieds tortus, les léures grosses, & le nez retroussé?* Auquel Probleme il respond, que l'excessiue chaleur du pays, brule la substance de ces membres & les fait griller comme le cuir aupres du feu, & par la mesme raison leur poil se tortille en anneaux & se frise menu. Or que ceux qui habitent des pays chauds, soient plus auisez que ceux qui naissent dans les terres froides, nous l'auons desia prouué par l'opinion d'Aristote, lequel demande, *Pourquoy les hommes qui naissent aux pays chauds sont plus sages & plus auisez que ceux qui naissent aux pays froids?* Mais ny il ne sçait pas bien respondre à ce Probleme, ny faire distinction de sagesse; car comme nous auons desia prouué ailleurs, il y a deux sortes de prudence dans l'homme, vne dont Platon a dit, *Que la scien-*

ce qui eſt eſloignée de iuſtice, ſe doit pluſtoſt appeller ruſe, que ſageſſe : Il y en a vne autre qui eſt accompagnée de droiture & de ſimplicité, ſans tromperie ny diſſimulation quelconque, & celle-cy ſe doit proprement appeller ſageſſe, parce qu'elle eſt touſiours attachée à ce qui eſt iuſte & droit. Ceux qui demeurent en des pays fort chauds, ſont ſages dans le premier genre de ſageſſe, & tels ſont les Egyptiens.

Examinons maintenant de quelles viandes ſe nourrit le peuple d'Iſrael, de quelles eaux il beut, & de quelle temperature eſtoient les lieux par où il paſſa, depuis qu'il fut ſorty d'Egypte, & tant qu'il erra dans le Deſert; afin que nous iugions, ſi par là il a deu changer l'eſprit qu'il auoit apporté de la captiuité ; ou ſi cét eſprit ſe confirma encore dauantage dans luy. L'Eſcriture dit que Dieu maintint ce peuple auec de la manne, l'eſpace de quarante ans ; qui eſtoit la viande la plus delicate & la plus ſauoureuſe, qui fut iamais mangée au monde ; De ſorte que Moyſe voyant cette bonté &

delicatesse, enioignit à son frere Aaron d'en remplir vn vase, & de le mettre dans l'Arche d'Alliance; afin que les descendans de ce peuple (quand on seroit arriué à la terre de promission) vissent de quel pain Dieu auoit soustenu leurs peres, cependant qu'ils estoient au desert, & comme ils auoient mal reconnu vn si grand & si tendre benefice. Or pour nous donner à connoistre, à nous qui n'auons iamais veu cette viande, quelle elle deuoit estre, il sera bon que nous fassions vne description de la Manne que produit la Nature, & en y adioustant vne plus grande delicatesse, nous pourrons comprendre entierement quelle estoit sa bonté.

La cause materielle dont s'engendre la Manne, c'est vne vapeur fort deliée que le Soleil éleue de la terre, par la force de sa chaleur; laquelle vapeur estant arriuée au haut de la region de l'air, se cuit & se perfectionne, & le froid de la nuit suruenant, elle se caille & acquiert vne pesanteur qui la fait retomber à bas sur les arbres & sur les pierres, d'où on la ramaſſe & on la met en garde dans de certains vaiſſeaux, pour la manger. On l'appelle, *Vn miel d'air & de roſée*, à cauſe de la reſſemblance qu'elle a auec la roſée, & pour eſtre formée de l'air; Sa couleur eſt blanche & ſa ſaueur douce comme de miel; ſa forme pareille à celle de la coriandre : Leſquelles marques donne auſſi la Sainte Eſcriture de la manne que mangea le peuple d'Iſrael ; ſi bien que j'ay ſuiet de croire qu'elles eſtoient toutes deux de meſme nature. Et ſi celle que Dieu creoit, eſtoit d'vne ſubſtance plus delicate, nous n'en confirmerons que mieux noſtre opinion : mais pour moy ie me ſuis touſiours figuré, que Dieu ſe ſert des moyens ordinaires, quand il peut faire par là ce qu'il pretend, & que ce qui manque à la Nature, il le ſupplée par ſa Toute puiſſance. Ie parle ainſi, dautant que de donner à ce peuple de la manne à manger au Deſert (horſmis ce que Dieu vouloit ſignifier par là) il ſemble que c'eſtoit auſſi vne choſe fondée en la diſpoſition de la terre, laquelle produit encore auiourd'huy la meilleure manne du monde : C'est pourquoy Galien dit qu'au Mont Liban, qui n'est pas loin delà, il s'y en produit en tres-grande abondance, & de la plus exquise; iusques-là mesme que les Laboureurs ont accoustumé de chanter en leurs passe-temps, que Iupiter pleut du miel sur cette terre-là. Et encore qu'il soit vray que Dieu donnoit cette manne au Desert par miracle, en telle quantité, à telle heure, & à tel iour prefix ; il se pouuoit pourtant faire qu'elle fust de la mesme nature que nostre manne : tout ainsi que l'eau que Moyse fit sortir du Rocher, & le feu qu'Élie fit descendre du Ciel par sa parole, furent des choses naturelles, quoy que tirées miraculeusement.

La manne que la Sainte Escriture nous depeint, estoit, à ce qu'elle dit, comme de la rosée : *La manne qui pleuuoit au Desert par la Toute-puissance de Dieu, ressembloit à de la semence de Coriandre, elle estoit blanche & auoit le goust comme de miel;* toutes proprietez qui conuiennent à la manne que la Nature produit.

Les Medecins tiennent que le tempérament de cette viande est chaud, & qu'elle est composée de parties tres subtiles & tres delicates, comme deuoit estre aussi la manne que mangerent les Israëlites : Aussi se plaignirent-ils de sa delicatesse, *Nostre estomach* dirent-ils, *ne sçauroit plus souffrir vne viande si legere*: Et la raison physique de cecy estoit, qu'ils auoient des estomachs forts, qui auoient accoustumé de se nourrir d'aux, d'oignons, de ciboulles & de poirreaux; & quand ils venoient à rencontrer vne viande qui resistoit si peu, elle se tournoit toute en bile. C'est pourquoy Galié deffend à ceux qui ont beaucoup de chaleur naturelle, de manger du miel, ny d'autres alimens ainsi legers, de crainte qu'ils ne se corrompent, & qu'au lieu de se cuire, ils ne se brulent dans l'estomach, comme de la suye. C'est ce qui arriua aux Israëlites auec la manne, car elle se conuertissoit toute en colere aduste ; de sorte qu'ils estoient deuenus tout secs & tout decharnez, à cause que cét aliment n'auoit pas assez de corps pour souftenir ny leur rendre leur embonpoint. *Noftre ame, pour ainfi dire, eft toute feche & confumée, & nos yeux font rebutez de ne voir autre chofe que de la manne.*

L'eau qu'ils beuuoient apres cette viande, eftoit telle qu'ils la defiroient, & s'ils n'en trouuoient comme ils la fouhaittoient, Dieu monftra à Moyfe vn morceau de bois pourueu d'vne vertu fi diuine, qu'eftant ietté dans l'eau efpaiffe & falée, il la rendoit douce & delicate ; & quand on ne trouuoit point d'eau, Moyfe n'auoit qu'à prendre la verge auec laquelle il ouurit douze chemins dans la mer Rouge, & de laquelle frappant les Rochers, il en faifoit iallir des fources d'eau viue, auffi delicate & d'auffi bon gouft qu'ils en pouuoient defirer : ce qui a fait dire à S. Paul, *Que les Rochers les fuiuoient* ; C'eft à dire, que l'eau fortoit des Rochers à leur fantaifie, delicate, douce & fauoureufe. Or eft-il qu'ils auoient vn eftomach fait à

Gg iiij

boire des eaux grossieres & ameres; car Galien rapporte qu'en Egypte on les faisoit cuire pour les pouuoir boire, tant elles estoient mauuaises & corrompuës; de façon qu'eux beuuant des eaux si delicates, il ne se pouuoit qu'elles ne se conuertissent en bile, à cause de leur peu de resistance. Galien dit que l'eau, pour se bien cuire dans l'estomach, & ne se point corrompre, doit auoir les mesmes qualitez, que les alimens solides que nous mangeons. Si l'estomach est fort & robuste, il luy faut donner des alimens forts & qui ayent du rapport auec luy: mais si il est foible & delicat, les alimens le doiuent estre aussi : On doit obseruer toute la mesme chose en ce qui est de l'eau ; Ainsi voyons-nous par experience, que si vn homme est accoustumé à boire des eaux grossieres, iamais il n'estanchera sa soif auec d'autres eaux qui seront plus subtiles, & ne les ressentira pas presque dans son estomach; au contraire il en sera plus alteré, dautant que l'excessiue chaleur de l'estomach les brule, & les dissipe aussi

des Esprits. 473

toſt qu'elles ſont dedans, parce qu'elles ne luy ſçauroient reſiſter.

Nous pouuons bien dire auſſi que l'air qu'ils reſpiroient au Deſert, eſtoit fort ſubtil & fort delicat: car comme ils alloient par des Regions, & par des lieux qui n'eſtoient ny peuplez ny hantez, il s'offroit touſiours à eux frais & net & ſans la moindre corruption, dautant qu'ils ne s'arreſtoient nulle part. Il eſtoit auſſi touſiours fort temperé: car de iour, vne nuée ſe mettoit deuant le Soleil, qui empeſchoit que cét air ne fuſt trop eſchauffé ; & la nuit, paroiſſoit vne colomne de feu, qui moderoit ſa fraiſcheur & ſon humidité : Or eſt-il que de iouyr d'vn tel air, Ariſtote dit que cela rend l'eſprit fort vif.

Conſiderons à cette heure combien deuoit eſtre delicate & recuite la ſemence des maſles de ce peuple Hebrieu, en ſe nourriſſant d'vn aliment comme celuy de la Manne, beuuant les eaux que nous auons dit, & reſpirant vn air ſi pur & ſi net ; & combien deuoit eſtre ſubtil & delicat le ſang menstruel de leurs femmes ; & souuenons nous de ce qu'a dit Aristote, qu'alors que ce sang est ainsi subtil & delicat, l'enfant qui s'en engendrera deuiendra vn homme d'esprit fort aigu.

Combien il importe que les pere & mere se nourrissent de viandes delicates, pour engendrer des enfans fort habiles, nous le prouuerons amplement au dernier Chapitre de ce Liure. Et dautant que tous les Hebrieux mangerent d'vne mesme viande, si delicate & si spirituelle, & beurent d'vne mesme eau ; tous leurs enfans & descendans, furent tres subtils & tres ingenieux pour les choses du monde.

Depuis que le peuple d'Israël fut arriué & establi dans la terre de promission, auec vn esprit aigu, comme nous auons dit, il eut tant de maux & tant de famines à souffrir, fut tant de fois assiegé des Ennemis, si souuent assuietty, & languit si long-temps dans la seruitude, & sous de mauuais traitemens ; qu'encore qu'il n'eust pas apporté d'Egypte & du Desert, ce temperament chaud sec & recuit, dont nous auons parlé, il l'auroit contracté au miserable train de vie qu'il menoit, dautant que l'affliction & la tristesse continuelle font rassembler les esprits vitaux & le sang des arteres au cerueau, au foye & au cœur; là où estant ramassez & pressez l'vn contre l'autre, ils viennent à s'eschauffer & à se bruler. Ainsi bien souuent ils causent vne fiévre ; mais pour l'ordinaire ils produisent vne melancholie aduste (de laquelle presque tous ceux de cette nation là participent iusques auiourd'huy) attendu ce que dit Hippocrate, *Que la crainte & la tristesse qui durent lõg-temps, sont signes de melancholie.* Nous auons desia dit cy-dessus, que cette colere brulée estoit l'instrument de la finesse, malice, industrie & Sagacité ; Or cette humeur est fort propre pour les coniectures de la Medecine, & par son moyen on arriue à la connoissance, à la cause & au remede du mal. C'est pourquoy le Roy François rencontra merueilleusement bien, & ce qu'il dit, n'estoit point vne resuerie de malade, & moins encore vne suggestion du Diable ; mais il faut pluftoft croire que par le moyen d'vne grande fiévre & de fi longue durée, & auec l'ennuy qu'il auoit de fe voir malade & fans remede, fon cerueau fe brula, & fon imagination s'efleua d'vn degré, de laquelle nous auons prouué cy deffus, que fi elle obtient le temperament qu'il luy faut ; incontinent elle fait dire à l'homme des chofes qu'il n'a iamais apprifes.

Mais contre tout ce que nous auons dit, il fe prefente vne difficulté tres-grande : qui eft, que fi les enfans ou petits fils de ceux qui ont efté en Egypte, ont mangé de la manne, goufté des eaux delicates, & refpiré l'air fubtil du defert, eftoient choifis pour eftre Medecins, il fembleroit que l'opinion du Roy François fuft aucunement probable, pour les raifons que nous auons rapportées : mais que leurs defcendans ayent gardé iufques auiourd'huy les difpofitions qu'auoient introduites la Manne, l'eau, l'air, les afflictions & les trauaux que leurs anceftres fouffrirent durant la captiuité de Babylone ; c'est vne chose tres difficile à comprendre: car si en quatre cent trente ans que le peuple d'Israël fut en Egypte, & quarante, au desert ; sa semence pût acquerir ces dispositions pour l'esprit : elles auront bien mieux peu se perdre, & plus aisémēt en deux mille ans qu'il y a qu'il est sorty du Desert ; principalement pour ceux qui sont venus en Espagne, region si contraire à l'Egypte, & où ils ont mangé des viandes si differentes, & beu des eaux qui n'estoient pas d'vn si bon temperament, ny d'vne si delicate substance qu'en ce pays-là. La nature de l'homme est ainsi faite (mais de quelque animal & plante que ce soit) qu'il prend aussi-tost les mœurs & les conditions de la terre où il vit, & perd celles qu'il auoit apportées d'ailleurs. Et à quelque chose qu'on l'applique, dans peu de iours il l'vsurpe sans difficulté.

Hippocrate fait mention d'vne certaine race d'hommes, qui pour se rendre differens du vulgaire, choisirent pour marque de leur Noblesse, d'auoir la

L'Examen

teste en pointe ; & afin d'obtenir par art cette figure, les Sages femmes auoient la charge, quand l'enfant venoit au monde, de luy serrer la teste auec de certaines bandelettes, tant qu'elle eust pris cette forme. Cet artifice eut bien tant de pouuoir, qu'il se changea en nature : car auec le temps, tous les enfans nobles qui naissoient, naissoient auec la teste pointuë ; si bien que le soin & la diligence des Sages femmes vint à cesser : Mais côme on eust laissé la Nature en sa liberté, sans la contraindre plus par l'artifice ; peu à peu elle reprit la mesme figure qu'elle auoit auparauant : Il en a pû arriuer de mesme au peuple d'Israel : car posé le cas que le pays d'Egypte, la Manne, les eaux delicates & l'affliction eussent causé en leur semence ces dispositions pour l'esprit ; Si est-ce que ces raisons cessant & en suruenant d'autres toutes contraires ; il est certain que les qualitez de la Manne, se deuoient perdre peu à peu, & s'en acquerir d'autres differentes, & conformes à la Region qu'ils habitoient,

des Esprits. 479

aux viandes qu'ils mangeoient, à l'eau qu'ils beuuoient & à l'air qu'ils respiroient. Cette difficulté est aisée à resoudre en Philosophie naturelle; car il y a d'aucuns accidens qui s'introduisent en vn moment, & qui durent tousiours dans le suiet, sans se pouuoir corrompre: Il y en a d'autres qui sont autant de temps à se perdre, qu'il en a fallu pour les engendrer, & quelquefois plus, quelquefois moins, selon l'actiuité de l'agent & la disposition de ce qui souffre. Pour exemple du premier, il faut sçauoir que d'vne grande peur qu'on fit vne fois à vn homme, il demeura si défiguré & sans couleur, qu'il auoit toute l'apparence d'vn mort; & cette pasleur non seulement luy dura toute sa vie, mais passoit aussi iusqu'aux enfans qu'il auoit, sans qu'on peust trouuer aucun moyen de la faire perdre.

Suiuant cecy, il a bien pû arriuer qu'en quatre cent trente ans que le peuple d'Israel fut en Egypte, & quarante, au Desert, & soixante, en la captiuité de Babylone, il fust besoin de plus de trois mille ans, pour faire que la semence d'Abraham perdiſt entierement les diſpoſitions pour l'eſprit, que la Manne y auoit imprimées; puiſque pour emporter la mauuaiſe couleur qu'vne eſpouuante ſuſcita en vn moment, il fut beſoin de plus de cent ans. Mais afin qu'on entende au fonds la verité de cette doctrine, il faut reſpondre à deux doutes qui ſont à ce ſuict, & qu'on ne reſoud iamais aſſez bien.

Le premier eſt; D'où vient que tant plus les viandes ſont delicates & ſauoureuſes (comme ſont les chappons & les perdrix) tant pluſtoſt l'eſtomach vient à les auoir en horreur & à dégouſt; & qu'au contraire nous voyons vn homme manger du bœuf toute l'année, ſans qu'il s'en rebute aucunement: là où s'il mange trois ou quatre iours de ſuitte des chappons, au cinquieſme, il n'en peut pas ſeulement ſentir l'odeur ſans que ſon eſtomach ſe ſouſleue contre?

Le ſecond doute eſt, Pourquoy le pain de froment & la chair de mouton, n'eſtant pas de ſi bonne ny de ſi ſauoureuſe

reuse substance, que le Chappon ou la Perdrix, iamais pourtant l'estomach ne vient à les auoir en horreur, encore que nous en vsions toute nostre vie. Bien plus, si le pain manque, nous ne sçaurions manger d'autres viandes, ou si nous en mangeons, elles ne nous semblent point bonnes.

Celuy qui sçaura resoudre ces deux doutes, comprendra aisément pourquoy les descendans du peuple d'Israël, n'ont pas encore perdu les dispositions ny les qualitez que la Manne introduisit dans la semence; de façon que la subtilité & l'addresse d'esprit qu'ils ont acquises par ce moyen, ne se doiuent pas si tost perdre. Il y a deux principes dans la Philosophie naturelle tres certains & tres vrays, d'où dependent la responfe & la solution qu'on peut donner à ces doutes. Le premier est, que toutes les Facultez qui gouuernent l'homme sont desnuées & priuées des conditions & des qualitez de leurs obiets, afin qu'elles puissent mieux les connoistre & iuger de toutes leurs differences. Les yeux qui deuoient receuoir toutes les figures & couleurs, ont eu besoin d'en estre depoüillez entierement : car s'ils eussent esté iaunes comme dans les personnes qui ont la iaunisse ; toutes les choses qu'ils eussent veuës, leur eussent semblé de la mesme couleur. La langue aussi (qui est l'instrument du goust) doit estre priuée de toutes les saueurs, & si elle est pleine de douceur ou d'amertume, nous sçauons par experience que tout ce que nous mangeons & beuuons, a le mesme goust. Il en est tout de mesme de l'ouye, de l'odorat, & du toucher.

L'autre principe est, qu'autant de choses crées qu'il y en a au monde, desirent naturellement leur conseruation, & taschent de durer eternellement, & d'empescher que cét estre qu'elles ont receu des mains de Dieu & de la Nature, ne perisse, encore que par leur perte elles doiuent passer sous vne meilleure forme. C'est par ce principe que toutes les choses naturelles qui sont pourueuës de connoissance & de sentiment, abhorrent & fuyent tout ce qui altere

& corrompt leur mélange & composition.

L'eſtomach eſt denué & priué de la ſubſtance & des qualitez de toutes les viandes du monde, comme l'œil, des couleurs & des figures, & quand nous mangeons quelque viande, quoy qu'à la fin l'eſtomach la ſurmonte, ſi eſt-ce que cette meſme viande agit contre l'eſtomach, parce qu'elle luy eſt contraire d'abord, l'altere & corrompt ſon temperament & ſa ſubſtance, dautant qu'il n'y a rien qui agiſſe ſi puiſſamment, qui ne repatiſſe auſſi en agiſſant. Les alimens qui ſont tres delicats & tres ſauoureux, alterent extremement l'eſtomach : Premierement parce qu'il les embraſſe & les cuit auec vne grande auidité & appetit. Secondement, parce qu'eſtant ſi ſubtils & n'ayant point d'excremens, ils s'imbibent dans la ſubſtance de l'eſtomach, où ils demeurent comme incorporez. L'eſtomach donc qui ſent qu'vn tel aliment altere ſa nature & luy oſte cette aptitude & correſpondance qu'il a pour toutes les autres viandes ; il se met à l'auoir en horreur, & s'il le luy faut faire prendre, il faut preparer plusieurs saulses & déguisemens, afin de le tromper. La Manne eut tout cecy dés le commencement : car encore que ce fust vne viande si delicate & si sauoureuse ; à la fin le peuple d'Israël s'en dégousta : c'est pourquoy il dit, *Nostre ame semble bondir desia à la veuë de cette viande si legere*: plainte indigne d'vn peuple si fauorisé de Dieu, qui l'auoit pourueu d'vn si bon remede, en faisant que la manne eust le goust & la saueur qui luy plairoit, afin qu'il en peust mieux manger, *Vous leur auez donné d'vn pain venu du Ciel, qui contenoit en soy toutes les delices du monde.* Aussi y en eut-il plusieurs parmy ce peuple qui en mangerent auec grand plaisir, pource qu'ils auoient les os, les nerfs & la chair, si fort appastez pour ainsi dire, de la manne, & de ses qualitez, qu'à cause de la grande ressemblance, ils ne demandoient plus deformais autre chose. Il en est de mesme du pain de froment, & de la chair de mouton, dont nous mangeons tous les iours. Les grosses viandes & dont la substance n'est pas trop bonne, comme est le bœuf, sont pleines d'excremens: ce qui fait que l'estomach ne les reçoit pas auec la mesme conuoitise & auidité, que celles qui sont plus delicates & sauoureuses; c'est pourquoy aussi il demeure plus long-temps à en estre alteré. D'où s'ensuit que pour destruire cette alteration que la Manne causoit en vn iour, il estoit besoin de manger durant vn mois entier, des viandes toutes contraires: Et à ce compte, pour destruire les qualitez que la manne auoit introduites en la semence, durant l'espace de quarante ans, il faut quatre mille ans & dauantage. Qu'ainsi ne soit, feignons que comme Dieu tira d'Egypte les douze Tribus & lignées d'Israël, il eust tiré douze Mores & autant de Moresques du fonds d'Ethiopie, & les eust amenez en Espagne: combien eust-il fallu d'années pour faire perdre à ces Mores & à leurs descendans leur couleur noire, ne se meslant point auec les Blancs? Pour moy ie tiens qu'il falloit vn tres grand nombre d'années, puisque y ayant desia plus de deux cens ans que les premiers Gitains vinrent d'Egypte en Espagne, leurs descendans n'ont peu encore perdre la subtilité & l'addresse d'esprit, non plus que la couleur bazannée, que leurs peres auoient apportées d'Egypte: Tant est grande la force de la semence humaine, quand elle a receu en soy quelque qualité bien enracinée. Et tout ainsi que les Mores communiquent leur couleur en Espagne à leurs descendans, par le moyen de la semence, sans auoir besoin d'estre en Ethiopie pour cela; de mesme le peuple d'Israel estant venu aussi en Espagne, peut communiquer à ses neueux la subtilité d'esprit; sans auoir besoin d'estre en Egypte, ny de manger de la manne: Car d'estre lourdaut ou habile, ce sont aussi bien des accidens de l'homme, que d'estre blanc ou noir. Cecy est bien vray, qu'ils ne sont pas maintenant si subtils ny si adroits, comme ils estoient il y a mille ans, pource que depuis qu'ils ont cessé de manger de la manne, leurs successeurs sont venus à perdre peu à peu cette habileté d'esprit, iusques à cette heure; à cause qu'ils vsent de viandes contraires, qu'ils habitent vn pays different de celuy d'Egypte, & qu'ils ne boiuent pas des eaux si delicates qu'au desert, & pource aussi qu'ils se sont meslez auec des femmes venuës des Gentils, qui sont priuez de cette difference d'esprit : mais ce qu'on ne peut leur oster, c'est qu'au moins ne l'ont-ils pas encore tout à fait perduë.

CHAPITRE XVI.

Où il se declare à quelle difference d'habileté appartient l'art militaire, & par quels signes se doit connoistre celuy qui aura l'esprit propre à cette profession.

ARistote demande pourquoy, veu que la Vaillance n'est pas la plus grande de toutes les vertus : mais que ce sont plustost la Iustice & la Prudence : neantmoins la Republique & presque tout le monde d'vn commun accord, estime plus vn homme vaillant, & l'honore plus en son cœur, que les Iustes & les Prudēs, encore que ces derniers soient pourueus de grandes charges & dignitez ? Il respond à ce Probleme, disant qu'il n'y a point de Roy au monde qui ne fasse la guerre à vn autre, ou qui ne la souffre, & comme ce sont les vaillans, qui le rendent glorieux, le font regner, le vangent de ses Ennemis, & luy conseruent ses Estats; Il fait plus d'honneur, non à la supreme vertu, qui est la Iustice: mais à celle qui luy est la plus vtile: car s'il ne traitoit ainsi les vaillans, comment pourroit-il trouuer des Capitaines ny des Soldats qui missent si volontiers leurs vies au hazard, pour la deffence de ses biens & de sa Couronne?

On dit de certains peuples qui se vantoient fort d'estre courageux, que comme on leur demandoit, pourquoy ils ne vouloient ny Roy ny Loix? ils respondirent, que les Loix les rendoient poltrons, & qu'il leur sembloit aussi que c'estoit vne grande folie de s'exposer aux perils de la guerre, pour estendre la domination d'vn autre; qu'ils aimoient bien mieux combattre pour eux mesmes, & recueillir eux mesmes le fruit de leurs victoires: mais c'est là vne responce de barbares, & non d'vn peuple ciuilisé & raisonnable, qui est persuadé, que sans Roy, sans Republique & fans Loix, il eſt impoſſible que les hommes demeurent en paix.

Ce qu'Ariſtote a dit ſur ce ſuiet, eſt fort bon ; quoy qu'il y ait encore vne autre reſponſe meilleure. Il dit que quād Rome honoroit ſes Capitaines de ces triomphes & paſſe-temps publics, elle ne recompenſoit pas ſeulement la Valeur de celuy qui triomphoit : mais auſſi la Iuſtice par le moyen de laquelle il auoit maintenu l'armée en paix & en concorde ; la Prudence dont il s'eſtoit ſeruy dans ſes exploits, & la Temperance dont il auoit vſé, en s'abſtenant du vin, des femmes & de la trop bonne chere : toutes leſquelles choſes troublent & obſcurciſſent le iugement, & font commettre de l'erreur dans les conſeils. Or eſt-il que la prudence eſt plus exquiſe en vn General d'armée, & ſe doit pluſtoſt recompenſer, que le courage ny la vaillance : Car comme a dit Vegece : Il y a peu de Capitaines tres vaillans, qui executent de grands faits d'armes ; & la raiſon en eſt, que la prudēce eſt plus neceſſaire en la guerre, que la hardieſſe auec laquelle on fait des entrepriſes. Mais quelle eſt cette prudēce, qui eſt neceſſaire, iamais Vegece ne la pû ſçauoir, ny ſpecifier la difference d'eſprit, que doit auoir celuy qui commandera dans la guerre; dequoy ie ne meſtonne pas pourtant, parce qu'on n'a point encore trouué cette façon de Philoſopher d'où depend vne telle connoiſſance. Il eſt bien vray que cette recherche ne reſpond pas à noſtre premiere intention, qui eſt de faire choix des Eſprits que demandent les lettres: mais la guerre eſt vne choſe ſi perilleuſe & d'vn conſeil ſi important, & il eſt ſi neceſſaire à vn Roy de ſçauoir à qui il doit commettre ſa puiſſance & ſon Eſtat; que nous ne ferons pas vn moindre ſeruice aux Royaumes, en declarant cette difference d'eſprit & ſes marques, que dans les autres differences d'eſprit que nous auons deſignées. Il faut donc ſçauoir que *malice* & *milice* conuiennent preſque de nom, comme ils ont auſſi la meſme definition; parce qu'en changeant ſeulement vne lettre, de l'vn on fait aisément l'autre. Quelles sont les proprietez & la nature de la malice, Ciceron le rapporte quand il dit, *Que la malice n'est autre chose qu'vn moyen cauteleux, double & adroit, de faire du mal.* Or est il que dans la guerre, il ne s'agit d'autre chose que des moyens de nuire à l'Ennemy, & de se deffendre de ses embusches: Si bien que la meilleure qualité que puisse auoir vn General d'armée, c'est d'estre méchant à l'égard de l'Ennemy, & n'interpreter pas vne de ses actions en bonne part ; mais tout au pis qu'on les puisse prendre ; & cependant se tenir tousiours sur ses gardes. *N'adiouste iamais de foy à ton Ennemy ; ses paroles sont douces & emmiellées : mais dans son cœur il dresse des embusches pour te faire tomber dans le piege, & pour te tuër: Ses yeux versent de l'eau en pleurant: mais s'il trouue l'occasion propre, il fera tout son possible pour se saouler de ton sang.*

La Sainte Escriture nous fournit vn bel exemple de cecy : Car comme le peuple d'Israël estoit assiegé en Bethulie, & trauaillé de faim & de soif, cette fameuse Iudith sortit à dessein de tuer Holoferne, & comme elle passoit au trauers de l'armée des Assyriens, elle fut arrestée par les sentinelles & les gardes, qui luy demanderent où elle alloit; à qui elle respondit auec vn esprit dissimulé: Ie suis de la race de ces Hebrieux que vous tenez assiegez, & ie prens la fuitte, pource que ie sçay bien qu'ils doiuent tomber entre vos mains & que vous les traiterez mal, puis qu'ils n'ont pas voulu se sousmette à vostre misericorde. C'est pourquoy i'ay resolu d'aller trouuer Holoferne, de luy découurir les secrets de ce peuple opiniastre, & de luy enseigner par où il pourra entrer dans la Ville, sans qu'il luy en couste vn seul soldat. Iudith estant arriué deuant Holoferne, elle se iette à ses pieds, & ioignant les mains se mit à l'adorer, & à luy dire les paroles les plus trompeuses qui furent iamais dites à personne du monde: de sorte que Holoferne & tous ceux de son Conseil, ne firent point de difficulté de croire que ce qu'elle disoit, estoit la pure verité. Cependant elle n'oublia pas le dessein qu'elle auoit tramé dans son cœur; elle chercha seulement l'occasion, & puis luy trancha la teste.

L'amy a des qualitez toutes contraires, & partant il doit tousiours estre creu. Aussi Holoferne eut-il bien mieux fait de croire Achior, puisque c'estoit son amy, qui luy dit dans la crainte zelée qu'il auoit, qu'il n'entreprist ce siege à son deshonneur. Sire, Sçachez premierement si ce peuple a peché contre son Dieu: car si cela est, luy mesme vous le liurera, sans que vous ayez la peine de le conquerir: mais s'il est en sa grace, tenez pour certain qu'il combattra pour luy, & que nous ne pourrons vaincre: Holoferne s'offensa de cet auis, comme vn homme presomptueux qu'il estoit, addonné aux femmes & au vin; trois choses qui troublent le iugement & qui sont directement contraires aux conseils qu'il faut prendre en l'art militaire. C'est pourquoy Platon auoit raison d'approuuer cette Loy des Carthaginois, qui deffendoit au Chef d'armée de boire du vin, tant qu'il seroit à la guerre; dautant que cet-

des Esprits. 405

té liqueur, au dire d'Aristote, rend les hommes d'vn esprit turbulent, & les remplit d'vn courage trop altier, comme on le vit en Holoferne, par ces paroles pleines de furie qu'il tint à Achior. Ciceron donc nous a marqué precisément l'esprit qui est necessaire, tant pour dresser des embusches & des surprises, que pour les découurir & aller au deuant, en rapportant l'etymologie de ce mot *Versutia*, qui vient, à ce qu'il dit, de ce verbe *versor*, dautant que ceux qui sont adroits, fins, rusez & cauteleux, ont l'esprit souple à deuiner incontinent la tromperie qu'on leur veut faire. Le mesme Ciceron nous en donne vn exemple, quand il dit, *Que Chrysippus estoit sans doute vn homme fin & rusé*; Versutus & Callidus; *i'appelle ainsi ceux dont l'esprit se tourne promptement vers la chose.* Versutos appello, quorum celeriter mens versatur. Cette proprieté de trouuer incōtinent les moyēs, est vne certaine industrie & Sagacité; comme nous auons desia dit, qui appartient à l'imagination : pource que les puissances qui consistent en chaleur,

font auſſi toſt leurs actions ; à raiſon dequoy les hommes de grand entendement ne valent rien pour la guerre, dautant que cette faculté eſt fort lente
en ſes operations , qu'elle eſt amie de
droiture, de ſimplicité, bonté & miſe-
ricorde : toutes choſes qui cauſent de
grands maux dans la guerre. Outre
cela ceux qui en ſont pouruëus , ne
ſçauent pas ſeulement ce que c'eſt que
des ruſes & des ſtratagemes de guerre ; ſi bien qu'on les trompe & ſur-
prend aiſément , parce qu'ils ſe fient à
tout le monde. Ces perſonnes-là ſont
bonnes pour auoir affaire auec des
Amis , parmy leſquels on n'a pas beſoin de la prudence de l'imagination,
pluſtoſt de la droiture & ſimplicité de
l'entendement , qui ne reçoit ny ne
ſouffre aucunes tromperies , ny qu'on
faſſe mal à pas vn : mais ils ne valent
rien pour ſe demeſler des Ennemis,
dautant que ceux-cy ont touſiours l'eſprit bandé à dreſſer quelque embuſca-
de pour ſurprendre , & qu'il eſt beſoin
du meſme eſprit pour s'en pouuoir garder

der. Ce qui fait que Iesus-Christ nostre Redempteur donne cette instruction à ses Disciples, *Voila que ie vous enuoye comme des Brebis au milieu des Loups; Soyez donc prudens comme des Serpens & simples comme des Colombes.* Il faut vser de prudence enuers l'Ennemy, & de simplicité auec l'amy.

Si donc le Capitaine ou Chef d'armée ne se doit point fier à l'ennemy, & doit tousiours croire qu'il le veut tromper; il faut qu'il ait vne difference d'imagination, qui deuine, qui soit pleine de Sagacité, & qui sçache reconnoistre les embusches qui se couurent de quelque pretexte: car la mesme faculté qui les trouue, c'est la seule qui peut aussi y trouuer du remede. Il semble que ce soit encore vne autre sorte d'imagination, celle qui inuente les instrumens & les machines, par le moyen desquels on vient à bout des forces qu'on croyoit inexpugnables; celle qui range vne armée en bataille, & qui met chaque escadron en sa place; celle qui connoist le temps d'attaquer & de faire retraite;

comme auſſi celle qui fait les traitez, les accords, & les capitulations auec l'ennemy : pour toutes leſquelles choſes l'entendement eſt auſſi mal propre, comme ſont les oreilles pour voir. Ainſi ie ne doute nullement que l'art Militaire n'appartienne à l'imagination, puiſque tout ce qu'vn bon Capitaine doit faire, emporte auec ſoy conſonance, figure & correſpondance.

La difficulté eſt maintenant de faire connoiſtre par le détail, quelle difference d'imagination il faut pour la guerre. En quoy ie ne puis rien reſoudre certainement; parce que cecy eſt d'vne inquiſition tres ſubtile. Neantmoins ie me figure que l'art Militaire demande vn degré de chaleur de plus que la Pratique de la Medecine : de ſorte que la bile vienne à ſe bruſler tout a fait. Cela ſe void clairement en ce que les plus fins & les plus ruſez Capitaines, ne ſont pas tres courageux, & ne cherchent pas trop d'en venir aux mains ny de donner bataille : mais pluſtoſt par embuſches & menées ſecrettes, conduiſent au but leurs entreprises sans se hazarder: qualité qui plaisoit plus à Vegece qu'aucune autre. *Car les bons Capitaines*, dit-il, *ne sont pas ceux qui combattent ouuertement & en campagne rase, où le peril est commun; mais bien ceux qui par addresse & ruses de guerre, sans qu'il leur en couste vn seul soldat, essayent tousiours à défaire l'ennemy, ou du moins à luy donner l'espouuante.* Le Senat de Rome connoissoit fort bien l'vtilité qui se retire de cette sorte d'esprit: car encore que plusieurs de ses plus fameux Capitaines gagnassent quantité de batailles; neantmoins quand ils venoient dans la Ville receuoir le triomphe, & l'honneur deu à leurs exploits; les plaintes que les peres & les meres faisoient sur la mort de leurs fils, les fils, sur celle de leurs peres, les femmes, sur celle de leurs maris, & les freres, sur celle de leurs freres, estoiēt si grandes; que la resiouyssance des Ieux & des passe-temps publics en estoit toute troublée, au ressouuenir pitoyable qu'on auoit de ceux qui estoient demeurez sur la place. Si bien que le Senat delibera de ne plus choisir des Capitaines si vaillans, & qui prissent plaisir d'en venir aux mains : mais plustost des hommes aucunement timides & fort rusez, tel que fut ce Quintus Fabius, duquel on escrit que c'estoit vne merueille quand il hazardoit l'armée des Romains en vne bataille rangée; principalement lors qu'il estoit esloigné de Rome, d'où il ne pouuoit estre secouru promptement, s'il eust eu du pire. Tout ce qu'il faisoit, estoit de differer & reculer auec l'ennemy, & de chercher des embusches & rusés de guerre, par le moyen desquelles il acheuoit de grandes choses, & remportoit force victoires sans perdre vn soldat: Aussi estoit-il receu à Rome auec l'applaudissement de tout le monde; parce que s'il emmenoit cent mille soldats, il les ramenoit tous, excepté ceux qui estoient morts de maladie. L'acclamation publique que le peuple luy dōnoit, estoit ce qu'a dit Ennius,

Vn homme en dilayant a remis nos affaires.

Comme si on eust dit, vn homme en

tirant de longue auec l'ennemy, nous rend Maiſtres du monde & nous ramene nos ſoldats.

Quelques Capitaines ont eſſayé depuis de l'imiter : mais parce qu'ils n'auoient pas ny ſon eſprit ny ſon addreſſe, ils ont laiſſé pluſieurs fois paſſer l'occaſion de combattre; d'où ſont arriuez de plus grands inconueniens & de plus grandes pertes, que s'ils euſſent liuré bataille ſur le champ.

Nous pourrons auſſi prendre pour exemple ce fameux Capitaine de Carthage, dont Plutarque eſcrit cecy. Apres qu'Annibal euſt remporté cette ſignalée victoire, il commanda qu'on laſchaſt ſans rançon & liberalement, pluſieurs priſonniers d'Italie; afin que le bruit de ſa douceur & de ſa clemence reſonnaſt & s'eſpandiſt parmy les peuples, quoy que ſon eſprit fuſt fort eſloigné de ces vertus. Il eſtoit naturellement fier & inhumain, & fut inſtruit d'vne ſi pauure façõ dés ſõ bas aage, qu'il n'auoit appris ny loix ny ciuilitez quelconques : mais ſeulement à faire la guerre, à maſſacrer

& à trahir ses Ennemis: Si bien qu'il deuint tres cruel Capitaine, tres malicieux & tres rusé à tromper les hommes, & qui pensoit tousiours comment il pourroit surprendre. Et quand il ne pouuoit pas vaincre à force ouuerte, il auoit recours aux embusches; comme il fit voir clairement en la bataille dont nous auons parlé, & en celle qu'il donna auparauant à Sempronius, pres du fleuue de Trebie.

Les marques par lesquelles se doit connoistre celuy qui sera pourueu de cette difference d'esprit, sont fort estrãges & meritent bien d'estre considerées. Platon dit que celuy qui excellera dans le genre d'habileté dont nous traitons, ne sçauroit estre ny vaillant ny de bonnes mœurs, parce que la prudence (au dire d'Aristote) consiste en froideur, & le courage & la vaillance dans la chaleur. Or comme ces deux qualitez sont repugnantes & cõtraires entr'elles; aussi est-il impossible que le mesme hõme soit fort vaillant & fort prudent. De sorte qu'il est necessaire que la colere se brusle & deuienne bile noire, afin que l'homme soit prudent : mais là où se trouue ce genre de bile & de melancolie, naissent aussi la crainte & la coüardise, à cause que cette humeur est froide. Si bien que l'addresse & la finesse demandent de la chaleur, parce que ce sont des actions de l'imagination ; encore que ce ne soit pas en vn si haut degré que la vaillance : ainsi sont elles differentes & opposées dans le plus & le moins. Mais il y a en cecy vne chose fort remarquable, c'est que des quatre vertus Morales (Iustice, Prudence, Force & Temperance) les deux premieres ont besoin d'esprit & d'vn bon temperament, pour pouuoir estre exercées : Car si vn Iuge n'a pas assez bon entendement pour trouuer le point de la iustice, il luy seruira de bien peu d'auoir la volonté disposée à rendre à chacun ce qui luy appartient; il peut faillir auec toutes ses bonnes intentions, & faire tort au legitime Maistre.

Le mesme s'entend de la Prudence: car si la bonne volonté suffisoit pour faire les choses dans l'ordre, les hommes ne manqueroient iamais en leurs actions, ou bonnes ou mauuaises: Il n'y a pas vn Larron qui ne tasche à dérober de telle sorte, qu'il ne soit point apperceu, & il n'y a point de Capitaine qui ne desire auoir de la prudence pour vaincre son Ennemy: mais le Larron qui n'a pas l'esprit de dérober finement, est aussi-tost découuert, & le Capitaine qui manque d'imagination pour la prudence, est incontinent vaincu. La Force & la Temperance sont deux vertus qui sont en la puissance de l'homme, quoy qu'il n'ait pas les dispositions naturelles qui y sont requises: car s'il veut faire peu de cas de sa vie & estre vaillant, il le peut faire: mais s'il est vaillant par disposition naturelle, Aristote & Platon disent fort bien, qu'il luy est impossible d'estre prudent, quoy qu'il le vueille estre. Suiuant donc cecy, il n'y a point de repugnance, que la prudence se ioigne auec le courage & la vaillance, pource que l'homme prudent & sage, est tout persuadé qu'il faut postposer l'honneur, au salut de l'ame; mais que pour l'honneur, on doit perdre la vie, & pour la vie, les biens, & ainsi se pratique-t'il tous les iours. Delà vient que les Gentils-hommes, parce qu'ils sont plus en honneur, se monstrent si vaillans, & qu'il n'y en a point qui trauaillent ny qui souffrent plus à la guerre, quoy qu'ils ayent esté éleuez au milieu des delices : & tout cela de peur qu'on ne les estime & qu'on ne les appelle poltrons. C'est pourquoy l'on a dit, *Dieu nous garde d'vn Noble, le iour, & d'vn Moine, la nuit* : Car le premier, à cause qu'on le void, & l'autre, de peur d'estre reconnu, en sont deux fois plus vaillans. C'est sur cette raison là mesme qu'est fondée l'Institution des Cheualiers de Malte : Elle sçauoit combien il importe à vn homme d'estre Noble, pour estre courageux : elle ordonne donc qu'ils soient tous nobles de pere & de mere; s'imaginant que cela les oblige à combattre pour la gloire de deux races à la fois. Que si l'on commandoit à vn Gentil-homme, de faire vn campement d'armée, & de donner les ordres pour deffaire l'Ennemy ; s'il n'auoit l'esprit propre à cela, il commettroit & diroit mille impertinences ; parce que il ne depend pas de l'homme d'estre prudent. Mais si on luy donnoit charge de garder vne bréche ; on pourroit bien s'en reposer sur luy, quoy qu'il fust naturellement le plus lasche du monde. Ce que dit Platon doit s'entendre, quād l'homme prudent se laisse aller à son inclination naturelle, & qu'il ne la corrige pas par la raison. C'est de cette sorte qu'il est vray que celuy qui est tres sage ne peut estre vaillant par nature : dautant que cette colere aduste qui le rend prudent, celle là mesme, au dire d'Hippocrate, le fait timide & poltron.

La seconde qualité que ne peut auoir l'homme qui sera pourueu de cette difference d'esprit dont nous parlons : c'est d'estre doux & traitable ; parce qu'il roule & preuoid mille choses dans son imagination, & sçachant que par la moindre faute & negligence, vne armée vient à se perdre toute entiere, il

des Esprits. 507

prend garde à tout, comme il faut. Mais le peuple ignorant appelle inquietude, ce qui est vn soin raisonnable, cruauté, ce qui n'est que chastiment, misericorde, ce qui n'est que mollesse & foiblesse de courage, & bonne humeur, quand on endure & dissimule les choses mal faites. Ce qui pourtant ne procede que de la sottise des hommes, qui ne sçauent pas peser la valeur des choses, ny comment elles se doiuent conduire: mais les prudens & les Sages brulent d'impatience, & ne sçauroient souffrir de voir des choses mal faites & qui vont mal, encore qu'ils n'y ayent aucun interest; ce qui fait qu'ils ne viuent gueres, & qu'ils ont tousiours de si grands tourmens d'esprit. C'est pourquoy Salomon disoit, *I'ay mis aussi mon cœur à apprendre la prudence & la doctrine, les erreurs & les folies d'autruy; & i'ay reconnu qu'il n'y auoit pas là moins de trauail & d'affliction d'esprit; parce que dans la grande sagesse, il y entre beaucoup d'indignation & de colere, & que celuy qui acquiert de nouuelles sciences, acquiert quant & quant de nouueaux maux.* Comme s'il disoit, i'ay esté ignorant, & i'ay esté sage, & i'ay trouué qu'il y auoit par tout de la peine: Car celuy qui remplit son entendement de force connoissances, contracte en mesme temps, ie ne sçay quel chagrin & mauuaise humeur. Par où il semble que Salomon vueille nous faire entendre, qu'il viuoit plus content dans son ignorance, que depuis qu'il eut receu la sagesse. En effet, les ignorans viuent auec bien plus de repos ; rien ne leur donne du soucy, & ils ne croyent pas qu'il se trouue personne au monde plus habile qu'eux : Le peuple les appelle *Anges du Ciel*, voyant que nulle chose ne les offense, & ne les met en colere ; qu'ils ne disent rien pour ce qui est mal fait, & qu'ils passent par dessus tout : mais s'ils consideroient bien la sagesse & les qualitez d'vn Ange, ils reconnoistroient que c'est vn mauuais discours & suiet mesme à l'Inquisition: car depuis que nous commençons à iouyr de l'vsage de la raison, iusques à l'heure de nostre mort, ces bien-heureux Esprits ne font autrechose que de nous reprendre du mal, & de nous aduertir de ce qu'il nous faut faire. Et si, comme ils parlent à nous en leur langage spirituel, & en remuant nostre imagination, ils exprimoient leurs conseils en termes materiels, nous les tiendrions tres importuns & tres fascheux. Qu'ainsi ne soit, cét Ange dont parle Sainct Matthieu, qui apparut à Herode & à la femme de son frere Philippe, ne sembla-t'il pas tel que ie dy, puisque pour ne plus ouyr ses reprimandes, ils luy firent couper la teste?

Il seroit bien plus à propos de dire que ces gens-là que le vulgaire appelle sottement *Anges du Ciel*, sont proprement *les Asnes de la Terre*; puisque Galien dit qu'entre les bestes brutes, il n'y en a point de plus stupide ny qui ait moins d'esprit que l'Asne, encore qu'il les surpasse toutes en ce qui est de la memoire: Il ne refuse aucune charge ny fardeau; il va ou l'on le mene sans aucune resistance; il ne mord ny ne ruë; il ne prend point la fuite & n'a pas la moindre malice. Si on luy donne des coups de baston, il ne s'en met pas plus en colere ; il semble n'estre nay que pour faire la volonté, & pour le seruice de son Maistre. Ces personnes-là que le peuple appelle Anges du Ciel, ont toutes les mesmes proprietez : & cette douceur & complaisance ne leur vient que d'estre ignorans, depourueus d'imagination, & d'auoir la Faculté Irascible trop foible; ce qui est vn grand défaut dans l'homme, & qui tesmoigne qu'il est mal composé. Il n'y eut iamais au monde, ny Ange, ny homme, qui fust de meilleure complexion que Iesus-Christ nostre Sauueur ; lequel entrant vn iour au Temple, chassa à grands coups de foüet, ceux qu'il y trouua vendant leurs marchandises : & la raison en est, que la Faculté Irascible est comme le baston ou l'espée de la raison ; si bien que celuy qui ne reprend point & qui supporte patiemment les choses malfaites, en vse ainsi, ou parce qu'il est ignorant, ou parce qu'il manque de cette faculté Irascible. De sorte que

des Esprits. 511

c'est vne merueille de voir vn hôme sage, qui soit fort doux & souffrant, ny de l'humeur que desireroient les méchans qu'il fust. Aussi ceux qui escriuent l'Histoire de Iules Cesar, s'estonnent comment les soldats pouuoient endurer vn homme si rude & si fascheux : ce qui prouenoit en luy de ce qu'il auoit l'esprit propre à la guerre.

La troisiesme qualité de ceux qui ont cette difference d'esprit ; c'est qu'ils negligent l'ornement de leurs personnes; ils sont presque tous mal propres & sales, auec des chausses mal attachées & mal tirées, le manteau mis de trauers, aiment à porter le mesme habit quoy que vieux & à n'en changer que le moins qu'ils peuuent. Florus raconte que ce fameux Capitaine Viriatus, Portugais, estoit de cette humeur ; car pour exaggerer sa grande humilité : il dit qu'il mesprisoit si fort les ornemens de sa personne, que le moindre & le plus chetif soldat de son armée, n'estoit pas si mal vestu que luy. Mais en effet ce n'estoit point vne vertu, & il ne le faisoit pas par aucun artifice ; c'eſt vne choſe naturelle à ceux qui ont cette difference d'imagination que nous cherchons. Le peu de ſoin de Iules Ceſar, à ſe tenir propre, abuſa grandement Ciceron ; car comme on luy demandoit, apres la bataille, quelle raiſon l'auoit meu, à ſuiure le party de Pompée, Macrobe teſmoigne qu'il reſpondit *La ceinture m'a trompé*: Comme s'il euſt dit, I'ay eſté trompé en voyant Iules Ceſar mal propre en ſes habits, n'ayant iamais de ceinture (auſſi les ſoldats l'appelloient-ils par reproche & deriſion, *Robbe traiſnante*. Mais cela deuoit pluſtoſt induire Ciceron à croire qu'il auoit l'eſprit que demandoit le Conſeil de guerre : comme Scylla le ſceut fort bien remarquer, qui, au rapport de Suetone, voyant ce grand Capitaine encore enfant, & ſi mal propre, dit aux Romains, *Gardez-vous de l'enfant mal ceint*.

Les Hiſtoriens ne ſçauroient iamais aſſez déclarer à leur gré, la negligence d'Annibal en ce qui eſtoit de ſes habits,
& comme

des Esprits. 513

& comme il se soucioit peu d'estre poly & bien mis.

S'offenser du moindre poil sur l'habit, & prendre soigneusement garde que ses chausses soient bien tirées, & que le manteau soit bien assis sur les espaules sans faire le moindre ply, tout cela part d'vne difference d'imagination tres basse, qui est contraire à l'entendement, & à cette autre difference d'imagination que demande la guerre.

La quatriesme marque & proprieté, c'est d'auoir la teste chauue; & la raison en est claire, dautant que cette difference d'imagination, ainsi que toutes les autres, reside en la partie du deuant de la teste; Or est-il que l'excessiue chaleur brule le cuir de la teste, & resserre les pores par où les cheueux doiuēt passer; Outre que la matiere dont ces cheueux s'engendrent, sont (à ce que disent les Medecins) les excremens que fait le cerueau alors qu'il se nourrit; mais par le grand feu qui s'y trouue, tous ces excremens se dissipent & se consument; si bien qu'il n'y a plus de matiere d'où ils

K k

se puissent produire: Laquelle Philosophie si Iules Cesar eut entenduë, il n'auroit pas eu honte d'auoir la teste chauue: iusques là que pour cacher ce défaut, il faisoit tomber adroitement sur le front, vne partie des cheueux qui deuoient pendre derriere. Et Suetone tesmoigne que rien ne luy auroit esté si agreable, que si le Senat luy eust permis de porter tousiours la Couronne de Laurier sur la teste; seulement afin qu'on ne vist point qu'il estoit chauue. Il y a vne autre sorte de testes chauues, qui vient de ce que le cerueau est dur & terrestre & de grosse substance; mais cela c'est vn signe que l'homme est depourueu d'entendement, d'imagination & de memoire.

La cinquiesme marque, à laquelle on reconnoist ceux qui ont cette difference d'imagination, c'est qu'ils sont gens de peu de paroles, mais qui sont toutes sentencieuses: & la raison en est, que leur cerueau estant dur & sec, ils doiuent de necessité auoir faute de memoire, à laquelle appartient l'abondance des mots. Trouuer force choses à dire, prouient d'vn assemblage de la memoire auec l'imagination au premier degré de chaleur. Ceux qui ioignent ces deux puissances, sont d'ordinaire fort grands menteurs, & iamais ne cesseront de nous en conter, quand nous les escouterions toute nostre vie.

La sixiesme proprieté qui se rencontre en ceux qui ont cete difference d'imagination, c'est d'auoir beaucoup de pudeur & de honte, & de s'offenser de la moindre parole sale & vilaine. C'est pourquoy Ciceron a dit que les hommes qui sont fort raisonnables, imitent l'honnesteté de la Nature, qui a caché les parties sales & honteuses, qu'elle a faites pour pouruoir à nos necessitez, & non pour nostre embellissement, & sur lesquelles elle ne consent pas qu'on iette les yeux, ny que les oreilles les entendent seulement nommer. On pourroit bien attribuer cet effet à l'imagination, & dire qu'elle se sent blessée de la mauuaise image de ces parties: Mais au dernier Chappitre de ce Liure, nous donnons la raison de cét effet, & l'attribuons à l'entendement; de laquelle puissance nous estimons que sont depourueus ceux qui ne s'offensent pas des obiets ny des paroles deshonnestes. Et parce que à la difference d'imagination que requiert l'Art militaire, est presque attaché l'entendement, c'est pour cela que les grands Capitaines sont pleins de pudeur & de honte. Ainsi remarque-t'on dans l'Histoire de Iules Cesar, le plus grand acte d'honnesteté qui se soit iamais pratiqué par vn homme: c'est que comme on le tuoit à coups de poignard en plein Senat; voyant bien qu'il n'y auoit plus lieu d'échapper, il se laissa tomber à terre, & se couurit si bien de son habit Imperial, qu'apres sa mort on le trouua estendu auec grande honnesteté, ayant les cuisses cachées, & toutes les autres parties qui pouuoient blesser la veuë.

La septiesme proprieté & la plus importante de toutes ; c'est qu'vn Chef d'armée soit heureux & chery de la Fortune : par lequel signe nous connoistrons clairement qu'il a l'esprit & l'habileté dont l'Art Militaire a besoin; dautant qu'à en parler veritablement, il n'y a rien pour l'ordinaire, qui fasse qu'vn homme soit malheureux, & qui empesche que les choses ne luy succedent tousiours selon ses desirs, que de manquer de prudence, & ne pas employer les moyens propres & conuenables à ses entreprises. Parce que Iules Cesar vsoit d'vne si grande prudence en tout ce qu'il faisoit & ordonnoit, il estoit le plus heureux Capitaine de tous ceux qui furent iamais au monde; de telle sorte qu'aux grands perils, il encourageoit ses soldats en ces termes; Ne craignez point, car la bonne fortune de Cesar vous accompagne. Les Stoïciens ont creu, que comme il y auoit vne cause premiere, éternelle, toutepuissante, & d'vne infinie sagesse, qui se faisoit cōnoistre par l'ordre & par la bōne dispositiō de ses actions & œuures admirables; il y en auoit aussi vne sans iugement & sans raison, dont les actions estoient dereglées & depourueuës de sagesse: dautant que par vne affection aueugle elle donne ou oste aux hommes, les richesses, les dignitez & l'honneur. Ils l'appellerent de ce nom de *Fortune*, voyant qu'elle fauorisoit ceux qui faisoient leurs affaires *fortuitement*, c'est à dire à l'auanture, sans aucune reflexion ny prudence qui les conduisist. Pour donner à entendre ses façons de faire & sa pernicieuse nature, on la representoit sous la forme d'vne Femme, auec vn Sceptre Royal à la main; les yeux bandez; les pieds sur vne boule ronde; accompagnée d'vne foule d'ignorans & d'insensez qui n'obseruoient ny art ny regles dans leur vie: Par la forme de Femme, ils denotoient sa legereté & son peu de sçauoir: Par le Sceptre Royal, ils la reconnoissoient Dame des richesses & des honneurs: Ses yeux bandez, faisoient voir le peu de iugement qu'elle apporte à departir ses dôs: Ses pieds posez sur vne boule ronde, monstroient le peu d'asseurance & de fermeté qu'il y a aux biens qu'elle fait, attendu qu'elle les oste aussi aisément qu'elle les donne, fans eftre ftable en aucune chofe. Mais le pis qu'ils trouuoient en elle : c'eft de fauorifer les méchans, & de perfecuter les bons, d'aimer les ignorans & de hayr les fages, d'abbaiffer les nobles, & de releuer les roturiers, d'auoir pour agreable ce qui eft laid, & de l'horreur pour ce qui eft beau : En quoy plufieurs fe confiant qui connoiffent leur bon heur, ils ofent faire des entreprifes folles & temeraires, qui leur fuccedent neantmoins fort bien : comme d'autres au contraire qui font tres fages & tres auifez, n'ofent executer des chofes qu'ils conduiroient auec grande prudence ; ne fçachant que trop par experience, que ce font celles là qui d'ordinaire reüffiffent le plus mal. Combien la Fortune eft amie des Méchans, Ariftote le prouue, quand il demande, *Pourquoy les Richeffes font la plufpart du temps poffedées, pluftoft par les hommes de mauuaife vie, que par les gens de bien?* Auquel Probleme il refpond, *N'eft-ce point, parce que la Fortune eft aueugle & ne fçauroit difcerner ny choisir ce qui est le meilleur ?* Mais cette responfe est indigne d'vn si grand Philosophe, car il n'y a point de Fortune qui donne les richesses aux hommes: & quand il y en auroit, il ne donne pas la raison pourquoy elle fauorise tousjours les Méchants, & est contraire aux Bons.

La vraye responfe, c'est que les Méchans sont fort ingenieux, & sont pourueus d'vne forte imagination pour trouuer leur auantage & tromper dans les ventes & achapts ; ils sçauent ménager & amasser du bien, & tous les moyens d'en acquerir : Il n'en va pas ainsi des Bons ; car ils ont faute d'imagination, & plusieurs d'entr'eux ayant voulu imiter les Méchans, & faire profiter leurs deniers, en peu de iours se sont veus perdre tout leur fonds.

C'est ce que remarqua nostre Seigneur voyant l'addresse de ce Maistre d'Hostel, à qui son Maistre demandoit qu'il rendist compte : car encore qu'il retinst deuers soy vne bonne partie de l'argent, il fit en sorte qu'il demeura quitte. Et quoy que cette addresse fuſt au mal, noſtre Seigneur ne laiſſa pas de la loüer & de dire, *Les enfans de ce ſiecle ſont plus prudens & plus auiſez* dãs leurs inuentions & tours de ſoupplesse, *que les enfans de lumiere*, & qui ſont du coſté de Dieu : dautant que ces derniers ſont pour l'ordinaire de grand entẽdement, par le moyen duquel ils s'attachent à ſa loy, & manquent d'imagination, à laquelle appartient l'addreſſe de viure dans le monde : ainſi pluſieurs ſont moralement bons, pource qu'ils n'ont pas l'eſprit d'eſtre méchans. Cette reſponſe eſt, ce me ſemble, plus nette & plus palpable que l'autre. Dautant que les Philoſophes naturels ne l'ont peu trouuer, ils ont eſté chercher vne cauſe ſotte & impertinente, comme eſt la Fortune, pour luy attribuer les bons & les mauuais ſuccez ; & non à la prudence ou à la ſimplicité des hommes.

On reconnoiſtra ſi l'on y veut prendre garde, qu'il y a dans chaque Republique quatre ſortes de perſonnes : Il y en a qui ſont ſages & ne le paroiſſent pas ; il y en a qui le paroiſſent & ne le ſont pas, d'autres qui ne le ſont, ny ne le paroiſſent, & d'autres qui le ſont & le paroiſſent.

Il ſe trouue des hommes taciturnes, peſans à parler, & tardifs à reſpondre, qui ne ſont ny polis, ny n'ont le moindre ornement de langage ; & qui renferment cependant en eux meſmes, vne certaine puiſſance naturelle qui regarde l'imagination, par le moyen de laquelle ils ſçauent découurir le temps, & prendre l'occaſion aux choſes qu'ils ont à faire, & comment ils les doiuent acheminer, ſans en rien communiquer ny donner à connoiſtre à perſonne. Le peuple nomme ces gens-là heureux, croyant qu'auec vn peu d'addreſſe & de prudence, ils viennent à bout de tout.

Il y en a d'autres au contraire, qui ſont copieux & magnifiques en belles paroles, tout remplis de grands deſſeins; gens qui à les entendre diſcourir, paroiſſent & s'eſtiment capables de gouuerner tout vn monde, & qui ſe vont forgeant les moyens comment on pourroit gagner sa vie auec peu d'argent: si bien qu'au iugement du peuple, il est impossible d'estre plus habile, & cependant s'il faut qu'ils en viennent à l'execution, tout leur fond entre les mains. Ceux-cy se plaignent de la Fortune, & l'appellent aueugle, insensée & brutale, parce qu'à leur dire, les choses qu'ils font & qu'ils ordonnent auec grande prudence, elle les destruit & empesche qu'elles ne soient suiuies d'vne heureuse issuë. Mais s'il y auoit vne Fortune qui se peust deffendre de leurs calomnies, elle leur diroit : Vous mesmes vous estes des aueugles, des insensez & des brutaux, de vous estimer sages, quoy que vous soyez imprudens,& d'attendre de bons succez, quand vous n'auez employé que de mauuais moyens. Cette sorte de gens est pourueuë d'vne certaine difference d'imagination, qui donne de l'ornement & du fard à leurs discours & à leurs paroles, & qui les fait passer pour plus habiles qu'ils ne sont.

Partant ie conclus que le Chef d'armée qui aura cet esprit que demande l'Art Militaire, & qui considerera bien auant toute chose, ce qu'il veut execu-ter, sera bien heureux & chery de la Fortune: autrement, c'est folie de pen-ser qu'il remporte iamais aucune victoi-re ; si ce n'est que Dieu combatte auec luy, comme il faisoit auec l'armée des Israëlites : Et nonobstant cela, on ne laissoit pas de choisir les plus sages & les plus prudens Capitaines qu'on peust trouuer; parce que ny ce n'est bien fait de remettre tout à la Prouidence de Dieu, ny il ne faut pas que l'homme se fie à son esprit & capacité : il vaut mieux assembler l'vn & l'autre, & croire qu'il n'y a point d'autre Fortune, que Dieu, & nostre Diligence.

Celuy qui inuenta le ieu des Eschecs, forma vn modele de l'Art Militaire, où il representoit tout ce qu'il y falloit con-siderer, auec tous les degrez & tous les progrez qu'on fait à la guerre, sans rien oublier. Et comme en ce ieu là, il n'y a point de fortune, & qu'on ne sçauroit appeller heureux celuy qui gagne, ny malheureux celuy qui perd; aussi le Capitaine qui sera victorieux, se doit nommer sage, & celuy qui sera vaincu, ignorant, & non fortuné, ny infortuné. La premiere chose qu'il establit en ce ieu, fut qu'en donnant eschec & mat au Roy, on demeureroit vainqueur: Pour nous apprendre, que toutes les forces d'vne armée dependent du Chef qui la conduit & gouuerne. Et pour monstrer cecy, l'Autheur de ce Ieu, voulut qu'vn ioüeur eut autant de pieces que l'autre, afin que celuy qui perdroit, reconnust qu'il auoit manqué de science & non de fortune. Ce qui se void encore mieux si l'on considere qu'vn bon ioüeur pourra donner plus de la moitié des pieces à celuy qui n'aura pas la teste si forte que luy, & qu'il ne lairra pas auec tout cela de le gagner. C'est ce qu'a dit Vegece: *Qu'il arriue souuent qu'vn petit nombre de soldats, & de soldats foibles, surmonte vn grand nombre de plus forts, quand ils sont conduits par vn Capitaine qui sçait dresser quantité d'embusches & de stratagemes.*

Il ordonna aussi que les Pions ne

pourroient pas retourner arriere : Pour aduertir vn Chef d'armée, qu'il prenne bien ses mesures, deuant que d'enuoyer ses soldats au combat : car s'il y a manqué, il vaut mieux qu'ils meurent sur la place, que de tourner le dos : dautant que le soldat ne doit sçauoir qu'il y a dãs la guerre vn temps de fuyr, & vn temps d'attaquer, que par l'ordre de son Capitaine : ainsi tant qu'il luy restera quelque souffle de vie, il doit garder son poste & demeurer ferme à vne bréche, sur peine d'infamie.

Auec cela il voulut que le Pion qui aura passé sept cases ou carreaux de l'Eschiquier, sans estre pris, reçoiue vn nouuel estre, & deuienne Dame, l'vne des principales pieces, & puisse aller où il voudra, & se placer aupres du Roy, comme vne piece noble & affranchie. Par où il est donné à connoistre, qu'il importe beaucoup en la guerre, pour rendre les soldats vaillans, de faire sonner haut la recompense, les priuileges, les exemptions & les honneurs, qui attendent ceux qui auront executé de si-

des Esprits. 527

gnalez faits d'armes : Particulierement si ces auantages & honneurs doiuent passer à leurs descendans ; c'est alors qu'ils se porteront auec plus de courage & de vaillance. Aussi à ce que dit Aristote, l'homme estime t'il plus l'estre vniuersel de sa race, que sa vie en particulier. Saül tesmoigna bien qu'il n'ignoroit pas cette verité, quand il fit publier dans son armée, que le soldat qui tueroit Goliath, receuroit du Prince de grandes richesses & sa fille mesme en mariage ; & que la maison de son pere seroit exempte de tous tribus & subsides. Suiuant cette proclamation, il y auoit vne loy en Espagne, qui portoit que tout soldat qui par ses bons seruices auoit merité de tirer vingt-cinq liures de paye (qui estoit la plus haute solde qui se donnast dans la guerre) demeureroit à iamais affranchy, luy & sa posterité, de toutes tailles & impositions.

Les Mores (cõme ce sont de grands Ioueurs d'Eschecs) obseruent cinq degrez de paye, à l'imitation des sept cases que doit passer le Pion pour estre

Dame; ainsi montent-ils d'vne paye à deux, & de deux à trois, iusques à sept; suiuant les actions qu'aura faites le soldat. Que s'il a tant de valeur qu'il merite vn si haut auantage que celuy des sept payes, on les luy donne: C'est pourquoy on appelle ceux-là *Septenaires* ou bien *Mata-siete*, lesquels iouyssent d'aussi grandes franchises & exemptions, que les Gentils-hommes en Espagne.

La raison de cecy est fort aisée à trouuer dans la Philosophie naturelle: car de toutes les facultez qui gouuernent l'homme, il n'y en a pas vne qui agisse volontiers, si elle n'est excitée par quelque consideration d'interest. Aristote le prouue en la puissance generatiue: mais la mesme chose se doit entendre de toutes les autres puissances. Nous auons desia dit cy-dessus, que l'obiet de la faculté Irascible, estoit l'honneur & le profit; cela manquant, à Dieu le courage & la vaillance. De tout cecy l'on peut comprendre l'importance de ce
que

que signifie le Pion, qui deuient Dame quand il a pû passer les sept cases, sans estre pris: Car tout autant de bonnes Noblesses qu'il y a eu & qu'il y aura dãs le monde, sont venuës & viendront de Pions & hommes particuliers, lesquels par la valeur de leurs personnes, ont fait de si belles actions, qu'ils ont merité pour eux & pour leurs descendans, le tiltre de Nobles, de Gentil-hommes, Cheualiers, Comptes, Marquis, Ducs & Roys. Il est bien vray pourtant qu'il y a des personnes si grossieres & si dépourueuës de sens, qu'elles ne veulent point admettre que leur Noblesse ait eu commencement, mais disent qu'elle est éternelle, & attachée à leur sang, non par la faueur particuliere d'aucun Roy, mais pour auoir esté ainsi creéez par vne grace surnaturelle & diuine.

A propos de cecy (encore que ce soit vn peu m'esloigner de mon subiet) ie ne puis m'empescher que ie ne rapporte vn gentil Dialogue qui se tint entre le Prince Dom Charles nostre Maistre, & le Docteur Suarez de Tolede, son grand

Preuost en la ville d'Alcala de Henarez. Que vous semble de ce peuple, luy dit le le Prince? Il me semble bien-heureux, Monseigneur, respond le Docteur; car il iouyt du meilleur air & des meilleures terres qui soient dans toute l'Espagne. Aussi les Medecins ont-ils choisi cette demeure pour ma santé, adiouste le Prince; mais auez vous veu l'Vniuersité? Non, Monseigneur, repart le Docteur; Voyez la, replique le Prince, car elle est des plus belles, & où l'on m'a dit qu'on faisoit mieux l'exercice des lettres. Il est vray que pour vn College seul, & particulier, dit le Docteur, il est en grande reputation; si bien que ie ne doute point qu'il ne soit en effect côme vostre Altesse le tesmoigne. Où auez-vous estudié? demande le Prince: à Salamanque, Monseigneur, respond le Docteur. Vous estes vous fait receuoir aussi Docteur à Salamanque? dit le Prince. Non, Monseigneur, repart le Docteur. Il me semble que c'est mal fait, adiouste le Prince, d'estudier en vne vniuersité, pour prendre ses degrez en vne autre.

Vostre Altesse sçaura, replique le Docteur, que la despense qu'on fait à Salamanque pour auoir ses degrez, est excessiue; c'est pourquoy nous autres qui ne sommes pas riches, nous aimons mieux nous faire graduer à bon marché, comme n'ignorant pas que la science & la capacité, ne viennent pas des degrez, mais de l'estude & du trauail; encore que ceux qui m'ont mis au monde, ne fussent pas si pauures, que s'ils l'auoient voulu, ils ne m'eussent bien pû faire prendre mes degrez à Salamanque: mais vostre Altesse se ressouuiendra que les Docteurs de cette vniuersité, iouyssent des mesmes priuileges, que les Gentils-hommes d'Espagne, & à nous qui le sommes desia par nature, cette exemption nous feroit tort, ou du moins à ceux qui descendroient de nous. Quel Roy de mes predecesseurs (demande le Prince) a fait vostre race noble? Nul, respond le Docteur, car vostre Altesse sçaura s'il luy plaist, qu'il y a deux sortes de Nobles en Espagne, les vns sont nobles de sang, & les autres, par priuilege:

Ll ij

Ceux qui le font de sang, comme ie suis, ne tiennent leur noblesse d'aucun Roy; si font bien les autres qui le sont par priuilege. I'ay de la peine à comprendre cecy, dit le Prince, & ie serois fort aise que vous me l'expliquassiez plus clairement: parce que si moy qui suis de sang Royal, viens à compter de moy, à mon pere, de mon pere, à mon ayeul, & ainsi de suitte, de l'vn à l'autre; enfin i'arriueray à celuy qui se nommoit Pelage, qui fut éleu Roy par le decez du Roy Dom Rodrigue, ne l'estant pas auparauant. Si nous comptions donc & examinions ainsi ceux de vostre race, n'en viendrions nous pas à quelqu'vn qui ne seroit pas Noble? Cela ne se peut nier, repart le Docteur; car toutes choses icy bas ont eu commencement. Ie demande donc maintenant (adiouste le Prince) d'où auoit pris sa Noblesse, celuy qui dõna la premiere origine à la vostre? Il ne pût pas s'exempter luy-mesme, ny se deliurer des impositions & subsides, que iusques là ses ancestres auoient payés au Roy; car c'eut esté commettré vn larcin, & s'enrichir aux despens du domaine Royal. Or il n'est pas raisonnable que les Nobles de sang ayent vn si mauuais principe que celuy-là: Il s'ensuit donc que ce fut le Roy qui l'affranchit, & qui luy fit cette faueur de le rendre Noble; ou bié il faut que vous me disiez d'où il auroit pû tirer sa noblesse: Vostre Altesse conclud tres-bien, (respond le Docteur) car il est certain, qu'il ne se trouue point de vraye noblesse, qui ne soit vn ouurage de quelque Roy: Mais nous appellons Nobles de sang, ceux qui sont Nobles, de temps immemorial, & dont on ne sçauroit dire, ny prouuer par escript, quand ils commencerent de l'estre, ny de quel Prince ils receurent cette grace. Or est-il que les hommes tiennent cette obscurité plus honnorable, que si l'on connoissoit distinctement le contraire.

La Republique fait aussi ses Nobles; car quand elle void quelqu'vn de grand prix, pourueu d'insignes vertus & de force richesses, elle n'ose pas le tenir comme Citoyen, ny le mettre au Roolle des Tailles, croyant que de le faire, ce feroit manquer de respect, & qu'vn tel homme merite bien de viure en liberté & de n'estre pas traité comme vne personne vulgaire. Cette estime passant aux enfans & neueux, deuient noblesse, & leur sert de tiltre contre le Roy. Ceux-là ne sont pas de ces Nobles dont nous auons parlé, à vingt cinq liures de paye; mais à faute de preuue, ils passent pour tels.

L'Espagnol qui inuenta ce nom *Hijodalgo*, donna bien à connoistre la doctrine que nous auons proposée; car suiuant son opinion, les hommes ont deux sortes de naissance; l'vne, naturelle, en laquelle ils sont tous égaux, & l'autre, spirituelle. Quand vn homme fait quelque action heroïque, ou qu'il donne des tesmoignages de quelque vertu merueilleuse, alors on peut dire qu'il renaist tout de nouueau; qu'il recouure de meilleurs parens, & qu'il perd l'estre qu'il auoit auparauant. Hier il s'appelloit fils de Pierre, & neueu d'vn tel, auiourd'huy on le nomme, fils de ses œuures. D'où est venu ce prouerbe Castillan, *Chacun est fils de ses œuures* : Et dautant que la Sainte Escriture appelle *quelque chose*, les œuures qui sont bonnes & vertueuses, & qualifie du nom de *Rien* les vices & les pechez, il composa ce nom *Hyodalgo*, qui vaut autant que dire, vne personne qui est venuë d'vn qui a fait quelque action merueilleuse, pour laquelle il a merité d'estre recompensé du Roy, ou de la Republique, à iamais ; luy, & tous ses descendans.

Le liure des Loix & Coustumes d'Espagne, porte que ce mot *Hyodalgo* signifie *Enfant de quelques biens*, & si l'on entend parler des biens temporels, il n'y a point de raison ; car on trouue vn nombre infiny de Gentils-hommes qui sont pauures, & vn nombre infiny de personnes riches, qui ne sont pas nobles : mais si on entend parler des biens, que nous appellons vertus ; on veut signifier toute la mesme chose que nous auons dite. De cette seconde naissance que doiuent auoir les hommes, outre celle de la nature, nous auons vn exemple manifeste dãs la Sainte Escriture, où noſtre Seigneur reprend Nicodeme de ce qu'estant Docteur de la Loy, il ne sçauoit pas qu'il estoit necessaire que l'hõme reuinst à renaistre de nouueau : pour auoir vn estre meilleur, & d'autres pere & mere plus glorieux, que ceux que la Nature luy auoit donnez. Ainsi durant tout le temps que l'homme ne fait aucune action heroïque, il s'appelle suiuãt nostre etymologie, *Hijo de nada*, c'est à dire, *Enfant de rien*, encore que par ses ancestres il se nomme *Hijodalgo*, c'est à dire, *Fils de quelque chose*. A propos de cette doctrine, ie rapporteray encore icy vn petit discours qui se tint entre vn Capitaine de grande estime, & vn Caualier qui se piquoit fort de noblesse; par lequel on verra en quoy consiste l'honneur, & comme chacun est desia assez bien informé de ce que c'est que cette seconde naissance. Le Capitaine s'estant donc trouué en vne assemblée de Gentils-hommes, & parlant de la grande liberté des soldats d'Italie; en vne certaine demande que luy fit l'vn

des Caualiers, il luy dit *vous*, eu égard
à son peu de naissance, car on sçauoit
qu'il estoit de ce pays là mesme, né de
pere & de mere de fort basse cõdition &
dans vne bourgade mal habitée. Le Capitaine offensé de cette parole, respondit, Que *vostre Seigneurie* sçache que les
soldats qui ont iouy de la liberté d'Italie, ne se peuuent trouuer bien en Espagne, à cause de la quantité de loix
qu'il y a en ce pays, côtre ceux qui mettent la main à l'espée. Les autres Gentils hõmes voyant qu'il vsoit de ce mot
Seigneurie, ne se peurent tenir de rire.
Dequoy celuy à qui le paquet s'addressoit, demeurant tout honteux, il leur dit:
Sçachez Messieurs, qu'en Italie, *Seigneurie* vaut autant que ce que nous disons icy *merced*: Et comme le Seigneur
Capitaine est fait aux coustumes de ce
pays-là, il vse de ce terme *Seigneurie*, à
l'endroit de celuy à qui il deuroit dire
merced. A quoy le Capitaine repliqua,
Que *vostre Seigneurie* ne me croye pas si
ignorant, que ie ne sçache bien m'accõmoder au langage d'Italie, quand ie suis
en Italie, & à celuy d'Espagne, quand ie

suis en Espagne: Mais celuy qui me dira *vous* en Espagne, doit pour le moins y estre appellé *Seigneurie*, encore cela me feroit-il bien mal au cœur. Le Caualier se trouuant presque interdit, luy replique, Quoy donc sieur Capitaine n'estes vous pas natif d'vn tel lieu, & fils d'vn tel, & ne sçauez-vous pas aussi qui ie suis, & quels furent mes predecesseurs? Ie confesse, respondit le Capitaine, que vous estes bien Gentil-homme, & que vos ancestres l'ont esté aussi : mais moy & mon bras droit, que ie reconnois maintenant pour pere, valons mieux que vous, ny que toute vostre race.

Ce Capitaine fit allusion à la seconde naissance qu'ont les hommes, quand il dit, *Moy & mon bras droit, que ie reconnois maintenant pour pere.* En effet, il pouuoit auoir fait de telles actions par sa conduite, & son espée ; que la valeur de sa personne égalast la noblesse du Gentil-homme.

La Loy & la Nature, à ce que dit Platon, la pluspart du temps sont contraires ; car on void vn homme à qui la Nature a donné vn esprit tres admirable, tres prudēt, tres genereux, & tres libre, en vn mot, capable de cōmander tout vn monde, & parce que cét homme est nay en la maison d'vn Amicla (qui estoit vn pauure & chetif paysan) il demeure par la loy priué de l'honneur & de la liberté dont la nature luy promettoit la possession. Nous en voyons d'autres tout au contraire, de qui l'esprit & les façons de faire monstrent ce semble, qu'ils estoient destinez pour estre esclaues & pour obeyr; & neantmoins parce qu'ils sont nais en des maisons illustres, la loy les establit nos Superieurs & nos Maistres. Mais il y a vne chose, à laquelle on n'a iamais pris garde, & qui merite bien d'estre considerée; c'est qu'on ne void gueres d'hommes deuenir illustres & de grand esprit pour les sciences & pour les armes, qui ne soient nais dans les villages, & sous des toits de chaume, & non point dans les villes celebres. Et neantmoins le vulgaire est si ignorant, qu'il prend pour vn argument & conie-cture du contraire, d'estre nais en des lieux pauures & méprisables. De cecy nous auons vn manifeste exemple dans la saincte Escriture; car le peuple d'Israël se trouuant fort estonné des grandeurs de Iesus-Christ nostre Redempteur, dit, *Est-il possible qu'il soit rien sorty de bon de Nazareth?*

Mais retournant à l'esprit de ce Capitaine dont nous auons parlé, disons qu'il falloit qu'il eust vn grand entendement, auec cette difference d'imagination que l'art militaire requiert. Ainsi marqua-t'il en cette petite conference, vne grande doctrine; d'où nous pouuons recueillir en quoy consiste la valeur des hommes, qui les met en estime dans vn Estat.

Il m'est aduis que l'homme doit auoir six choses, pour dire absolument qu'il est en honneur; & s'il en manque quelqu'vne, il ne peut qu'il ne soit mesprisé & abbaissé. Toutes ces choses ne sont pas pourtant ny en mesme degré, ny de mesme prix.

La 1. & la principale, c'est le merite de la propre personne, en prudence, en

des Esprits.

iustice, en courage & vaillance. C'est ce merite qui donne les richesses, & qui fait les Chefs de maison: c'est de luy que procedent les tiltres & les surnoms illustres. De ce commencement tirent leur origine toutes les Noblesses du monde. Qu'ainsi ne soit, prenons garde aux grandes maisons d'Espagne, & nous trouuerons qu'elles sont presque toutes sorties d'hommes particuliers, lesquels par la valeur de leurs personnes, ont acquis ce que possedent aujourd'huy leurs descendans.

La seconde chose qui honore l'homme (aprés la valeur & le merite de sa personne) ce sont les richesses, sans lesquelles nous n'en voyons pas vn qui soit en estime dans vn Estat.

La troisiesme, c'est la Noblesse & l'antiquité de ses predecesseurs. Estre bien nay, & d'vn sang illustre, c'est vn ioyau, pour ainsi dire, qui ne se peut assez priser: mais cette Noblesse a vn grand defaut; c'est que toute seule, elle sert de bien peu, tant pour le Noble, que pour les autres qui sont en necessité: parce qu'en effet elle ne fournit ny dequoy boire, ny dequoy manger, ny dequoy se vestir. Elle ne peut ny donner, ny cautionner: mais elle fait viure l'homme en mourāt, & en le priuāt des moyens qu'il y a pour subuenir à ses besoins: Que si elle est jointe auec la richesse, il n'y a rien de plus honorable. Quelques-vns comparent la Noblesse à vn zero de chiffre, lequel ne vaut rien estant seul: mais quand on l'adjouste à quelque nombre, il sert à le faire valoir beaucoup.

La quatriesme chose qui fait que l'homme est estimé, c'est d'auoir quelque charge ou dignité honorable; comme au contraire, il n'y a rien qui auilisse tant vne personne, que de gagner sa vie en quelque employ mechanique & mercenaire.

La cinquiesme chose qui honore l'hōme, c'est de porter vn beau nom, qui soit agreable, & qui sonne bien aux oreilles, & non pas s'appeller de noms ridicules, comme i'en connois quelques-vns. On lit dans l'histoire generale d'Espagne, que deux Ambassadeurs de Frāce, estant

des Esprits. 343

venus demander au Roy Alonſe neufieſ-me de ce nom, vne de ſes filles en mariage, pour le Roy Philippe leur Maiſtre (l'vne eſtoit tres-belle, & s'appelloit Vrraque, l'autre n'eſtoit pas ſi agreable, & ſe nommoit Blanche.) Ces deux filles eſtant toutes deux en preſence des Ambaſſadeurs, chacun croyoit qu'ils allaſſent choiſir celle qui s'appelloit Vrraque, parce qu'elle eſtoit plus grande, plus belle, & mieux parée: mais ces Ambaſſadeurs ayant demandé le nom de chacune, ce nom d'Vrraque les choqua, ils aimerent mieux prendre celle qui s'appelloit Blanche; en diſant que ce nom là ſeroit mieux venu en France que l'autre.

La ſixieſme choſe qui honore l'homme, c'eſt l'ornement de ſa perſonne, de marcher bien veſtu, & d'auoir force gens à ſa ſuitte.

La bonne origine de la Nobleſſe d'Eſpagne; c'eſt de deſcendre de ceux qui par la valeur de leurs perſonnes, & par la quantité de leurs belles entrepriſes, receuoient à la guerre vingtcinq liures de paye: laquelle origine les Escriuains modernes n'ont peu encor euerifier, parce qu'ils māquent tous d'inuentiō, & ne sçauroient dire ny escrire que ce que les autres ont desia dit & escrit. La differēce que met Aristote entre la Memoire & la Reminiscence; c'est que si la Memoire a oublié quelque chose de ce qu'elle sçauoit auparauant, il n'y a pas moyen qu'elle le retrouue, si elle ne la r'apprend de nouueau; mais pour la Reminiscence, elle a cette grace particuliere, que si elle vient à perdre quelque chose; pour peu qui luy en demeure, elle se met à discourir dessus, & recouure enfin ce qu'elle auoit egaré. Quelle est l'Ordonnance qui parle en faueur des bons soldats, on ne le peut dire & ne sçait-on ce qu'elle est deuenuë, elle s'est perduë & dans les liures & dans la memoire des hommes : Neantmoins ces mots nous sont demeurez, *Hijodalgo de diuengar quinientos sueldos, segun fuero de Espagna, y de solar conocido.* Surquoy raisonnant & faisant reflexion, nous retrouuerons facilement ce qui manque.

Antoine

Antoine de Lebrisse recherchant la signification de ce verbe *vindico*, dit que c'est se vendiquer vne chose, c'est à dire, tirer pour soy & à son profit, ce qui est deu pour paye, ou par quelque autre droit que ce soit, & selon la façon nouuelle de parler, tirer pensions & appointemens du Roy. Et il est si ordinaire en la vieille Castille de dire, *Fulano bien ha deuengado su trabajo*, Vn tel a bien tiré le salaire de sa peine, quand il est bien payé; que parmy les plus polis mesme, il n'y a point de façon de parler qui soit plutost à la bouche. C'est de là qu'a pris son origine ce mot *vengar*, qui signifie vanger, lors que quelqu'vn se paye de l'iniure qu'vn autre luy a faite: car l'iniure, par metaphore, est appellee debte: Ce qu'estant supposé, ces mots, *Fulano es hijodalgo de deuengar quinientos sueldos*, ne voudront dire autre chose, sinon qu'vn tel est descendant d'vn soldat si valeureux, que par ses belles actions il merita de tirer vne si haute paye, que celle de vingt-cinq liures. Et celuy-cy par l'Ordonnance & Coustume d'Espa-

M

gne, *segun fuero de España*, estoit affranchy, luy, & tous ses successeurs, de payer aucunes impositions ny subsides au Roy. Quant à ces mots *solar concido*, qui veut dire, *maison connuë*, tout le mistere qu'il y a, c'est que quand vn soldat estoit couché sur le roolle de ceux qui tiroient vingtcinq liures de paye, on escriuoit dans les liures du Roy, le nom de ce soldat, le lieu d'où il estoit natif, & citoyen, qui estoient ses pere & mere, & ses parẽs, pour auoir vne connoissance exacte & asseurée de celuy qui receuoit vne telle grace; comme l'on void encore aujourd'huy dans ce vieil manuscript qui est à Simanque, où l'on trouue presque toutes les origines de la Noblesse d'Espagne.

Saül vsa de cette mesme diligence, quand Dauid tua Goliath: car il commanda incontinent à son Capitaine Abner, de sçauoir *De quelle race estoit issu ce ieune homme*, c'est à dire, qui estoient ses pere & mere, & ses parens, & de quelle maison d'Israël il estoit descendu. Autrefois on appelloit *solar*, aussi bien la maison d'vn paisan, que celle d'vn Gentilhomme.

Mais aprés auoir fait cette digression, il est bon desormais de retourner à nostre premier dessein, & de sçauoir d'où vient qu'au ieu des Eschets (puis que nous auons dit que c'estoit l'image de la guerre) l'on se fasche plus de perdre, qu'à pas vn autre ieu, encores qu'on ne iouë point d'argent? & d'où peut venir aussi que ceux qui regardent iouër, voyent mieux les coups, que ceux qui iouënt, encore que ces spectateurs ne soient pas à beaucoup prés si sçauans? Et ce qui semble plus estrange, c'est qu'il y a de certains iouëurs, qui estant à jeun, sont plus subtils & plus rusez au jeu, qu'aprés le repas: & d'autres au contraire, qui iouënt mieux quand ils ont mangé.

La premiere douté n'est pas difficile à resoudre; car nous auons desia dit, que ny à la guerre, ny au jeu des Eschets, la Fortune n'a point de lieu, & qu'il n'y est pas permis de dire, *Qui iamais auroit pensé cela?* tout vient, ou de l'ignorance & peu d'attention du perdant, ou de soin & prudence de celuy qui gaigne. Or quand l'homme est vaincu en des choses qui demandent de l'esprit & de l'habileté, sans pouuoir accuser que son ignorance; il ne sçauroit s'empescher d'estre honteux, ny de se fascher, parce qu'il est pourueu de raison, qu'il est conuoiteux d'honneur, & qu'il ne peut souffrir qu'en ce qui regarde la conduitte & le iugement, vn autre l'emporte dessus luy. C'est pourquoy Aristote demande, d'où vient que les Anciens n'ont pas voulu qu'il y eust aucune recōpense notable pour ceux qui surpasseroient les autres dans les sciences ; veu qu'ils en auoient establi pour celuy qui sauteroit le mieux, qui courreroit le plus viste, qui jetteroit mieux la barre, ou qui seroit le plus adroit & le plus fort à la lutte ? A quoy il respond, qu'en la lutte, & aux autres exercices de corps, on consent qu'il y ait des Iuges, pour iuger de combien vn homme surpasse l'autre: dautant que par là on peut donner iustement le prix au vainqueur, estant tres-aisé de connoistre à veuë d'œil, lequel saute le plus loin, & qui est le plus leger à la course: Mais dans la science, il est difficile de mesurer auec l'entendement, lequel, & de combien l'vn surmonte l'autre; parce que c'est vne chose tres subtile, & tres-delicate: Et si l'on adjuge le prix par faueur, chacun ne pourra pas le reconnoistre, pource que ce iugement est caché aux sens de ceux qui y assistent.

Outre cette responce, Aristote en donne encore vne autre meilleure, qui est que les hommes se soucient fort peu qu'on ait quelque auantage sur eux, à tirer, luitter, courir & sauter; parce que ce sont des dons en quoy les bestes brutes nous surpassent : mais ce qu'ils ne sçauroient souffrir aisément, c'est de voir qu'vn autre soit estimé plus prudent & plus sage qu'eux: ainsi prennent-ils les iuges en hayne, & taschent à s'en vanger, croyant que ç'a esté malicieusement qu'ils leur ont fait vn tel affront. Afin d'euiter donc tous ces inconueniens, ils n'ont pas voulu permettre qu'il y eust ny Iuges ny recompenses, pour les actions qui regardent la partie raisonnable. D'où l'on peut côclure que l'on fait mal dans les vniuersitez, d'establir des Iuges, & vn premier, second & troisiesme lieu dans les Licences, pour ceux qui auront mieux respondu. Car outre qu'il en arriue tous les iours les maux qu'a dits Aristote; c'est contre la doctrine Euangelique, mettre les hommes en de perpetuelles contestations à qui sera le premier; Et que ce soit mal fait, il paroist clairement, en ce que les Disciples de nostre Redempteur Iesus-Christ, voyageant vn iour ensemble, vinrent à remuer cette question, qui deuoit d'eux tous estre le plus grand? & comme ils furent arriuez à l'hostellerie, leur Maistre s'enquit, dequoy ils s'estoient entretenus en chemin? & eux, quoy que grossiers, comprirent aussi-tost qu'il n'estoit pas permis de faire la demāde qu'ils auoient faite: ainsi le texte porte, qu'ils n'oserent pas le dire; mais comme rien n'est caché à Dieu, il leur parla de cette sorte : *Si quelqu'vn veut estre le premier, celuy-là sera le dernier & le seruiteur de tous les autres.* Les Pharifiens eſtoient hays de noſtre Seigneur; parce qu'ils *affectoient les premieres places à la table, & les premieres chaires dans les Synagogues.*

La principale raiſon ſurquoy ſe fondent ceux qui partagent ainſi ces degrez; c'eſt qu'ils croyent que ceux qui eſtudient, voyant qu'on doit recompenſer chacun ſelon la preuue qu'il aura donnée de ſa ſuffiſance, quitteront & repos & repas pour embraſſer plus eſtroitement l'eſtude. Ce qui n'arriueroit pas, s'il n'y auoit point de recompenſe pour celuy qui trauaille dauantage, ny de chaſtiment, pour celuy qui prend du bon temps, & ne s'amuſe qu'à dormir. Mais cette raiſon eſt friuole, & n'a qu'vne legere apparence; car elle preſuppoſe vne fauſſeté tres-grande, qui eſt que la ſcience s'acquiere à force de ſuer ſur les liures, pour l'entendre de bons maiſtres, & ne perdre pas vne ſeule Leçon: Et ils ne prennent pas garde que ſi le Diſciple n'a l'eſprit & l'habileté que demande la ſcience ou il s'applique, c'eſt vainement qu'il ſe rompt la teſte & ſe ronge la cer-

M m iiij

uelle iour & nuit auec ses liures. Or l'iniustice que l'on commet en ce point est tres-grande, dautant que l'on fait entrer en concurrence deux esprits si differens & si contraires, que l'vn, parce qu'il est fort subtil, sans estudier ny voir vn liure, deuient sçauant en vn moment, & l'autre, parce qu'il est lourd & grossier, trauaillera toute sa vie, sans acquerir la moindre connoissance. Et les Iuges (comme hommes qu'ils sont) viendront à donner le premier lieu, à celuy que la Nature fit habile, & qui n'a point peiné, & le dernier rang, à celuy qui est nay sans esprit, & qui n'a point cessé d'estudier; comme si l'vn estoit deuenu sçauant en fueilletant les liures, & l'autre demeuré ignorant par sa negligence. C'est faire tout de mesme que si l'on proposoit vn prix à deux Coureurs, dont l'vn eust les deux iābes bonnes & dispostes, & l'autre eust manque d'vne. Si les Vniuersitez n'admettoient à l'estude des lettres, que ceux qui y ont l'esprit propre; & que tous les Disciples fussent égaux entr'eux, ce seroit tres bien fait d'establir ce chaſtiment & cette recompenſe; car en ce cas là, il n'y auroit point de doute, que celuy qui en ſçauroit dauantage, n'euſt auſſi dauantage trauaillé, & que celuy qui en ſçauroit moins, n'euſt pris ſes plaiſirs & ſes paſſe-temps.

On peut reſpondre à la ſeconde doute, que comme les yeux ont beſoin de lumiere pour voir les figures & les couleurs; ainſi l'imagination a beſoin d'vne clarté dans le cerueau, afin de decouurir les images & les eſpeces qui ſont en reſerue dans la memoire. Ce ne ſont ny le Soleil ny les flambeaux qui donnent cette lumiere, mais ſeulement les eſprits vitaux qui s'engendrent au cœur & delà ſe diſtribuent par tout le corps. Outre cecy, il faut ſçauoir, que le propre de la crainte, c'eſt de reſſerrer tous ces eſprits au cœur, & de laiſſer par conſequent le cerueau dans l'obſcurité, & toutes les autres parties du corps, froides. Ainſi Ariſtote demande, *Pourquoy ceux qui craignent, tremblent de la voix, des mains & de la léure d'embas?* A quoy il reſpond ce que nous diſions; que par la peur, la chaleur naturelle se ramasse au cœur, & laisse toutes les autres parties du corps, froides. Or nous auons desia prouué que la froideur, suiuant l'opinion de Galien, estoit vne qualité qui appesantissoit & engourdissoit toutes les facultez & puissances de l'ame, & les empeschoit d'exercer librement leurs functions. Cecy supposé, il est aisé maintenant de respondre à nostre seconde doute, en disant, que ceux qui iouënt aux Eschets ont peur de perdre, parce que c'est vn leu où il y va de l'honneur & où, comme nous auons dit, la Fortune n'a point de lieu. Les esprits vitaux se recueillant donc au cœur par cette crainte, l'imagination demeure endormie, à cause de la froideur, & les especes deuiennent troubles & obscures ; & pour ces deux raisons, celuy qui iouë ne sçauroit agir qu'imparfaitement. Mais ceux qui regardent iouër ; comme ils ne courent point de risque, & n'ont aucune apprehension de perdre; auec moins de science que ceux qui iouënt, ils doiuent mieux voir les coups ; parce que leur imagination n'est point destituée de

des Esprits. 355

chaleur, & que les especes se trouuent éclairées de la lumiere des esprits vitaux. Il est vray que le trop de lumiere offusque aussi & aueugle l'imagination; ce qui arriue quand celuy qui iouë, se pique & est honteux de voir qu'on le gagne : Car alors le depit redouble la chaleur naturelle & esblouyt, en éclairant plus qu'il ne faut ; dequoy sont exempts ceux qui ne sont que spectateurs De cecy procede vn effet assez ordinaire dans le monde, qui est que le iour qu'vn homme veut donner de plus grands tesmoignages de soy, & faire plus de montre de son sçauoir & de sa capacité; c'est ce iour là mesme qu'il s'en acquitte plus mal. Il se trouue d'autres personnes au contraire, qui estant pressées, feront paroistre vn grand sçauoir, & hors de là sont des ignorants: De tout cecy la raison est fort claire; car celuy qui a beaucoup de chaleur naturelle dãs la teste ; depuis qu'on luy a marqué, par exemple, le suiet de la leçon qu'il doit faire au bout de vingt quatre heures (comme on fait en Espagne à tous ceux qui difputent quelque chaire vacāte)vne partie de la chaleur naturelle qu'il auoit de trop, fe retire au cœur, dans cette ambitieufe crainte qui le frappe; fi bien que le cerueau demeure temperé. Or nous prouuerons au chapitre fuiuant, qu'en vne telle difpofition, il fe prefente à l'homme beaucoup de chofes à dire. Mais à celuy qui eft fort fage, & pourueu d'vn grand entendement, quand il fe trouue preffé, la crainte ne luy laiffe aucune chaleur naturelle dans la tefte, de forte qu'à faute de lumiere, il ne découure rien en fa memoire de ce qu'il pourroit dire.

Si ceux qui fe meflent de iuger des actions des Generaux d'armée, en blafmant leur conduitte, & les ordres qu'ils ont donnez au camp, auoient ces confiderations, ils verroient quelle difference il y a de regarder de fon logis la guerre à fon aife, ou bien d'y eftre prefent & d'en venir aux prifes, dans l'apprehenfion de perdre de bonnes trouppes que le Roy aura mifes entre nos mains.

La crainte n'eft pas moins nuifible au

Medecin pour la guerison du malade; car nous auons prouué cy-deſſus que la pratique de ſon art appartenoit à l'imagination, qui eſt offenſée par la froideur, plus que pas vne autre puiſſance, dautant que ſes actions conſiſtent tout à fait en chaleur. Ainſi voyons-nous par experience que les Medecins gueriſſent mieux le menu peuple, qu'ils ne font pas les Princes & les grands Seigneurs.

Vn Aduocat me demanda vn iour, ſçachant bien que ie traitois de ces matieres, pourquoy dans les affaires où il eſtoit bien payé, force Loix & reſolutions de Droit s'offroient à ſon eſprit, & dans les affaires ou l'on ne conſideroit pas aſſez ſon trauail, il ſembloit que toute ſa ſcience l'abandonnaſt? Auquel ie reſpondis, que l'intereſt appartenoit à la faculté iraſcible, qui reſide au cœur, & qui, ſi elle n'eſt contente, ne fournit pas de bon gré les eſprits vitaux, par la lumiere deſquels ſe doiuent decouurir les figures qui ſont dans la memoire: mais quand elle eſt ſatisfaite, elle donne gayement cette chaleur naturelle: de vn procez & en donner son aduis, cela appartient à l'imagination, laquelle demande de la chaleur: Et il doit estre permis à celuy qui gouuerne, & qui ne pourra pas autrement obtenir le point de chaleur qui luy est necessaire, de boire vn peu de vin pour y arriuer. La mesme chose se doit entendre du General d'armée; de qui le conseil se doit former aussi par le moyen de l'imagination. Que s'il faut vser de quelque substance chaude pour éleuer la chaleur naturelle, il n'y a rien qui le puisse mieux faire que le vin: mais on le doit prendre moderement, dautant qu'il n'y a point d'aliment qui donne tant d'esprit à l'hōme, ou qui l'oste tant que cette liqueur. De sorte qu'il est à propos que ce General connoisse la difference de son imagination; si elle est de celles qui ont besoin qu'on mange & qu'on boiue, pour acquerir ce qui leur manque de chaleur, ou s'il faut plustost qu'il soit à ieun; ca delà depend de trouuer ou de perdr l'occasion des stratagemes & ruses d guerre.

Entre cës mots, *il se soucioit peu d'estre poly & bien mis*, page 513. & ceux qui sont immediatement apres dans la mesme page, *S'offenser du moindre poil sur l'habit &c.* dans l'autre impression il y a cecy.

Hippocrate voulant dôner les marques par où l'on pourroit découurir l'esprit & l'habileté du Medecin, entre beaucoup d'autres qu'il a trouuées à cét effect, a mis comme la principale, l'ornement & l'equipage de sa personne. Celuy qui aura grand soin de ses mains, qui rognera souuent ses ongles, qui aura les doigts chargez d'anneaux, qui portera des gands parfumez, les chausses bien tirées, le pourpoint iuste & sans faire le moindre ply, le manteau tousiours net & où ne paroistra pas vn petit poil ; Celuy dis-ie qui sera fort curieux de toutes ces choses, on peut bien dire que c'est vn homme de peu d'entendement. *Tu connoistras*, dit-il, *les* hommes à l'habit, car tant plus tu les verras soucieux d'estre bien vestus & d'estre propres, & tant plus les dois tu fuyr & auoir leur rencontre en horreur, parce que ces personnes-là ne sont bonnes à rien. Horace s'estonnoit de voir les hommes d'esprit & qui sont tousiours plongez dans quelque profonde meditatiõ, auec de grands ongles, les nœuds & iointures des doigts pleins de crasse & d'ordures, vn manteau traisnant, vn pourpoint tousiours deboutonné, vne chemise sale, sans cordons, ny rubans, des souliers pareils à de petites eschasses, des chausses deschirées, tombantes & toutes plissées : C'est pourquoy il dit, *la plus grande partie de ces gens là ne se soucient pas de coupper leurs ongles, ny de faire leur barbe, ny de se lauer & baigner.*

Mais la raison en est, que le grand entendement & la grande imagination se mocquent de toutes les choses du monde, comme n'y trouuant rien qui merite de les arrester, ny qui soit solide. Il n'y a que de hautes & de diuines contemplations qui les puissent satisfaire; c'est là qu'ils appliquent tous leurs soins & toute leur estude en mesprisant le reste. Ciceron dit que deuant que de connoistre vne personne & lier amitié auec elle, il faut manger ensemble vn minot de sel : dautant que les mœurs & les humeurs de l'homme sont si cachées, qu'il n'y a aucun qui en peu de temps les puisse découurir; il n'y a que la seule experience & la conuersation de plusieurs iours qui nous en donne vne connoissance asseurée : mais si Ciceron eust pris garde aux marques que nous en a laissees la sainte Escriture, en moins de temps qu'il n'en faut pour manger vne petite poignée de sel, il auroit penetré dans toutes ses ruses & façons de faire, sans attendre tant de iours. Trois choses (dit le Sage) découurent l'homme, pour dissimulé & caché qu'il soit; la premiere, c'est *son rire*, la seconde, *son habit*, & la troisiesme, *sa demarche*. Quant au rire, nous auons desia dit ailleurs qu'alors que l'on rit demesurement, & à tout propos, & en s'éclatant & frappant des mains, & autres mauuaises contenan-

Nn iij

ces que font voir les grands rieurs, c'eſtoit ſigne qu'on manquoit d'imagination & d'entendement. Pour ce qui eſt de la curioſité des habits, & d'eſtre touſiours à les eſplucher, & cōme à la chaſſe apres quelque poil ſur le manteau; nous en auons tout à cette heure aſſez parlé. Seulement veux ie auertir le Lecteur, que mon deſſein n'eſt pas de condamner icy la netteté & le ſoin des hommes en ce qui regarde les veſtemens, ny d'approuuer la ſaleté & peu de propreté: parce que l'vn & l'autre ſont vicieux, & qu'il eſt beſoin par tout de mediocrité. C'eſt pourquoy le meſme Ciceron a parlé de cette ſorte. *Il faut auſſi apporter vne propreté qui ne ſoit ny odieuſe ny trop affectée: mais qui teſmoigne ſeulement que nous fuyons cette negligence ruſtique & inciuile; On doit obſeruer la meſme choſe pour ce qui eſt des habits*, en quoy la mediocrité eſt loüable. Quant à ce qui concerne la façon de marcher, Cicerō encore en a remarqué deux extremitez qu'il a toutes deux condamnées, comme vicieuſes; La premiere, c'eſt d'aller trop viſte, &

la seconde, trop doucement: Ainsi a-t'il dit. Nous deuons aussi prendre garde que nostre alleure ne soit point si lente, qu'il semble que nous marchions tousiours comme en ceremonie, auec toute la pompe & l'appareil des images; & quand nous serons pressez d'aller, nous ne deuons pas marcher si brusquement que nous nous en mettions hors d'haleine, que nous changions de visage, tournions la bouche, grincions les dents, & faisions d'autres grimaces, qui ne donnent que trop à connoistre à ceux qui nous voyent, que nous auons vn esprit leger & qui s'emporte aisément. Apres tout, ce ne sont pas ces sortes d'alleure-là, qui decouurent quel est l'esprit de l'homme; mais quelques autres bien differentes, qui consistent en de certains gestes & actions, qui ne peuuent ny s'escrire auec la plume, ny s'exprimer auec la langue: C'est pourquoy le mesme Ciceron a dit, qu'elles estoient aisées à comprendre, en les voyant, mais tres difficiles à dire & à escrire.

CHAPITRE XVII.

Où il se monstre à quelle difference d'habileté appartient la charge de Roy; & quelles marques doit auoir celuy qui y sera propre.

Lors que Salomon fut esleu pour estre le Roy & le Chef d'vn peuple si grand & si nombreux qu'estoit celuy d'Israël, la sainte Escriture dit qu'afin de le bien gouuerner, il demanda la sagesse du Ciel, & rien plus. Cette demande fut tellement agreable à Dieu, que pour le recompenser d'auoir si bien rencontré, il le rendit le plus sage Prince de la terre, & outre cela le combla de richesses & de gloire, louant tousiours la requeste qu'il auoit faite. D'où l'on peut inferer clairement, que la plus grande prudence & sagesse dont l'homme soit capable; c'est celle en quoy se fonde & consiste la charge & le deuoir d'vn Roy;

ce qui est si veritable, qu'il n'est pas besoin de perdre du temps à le prouuer. Il nous faut seulement declarer à quelle difference d'esprit appartient l'art de commander & d'estre tel qu'il est necessaire aux peuples pour estre leur Roy; & rapporter les marques, par où l'on pourra reconnoistre celuy qui sera pourueu d'vn tel esprit & habileté. Ainsi est-ce vne chose toute asseurée, que comme l'office de Roy surpasse tous les autres arts & sciences; aussi demande t'il la plus haute & la plus noble difference d'esprit que la Nature puisse produire. Quelle est cette difference d'esprit, nous ne l'auons pas dit encore iusques icy, que nous auons esté empeschez à departir à chaque art ses differences & ses inclinations. Mais puisque nous en sommes venus là maintenant, il faut sçauoir que de neuf temperamens qui se trouuent parmy les hommes, il n'y en a qu'vn (au dire de Galien) qui rende vne personne prudente tout autãt que la Nature le puisse faire: Dans lequel temperament les premieres qualitez sont si bien balancées & si bien mesurées, que ny la chaleur n'excede la froideur, ny l'humidité, la secheresse, mais tout se trouue égal & conforme, comme si reéllement & de fait, il n'y auoit point de contrarieté ny d'opposition naturelle: au moyen dequoy l'ame raisonnable vient à obtenir vn instrument si propre à ses actions ; que l'homme est tout ensemble pourueu d'vne bonne memoire, pour le passé, d'vne forte imagination, pour l'auenir, & d'vn grand entendement, pour distinguer, inferer, raisonner, iuger & eslire. Pas vne des autres differences d'esprit dont nous auons parlé, n'est entierement parfaite ; car si l'homme a l'entendement bon, à cause de la grande secheresse, il ne peut apprendre les sciences qui appartiennent à l'imagination & à la memoire ; & s'il est doüé d'vne imagination excellente, à raison de la grande chaleur, il se trouuera inhabile aux sciences qui regardent l'entendement & la memoire ; & s'il a vne heureuse memoire, à cause de la grande humidité, nous auons desia fait voir cy-

des Esprits. 567

dessus, combien les gens de grande memoire, sont mal propres à toutes les sciences. Il n'y a que cette seule difference d'esprit que nous cherchons & examinons maintenant, qui puisse respondre & auoir du rapport à tous les autres arts & sciences.

Combien c'est vne chose nuisible à vne science, de ne pouuoir ioindre les autres, Platon l'a remarqué, quand il a dit, que la perfection de chacune en particulier, dependoit de la connoissance de toutes en general. Il n'y a aucune science, si esloignée soit elle des autres, qui ne serue à la rendre plus parfaite, quand on la possede bien. Mais que sera-ce, si apres auoir recherché diligemment cette difference d'esprit, ie n'en ay peu trouuer qu'vn seul exemple en Espagne ? Ce qui m'apprend que Galien a tres-bien dit, que hors de la Græce, c'est vne resuerie de croire que la Nature forme vn homme temperé, ny pourueu de l'esprit que demandent toutes les sciences. Galien luy mesme en donne la raison, quand il dit, que la

Græce eſt le païs le plus temperé qui ſoit au monde, où la chaleur de l'air ne ſurpaſſe point la froideur, ny l'humidité, la ſechereſſe : Lequel temperament fait les hommes tres prudents & propres pour toutes les ſciences, comme l'on peut voir, ſi l'on conſidere le grand nōbre d'illuſtres perſonnages qui en ſont ſortis : Socrate, Platon, Ariſtote, Hippocrate, Galien, Theophraſte, Demoſthene, Homere, Tales le Mileſien, Diogene le Cynique, Solon & autres infinis Sages, de qui les Hiſtoires font mention, & dont nous trouuerons que les œuures ſont pleines de toutes ſortes de ſçauoir ; Non comme des Eſcriuains des autres pays, leſquels quand ils traitent de la Medecine, ou de quelque autre ſcience, c'eſt merueille ſi pour appuyer leur opinion, ils implorent le ſecours & mandient la faueur de pas vne autre ſcience. Ils demeurent tout dénuez & ſans aucun fonds, parce qu'ils n'ont pas cet eſprit propre à tous les arts.

Mais ce qui eſt plus admirable de la

des Esprits. 569

Græce; c'est que nonobstant que l'esprit des femmes soit si fort repugnant aux lettres, comme nous prouuerons cy-apres; il y ait eu tant de Grecques si illustres dans les sciences, qu'elles l'ont disputé auec les hommes les plus acheuez & les plus raisonnables, ainsi qu'on lit d'vne certaine Leontium (femme tres sçauante) qui escriuit contre Theophraste, le plus grand Philosophe de son temps, & remarqua quantité de fautes qu'il auoit faites dans la Philosophie. Et si nous prenons garde à toutes les autres regions du monde, à peine trouuerons nous qu'il en soit sorty vn esprit qui fust considerable. La raison en est, qu'on habite en des lieux mal temperez; ce qui fait que les hommes naissent laids, d'esprit lourd, & de mauuaises mœurs. C'est pourquoy Aristote demande, *D'ou vient que ceux qui demeurent en des lieux fort chauds ou fort froids, sont la pluspart difformes & farouches en leur visage, & en leurs façons de faire?* auquel Probleme il respond tres bien, en disant, que la bonne temperature non seulement donne la bonne grace du corps, mais sert aussi à l'esprit & à rendre vne personne habile: Et tout ainsi que les excez de la chaleur & de la froideur empeschent que l'homme ne sorte des mains de la Nature bien fait & bien formé, tout de mesme ils renuersent l'harmonie de l'ame & rendent l'homme d'esprit lourd.

Les Grecs auoient bien compris cecy; eux qui appelloient Barbares toutes les autres nations du monde, eu égard à leur peu de suffisance & manque de sçauoir. Aussi voyons-nous que de tous ceux qui naissent & qui s'appliquent à l'estude, hors de la Græce; si ce sont des Philosophes, pas vn n'approche d'Aristote ny de Platon ; si des Medecins, d'Hippocrate ny de Galien ; si des Orateurs, de Demosthene ; si des Poëtes, d'Homere ; & ainsi dans les autres arts & sciences, les Grecs ont tousiours tenu le premier rang, sans aucun contredit. Pour le moins le probleme d'Aristote se peut-il bien verifier en la personne des Grecs, parce que en effect ce sont les plus beaux hommes du monde & de l'esprit le plus sublime, n'estoit la disgrace & l'oppression qu'ils souffrent par les armes & par la presence du Turc, qui les assubiettit & mal traicte. Il a banny les lettres de chez eux, & a fait passer l'Vniuersité d'Athenes, à Paris, où elle est à cette heure. Si bien que ces esprits delicats dont nous venons de parler, se perdent maintenant pour n'estre pas cultiuez & demeurent comme en friche. Quant aux autres pays qui sont hors de la Grece, encore que les Escoles y soient ouuertes & qu'on y fasse exercice de lettres, nul n'en est sorty auec vn eminent sçauoir. Le Medecin pense auoir assez fait, s'il peut arriuer par son esprit à l'intelligence de ce qu'ont laissé Hippocrate & Galien, & le Philosophe naturel est tout glorieux, quand il croit bien entendre son Aristote. Nonobstant cela, ce n'est pas vne maxime generale que tous ceux qui naissent en Græce, doiuent estre necessairement temperez & sages, & les autres, intemperez & malhabiles. Car le mesme Galien raconte d'Anacharsis qui estoit de Scythie, qu'il parut d'vn esprit admirable entre les Grecs (quoy qu'il fust Barbare) auec lequel vn Philosophe natif d'Athenes ayant parole, vint à l'appeller Barbare, par iniure; à quoy Anacharsis respondit, *mon pays me fait deshonneur, mais toy, tu fais deshonneur au tien.* Car la Scythie, estant vne region si mal temperée & qui éleue tant de sots, i'en suis sorty sage, & toy qui es né dans Athenes (qui est la pepiniere des beaux esprits & de la sagesse) tu ne laisses pas de n'estre qu'vne beste. De façon qu'on ne doit point desesperer de rencontrer cette bonne temperature, ny croire que ce soit vne chose impossible qu'elle se trouue hors de la Græce, particulierement en Espagne, qui n'est pas vn pays si mal temperé; car par la mesme raison que i'y ay remarqué vne personne qui en estoit pourueuë, il y en pourra auoir beaucoup d'autres qui ne sont pas venuës à ma connoissance & que ie n'ay pas examinées. Partant il sera bon de rapporter les signes qui font connoistre l'homme temperé, afin qu'on le puisse

découurir

des Esprits. 571

découurir en quelque lieu qu'il se cache.

Les Medecins donnent quantité d'indices pour connoistre cette difference d'esprit, mais les principaux & ceux qui la font mieux entendre, les voicy. Le premier, au dire de Galien, c'est d'auoir les cheueux moitié blonds & moitié roux, & qui auec l'aage viennent tousiours à se monstrer plus dorez: Et la raison en est claire, car la cause materielle des cheueux, c'est, au dire des Medecins, vne vapeur grossiere qui se leue de la coction que fait le cerueau au teps de sa nourriture. Or telle qu'est cette partie, telle est la couleur de ses excremens; s'il entre beaucoup de phlegme dans la composition du cerueau, les cheueux seront blonds, si beaucoup de bile, ils sortiront iaunes & comme saffranez; mais quand ces deux humeurs se trouuent meslees également, le cerueau demeure temperé en chaleur, froideur, humidité & secheresse, & les cheueux sont roux & participans des deux extremitez. Il est vray qu'Aristote tient qu'aux

Oq

hommes qui viuent sous le Septemtrion (comme sont les Anglois, les Flamans & les Allemans) cette couleur vient d'vn blond brulé par la trop grande froideur, & non de la raison que nous auons dite : De sorte qu'il faut prendre garde à ce signe, car il est fort trompeur.

La seconde marque que doit auoir celuy qui obtiendra cette difference d'esprit, Galien dit que c'est d'estre de belle taille, d'auoir l'air bon & d'estre bien auenāt, de façō que la veuë se recrée à le cōsiderer, ny plus ny moins qu'vne figure tres acheuée. Et la raisō en est claire, car si la Nature a beaucoup de forces & qu'elle rencōtre vne semēce bien assaisonnée, de toutes les choses qu'elle peut faire, elle fait tousiours la meilleure & la plus accomplie en son genre : mais se voyant vaincuë, bien souuent elle trauaille à la formation du cerueau, à cause que c'est le principal siege de l'ame raisonnable, aymant encore mieux que le défaut demeure aux autres parties du corps. Ainsi voyons nous plusieurs hommes mal

des Esprits.

viiidez & laids de corps, mais qui ne laissent pas d'auoir l'esprit fort delicat.

La quantité de corps que l'homme temperé doit auoir, Galien dit que ce n'est pas vne chose bien determinée par la Nature; parce qu'il peut estre grand, petit, & de mediocre stature (selon la quantité de semence temperée qu'il y aura eu au temps de sa formation) Mais pour ce qui regarde l'esprit, la mediocre taille est meilleure dans les hommes temperez, que la grande ny la petite. Et s'il faut pancher vers l'vne des extremitez, il vaut mieux que ce soit du costé de la petitesse que de la grandeur, dautant que comme nous auons prouué cy-dessus, de l'opinion d'Aristote & de Platon, la quantité d'os & de chair est fort nuisible à l'esprit. Suiuant cecy les Philosophes naturels ont accoustumé de demander, *Pourquoy ceux qui sont petits de corps, sont d'ordinaire plus prudents que ceux qui sont de haute stature?* En confirmation dequoy ils citent Homere qui dit qu'Vlisse estoit tres-prudent & de basse stature, & au contraire, Aiax tres lourd, & de grande taille. A cette question l'on respond tres-mal, en disant que l'ame raisonnable estant recueillie en peu d'espace, en a plus de force pour agir, selon ce mot si celebre, *La vertu vnie est plus puissante que quand elle est dispersée*, & qu'au contraire estant dans vn corps haut & de grande estenduë, elle n'a pas assez de force pour le mouuoir & l'animer comme il faut: mais ce n'en est pas là la raison, c'est plustost que les hômes de grande stature ont beaucoup d'humidité dans leur temperament, laquelle fait que la chair se dilate & obeyt à l'accroissement ou tend tousiours la chaleur naturelle. Il arriue tout au contraire en ceux qui sont petits de corps, dont la chair ne sçauroit s'estendre ny s'amplifier par la chaleur naturelle, à cause de la grande secheresse, si bien qu'ils demeurent de basse stature. Or nous auons prouué cy-dessus, qu'entre les qualitez premieres, il n'y en a point qui soit si preiudiciable aux actions de l'ame raisonnable, que la grande humidité, ny qui aiguise tant l'entendement, que fait la secheresse.

La troisiesme marque par où l'on reconnoist l'homme temperé, c'est au dire de Galien, quand on le void vertueux & doüé de bonnes mœurs, dautant que selon Platon, qu'vn hôme soit méchant & vicieux, cela procede de quelque qualité intemperée qui est en luy, & qui l'incite au peché : de sorte qu'en cette rencontre s'il veut faire vne action conforme à la vertu, il doit premierement renoncer à son inclination naturelle : là où l'homme qui sera tres bien temperé, tant qu'il demeurera en cet estat, n'a que faire d'apporter tant de soin ; il se peut asseurer que les puissances inferieures ne luy demanderont iamais rien qui soit contraire à la raison. Et partant Galien nous aduertit qu'il n'est pas besoin que nous reglions ce que doit boire & manger celuy qui iouyra de la bonté de ce temperament, parce que de soy-mesme il ne passe iamais la quantité ny la mesure que la Medecine luy pourroit prescrite. Et Galien ne se contente pas d'appeller ces gens là tres sobres, mais il dit encore que pour ce qui est des autres passions de l'ame, on n'a que faire de se trauailler a les moderer, parce que leur colere, leur tristesse & leur ioye s'aiustent tousiours au niueau de la raison. D'où vient qu'ils sont tousiours en santé & exempts des moindres maux; qui est la quatriesme marque.

Mais en cecy Galien n'a pas trop de raison, car il est impossible qu'vn homme soit composé de telle sorte, qu'il soit parfait en toutes ses facultez, & temperé comme est le corps, sans que l'Irascible & la Concupiscible soient superieures à la raison & l'incitent à pecher; De façon qu'il n'est pas à propos de permettre à personne quelque temperée qu'elle soit, de suiure tousiours son inclination naturelle, sans aller au deuant & sans la corriger par la raison. Ce qui s'entendra facilement, si nous considerons quel temperamēt doit auoir le cerueau, pour estre vn instrument propre à la faculté raisonnable; & quel doit auoir le cœur, afin que l'Irascible appete la gloire, le commandement, la victoire & la superiorité; & quel temperament doit auoir le foye pour cuire les viandes, & quel doiuent auoir les testicules pour conseruer & perpetuer l'espece humaine.

Quant au cerueau, nous auons dit plusieurs fois cy-dessus, qu'il doit auoir de l'humidité pour la memoire, de la secheresse, pour l'entendement, & de la chaleur, pour l'imagination. Mais nonobstāt cela, son naturel temperament, c'est d'estre froid & humide, & à cause du plus ou du moins de degrez de ces deux qualitez, quelquefois nous disons qu'il est chaud, & d'autrefois qu'il est froid, tantost qu'il est humide, & tantost qu'il est sec; cependant il n'est iamais sans que le froid & l'humide y predominent.

Le foye (où reside la faculté Concupiscible) a pour son temperament naturel, vne chaleur & vne humidité predominantes, duquel temperament il ne sort iamais tant que l'homme est viuant. Et si nous disons quelquefois qu'il est froid; c'est parce qu'il n'a pas alors tous les degrez de chaleur que ses operations demandent.

Pour ce qui est du cœur (qui est l'instrument de la faculté Irascible) Galien dit qu'il est si chaud de sa propre nature, que si durant que l'animal est en vie, nous pouuions mettre le doigt dans ses cauitez, nous ne l y souffririons pas vn moment, tant il bruleroit. Et quoy que nous disions quelquefois du cœur, qu'il est froid; nous ne deuons iamais entendre que la froideur y predomine, (car cela est impossible) mais seulement qu'il n'a pas tous les degrez de chaleur dont ses actions auroient besoin.

Quant à ce qui regarde les testicules (où reside vne partie de la faculté Concupisciple) la mesme raison a lieu, parce que leur naturel temperament, c'est que le chaud & le sec y predominent. Et si nous disons quelquefois d'vn homme, qu'il a ces parties là froides, cela ne se doit pas entendre absolument, ny que la froideur y predomine, mais seulement qu'il a faute des degrez de chaleur dont la faculté generatiue a besoin.

D'icy l'on infere clairement, que si

l'homme est bien composé & bien organisé, il doit necessairement auoir au cœur vne chaleur excessiue, ou autrement la faculté Irascible demeurera trop lâche; & que si le foye n'est chaud par excez, il ne pourra cuire les aliments, ny faire du sang pour nostre nourriture: & que si les testicules n'estoient beaucoup plus chauds que froids, l'homme se trouueroit impuissant & sans vertu pour engendrer.

De sorte que ces parties là estant pourueuës des forces que nous auons dites; il faut de necessité que le cerueau vienne à s'alterer par la grande chaleur (qui est l'vne des qualitez qui troublent plus la raison) & ce qui est de pis, c'est que la volonté quoy que libre de sa nature, s'ébranle & s'incline à condescendre aux appetits de la portion inferieure. A ce compte, il semble que la Nature ne puisse pas former vn homme qui soit accomply en toutes ses facultez, & faire en mesme temps qu'il soit porté à la vertu.

Combien c'est vne chose qui repugne

à la nature de l'homme, de venir au mõde tout enclin à la vertu, on le connoiſtra clairement ſi l'on conſidere la compoſition du premier homme ; car encore qu'elle fuſt la plus acheuée qui ſe trouua iamais dans l'eſpece humaine (excepté celle de Ieſus Chriſt noſtre Sauueur) & faite de la main d'vn ſi grand Ouurier, neantmoins ſi Dieu ne luy euſt infus vne certaine qualité ſurnaturelle, pour reprimer la partie inferieure, il eſtoit impoſſible, en s'arreſtant aux principes de ſa nature, qu'il ne ſe ſentiſt porté au mal. Or que Dieu euſt muny Adam d'vne parfaite Iraſcible & Concupiſcible, il ſe void euidemment en ce que quand il leur dit & commanda *de Croiſtre, de Multiplier & de Remplir la Terre* ; il eſt certain qu'il leur donna vne forte puiſſance pour engendrer, & qu'il ne les crea pas froids, puis qu'il leur enioignit, comme porte le texte, de remplir la terre d'hommes ; ce qui ne ſe pouuoit pas faire ſans beaucoup de chaleur.

Il ne donna pas moins de chaleur à la faculté nutritiue, par le moyen de la quelle ils deuoient reparer la substance perduë & en restablir vne autre en sa place, puis qu'il leur dit, *voila ie vous ay donné toute sorte d'herbes qui portent semence sur la terre, & toute sorte d'arbres qui renferment en eux mesmes dequoy produire leurs semblables, afin qu'ils seruent à vous nourrir.* Car si Dieu leur eust donné vn foye & vn estomach froids, & qu'ils n'eussent pas eu beaucoup de chaleur, il est certain qu'ils n'auroient pas pû digerer les viandes, ny se conseruer neuf cent trente ans dans le monde.

Il fortifia aussi le cœur d'Adam, & luy donna vne faculté Irascible propre à estre Roy, & à commander tout le monde. Et dit, *Assubiettissez vous la terre & que vostre domination s'estende sur les poissons de la mer, & sur les oyseaux de l'air, & generalement sur tous les animaux qui ont mouuement dans l'vniuers.* Or s'il ne luy auoit donné beaucoup de chaleur, il n'auroit eu ny courage ny authorité pour prendre empire & cōmandement, ny pour éclater auec gloire, majesté & honneur. Quel tort fait à vn

Prince d'auoir l'Irascible foible, on ne le sçauroit assez comprendre, puisque par là seulement il vient à tomber dans le mespris, à n'estre ny craint ny obey, ny respecté de ses subjets.

Apres auoir fortifié l'Irascible & la Concupiscible en donnant aux parties que nous auons dites, vne si grande chaleur, il passa à la faculté raisonnable, & fit vn cerueau froid & humide en tel point & d'vne substance si delicate, que l'ame peust par son moyen raisonner & philosopher, & se seruir de la science infuse ; Car nous auons desia dit & prouué cy dessus, que quand Dieu a dessein de donner aux hommes quelque science surnaturelle, il leur prepare premierement l'esprit & les rend capables par des dispositions naturelles qu'il départ de sa main propre, de receuoir cette science : C'est pourquoy le texte sacré porte ces mots: *Et il leur donna l'esprit de meditation, & les remplit de la discipline de l'entendement.*

La faculté Irascible & la Concupiscible se trouuant donc si puissantes à cause de la grande chaleur, & la raisonnable si foible & de si peu de resistance, Dieu les munit d'vne qualité surnaturelle, que les Theologiens appellent *Iustice originelle*, par le moyen de laquelle se reprimoient les efforts de la portion inferieure, & la partie raisonnable demeuroit la maistresse, & l'homme par cõsequent enclin à la vertu. Mais nos premiers peres perdirent en pechant, cette qualité, & la faculté Irascible & la Concupiscible rentrerent dans leurs droits, & furent superieures à la raison (par la force des trois membres dont nous auons parlé) & l'homme en suitte de cela porté au mal dés son enfance. Adam fut créé en l'aage de l'adolescence, lequel selon les Medecins est le plus temperé de tous, & depuis cet aage-là fut enclin au mal, horsmis le peu de temps qu'il demeura en grace, & pourueu de la Iustice originelle.

De cette doctrine on peut inferer en bonne philosophie naturelle, que si l'homme doit faire quelque acte de vertu auec repugnance de la chair, il est impossible qu'il agisse sans estre assisté du secours exterieur de la grace, pource que les qualitez par lesquelles opere la faculté inferieure, sont de bien plus grāde efficace. I'ay dit, auec repugnance de la chair : dautant qu'il se trouue force vertus dans l'homme, qui viennent de ce que l'Irascible & la Concupiscible sont foibles, comme est la chasteté en l'homme froid, mais cela est plustost vne impuissance ou vn vice du corps, qu'vne vertu de l'ame.

De façon que sans que l'Eglise Catholique nous l'enseigne, que nous ne sçaurions vaincre nostre inclination, qu'auec vne assistance speciale de Dieu, la philosophie naturelle nous l'apprend. Ce secours particulier, c'est la grace qui fortifie nostre volonté. Ce qu'a voulu donc dire Galien, est que l'homme temperé surpasse en vertus les autres qui n'ont pas ce bon temperament, parce que ce bon temperament se trouue bien moins sollicité de la partie inferieure.

La cinquiesme marque & proprieté de ceux qui ont cette bonne temperature, c'est qu'ils sont de fort longue vie, dautant qu'ils font tres-puissants pour resister aux causes & occasions qui font les hommes malades. C'est ce qu'a voulu dire le Prophete Roy Dauid en ces termes, *Le nombre des années que viuent ordinairement les hommes, va iusqu'à soixante & dix, & si les plus puissans passent iusques à quatre-vingt, depuis qu'ils ont attaint ce terme là, ce n'est plus que misere & douleur, & ils meurent plustost qu'ils ne viuent.* Il appelle *puissants* ceux qui font de cette bonne paste & complexion, parce qu'ils resistent mieux que tous les autres, aux occasions qui abbregent la vie.

La derniere marque est donnée par Galien, quand il dit qu'ils sont tres-prudents, de grande memoire pour le passé, de grande imagination pour deuiner l'auenir & de grand entendement pour decouurir la verité en toutes choses. Ils ne sont ny malicieux, ny fins, ny rusez, car tout cela procede d'vn temperament vicieux.

Il est certain que la Nature n'a pas fait vn esprit comme celuy-là dont nous parlons, pour apprendre la langue Latine, la Dialectique, la Philosophie, la Medecine, la Theologie, ny les Loix: car encore qu'il peust venir aisément à bout de chacune de ces sciences, pas vne pourtant ne peut remplir toute sa capacité. Il n'y a que la charge & ministere de Roy qui ait du rapport & de la correspondance auec luy, & il ne se doit seulement employer qu'à gouuerner & à faire le maistre.

Cecy se connoistra clairement, si nous voulons parcourir toutes les marques & proprietez que nous auons rapportées des hommes temperez, en prenant garde comme chacune est sortable à la Royauté, & conuient mal à tous les autres arts & sciences.

Estre beau & agreable à vn Roy, c'est vne des choses qui conuie le plus les suiets à luy vouloir du bien & à l'aimer, parce que, comme dit Platon, l'objet de l'amour c'est la beauté & la bonne proportion ; & si le Roy est difforme & mal auenant, il est tres mal-aisé qu'il gagne l'affection des siens ; tant s'en faut

faut, ils ont quelque honte de voir que la Fortune ait esleué au dessus d'eux pour les regir & commander, vn homme imparfait & qui n'a pas seulement les biens de la Nature.

D'estre vertueux & de bonnes mœurs, on comprend assez de quelle importance cela est; d'autant que celuy qui doit regler la vie des suiets, & leur donner des Loix pour se conduire selon la raison, il faut bien dis-ie que celuy-là fasse ce qu'il ordonne; car tel qu'est le Roy, tels sont les grands, les mediocres & les petits Outre que par ce moyen il authorisera d'auantage ses commandemens, & pourra à meilleur & plus iuste tiltre, chastier ceux qui y contreuiendront.

Estre parfait en toutes les facultez qui gouuernent l'homme (la Generatiue, la Nutritiue, l'Irascible & la Raisonnable) c'est vne chose plus conuenable à vn Roy qu'à qui que ce soit; parce que au dire de Platon, dans vn Estat bien ordonné, il deuroit y auoir des gens qui eussent soin des mariages, & qui sceussent découurir par art les qualitez des personnes qui se veulent marier, afin de donner à chaque homme, la femme qui a plus de rapport auec luy, & à chaque femme, l'homme qui semble nay pour elle. Si l'on vsoit de cette diligēce, on ne seroit iamais frustré de la principale fin du mariage. En effet, nous voyons par espreuue qu'vne femme n'a peu auoir d'enfans auec son premier mary, & qu'incontinent qu'elle a esté mariée à vn autre, elle en a eu; & beaucoup d'hommes qui n'auoient peu auoir d'enfans de leur premiere femme, en auoir aussi-tost qu'ils ont esté remariez à vne autre. Mais ce dit Platon, c'est aux mariages des Roys qu'il faudroit principalement se seruir de cet art: car comme c'est vne chose de tres-grande importance pour la paix & pour le repos d'vn Royaume, que le Prince ait des enfans legitimes pour luy succeder, il pourroit arriuer qu'vn Roy qui se mariroit au hazard, rencontreroit vne femme sterile, qui le retiendroit toute sa vie dans le desespoir d'auoir lignée, & que mourant sans heritiers, il ne laisseroit à ses peuples que des guerres ciuiles & des disputes sanglantes à qui seroit le Maistre.

Mais cet art, ce dit Hippocrate, ne se doit employer qu'enuers les hommes intemperez, & non à l'endroit de ceux qui ont ce parfait temperament que nous auons depeint : Ces derniers n'ont que faire de se trauailler au choix d'vne femme, ny de chercher laquelle a plus de rapport auec eux; car comme dit Galien, auec quelque femme qu'ils se marient, ils ne manqueront pas d'auoir aussi tost des enfans : Cela s'entend si la femme est saine & en l'age auquel (selon le cours de Nature) les femmes ont accoustumé d'en auoir. De sorte que la fœcondité est meilleure & plus à souhaitter en vn Roy qu'en pas vn autre, pour les raisons que nous auons touchées.

La faculté nutritiue, si elle est auide & gourmande, & qu'elle nous porte à boire & à manger par excez, Galien dit que cela vient de ce que l'estomach & le foye n'ont pas le temperament qui est

Pp ij

conuenable à leurs actions : Ce qui fait que les hommes sont luxurieux, maladifs & de courte vie : Mais si ces parties-là sont temperées & composées comme elles le doiuent estre, le mesme Galien dit qu'elles n'appetent pas de boire ny de manger plus qu'il ne faut pour le souftien de la vie. Cette derniere qualité est de telle importance à vn Roy, que Dieu repute bien-heureuse la terre qui rencontrera vn tel Prince, *Bien-heureuse la terre, dont le Roy est vrayement noble & genereux, & dont les Princes prennent leurs repas en temps & lieu, pour se reparer, & non pour exciter ny satisfaire leur luxure.*

Pour ce qui est de la faculté Irascible, Galien dit que si elle est trop forte ou trop foible, c'est signe que le cœur n'est pas bien composé & n'a pas la temperature dont il a besoin pour agir parfaitement ; Desquelles deux extremitez le Roy doit estre esloigné plus qu'aucune autre personne ; car de ioindre la colere au pouuoir, c'est vne chose tres mauuaise pour les suiets. Il n'est pas non plus bon pour vn Roy d'auoir cette faculté Irascible trop lâche, parce qu'en passant legerement pardessus les choses mal faites & insolemment attentées en son Royaume, il se rend méprisable & perd la reuerence des siens; ce qui cause d'ordinaire de grands desordres dans vn Estat, & des maux presque irremediables. Mais quand l'homme est temperé, il se courrouce auec raison & s'appaise lors qu'il le faut; qualité aussi necessaire à vn Roy, que toutes les autres dont nous auons parlé.

Combien il importe que la faculté raisonnable (l'imagination, la memoire & l'entendement) soit parfaite dans vn Roy plus qu'en pas vn autre, on le void aisément en ce que, pour les autres arts & sciences, il semble qu'on les puisse acquerir & pratiquer par les forces de l'esprit humain; mais quant à ce qui est de gouuerner vn Royaume & de le maintenir en paix & en concorde, il ne faut pas seulement qu'vn Prince soit doué d'vne prudence naturelle pour cela, il est necessaire de plus que Dieu l'assiste d'vne grace particuliere & conduise son entendement : c'est ainsi que le remarque la sainte Escriture, quand elle dit, *Que le cœur des Roys est dans la main de Dieu.*

Viure plusieurs années & tousiours en santé, c'est aussi vne proprieté qui conuient mieux à vn bon Roy qu'à qui que ce soit, dautant que son industrie & son trauail font le bien public, & que s'il n'a assez de santé pour y pouuoir subsister, c'est le malheur & l'entiere perte de l'Estat.

Toute cette doctrine que nous auons rapportée, se confirmeroit mieux si nous trouuions par des Histoires croyables, qu'on eust autrefois esleu pour Roy quelque fameux personnage, qui auroit eu toutes les marques & conditions que nous auons notées. Mais la verité a cet auantage, qu'elle ne manque iamais de preuue.

La saincte Escriture raconte que Dieu estant courroucé contre Saül (pour auoir donné la vie à Malec) il commanda à Samüel d'aller à Belem, & d'oindre pour

Roy d'Israël, vn fils d'Yſay, de huit qu'ils eſtoient. Et que ce Saint perſonnage, croyant que Dieu ſe contenteroit d'Eliab, à cauſe qu'il eſtoit de belle & haute ſtature, luy demanda, *Le Seigneur a-t'il ſon Oint pour agreable?* auquel il fut reſpondu de cette ſorte, *Ne prends pas garde à ſa haute ſtature, ny à cette belle repreſentation d'homme, car ie l'ay reietté, en ayant deſia fait l'experience dans Saül; Vous autres hommes iugez par ce qui paroiſt au dehors, mais moy ie conſidere la prudence dont on doit gouuerner mon peuple.*

Samüel eſtonné de ne pouuoir bien choiſir, paſſa outre à l'execution de ce qui luy eſtoit commandé ; demandant touſiours à Dieu de l'vn à l'autre, à qui il luy plaiſoit qu'il donnaſt l'onction de Roy, & comme Dieu n'eſtoit ſatisfait de pas vn; N'as tu point, dit il à Yſay, quelques enfans outre ceux que nous voyõs icy? Yſay luy reſpondit, qu'il en auoit encore vn qui gardoit les troupeaux, mais qu'il eſtoit petit de corps, s'imaginant que ce fuſt là vn grand défaut pour vn Roy, Samuel qui auoit deſia eſté aduerty que la grande stature n'estoit pas vn bon signe, l'enuoya querir. Et c'est vne chose à remarquer, qu'auparauant que la sainte Escriture raconte, comme il fut oint pour Roy, elle dit, *Il estoit roux & beau à voir, leuez-vous & l'oignez : car c'est celuy-là que ie veux.* De sorte que Dauid auoit les deux premieres marques que nous auons mises, il estoit roux & bien fait, & d'vne moyenne taille.

Qu'il ait esté vertueux & de bonnes mœurs (qui est nostre troisiesme marque) cela est aisé à connoistre, puisque Dieu dit de luy, *Qu'il auoit trouué vn homme selon son cœur.* Car encore qu'il pechast quelquefois il ne perdoit pour cela ny le nom de vertueux, ny l'habitude de la vertu ; non plus que celuy qui a contracté vne habitude au mal, quoy qu'il fasse quelques bonnes actions morales, ne perd pas pour cela le nom de mechant & de vicieux.

Qu'il ait vescu en santé durant le cours entier de sa vie, il semble qu'on le puisse prouuer de cecy, qu'en toute son histoire, il n'est fait mention que d'vne seule infirmité, qui est vne indisposition à laquelle sont subiets ceux qui viuent long-temps; c'estoit que sa chaleur naturelle estant dissipée & perduë, il ne pouuoit eschauffer dans le lit: pour à quoy remedier, on couchoit aupres de luy vne ieune fille qui luy communiquoit de sa chaleur; en fin il vesquit tant d'années, que le texte sacré dit, *Qu'il mourut dans vne bonne vieillesse, plein de iours, de richesses, & de gloire,* apres auoir tant souffert à la guerre, & fait vne si grande penitence de ses pechez; Et tout cela parce qu'il estoit temperé, & bien composé, de sorte qu'il resistoit à tout ce qui a de coustume de causer des maladies, & d'accourcir la vie de l'homme.

Sa grande prudence & son grand sçauoir furent remarquez par ce seruiteur de Saül, lors qu'il dit, Seigneur, ie connois vn excellent Musicien, fils d'Ysay, natif de Belem, courageux pour le combat, auisé en ses discours, & tresbeau à regarder: par lesquels signes dont nous auons parlé, il est certain que Dauid estoit vn homme temperé, & que c'est à ces gens-là que le sceptre est deu, dautant qu'ils sont pourueus du meilleur esprit que puisse produire la Nature.

Mais il se presente vne tres grande difficulté contre cette doctrine, qui est de sçauoir pourquoy, veu que Dieu connoissoit tous les esprits & habiletez d'Israël, & connoissoit que les hommes temperez sont doüez de la prudence & sagesse dont la fonction Royale a besoin, pourquoy dis ie, dés la premiere election qui fut faite, Dieu ne chercha pas vn homme comme cela? tant s'en faut, le texte porte que Saül estoit si haut, que des espaules, il passoit tout le peuple d'Israël: Or est-il que c'est vne mauuaise marque pour l'esprit, non seument en Philosophie naturelle, mais Dieu luy-mesme (ainsi que nous auons monstré) reprit Samüel de ce que touché de la grande stature d'Eliab, il le vouloit oindre pour Roy.

Toutesfois cette difficulté tesmoigne seulement qu'il est vray ce qu'a dit

Galien, que hors de la Græce, c'est vne resuerie de chercher vn homme temperé : puisque parmy vn si grand peuple qu'estoit celuy d'Israël, Dieu n'en pût trouuer vn seul pour estre esleu Roy, mais qu'il fut besoin d'attendre que Dauid fust grand, & cependant faire choix de Saül, dautant que, comme dit le texte, il estoit le meilleur de tout Israël ; quoy qu'apres tout il deuoit auoir plus de bôté, que de sagesse : mais la bonté toute seule ne suffit pas pour gouuerner ; *Enseigne-moy la bonté, la discipline & la science*, disoit ce Prophete luy mesme, le Roy Dauid, voyant qu'il ne sert de rien à vn Roy d'estre bon & vertueux, s'il n'est tout ensemble prudent & sage.

Il sembloit que nous eussions assez bien confirmé nostre opinion par cét exemple du Roy Dauid : mais il nasquit aussi vn autre Roy en Israël, duquel il fut dit, *Où est celuy qui est né Roy des Iuifs ?*

Et si nous prouuions qu'il fut de poil roux, bien fait de sa personne, de moyéne taille, vertueux, sain, & remply de prudence & de sçauoir, cela ne nuiroit pas à nostre doctrine.

Les Euangelistes ne se font pas arrestez à nous rapporter quelle estoit la composition & complexion de nostre Seigneur ; parce que cela n'auoit rien de commun au suiet dont ils traitoient; mais il est fort aisé de le coniecturer, en supposant que toute la perfection que l'homme puisse auoir naturellement, c'est d'estre bien temperé ; & puisque ce fut le S. Esprit qui le forma & organisa, il est certain que ny la cause materielle, ny l'intemperie de Nazareth, ne luy purent resister, ny le faire faillir en son ouurage, (côme il arriue aux autres agents naturels) mais qu'il fit tout ce qu'il voulut, parce qu'il ne manqua ny de pouuoir, ny de sçauoir, ny de volonté pour former vn homme tres-parfait & qui n'eust pas le moindre défaut.

D'autant plus qu'il ne vint au monde (comme il dit luy-mesme) qu'à dessein de souffrir pour l'homme & de luy enseigner la verité. Or nous auons prouué cy-dessus, qu'vn tel teperament estoit le meilleur dont la Nature se pust seruir pour l'effect de ces deux choses: Si bien que ie tiens tres-vraye la Relation que Publius Lentulus Proconsul enuoya d'Hierusalem, au Senat de Rome; laquelle porte ainsi.

Il est apparu de nostre temps vn homme qui est maintenant en vie, pourueu de grande vertu & appellé Iesus-Christ; lequel les peuples nomment le Prophete de verité, & ses Disciples disent qu'il est le Fils de Dieu. Il ressuscite les morts & guerit les malades : C'est vne personne de moyenne & droite taille, & qui est fort agreable à voir; Son visage est si venerable, que ceux qui le regardét sont portez tout à la fois à l'aimer & à le craindre. Ses cheueux sont de la couleur d'vne aueline bien meure; ils tombent tout plats iusqu'au pres des oreilles, & depuis les oreilles iusqu'aux espaules ils sont de couleur de cire, mais beaucoup plus luisants. Il a sur le milieu du front & au haut de la teste vne petite raye à la façon des Nazaréens; Son front est vny, mais tres serain. Son visage est sans aucune ride ny tache, & d'vne couleur moderée. Pour le nez & la bouche, personne n'y sçauroit trouuer iustement à redire. Il a la barbe espaisse & semblable à ses cheueux ; elle n'est pas trop longue , & est fenduë par le milieu. Son regard est fort doux & fort graue; ses yeux pers & tres vifs. Quand il reprend, il estonne, & plaist lors qu'il admoneste; Il se fait aimer ; il est gay auec grauité ; iamais on ne l'a veu rire, si fait bien pleurer. Il a les mains & les bras tres beaux. Dans la conuersation , il contente fort, mais il s'y trouue rarement, & quand il y paroist , c'est auec beaucoup de modestie. Enfin à le voir, & à toutes ses façons, c'est le plus bel homme qui se puisse imaginer.

Dans cette lettre sont comprises trois ou quatre marques de l'homme temperé : La premiere, que ses cheueux & sa barbe estoient de la couleur d'vne aueline bien meure; qui, à la bien considerer, est d'vn roux brulé ; de laquelle couleur Dieu commandoit que fust la Genisse que l'on deuoit sacrifier sous la figure de Iesus-Christ. Et quand il fit son entrée au Ciel auec le triomphe & la maiesté qui estoient deus à vn tel Prince, quelques Anges qui ne sçauoient rien de son Incarnation, demanderent ; *Qui est celuy qui vient d'Edom*, c'est à dire de la terre rouge, *ayant les habits teints de Bosra*, c'est à dire de la mesme couleur ? eu égard aux cheueux & à la barbe qu'il auoit roux, & au sang dont il estoit marqué. La Relation porte encore que c'estoit le plus bel homme qu'on eust veu (qui est la seconde marque que doiuent auoir les hommes temperez) Aussi ce signe fut-il donné dans la sainte Escriture pour le connoistre ; *Sa façon sera specieuse par dessus tous les fils des hommes.* Et autre-part il est dit, *que ses yeux sont plus beaux & plus brillants que le vin, & ses dents plus blanches que le lait*: Laquelle beauté & auantageuse forme de corps, n'estoit pas de petite importance pour faire que tout le monde l'affectionnast & qu'il n'eust rien qui fust à fuyr. Et de fait, la Relation dit que chacun se portoit à l'aimer ; Elle dit encore qu'il estoit de moyenne stature ; non que le S. Esprit manquast de matiere pour le faire plus grand, s'il eust voulu; mais parce qu'en chargeant l'ame raisonnable de quantité d'os & de chair, on fait grand tort à l'esprit, comme nous auons prouué cy-dessus, par l'opinion de Platon & d'Aristote.

La troisiesme marque, qui est d'estre vertueux & de bonnes mœurs, est aussi confirmée par la mesme Relation; & les Iuifs auec tous leurs faux tesmoignages, ne peurent iamais prouuer le contraire, ny luy rien respondre, quand il leur demanda. *Qui de vous autres me reprendra de peché?* Et Iosephe, pour la fidelité qu'il deuoit à son Histoire, asseure de luy, qu'il sembloit estre d'vne nature plus qu'humaine, attendu sa grande bonté & sagesse. Il n'y a que la longue vie qui ne se peut pas verifier de Iesus-Christ nostre Sauueur, pour auoir esté fait mourir si ieune; mais si l'on n'eust point interrompu le cours de la Nature, il eust vescu plus de quatre-vingts ans. Car il est bien croyable que celuy qui a bien pû demeurer dans vn desert, qua-

rante

rante iours & quarante nuits, sans boire ny manger, & n'en est pas mort, ny mesme esté seulemét malade; se seroit beaucoup mieux deffendu des autres accidens plus legers qui peuuent alterer & offenser nostre temperament : Encore que ce fait soit reputé vn miracle & vne chose qui ne sçauroit pas arriuer naturellement.

Ces deux exemples de Roys, que nous auons rapportez, suffisoient pour donner à entendre que le sceptre est deu aux hommes temperez, & que ceux-là ont l'esprit & la prudence dont le Ministere Royal a besoin : Mais il s'offre vn autre homme formé des propres mains de Dieu, à dessein qu'il fust Roy & maistre de toutes les choses creées : Et Dieu voulut aussi qu'il fust roux, bien-fait, vertueux, sain, de tres longue vie & tres-prudent. La preuue dequoy ne nuira point non plus à nostre doctrine.

Platon tient pour vne chose impossible, que Dieu ny la Nature puissent faire vn homme temperé en vne region mal temperée; Et partant il dit que pour fai-

Q q

re le premier homme tres sage & temperé, Dieu chercha vn lieu, où la chaleur de l'air n'excedast point la froideur, ny l'humidité, la secheresse: Quoy que la sainte Escriture (d'où il a puisé cette opinion) ne dise pas que Dieu ait creé Adam dans le Paradis terrestre (qui est le lieu tres temperé dont parle Platon) mais qu'il l'y mit, apres qu'il fut formé. *Dieu donc enleua l'homme & le mit dans le Paradis de volupté, afin qu'il agist & qu'il le gardast.* Car comme le pouuoir de Dieu est infiny, & sa science sans mesure, & sa volonté portée à donner toute la perfection naturelle que puisse auoir l'homme dans son espece; il est croyable que le morceau de terre dont il le forma, ny l'intemperie du champ Damascene (où il fut creé) ne peurent pas empescher qu'il ne sortist temperé d'entre ses mains. L'opinion de Platon, d'Aristote & de Galien a lieu dans les œuures de la Nature; & si encore, aux regions intemperées, elle vient quelquefois à produire vn homme temperé.

Or qu'Adam euſt les cheueux & la barbe roux (qui eſt la premiere marque de l'homme temperé) c'eſt vne choſe tres claire) car eu égard à ce ſigne ſi notable, on luy donna ce nom d'Adam, qui veut dire, comme l'interprete ſainct Hieroſme, *homme roux.*

On ne peut pas nier non plus qu'il ne fuſt bien fait, bien pris & bien tiré (qui eſt la ſeconde marque) puis qu'auſſi-toſt que Dieu eut acheué de le creér, le texte dit, *qu'il vit toutes les choſes qu'il auoit faites, & qu'elles luy ſemblerent parfaitement bien.*

Il eſt donc aſſeuré qu'il ne ſortit pas laid ny de mauuaiſe taille, des mains de Dieu, parce que *toutes ſes œuures, ce ſont des œuures acheuées.* D'autant plus que le texte dit, qu'il n'y auoit pas iuſqu'aux arbres qui ne fuſſent beaux à voir. Qu'a ce eſté donc d'Adam que Dieu s'eſtoit propoſé pour fin principale & pour eſtre le maiſtre & l'arbitre de tout le monde?

Qu'il ait eſté vertueux, ſage & de bonnes mœurs (qui ſont la troiſieſme & la ſixieſme des marques) on le recueille de ces mots, *faisons vn homme à nostre image & ressemblance;* parce que selon les Philosophes anciens, le fondement de la ressemblance de l'homme auec Dieu, n'est autre chose que la vertu & la sagesse. Ce qui a fait dire à Platon, que l'vn des plus grands contentemens que Dieu reçoiue là haut au Ciel, c'est d'ouyr qu'on louë & qu'on aggrandisse sur la terre, l'homme sage & vertueux; dautant qu'vn tel homme est sa plus expresse image & comme sa viuante peinture. Au contraire il s'irrite quand les ignorants & vicieux sont en estime & en honneur, à cause de la dissemblance qui se trouue entre luy & eux.

Qu'il ait vescu sain & long-temps (qui sont la quatriesme & la cinquiesme marque,) cela n'est pas difficile à prouuer, puis qu'il a vescu neuf cent trente ans complets. Si bien que ie puis maintenant conclurre, que celuy qui sera roux, bien fait, de moyenne taille, vertueux sain & de longue vie, doit estre necessairement tres prudent, & qu'il a l'esprit que demande la Royauté. Nous auons

des Esprits.

par le mesme moyen fait voir en passant, de quelle façon se peut ioindre vn grand entendement auec beaucoup d'imagination & de memoire; encore que cela se puisse faire aussi sans que l'homme soit temperé; mais la Nature en fait si peu de cette derniere sorte, que parmy tous les esprits que i'ay examinez, ie n'en ay sceu rencontrer que deux.

Comment se peuuent assembler vn grand entendement, vne grande imagination & vne grande memoire, l'homme n'estant pas temperé, c'est vne chose aisée à comprendre, si nous supposons l'opinion de quelques Medecins qui affirment, que l'imagination est en la partie de deuant du cerueau, la memoire, en la partie posterieure, & l'entendement au milieu; ce qui se pourroit soustenir aussi suiuant nostre pensée & doctrine : mais c'est vn grand coup de hazard, que le cerueau n'estant pas plus gros qu'vn grain de poiure, au temps que la Nature commence à le former, elle fasse l'vn des ventricules de semence tres chaude, l'autre, de semence tres humide, & celuy du milieu, de semence tres seche; quoy qu'apres tout ce ne soit pas vne chose impossible.

CHAPITRE XVIII.

Tres considerable.

Où se rapporte de quelles diligences doiuent vser les Peres pour engendrer des enfans sages & pourueus de l'esprit que demandent les sciences.

C'Est vne chose digne de grande admiration, que la Nature estant telle que nous sçauons tous, prudente, adroite, pleine d'artifice, de science & de pouuoir; & l'homme, vn ouurage où elle se fait voir si excellente; neantmoins pour vne personne qui sera sage & auisée, elle en produira vne infinité qui manqueront d'esprit; duquel effet, comme i'ay cherché les raisons & les causes naturelles, i'ay trouué à la fin que la faute venoit de ce que les peres ne s'approchoient pas à l'acte, dans l'ordre que la Nature a establoy, & qu'ils ignoroient les conditions qui se doiuent obseruer pour faire que leurs enfans soient prudents & sages : car par la mesme raison, qu'en quelque pays que ce soit, ou temperé ou intemperé, vient à naistre vn homme auec grand esprit, il s'en engendrera cent mille autres, si l'on garde tousiours le mesme ordre dans les causes. Si nous pouuions donc par art apporter quelque remede à cecy, nous pourrions aussi nous vanter d'auoir fait à l'Estat le plus grand bien qu'il soit capable de receuoir : mais la difficulté qu'il y a en cette matiere ; c'est qu'on ne la sçauroit traiter auec des termes bienseants & respectueux, & tels que demande cette honte si naturelle aux hommes. Et dés-là que nous laisserōs quelque chose à dire, & à remarquer quelque soin ou consideration necessaire; il est tres-asseuré que tout le reste ira mal; de sorte que c'est l'opinion de plusieurs grands Philosophes, que les hommes sages n'engendrent pour l'ordinaire que des lourdauts, dautant que par vn certain égard à l'honnesteté, ils s'abstiennent en l'acte, de quelques diligences importātes pour faire que le fils participe de la sagesse du pere. De cette pudeur naturelle qu'ont les yeux, quand on expose deuant eux les parties qui seruent à la generation, & de cette offence que nous tesmoignons receuoir lors que leurs noms sonnent à nos oreilles ; quelques Philosophes anciens ont essayé de trouuer la raison, s'estonnant de voir que la Nature eust trauaillé ces parties là auec tant de soin, & pour vne fin de si grande importance, comme est celle d'immortaliser l'espece humaine ; & que neantmoins plus vn homme est sage & prudent, & plus il se déplaist de les voir, ou de les entendre nommer.

La pudeur & l'honnesteté, à ce que dit Aristote, est la passion propre de l'entendement, & quiconque ne s'offensera pas d'ouyr parler du nom des instrumens & de l'acte de la generation, il est certain que celuy-là est tout à fait depourueu de cette puiſſance ; comme nous dirions celuy-là priué du ſens de l'attouchement, qui ne ſe ſentiroit pas bruler en tenant ſa main au milieu du feu.

Ce fut par cét indice là que le vieux Caton découurit que Manilius, perſonne de qualité illuſtre, manquoit d'entendement, quand on luy dit qu'il baiſoit ſa femme en preſence d'vne fille qu'il auoit ; ſi bien qu'il le priua de ſa charge, & iamais on ne pût depuis gagner ſur luy, qu'il rentraſt au Senat.

De cecy Ariſtote propoſe vn Probleme, quand il demande, *Pourquoy ſi l'homme conuoite l'action de la chair, il a honte de le declarer, & s'il a enuie de boire ou de manger, ou de quelque autre choſe ſemblable, il ne fait point de difficulté de le publier hautement ?* Auquel Probleme il reſpond tres mal, à mon aduis, lors qu'il dit, qu'il y a des appetits de pluſieurs choſes qui ſont neceſſaires à la vie de l'homme, & qui ſont quelquefois de ſi grande importance, que ſi on ne les ſatisfait, la mort s'en enſuit : Là où le deſir de Venus eſt pluſtoſt vn *tesmoignage d'abondance que de défaut.*

Mais en effet, & le Probleme & la responſe ſont faux ; car non ſeulement l'homme a honte de decouurir le deſir qu'il a de s'approcher de la femme, mais il a honte auſſi de boire, de manger & de dormir. Et s'il luy prend enuie de vuider quelque excrement, il ne l'oſe ny dire ny faire qu'auec peine & pudeur, encore ſe va-t'il cacher au lieu le plus ſecret & retiré. Nous voyons meſme de certaines perſonnes ſi pleines de cette honte, qu'ayant grãde enuie de lâcher de l'eau, elles ne le peuuent faire ſi quelqu'vn les regarde; mais auſſi-toſt qu'elles ſe trouuent ſeules, elles ne reſſentent plus aucun empeſchement. Or eſt-il que ce ſont là des deſirs de chaſſer ce qui eſt de ſuperflu dans le corps, & dont ſi l'homme ne s'acquittoit, il viendroit à mourir, & pluſtoſt encore, qu'à faute de boire & de manger. Que ſi quelqu'vn parle de cela ou le fait, en la preſence d'vn autre, Hippocrate dit nettement, que celuy-là n'eſt pas en ſon bon ſens.

Galien dit que la ſemence à le meſme

rapport auec les vaisseaux spermatiques, que l'vrine auec la vessie; car tout ainsi que la quantité d'vrine irrite la vessie pour la laisser sortir, de mesme la quantité de semence pique les vaisseaux qui la gardēt. Que si Aristote croit que l'hōme & la femme ne viendroient pas à estre malades & à mourir par vne trop grande retention de semence, c'est contre l'opinion de tous les Medecins, principalement de Galien, qui affirme que plusieurs femmes, qui estoient demeurees veufues fort jeunes, sont venuës à perdre le sentiment & le mouuement, le poux, & la respiration, & aprés cela, la vie. Et Aristote luy mesme raconte quantité de maladies, ausquelles sont sujets les hommes continents, pour la mesme raison.
La vraye responce à ce probleme, ne se peut pas donner dans la Philosophie naturelle; parce que cela n'est pas de sa jurisdiction, de sorte qu'il est necessaire de passer à vne autre science superieure, qu'on appelle Metaphysique; où Aristote dit, que l'ame raisonnable est la dernie-

re & la plus basse de toutes les Intelligences, & parce que sa nature est de mesme genre que celle des Anges, elle se trouue confuse de se voir logée en vn corps qui participe auec les bestes brutes.

Aussi la sainte Escriture remarque-t'elle comme vne chose qui contient quelque mystere, que le premier homme estant nu, n'en auoit point de hôte; mais que lors qu'il se vid en cet estat-là, il se couurit incontinent, & c'est quand il reconnut qu'il auoit perdu l'immortalité par sa faute; que son corps estoit suiet à s'alterer & à se corrompre; qu'on luy auoit donné ces parties qu'on ne nomme point, parce qu'il deuoit necessairement mourir & laisser vn successeur en sa place; & que pour conseruer le peu de temps qu'il auoit à viure, il falloit qu'il beust & mangeast & se deffist de si sales excremens. Sa honte redoubla quand il vit que les Anges, auec qui il alloit du pair, estoient immortels, n'auoient aucun besoin de manger, de boire, ny de dormir, pour maintenir leur

estre, & n'auoient point de ces parties-
là pour s'engendrer les vns les autres:
tant s'en faut ils furent creez tous ensemble sans estre sortis d'aucune matiere, & sans crainte ny danger de corruption: De toutes lesquelles choses les
yeux & les oreilles sont ie ne sçay comment naturellement informez; de sorte
que l'ame raisonnable se fasche & a honte qu'on luy remette en memoire les
choses qui furent données à l'homme
comme estant mortel & corruptible.

Et que ce soit là la vraye responce, il
paroist clairement, en ce que Dieu pour
contenter l'ame, apres le Iugement vniuersel, & pour la rendre iouyssante d'v-
ne gloire entiere, doit faire que nostre
corps ait toutes les proprietez d'vn Ange, en luy donnant la subtilité, l'agilité,
l'immortalité & la splēdeur; à raison dequoy il n'aura plus besoin de boire ny de
manger ainsi qu'vne beste brute. Et lors
qu'on sera dans le Ciel en cét estat-là,
on n'aura point de honte de se voir nu,
non plus que n'en ont point à cette heure nostre Sauueur ny sa sainte Mere. Au

contrairē ce fera vne gloire accidentelle, de voir que l'vfage de ces parties là foit ceffé, qui auoient accouftumé de bleffer & l'oreille & la veuë.

Ayant donc égard à cette honnefteté naturelle de l'ouye, i'ay tafché d'euiter les termes durs & rudes de cette matiere, & de me feruir des façons de parler les plus douces; & là ou ie n'auray peu m'en échapper, le Lecteur me pardonnera, s'il luy plaift; dautant que de reduire en vn art parfait, ce qu'il faut obferuer pour faire que les hommes naiffent tous d'vn efprit fort delicat; c'eft vne des chofes dont l'Eftat a plus de befoin. Outre que par cette raifon là mefme, ils feront vertueux, bien-faits, fains & de longue vie,

Il m'a femblé bon de diuifer en quatre principales parties, le fuiet de ce chap. afin de donner plus de iour à ce qui fe doit dire; & que le Lecteur n'y trouue point de confufion. Nous monftrerons premierement, les qualitez & le temperamēt naturel que doiuent auoir l'homme & la femme pour pouuoir engen-

des Esprits. 619

drer. Secondement, quelles diligences doiuent apporter les peres & les meres pour faire des garçons & non des filles. Tiercement, par quels moyens ils naistront sages & non hebetez. En dernier lieu, comment on les doit éleuer depuis qu'ils sont au monde, afin de leur conseruer l'esprit.

Pour venir donc au premier point, nous auons desia rapporté de Platon, qu'en vn Estat bien policé, il deuroit y auoir certaines personnes qui eussent charge des mariages, & qui sceussent connoistre par art les qualitez de ceux qui voudroient se ranger sous ce ioug ; à dessein de donner à chaque homme la femme qui auroit plus de rapport auec luy, & à chaque femme, l'homme qui luy seroit le plus sortable.

Sur laquelle matiere Hippocrate & Galien auoient commencé de trauailler, & donné quelques preceptes & regles pour connoistre quelle femme est fœconde, & quelle ne l'est pas, quel homme est inhabile à la generation, & quel autre au contraire y est propre &

peut auoir lignée ; mais ils n'ont dit que fort peu de choses de tout cecy, & non pas si distinctement qu'il estoit à propos (du moins pour le suiet dont i'en aurois besoin) Et partant il sera necessaire de reprendre cet art dés ses principes, & de luy donner briefuement tout l'ordre qui est requis, afin de sçauoir nettement, de quel accouplement de pere & de mere sortent des enfans sages, & de quel autre, ils naissent hebetez & lourdauts.

Pour à quoy paruenir, il faut estre instruit auparauant d'vne certaine philosophie particuliere, qui bien qu'elle soit tres manifeste & tres claire à ceux qui sont experimentez dant l'art, ne laisse pas d'estre ignorée & negligée du commun ; & cependant tout ce que nous deuons auancer touchât le premier point, depend de cette connoissance; C'est à sçauoir que l'homme, quoy qu'il nous paroisse composé comme nous le voyons, ne differe d'auec la femme, au dire de Galien, qu'en ce qu'il a hors du corps les parties destinées à la generation: Car si nous faisons l'anatomie d'vne ne femme, nous trouuerons qu'elle a en dedans deux testicules, deux vaisseaux spermatiques, & vne matrice, tout cela composé de la mesme sorte que cette partie qui marque l'autre sexe, sans qu'il y ait la moindre ressemblance à redire. Ce qui est si veritable, que si la Nature acheuant de faire vn homme parfait, le vouloit changer en vne femme, elle n'auroit qu'à repousser au dedans, les instrumens qui seruent à la generation: Et si, apres auoir fait vne femme, il luy prenoit enuie de la changer en vn homme, elle n'auroit qu'à tirer en dehors la matrice & les testicules, pour venir à bout de son dessein.

C'est vne chose qu'il est arriué souuent à la Nature de faire, la Creature estant ou dedans ou dehors le corps: Les Histoires sont pleines de telles auantures; mais quelques-vns ont creu cela fabuleux, voyant que les Poëtes en auoient fait leur profit, cependant il n'y a rien de plus certain. Car bien souuent la Nature a fait vne fille qui est demeurée telle vn mois ou deux dans le ventre de la mere; & furuenant aux parties genitales vne abondance de chaleur par quelque rencontre, ce qui est forty au iour, s'est trouué vn masle bien formé. A qui ce changement est arriué dans le ventre de la mere, on le connoist apres clairement, à de certains mouuemens & gestes qui sont messeants à vn homme, & tout a fait moûs & effeminez; & à vne voix douce & melodieuse; telles personnes sont enclines aux actions de la femme, & tombent d'ordinaire dans le peché abominable.

Tout au contraire, la Nature a bien souuent fait vn garçon auec ses parties genitales au dehors, & suruenāt quelque froideur, elle les fait r'entrer au dedans, & ce garçon deuient fille. On le reconnoist apres qu'elle est née, en ce qu'elle a tout l'air d'vn homme, tant en son parler, qu'en tous ses autres mouuemens & actions. Cecy semble difficile à prouuer, mais aisé à croire, si nous considerons ce qu'en asseurent plusieurs Historiens dignes de foy. Et que des femmes ayent esté changées en hommes, depu-

qu'elles ont esté nées, le peuple ne s'estonne pas de l'ouyr dire, car outre ce qu'en rapportent plusieurs Autheurs anciens comme vne verité; c'est vne chose qui arriua en Espagne, il n'y a pas long-temps, & ce que l'experience nous monstre, ne reçoit point de contredit.

Or comment & par quelle cause s'engendrent les parties genitales ou dedans ou dehors, & pourquoy l'on vient au monde ou masle ou femelle, on le reconnoistra clairement, si l'on se ressouuient que le propre de la chaleur, c'est de dilater & d'estendre toutes choses, & le propre de la froideur, de les recueillir & resserrer. Aussi est-ce l'opinion de tous les Philosophes & Medecins, que si la semence est froide & humide, il se fait vne fille & non vn garçon; & que si elle est chaude & seche, il s'engendre vn garçon & non vne fille. D'où l'on infere euidemment, qu'il n'y a point d'hôme qui se puisse appeller froid, au regard de la femme, ny de femme qui se puisse dire chaude, au respect de l'homme.

Aristote dit que la femme pour estre

fœcõde, doit estre froide & humide, dautant que si elle ne l'estoit, il ne seroit pas possible qu'elle eust ses purgations, ny du lait pour substenter neuf mois entiers la Creature dans son ventre, & deux ans après qu'elle est venuë au monde, mais tout se dissiperoit & consumeroit.

Tous les Philosophes & Medecins tiennent que la matrice a le mesme rapport auec la semence humaine, que la terre auec le froment ou quelque autre semence : Or nous voyons que si la terre n'est froide & humide, les laboureurs n'osent semer, & que ce qu'ils sement, ne prend point. Mesme entre les terres, celles-là sont les plus fœcondes & fructifient dauantage, qui ont le plus de froideur & d'humidité ; comme il paroist par experience, si nous considerons les regions qui sont sous le Nort, (l'Angleterre, la Flandre & l'Allemagne) dont l'abondance en toutes sortes de fruits estonne ceux qui n'en sçauent pas la raison ; & en de tels pays, iamais vne femme mariée ne manque d'auoir des enfans, on n'y sçait ce que c'est que d'estre sterile ; toutes les femmes dis-ie y sont fœcondes, à cause de la grande froideur & humidité. Mais encore qu'il soit vray que la femme doiue estre froide & humide pour conceuoir ; neantmoins cela pourroit estre en vn tel excez, que la semence en seroit suffoquée ; comme nous voyons que les grains se gastent par trop de pluye, & ne peuuent s'auancer quand il fait trop de froid. Ce qui nous monstre que ces deux qualitez demandent vne certaine moderation, de laquelle si elles s'esloignent, ou par l'excez ou par le défaut, toute la fertilité s'en va perduë. Hippocrate iuge cette femme là fœconde, dont la matrice est temperée de telle sorte, que la chaleur ne surpasse point la froideur, ny l'humidité, la secheresse ; c'est pourquoy il dit que les femmes qui ont la matrice froide, ne sçauroient conceuoir, ny celles qui l'ont fort humide, fort chaude ou fort seche ; mais dés là qu'vne femme & ses parties destinées à la generation, se trouueroient temperées, il seroit impossible qu'elle conceust & moins encore qu'elle fust femme; car si la semence dôt elle a esté formée, auoit esté temperée, les parties genitales seroient sorties au dehors, & elle seroit demeurée garçon. Auec cela la barbe luy viendroit, elle ne seroit point subiette à ce qu'ont les femmes tous les mois: au contraire, ce seroit le plus parfait masle que la Nature puisse produire.

La femme ny sa matrice ne peuuent pas non plus auoir vne chaleur predominante ; car si la semence dont elle fut formée, auoit eu ce temperament, il en seroit sorty vn garçon & non vne fille.

C'est donc vne chose toute certaine, que les deux qualitez qui font qu'vne femme est fœconde, sont la froideur & l'humidité, dautant que la Nature de l'homme a besoin de beaucoup de nourriture pour sa production & conseruation. Aussi voyons nous que de toutes les femelles qui sôt parmy les autres animaux, il n'y en a point qui ait ses purgations comme la femme. C'est pourquoy il a falu qu'elle fust entierement froide & humide : & à vn tel point, qu'elle

des Esprits.

engendraſt beaucoup de ſang flegmatic & ne le peuſt diſſiper ny conſumer. J'ay dit, *de ſang flegmatic*, parce que c'eſt celuy là qui eſt propre à la generation du lait, duquel Hippocrate & Galien ont creu que ſe nourriſſoit la Creature durant tout le temps qu'elle eſtoit dans le ventre de la mere : mais ſi la femme eſtoit temperée, elle feroit force ſang, qui ſeroit mal propre à la generation du lait, & qu'elle diſſiperoit entierement, de meſme que fait l'homme temperé; de ſorte que il ne reſteroit plus rien dequoy maintenir la Creature. Partant ie tiens pour tres aſſeuré, qu'il eſt impoſſible qu'aucune femme ſoit ny temperée ny chaude; elles ſont toutes & froides & humides. S'il n'eſt ainſi, que les Medecins & les Philoſophes me diſent, pourquoy la barbe ne vient à pas vne fēmme, & qu'elles ont toutes leurs mois, quand elles ſont ſaines? ou pourquoy, ſi la ſemence dont elle a eſté faite, eſtoit tēperée ou chaude, il s'eſt fait vne femelle & nō pas vn maſle? Cependāt, biē qu'il ſoit vray que toutes les femmes ſoient froides & humides, elles ne le font pas toutes pourtant au mesme degré; les vnes le font au premier, celles-là au second, & celles-cy au troisiesme : Et en chaque degré elles peuuent conceuoir, si l'homme leur correspond dans la proportion de chaleur que nous expliquerons cyapres. Par quelles marques se peuuent reconnoistre ces trois degrez de froideur & d'humidité en la femme, & comment on doit discerner celle qui est au 1. celle qui est au 2. & celle qui est au troisiesme, nul Philosophe ny Medecin ne l'a encore dit. Mais en considerant les effets que ces qualitez produisent dans les femmes, nous les pourrons distinguer selon le plus ou le moins, & ainsi sera-il aisé de comprendre ce que nous cherchons. Premierement par l'esprit & l'habileté de la femme. Secondement, par ses mœurs & façons de faire. Tiercement, par la voix qu'elle aura grosse ou claire. En quatriesme lieu, par le peu ou beaucoup de charnure. En cinquiesme lieu, par la couleur du visage. En sixiesme lieu, par le poil. Et finalement par la beauté ou laideur.

des Esprits. 629

Quant au premier point, il faut sçauoir qu'encore qu'il soit vray, (comme nous l'auons prouué cy-dessus) que l'esprit & l'habileté de la femme, suiue le temperament du cerueau & non d'aucune autre partie; neantmoins la matrice & les testicules ont tant de force & de pouuoir pour alterer tout le corps, que s'ils sont chauds & secs, ou froids & humides, ou de quelque autre temperament que ce soit, Galien dit que les autres parties en sont affectées & se comportent de mesme. Mais la partie qui depend le plus des qualitez & des alterations de la matrice, au dire de tous les Medecins, c'est le cerueau; quoy qu'ils ne trouuent point de raison surquoy fonder vne si grande correspondance. Il est bien vray que Galien prouue par experience, que si l'on chastre vne truye, elle vient aussi tost à s'addoucir, à s'engraisser, & à faire vne chair plus tendre & plus sauoureuse; là où si on la laisse auec ses testicules, il vaudroit autant manger d'vn Chien. Par où l'on peut connoistre que la matrice & les testicules ont vne grande vertu pour communiquer leur temperament à tous les autres membres du corps, principalement au cerueau, qui est froid & humide comme eux ; Si bien qu'à cause de la ressemblance, l'alteration & le changement est plus facile.

Que si nous nous ressouuenons que la froideur & l'humidité sont les qualitez qui ruinent la partie raisonnable, comme leurs contraires (la chaleur & la secheresse) la rendent plus parfaite & l'augmentent ; nous trouuerons que la femme qui tesmoignera beaucoup d'esprit & d'addresse, sera froide & humide au premier degré, & si elle est fort simple, c'est signe qu'elle est dans le troisiesme degré ; Que si elle participe également des deux extremitez, cela marque qu'elle est dans le second degré : Car de s'imaginer que la femme puisse estre chaude & seche, & n'auoir pas l'esprit & l'habileté qui suiuent ces deux qualitez, c'est vne grande erreur : Et puis, si dans la semence dont elle a esté formée, la chaleur & la secheresse auoient prédominé, il se fut fait vn garçon & non vne fille : mais parce que cette semence estoit froide & humide, vne fille est née & non pas vn garçon.

La verité de cette doctrine paroistra clairement, si nous considerons l'esprit de la premiere femme qui fut au monde; car quoy que Dieu l'eust formée de sa propre main, & l'eust faite la plus accomplie qui se puisse iamais rencontrer en son sexe, c'est vn point decidé, qu'elle en sçauoit bien moins qu'Adam. Ce que le Diable ayant reconnu, il s'adressa à elle pour la tenter, & n'osa pas s'arraisonner auec l'homme, craignant son grand esprit & son grand sçauoir; car de dire que ce fust en punition de sa faute, qu'on osta à Eue tout ce qui luy manquoit de science pour égaler Adam; personne ne le peut soustenir, parce qu'elle n'auoit pas encore peché. La raison donc pourquoy la premiere femme n'eut pas tant d'esprit, c'est que Dieu l'auoit faite froide & humide, qui est le temperament necessaire pour estre fœconde & auoir des enfans; & celuy qui contredit à la science & à la sagesse : Que si elle eust esté temperée, comme Adam, elle auroit aussi esté tres sage, mais n'auroit pas peu enfanter, ny auoir ses purgations, si ce n'eust esté par quelque voye surnaturelle. C'est sur cette doctrine & complexiõ de la femme, que S. Paul se fonde quãd il ordonne, *Que la femme n'enseigne pas, mais qu'elle se taise & apprenne, & soit subiette à son mary*. Cela s'entend quand la femme n'a pas plus d'esprit, ny d'autres graces que n'en donne sa disposition naturelle. Car si il luy en vient du Ciel, elle peut hardiment parler & instruire. Ne sçauons nous pas que le peuple d'Israël estant opprimé & assiegé par les Assyriens, Iudith (femme tres-sage) enuoya querir les Prestres Chabry & Charmy & les tança par ces mots? Pourquoy souffre-t'on qu'Ozias publie que s'il ne luy vient du secours deuant que cinq iours soient passez, il liurera le peuple d'Israël entre les mains des Assyriens? Ne voyez vous pas vous autres, que de telles paroles prouoquent l'ire de Dieu & non sa misericorde? Qu'est-ce à dire que les hommes soient si osez que de prescrire vn terme à la clemence de Dieu, & de marquer à leur fantaisie le iour auquel il les peut & soulager & deliurer? Et des qu'elle les eut ainsi querellez, elle leur monstra de quelle sorte ils deuoient appaiser Dieu, & obtenir de luy ce qu'ils demandoient.

Elbora (qui n'estoit pas vne femme moins sage) instruisoit pareillement le peuple d'Israël, de la façon dont il deuoit rendre graces à Dieu, des grandes victoires qu'il auoit remportées sur ses Ennemis. Mais quand la femme demeure dans les limites de sa disposition & habileté naturelle, toute sorte de sciences repugne à son esprit: C'est pourquoy l'Eglise Catholique auec grande raison a deffendu qu'aucune femme ne preschast, ne confessast, ny n'enseignast, dautant que son sexe ne s'accorde pas bien auec la prudence & la discipline.

On decouure aussi par les façons de faire & humeurs de la femme, en quel degré de froideur & d'humidité est son temperament; car si auec vn esprit aigu, elle se monstre fascheuse, rude & desplaisante, c'est signe qu'elle est dans le premier degré de froideur & d'humidité; estant vray ce que nous auons prouué cy-dessus, que la mauuaise humeur est tousiours accompagnée d'vne bonne imagination. Celle qui obtient ce point de froideur & d'humidité, ne laisse rien passer & ne trouue rien au dessus de soy; tout est subiet à sa censure, & elle pointille tant qu'elle s'en rend quelquefois insupportable. De telles femmes ont d'ordinaire la conuersation bonne, ne s'estonnent pas de voir des hommes, & ne tiennent pas pour mal appris ceux qui leur disent le mot de galenterie.

Au contraire, quand la femme est d'vne humeur douce & traitable, que rien ne luy fait peine, qu'elle rit de tout & à toute occasion, qu'elle laisse tout passer & ne pense qu'à prendre ses aises & à dormir la grasse matinée, cela monstre qu'elle est dans le troisiesme degré de froideur & d'humidité, dautant que la grande douceur d'esprit est d'ordinaire accompagnée de peu de sçauoir. Celle

des Esprits.

qui participera des deux extremitez, sera dans le second degré.

La voix forte, grosse & rude est, au dire de Galien, vne marque de grande chaleur & secheresse ; ce que nous auons aussi prouué cy-dessus, par l'opinion d'Aristote. D'où nous apprendrós, que si la femme a vne voix d'homme, elle est froide & humide au premier degré, & si elle l'a fort claire, c'est au troisiesme degré : Et si elle participe des deux extremitez, elle aura vne voix propre à la femme & sera dans le second degré. Combien le ton de la voix depend du temperament des testicules, nous le prouuerons incontinent, quand nous traiterons des marques de l'homme.

La quantité de chair dans la femme, est aussi vn indice de beaucoup de froideur & d'humidité ; dautant que les Medecins tiennent que c'est de là que s'engendrent la gresse & la corpulence des animaux. Au contraire, d'auoir la chair seche & bien essuyée, c'est vne marque de peu de froideur & humidité ; & d'auoir de la chair moderement, ny trop, ny trop peu c'est vn signe euident que la femme est au second degré de froideur & d'humidité. La douceur & rudesse de la chair, tesmoignent aussi les degrez de ces deux qualitez. La grande humidité rend la chair molle & douce, & le peu d'humidité, la rend rude & dure, & l'humidité moderée, la rend telle qu'il faut. La couleur du visage & des autres parties du corps, monstre aussi le plus ou le moins de degrez de ces deux qualitez. Quand la femme est fort blanche, Galien dit que c'est vne marque de beaucoup de froideur & d'humidité, & au contraire, celle qui est brune & basannée, est dans le premier degré de froideur & d'humidité, desquelles deux extremitez se fait le second degré; & l'on le reconnoist en ce qu'alors la femme est tout ensemble & blanche & vermeille.

Auoir beaucoup de cheueux & quelques poils au menton, c'est vn signe euident pour decouurir le premier degré de froideur & d'humidité, parce que apres nous auoir appris dequoy s'engendrent le poil & la barbe, tous les Medecins disent qu'il y faut de la chaleur &

de

de la secheresse ; & s'ils sont noirs, cela denote beaucoup de chaleur, & de secheresse. Le contraire temperament se connoist, quand la femme n'a pas le moindre poil follet. Celle qui est au second degré de froideur & d'humidité, a vn peu de poil, mais qui est roux & doré.

La beauté & la laideur seruēt aussi à faire connoistre les degrés de froideur & d'humidité de la féme. Dans le premier degré, c'est vne merueille quād la femme vient à estre belle, dautant qu'ayant esté faite d'vne semence seche, cela a deu empescher que les traits ne fussent si bien formez. L'argille doit auoir assez d'humidité pour faire que le potier la puisse manier, & en disposer à sa volonté ; & si elle est dure & seiche, les vaisseaux seront difformes, & d'vne mauuaise figure. Aristote dit aussi, que la Nature fait des femmes laides, à cause de la grande froideur & humidité ; car si la semence est froide & fort aqueuse, la figure ne se fait pas bien, parce qu'il y a manque de consistence, comme nous voyons que d'vne argille trop molle se font des vaisseaux mal formez. Dans le second degré de froideur & d'humidité, la femme se fait fort belle, parce que la matiere a esté bien assaisonnée & bien obeyssante à la Nature; lequel signe est tout seul vne preuue euidente de la fecondité de la femme; dautant que c'est vne asseurance que la Nature a bien rencontré, & fait en elle tout ce qu'elle a voulu. Il est donc croyable qu'elle luy a donné le temperament & la cōposition necessaire pour auoir des enfans; si bien qu'elle a du rapport presque auec tous les hômes, & qu'elle est souhaittée de tous.

Il n'y a point de faculté dans nous, qui n'ait quelques secrets indices pour connoistre la perfection ou l'imperfection de son object. L'estomac descouure la qualité des alimens par le goust, par l'odorat, & par la veuë; c'est pourquoy la sainte Escriture dit, qu'Eue jetta les yeux sur l'arbre deffendu, & que son fruict luy sembla tres-bon à manger. La puissance generatiue à pour marque de fecondité, la beauté de la femme, & l'a en horreur quand elle est laide, reconnoissant par là, que la Nature a manqué en son oûurage, & ne luy aura pas donné le temperament qui est cōuenable pour auoir lignée.

Par quelles marques on connoist les degrez de chaleur & de secheresse de châque homme.

ARTICLE I.

LE temperament de l'homme n'a pas ses bornes si estroittes, que celuy de la femme; car il peut estre chaud & sec (& Aristote & Galien croyent, que c'est là le temparament le plus conuenable à son sexe) il peut estre chaud & humide, & temperé: mais froid & humide, & froid & sec, cela ne se peut pas, tant que l'homme est en santé, & sans aucune lesion, dautant que par la mesme raison qu'il n'y a point de femme qui soit chaude & seiche, ny qui soit chaude & humide, ny qui soit non

SS ij

plus temperée; aussi n'y a-t'il point d'hommes qui soient froids & humides, ny qui soient froids & secs, en comparaison des femmes; si ce n'est de la façon que ie diray incontinent. L'homme chaud & sec, celuy qui est chaud & humide, & celuy qui est temperé, a autant de degrez en son temperament, qu'en a la femme dans la froideur & & dans l'humidité; si bien qu'il est besoin d'auoir des indices pour connoistre quel homme c'est, & dans quel degré il est, pour luy donner la femme qui a du rapport auec luy. Partant il faut sçauoir que des mesmes principes par où nous auons iugé du temperament de la femme, & du degré de froideur & d'humidité qu'elle auoit; de ces principes là mesmes, nous deuons nous seruir, pour connoistre quel homme est chaud & sec, & en quel degré. Et parce que nous auōs dit, que de l'esprit & des façons de faire de l'homme on deuine le temperament des testicules, il faut prendre garde à vne chose remarquable que dit Galien, qui est, qu'afin de faire entendre la grande vertu qu'ont les testicules dans l'hôme, pour donner la fermeté & le temperament à toutes les parties du corps, il asseure qu'ils sont plus puissans que le cœur mesme, & en rend la raison, en disant, que le cœur est le principe de vie & rien plus : mais que les testicules sont le principe de bien viure, c'est à dire, exempt de mal & de douleur.

Quel tort on fait à l'homme, de le priuer de ces parties là, quoy que petites, il ne faut pas de grands discours pour le prouuer; puisque nous voyons par expérience que le poil & la barbe luy tombent aussi-tost; que sa voix de grosse & forte qu'elle estoit, deuient claire & déliée; & qu'auec cela, il perd sa vigueur, & sa chaleur naturelle, demeurant d'vne pire condition & plus miserable que s'il estoit femme. Mais ce qui est plus à remarquer est, que si auparauant que l'on fasse vn homme Eunuque, il auoit beaucoup d'esprit & d'habileté naturelle; depuis qu'on luy a couppé les testicules, il vient à perdre tout cela; côme s'il auoit receu dans le cerueau mesme quelque

notable bleſſure. Ce qui monſtre euï-
demment que les teſticules donnent &
oſtent le temperament à toutes les parties du corps. Qu'ainſi ne ſoit, conſiderons (comme ie l'ay deſia fait pluſieurs
fois) que de mille Eunuques qui s'addonnent aux lettres, pas-vn n'y réuſſit, &
l'on void encore plus clairement dans la
Muſique, qui eſt leur profeſſion ordinaire, combien ils ſont ignorans & grof-
ſiers; & la raiſon en eſt, que la Muſique
eſt vne œuure de l'imagination, laquelle puiſſance demande beaucoup de chaleur; & qu'eux ſont froids & humides.

Il eſt donc certain que par l'eſprit &
l'habileté, nous tirerōs connoiſſance du
temperament des teſticules. Et partant
l'homme qui ſe monſtrera aigu aux œuures de l'imagination, ſera chaud & ſec
au troiſieſme degré. Et s'il n'y eſt pas fort
habile, c'eſt ſigne qu'auec la chaleur s'eſt
jointe l'humidité; laquelle ruïne touſ-
jours la partie raiſonnable; ce qu'on reconnoiſtra encore mieux, ſi cét homme
eſt pourueu d'vne grande memoire.

Les mœurs ordinaires des hommes

chauds & secs au troisiesme degré, sont d'estre courageux, superbes, liberaux, sans honte, & de se demarcher de bonne grace; & au fait des femmes, ils ne se peuuent ny commander, ny retenir. Les hommes qui sont chauds & humides, sont gays, ayment à rire & à passer le temps, sont d'humeur douce & affable, pleins de pudeur & de honte, & non trop addonnez aux femmes.

Le ton de la voix & de la parole découure extremement quel est le temperament des testicules. Celle qui sera forte & vn peu rude, tesmoigne que l'hōme est chaud & sec au troisiésme degré; & celle qui sera douce, amoureuse & fort delicate, est vne marque de peu de chaleur & de beaucoup d'humidité, comme il paroist aux Eunuques. L'homme qui ioindra la chaleur auec l'humidité, aura la voix forte, mais melodieuse & sonore.

Celuy qui est chaud & sec au troisiésme degré, a peu de chair, qui est dure, rude, toute pleine de nerfs & de muscles, & a les veines fort larges; au con-

Sſ iiij

traire d'auoir beaucoup de charnure, bien polie & bien douce, c'est vn indice d'humidité, par le moyen de laquelle la chaleur naturelle dilate & estend la chair.

La couleur d'vn cuir pareillement, qui sera brun, basanné, comme brulé & cendré est vne marque que l'homme est chaud & sec au troisiesme degré; & si la charnure est blanche & vermeille, cela marque peu de chaleur & plus d'humidité.

Le poil & la barbe sont les signes ou l'on se doit le plus arrester; dautant que ces deux choses-là suiuent extremement le temperament des testicules. Si le poil est espais, gros & noir, & particulierement depuis les cuisses iusques au nombril, c'est vne marque infaillible que les testicules sont tres-chauds & tres secs. Ce qui se confirme encore dauantage, si l'on a comme du crin aux espaules: Mais quand les cheueux, la barbe & le poil sont de couleur de chastaigne, doux, deliez & point trop espais, c'est signe que les testicules ne sont pas si chauds, ny si secs.

Il ne se rencontre gueres que les hommes très-chauds & tres secs soient fort beaux, plustost ils sont laids & mal formez: parceque la chaleur & la secheresse (comme dit Aristote de ceux d'Ethiopie) font griller les traits du visage; ainsi sont-ils mal figurez. Tout au côtraire, d'estre bien pris & d'vne belle venuë, tesmoigne vne chaleur & vne humidité moderées, qui rédent la matiere soupple & obeyssante à tout ce que la Nature veut faire: Aussi est-il certain que la grâde beauté dans l'homme, n'est pas vne marque de grande chaleur.

Nous auons traité amplement au precedent chapitre, des signes de l'homme temperé, de sorte qu'il n'est pas besoin de rebattre icy la mesme chose.

Seulement faut-il remarquer, que comme les Medecins mettent trois eschelôs en chaque degré de chaleur, on doit mettre cette mesme estenduë & largeur dans l'homme temperé. Et celuy qui sera au troisiesme & plus bas eschelon, vers la froideur & l'humidité, sera desia reputé froid & humide: pource que quand vn degré a passé le milieu, il est semblable au degré dont il approche. Et que cecy soit vray, il paroist clairement en ce que les signes qu'apporte Galien pour connoistre l'homme froid & humide, sont les mesmes, vn peu plus foibles seulement, par où l'on reconnoist l'hôme téperé: ainsi est-il sage, de bonnes mœurs, vertueux, a la voix claire & melodieuse; il est blanc, assez fourny de chair, qui est douce & sans poil, & s'il y en a, c'est fort peu & qui est doré. Ceux-là sont vermeils & beaux de visage; mais leur semence, au dire de Galien, est aqueuse & mal propre pour la generation. Aussi n'aiment ils pas trop les femmes, ny n'en sont pas trop aimez.

Quels hommes & quelles femmes se doiuent marier ensemble pour auoir des enfans.

ARTICLE II.

Hippocrate conseille d'vser de deux choses à l'endroit de la femme qui n'a point d'enfans estant mariée; pour sçauoir s'il tient à elle, ou si c'est que la semence du mary est infœconde. La premiere, c'est de la parfumer auec de l'encens ou du storax : mais de façon que sa iuppe soit bien fermée & traisné par terre, afin qu'il ne se perde pas la moindre vapeur; & si apres quelques moments, elle sent dans sa bouche l'odeur de l'encens, c'est vne marque asseurée qu'il ne tient pas à elle qu'elle n'ait des enfans: puisque la fumée a trouué les chemins de la matrice ouuerts, par où elle a passé iusqu'au nez & à la bouche.

L'autre chose qu'il conseille de faire, c'est de prendre vne teste d'ail pelée iusques au vif, & de la mettre dans la matrice, alors que la femme ira se coucher, & si le lendemain elle a dans la bouche la saueur de l'ail, indubitablement elle est fœconde. Mais quand ces deux experiences produiroient l'effet qu'Hippocrate veut, (qui est que la vapeur penetre par le dedans iusques à la bouche) cela ne conclud pas que le mary soit entierement sterile, ny la femme absolument fœconde, mais seulement vne mauuaise correspondance qui est entr'eux, de sorte qu'en ce cas, la femme est aussi bien sterile pour le mary, comme le mary, pour la femme. Ce que nous voyós tous les iours par espreuue, qu'vn tel homme se mariant auec vne autre femme, viendra à auoir des enfans : Et ce qui estonne plus ceux qui ne sçauent par cette philosophie naturelle, c'est, qu'vn mary & vne femme venant à se separer sous tiltre d'impuissance, & le mary espousant vne autre femme, & la femme, vn autre mary; tous deux sont venus

des Esprits. 649

à auoir des enfans; & la raison en est, qu'il y a des hommes dont la faculté generatiue, n'est pas propre, & demeure sans action pour vne femme, & pour vne autre, se trouue puissante & prolifique. C'est ainsi que l'estomac est porté d'appetit pour vne viande, & pour l'autre, quoy que meilleure & plus saine, ne ressent que du dégoust.

Quel est ce rapport que doiuent auoir l'homme & la femme pour engendrer, Hippocrate nous l'enseigne par ces mots: *Si les deux semences ne s'assemblent dans la matrice de la femme, l'vne chaude, & l'autre foide, ou bien l'vne humide, & l'autre seche, en vn mesme degré de force, rien ne s'engendrera*: parce que vn ouurage si merueilleux que celuy de la formation de l'homme, a besoin d'vne temperature, où la chaleur n'excede point la froideur, ny l'humidité, la secheresse. C'est pourquoy, si la semence de l'homme est chaude, & que celle de la femme le soit aussi, il ne se fera aucune generation.

Cecy supposé, voyons auec qui nous

ajusteroñs par exemple, vne femme froide & humide au premier degré, dequoy nous auons dit que les marques estoient d'auoir de l'esprit, & estre bien auisée, se monstrer de mauuaise humeur, auoir la voix forte, estre peu charnuë, de couleur basanée, auoir quelques poils, & estre laide. Celle-cy sera facilement engrossée par vn homme qui sera grossier, de bonne humeur, qui aura la voix douce & harmonieuse, force chair, blanche, & doüillette, auec peu de poil, & qui aura le visage beau & vermeil. La mesme se peut aussi marier auec vn homme temperé, dont nous auons dit, suiuant l'opinion de Galien, que la semence estoit tres-feconde & correspondante à toute sorte de femmes, pourueu qu'elles soient saines, & d'aage sortable. Mais auec tout cela, sa grossesse est tres-fâcheuse: car si elle conçoit, Hippocrate dit, que deuant les deux mois elle a de fausses couches, pour n'auoir pas assez de sang dequoy se maintenir durant neuf mois, elle & l'enfant qu'elle a dans le ventre. Encores qu'on puisse remedier aisément à ce-

des Esprits. 651

cy, en luy faisant reïterer souuent le bain, auparauant qu'elle souffre les approches de son mary; & le bain doit estre d'eau douce & chaude, duquel le mesme Hippocrate dit, qu'il dōne la vraye temperature que la femme doit auoir, en relâchant la chair, & l'humectant, qui est aussi la constitution que doit auoir la terre, afin que le grain de froment prenne & jette racines. Il produit encore vn plus grand effect, c'est qu'il augmente l'appetit, qu'il empesche la resolution, & fait que la chaleur naturelle soit en plus grande quantité, au moyen dequoy s'engendre abondance de sang flegmatic, dequoy maintenir la creature durant les neuf mois.

Les marques par où se connoist la femme qui est froide & humide au troisiesme degré, sont celles-cy: D'estre simple, & bien morigenée, d'auoir la voix fort delicate, d'estre bien charnuë, & que sa chair soit blanche & douce; elle n'a pas le moindre poil, ny n'est pas des plus belles. Celle-cy se doit marier auec vn homme chaud & sec au troisiesme degré;

parce que la semence de cet homme-là est si brûlante & si petillante, qu'il faut de necessité qu'elle tôbe en vn lieu tres-froid & tres-humide, pour pouuoir prendre racines: elle a la proprieté du cressõ, qui ne sçauroit croître que dãs l'eau. Que si elle estoit moins chaude & seche, elle tomberoit dans vne matrice si froide & si humide, auec pareil effet que le bled qu'on semeroit dans vne mare.

Hippocrate nous aduertit de faire emmaigrir la femme qui sera de cette sorte, & de luy faire fondre vne partie de sa graisse & de son embonpoint, deuant que de la marier: mais il ne faut pas alors luy donner vn homme si chaud & si sec, car la bonne temperature ne se rencontreroit pas, & elle ne pourroit deuenir enceinte.

La femme qui sera froide & humide au second degré, possede dans la mediocrité les marques que nous auons dites, horsmis la beauté, où elle n'a rien de mediocre: de sorte que c'est vn signe euident de fecondité, & d'estre propre à auoir des enfans, que de paroistre de
bonne

des Esprits.

bonne grace & bien faite: Vnë telle femme a du rapport presque auec tous les hommes: premierement, auec ceux qui sont chauds & secs au second degré, aprés, auec ceux qui sont temperez, & puis, auec ceux qui sont chauds & humides.

De toutes ces combinaisons & vnions d'hommes, & de femmes, dont nous auons parlé, peuuent sortir des enfans sages; mais plus ordinairement de la premiere: car combien que la semence de l'hôme panchast vers le froid & l'humide, neantmoins la continuelle secheresse de la mere, & le peu d'alimens qu'elle fournit, sont capables de corriger & d'amander le defaut du pere.

Parce que cette sorte de raisonnement n'auoit pas encore esté trouuée, pas vn des Philosophes naturels n'a pû respondre à ce probleme, qui demande, *Pourquoy la pluspart des hommes lourds & ignorans, engendrent des enfans tres sages?* Auquel on respond, que ces gens-là s'appliquent à bon escient à l'acte de la chair, & ne sont point distraits par aucune autre penſee: mais qu'il arriuë le contraire parmy les hommes fort ſages, qui meſmes dans cette action là ſe mettent à ſonger à d'autres choſes qu'à ce qu'ils font; ſi biē qu'ils affoibliſſent la ſemence, & engendrent des enfans defectueux, tant en ce qui regarde les puiſſances raiſonnables, qu'en celles qui ſont ſimplement naurelles. Mais cette reſponſe vient de perſonnes qui ſçauent peu de Phyſique. Aux autres accouplemens & vnions, il faut attendre que la femme ſe deſſeche auec l'age parfait, & ne la pas marier ſi ieune; car c'eſt de là que vient qu'on a des enfans lourds & ignorans: La ſemence du pere & de la mere qui ſont fort jeunes, eſt tres-humide, parce qu'il y a peu de temps qu'ils ſont au monde, & l'homme qui eſt formé d'vne matiere humide par excés, doit neceſſairement auoir l'eſprit lourd.

Quelles diligences il faut apporter pour engendrer des garçons, & non des filles.

ARTICLE III.

LEs Peres qui voudront joüir du contentement d'auoir des enfans qui soient sages, & qui soient propres aux lettres, doiuent essayer d'auoir des garçons: dautant que les femmes, à cause de la froideur & humidité de leur sexe, ne sçauroient jamais auoir vn esprit profond; Nous voyons seulement qu'elles parlent auec quelque suffisance apparente, sur des sujets legers & faciles, en termes communs, & qu'elles estudient neantmoins: mais si on les applique aux Sciences, à peine peuuent-elles apprendre quelque peu de Latin, encore, parce que cela appartient à la memoire: De laquelle incapacité elles ne sont point blâmables: mais c'est seulement que la froideur & l'humidité qui les ont fait femes, font des qualitez (comme nous auons prouué cy deſſus) qui ſont entierement contraires à l'eſprit & à l'habileté.

Salomon conſiderāt la grande diſette qu'il y a d'hōmes prudents, & cōme il n'y a point de femme qui ſoit pourueuë d'eſprit & de ſageſſe, *I'ay trouué*, a t'il dit, *vn homme prudent entre mille, mais parmy toutes les femmes, ie n'en ay pas rencontré vne ſage*. C'eſt pourquoy l'on doit fuir ce ſexe, & taſcher à faire naiſtre des maſles, puis que c'eſt en eux ſeulement que ſe trouue l'eſprit que demandent les ſciences. Surquoy il faut conſiderer auant toute choſe, quels inſtruments la Nature a eſtablis en nous pour ce deſſein; & quel ordre de cauſes ſe doit obſeruer, afin de pouuoir paruenir au but où nous aſpirons.

Il faut donc ſçauoir qu'entre pluſieurs excremens & humeurs qu'il y a dans le corps humain, Galien dit que la Nature ne ſe ſert que d'vn ſeul, pour empeſcher que l'eſpece des hōmes ne periſſe. Il eſt certain que cet excrement s'appelle *Se-*

rosité, ou bien *Sang sereux*, qui s'engendre dans le foye, & dans les veines, au temps que les quatre humeurs, le sang, le phlegme, la bile, & la melancolie, obtiennent la forme & la substance qu'ils doiuent auoir.

La Nature se sert de cette liqueur pour desleyer & subtiliser l'aliment, & le faire passer par les petites veines & chemins estroits, afin de porter la nourriture à toutes les parties du corps; & sa tasche estant acheuee, la mesme Nature nous a donné deux Reims, qui ne doiuent faire autre chose, que tirer à soy cette humeur sereuse, & la faire tomber par ses conduits, dans la vessie, & de là, hors du corps; & tout cela pour deliurer l'homme des incōmoditez que cet excrement luy pouuoit causer. Mais voyant qu'il auoit de certaines qualitez propres à la generation, elle nous a pourueus de deux veines, pour en porter vne portion aux testicules & vaisseaux spermatiques, auec vn peu de sang, dont se fait la semence, telle qu'elle est conuenable à l'espece humaine; ainsi elle a planté vne veine au roignon droit; laquelle va aboutir au testicule droit; & de cette mesme veine se fait le vaisseau spermatique qui est au costé droit. L'autre veine sort du roignon gauche, & va finir au testicule droit; & c'est de cette mesme veine que se fait le vaisseau spermatique qui est au costé gauche. Quelles qualitez a cet excrement pour le rendre vne matiere propre à la generation de la semence, le mesme Galien dit, que c'est ie ne sçay quoy d'acre & de mordicant, qui vient de ce que cet excrement est salé; ce qui fait qu'il irrite les vaisseaux spermatiques, & pousse l'animal à ne pas negliger d'accomplir l'œuure de la generation; c'est pourquoy les hommes fort luxurieux s'appellent en langue Latine *Salaces*, qui veut dire, *Des hommes qui ont force sel en la semence.*

Outre cecy, la Nature a fait encore vne chose bien digne d'estre consideree; c'est qu'au roignon & testicule droits, elle leur a donné beaucoup de chaleur & de secheresse; & au roignon & testi-

des Esprits. 659

cule gauches, beaucoup de froideur & d'humidité; de façon que la semence qui se cuit dans le testicule droit, sort chaude & seche, & celle du testicule gauche, froide & humide.

Ce que pretend faire la Nature par cette diuersité de temperaments, tant aux reims, qu'aux testicules & vaisseaux spermatiques, c'est vne chose tres-manifeste, quand nous sçaurons par le rapport d'histoires tres-veritables, que dans le commencement du monde, & plusieurs annees aprés, les femmes accouchoient tousiours de deux enfans d'vne ventree, dont l'vn estoit masle, & l'autre femelle; & cecy, afin que chaque homme eust sa femme, & chaque femme son homme, pour en multiplier plutost l'espece. Par cette raison donc, la Nature a fait que le roignon droit fournist vne matiere plus chaude & plus seche au testicule droit, & que ce testicule par sa grande chaleur & secheresse, produisist vne semence chaude & seche, pour la generation du masle. Elle ordonna tout le contraire pour la formation de la

Tt iiij

femme, à sçauoir que le roignon gauche enuoyeroit la serosité froide & humide, au testicule gauche, & que luy, par sa froideur & humidité, feroit vne semence froide & humide, de laquelle se doit necessairement engendrer vne fille, & non vn garçon.

Mais depuis que la terre s'est veuë peuplée d'hommes, il semble que la Nature ait renuersé cet ordre, & que les enfans ne viennent plus deux à deux; & le pis est, que pour vn garçon qui s'engendre, naissent d'ordinaire six ou sept filles; par où l'on peut comprendre, ou que cette bonne mere est desia lasse, ou qu'il y a quelque manquement qui l'empesche d'agir comme elle voudroit. Quel est ce manquement, nous le dirons bien tost, quand nous rapporterons les conditions qu'on doit garder, à ce qu'infailliblement il naisse vn masle.

Ie dy dõc que les Peres qui voudrõt paruenir à cette fin, doiuent soigneusement obseruer six choses. La premiere, c'est de mãger des viãdes chaudes & seches. La seconde, de faire en sorte qu'elles se cuisent bien dans l'estomach. La troisiesme, de prendre force exercice. La quatriesme, de ne point s'employer à l'acte venerien, que la semence ne soit bien cuitte & bien assaisonnée. La cinquiesme, de voir sa femme quatre ou cinq iours deuant qu'elle ait ses purgations. La sixiesme, de faire en sorte, que la semèce tôbe au costé droit de la matrice. Lesquels six points estans obseruez côme nous dirons, il est impossible qu'il s'engendre vne fille.

Pour la premiere condition, il faut sçauoir qu'encore que le bon estomach cuise & altere les alimēs, & les despouille des qualitez qu'ils auoient auparauāt, jamais neātmoins il ne les en priue tout à fait. Car si nous mangeons des laituës (dont la nature est d'estre froides & humides) le sang qui s'en produira, sera froid & humide, & la serosité, froide & humide, & la semence aussi, froide & humide : Et si nous mangeons du miel (qui est chaud & sec) le sang qui s'en engendrera sera chaud & sec, la serosité, chaude & seche, & la semence pareillement chaude & seche, parce qu'il est impossible, comme dit Galien, que les humeurs ne se ressentent des qualitez & conditions de la substance qu'auoit la viande deuant qu'on la mageast. Donc s'il est vray que la production du sexe viril, consiste en ce que la semence soit chaude & seche au temps de la formation, il est certain que les Peres doiuent vser d'aliments chauds & secs, pour faire vn enfant masle. Il faut auoüer pourtant, qu'il y a vne chose bien perilleuse en cette procedure, c'est que la semence estant fort chaude, & fort seche, nous auons desia dit plusieurs fois que necessairement il en sortiroit vn homme malin, rusé, trompeur, & enclin à toute sorte de vices & de maux. Or est-il que de telles personnes sont fort dangereuses en vn Estat, si l'on n'y met la main. C'est pourquoy il vaudroit mieux qu'elles neuinssent iamais au monde. Nonobstant cela, il ne laissera pas de se trouuer quelques vns qui diront auec le Prouerbe, *Nasca mi hijo varon y sea ladron, Que i'aye vn garçon, quoy qu'il soit lar-*

ron; parce que *l'Iniquité de l'homme est encore meilleure qu'vne femme qui fait biẽ*. Encore qu'on puisse aisément remedier à cela, en vsant de viandes temperées, & qui panchent seulement vn peu vers la chaleur & la secheresse, ou par la façon & cuisson qu'on leur donne, ou par les espiceries qu'on y adjouste.

Telles viandes, au dire de Galien, sont les poules, les perdrix, les tourterelles, les francolins, les pigeons, les griues, les merles, & le cheureau: lesquels au dire d'Hippocrate, doiuent se manger rôtis, pour échauffer & dessecher la semence.

Le pain qu'on mangera auec, doit estre blanc, fait de fleur de farine, & pestry auec du sel & de l'anis, parce que le pain bis est froid & humide, (comme nous prouuerons cy aprés) & fort prejudiciable à l'esprit. Le breuuage doit estre du vin blanc meslé d'eau, en la mesure que l'estomach trouuera la meilleure; & l'eau dont il le faut tremper, doit estre de l'eau douce & fort delicate.

La seconde chose que nous auons dit qu'il falloit obseruer, c'estoit de prendre ces alimēts en vne quantité si moderée, que l'estomach les peust vaincre: car encore qu'ils soient chauds & secs de leur propre nature; ils deuiennent neantmoins froids & humides quand la chaleur naturelle ne les sçauroit cuire: de sorte que les Peres auront beau manger du miel, & boire du vin blanc, ils ne laisseront pas de faire auec cela vne semence froide, de laquelle s'engendrera vne fille, & non vn garçon.

C'est pour cette raison que la plus grãde partie des Nobles, & des riches, souffrent ce malheur & ce mescontentement, d'auoir beaucoup plus de filles, que les personnes qui sont en necessité; parce qu'ils boiuent & mangent plus que leur estomach ne peut porter ny digerer; & quoy que les aliments qu'ils prennent, soient chauds & secs, chargez d'espiceries, de succre & de miel; si est-ce qu'à cause de la trop grande quantité, ils demeurent crus, & ne sçauroient estre surmontez ny alterez. Mais la crudité qui nuit le plus à la génération, c'est celle du vin ; parce que cette liqueur, comme elle est extremement vaporeuse & subtile, fait que, & elle, & les autres aliments passent tout indigestes aux vaisseaux spermatiques, & que la semence sollicite l'homme à faux, deuant que d'estre ny cuitte, ny assaisonnée. C'est pour cela que Platon loüe si hautement vne Loy qu'il trouua en la Republique des Carthaginois ; par laquelle il estoit deffendu qu'vn homme marié, ny sa femme, beussent du vin le iour qu'ils auoient dessein de s'approcher pour l'acte de la generation; sçachant bien que cette liqueur estoit fort dommageable à la santé du corps de l'enfant, & qu'elle estoit capable aussi de faire qu'il fust vicieux & de mauuaises mœurs : mais si l'on en boit modérement, il n'y a point d'aliment dont il se forme vne si bonne semence, pour la fin que nous pretendons, comme le vin blanc, particulierement pour donner de l'esprit & de l'habileté, qui est ce que nous cherchons le plus.

La troisiesme chose dont nous auons parlé, c'estoit de faire vn exercice plus que moderé, parce que cela dissipe & consume l'humidité superflue de la semence, & l'eschauffe & la desseche. Par là l'homme se rend tres fecond & tres-puissant pour la generation; & au contraire, prendre trop ses aises, & ne se remuër que peu, c'est vne des choses qui refroidit & humecte dauantage la semence; d'où vient que les riches & ceux qui viuent dans les delices, sont beaucoup plus chargez de filles, que non pas les pauures gens qui trauaillent. A ce propos Hippocrate raconte, que les principaux & les plus apparens de la Scythie, estoient fort mols & effeminez, & enclins mesme aux actions du ménage, comme sont de balayer, escurer, & paistrir, & auec cela, impuissans pour engendrer; & que s'il leur nassoit quelque enfant qui ne fust pas fille, c'estoit, ou vn Eunuque, ou vn Hermaphrodite; dequoy demeurant hôteux & confus, ils se resolurent de faire force sacrifices, & force dons à Dieu, auec prieres de ne les plus traittēr de la sorte, ou d'apporter du remede à leur défaut, puis qu'il en auoit le pouuoir. Hippocrate se mocquoit d'eux, en disant, qu'il n'arriuoit aucun effet qui ne fust merueilleux & diuin, si on le consideroit comme ils le prenoient: car en les ramenant tousiours à leurs causes naturelles, à la fin nous en venons à Dieu, dans la vertu duquel tous les agents du monde operent: mais qu'il y auoit des effets qu'on deuoit immediatement rapporter à Dieu (qui sont ceux qu'on void hors de l'ordre de la Nature) & d'autres qui s'y rapportent mediatement, aprés auoir parcouru premierement toutes les causes qui sont entre-deux, & qui sont establies pour vne telle fin.

Le païs que les Scythes habitent, est situé, comme dit Hippocrate, dessous le Septentrion; froid & humide au possible, & où pour l'espaisseur & la quantité des nuées, le Soleil ne se descouure que rarement. Les hommes riches y vont tousiours à cheual, ne font aucun exercice, boiuent & mangent plus que leur chaleur naturelle ne sçauroit digerer: toutes lesquelles choses font que la semence est froide & humide. C'est pour cela qu'ils engendroient force filles, & que s'il leur naissoit quelque enfant mâle, il estoit de la sorte que nous auons dite.

Sçachez, leur dit Hippocrate, que le remede qu'il y a à cecy, ce n'est pas de faire des sacrifices à Dieu, & puis en demeurer là; il faut de plus aller à pié, manger peu, boire encore moins, & n'estre pas tousiours à auoir du bon temps: Et afin que vous le reconnoissiez clairement, prenez garde aux pauures gens de ce pays, & à vos propres Esclaues; lesquels non seulement ne font pas des sacrifices, ny des presens à Dieu (pour n'auoir pas dequoy) mais ils blasphement son saint Nom, & luy disent mille injures, d'auoir esté condamnez à vne si basse condition: neantmoins auec toutes leurs meschancetez & leurs blasphemes, ils ne laissent pas d'estre tres-puissans pour la generation, & la plus-part de leurs enfans, sont des enfans masles & robustes,

robustes, non des effeminez, des Eunuques, ny des Hermaphrodites, comme les voſtres. Et la raiſon en eſt, qu'ils mangent peu, & font grand exercice, & ne font pas touſiours à cheual comme vous; au moyen dequoy ils produiſent vne ſemence chaude & ſeche, de laquelle aprés s'engendrent des garçons, & non des filles.

Pharaon, ny ceux de ſon Conſeil, ne ſceurent pas cette Philoſophie, puis qu'il parla en cette ſorte: *Venez, opprimons le ſagement, de peur qu'il ne multiplie, & que s'il s'éleue contre nous, ce ne ſoient de nouuelles forces pour nos ennemis.* Et le remede qu'il trouua pour empeſcher que le peuple d'Iſraël ne multipliât tant, ou du moins qu'il ne naſquiſt point tant de maſles (qui eſtoit ce qu'on craignoit le plus) fut d'accabler leurs corps de mille trauaux, & de ne leur donner pour nourriture que des poirreaux, des aulx, & des ciboules, auec quoy il reuſſiſſoit ſi mal, que le texte ſacré dit, *Que plus ils eſtoient opprimez, & plus ils croiſſoient & multiplioient.* Et ſe figurant de-

Vu

rechef qu'il n'y auoit point de meilleur remede, que de les faire succomber sous les fatigues, il vint à doubler toutes leurs charges, & toutes leurs peines; ce qui seruit encore aussi peu, que si pour esteindre vn grand brasier, il y eust jetté force huyle, & force beurre.

Mais si luy, ou quelqu'vn de son Conseil, eust sceu la Philosophie naturelle, on leur deuoit donner à manger du pain d'orge, des laituës, des melons, des citroüilles, & des concombres, & les laisser croupir dans l'oisiueté, bien nourris & bien vestus, sans leur permettre de trauailler en façon du monde. Car de cette sorte ils eussent fait vne semence froide & humide, dont il fut sorty beaucoup plus de filles que de garçons, & en peu de temps il eut abbregé leur vie, s'il eust voulu.

Au lieu qu'en leur donnant à manger force chair cuitte auec quantité d'aulx, de poirreaux, & de ciboules, & en les faisant trauailler, comme on faisoit, ils produisoient vne semence chaude & seche, par le moyen desquelles qualitez, ils se sentoient plus irritez à la generatiō, & tousiours engendroient des masles. Pour confirmation de cette doctrine, Aristote demande dans vn de ses Problemes, *D'où vient que ceux qui trauaillent beaucoup, ou ceux qui sont hectiques, souffrent la nuit force pollutions?* Auquel Probleme, en verité, il ne sçait que respondre, car il dit quantité de choses, dont pas vne ne va au but. La raison, la voicy; C'est que la fatigue du corps, & la fiéure hectique, échauffent & dessechent la semence, & que ces deux qualitez la rendent acre & mordante; & comme toutes les actions naturelles se fortifient dans le sommeil, il arriue ce que dit le Probleme. Combien est fœconde & piquante la semence chaude & seche, Galien le remarque par ces mots, *Or est-elle tres-prolifique, & d'abord pousse precipitēmēt l'animal à la generatiō; elle est petulante, & incline fort à la pallardise.*

La quatriesme condition estoit, de ne point s'approcher à l'acte venerien, tant que la semence soit bien reposée, & bien rassise, bien cuitte, & bien as-

Vu ij

saisonnée; parce qu'encore que les trois points dont nous auons parlé, ayent esté diligemment obseruez, nous ne sçaurions pas pourtant connoistre si elle a acquis toute la perfection qu'elle doit auoir: Dautant plus qu'il faut auparauant vser sept ou huict iours de suitte, des viandes que nous auons dites, afin de donner temps aux testicules de conuertir en leur nourriture, la semence qui iusques-là auoit esté faite des autres aliments, & que celle dont nous traitons ait succedé.

On doit prendre les mesmes soins pour faire que la semence humaine se rende feconde & prolifique, qu'ont les jardiniers pour les graines qu'ils veulent garder; ils attendent qu'elles soient meures & seches; car s'ils les recueillent de la plante, deuant le temps & le point necessaires, l'année d'aprés, ils aurôt beau les semer, elles ne pousseront aucun fruict. C'est pourquoy i'ay remarqué qu'aux lieux où Venus s'exerce beaucoup, on fait moins d'enfans, que là où l'on vse de plus de continence. Et les

des Esprits. 673

femmes publiques iamais ne deuiennent grosses, parce qu'elles n'attendent pas que leur semence soit cuitte, ny meure: On doit donc attendre quelques iours, que la semence soit rassise, qu'elle se cuise & meurisse, & ait le temps conuenable. Car de cette façon elle acquiert toufiours plutost de la chaleur & de la secheresse, & vne meilleure substance, qu'elle ne deperit. Mais cōment sçaurons-nous que la semence est telle qu'il faut, puis-que c'est vne chose de si grande importance? Cecy se connoistra aisément, s'il y a quelques iours que l'homme n'a veu sa femme, & par la perpetuelle irritation & forte enuie qu'il aura de la voir; car tout cela procede d'vne semence feconde, & prolifique.

La cinquiesme condition que nous auons mise, estoit que l'homme deuoit auoir affaire auec la femme, six ou sept iours deuant qu'elle eust ses purgations, parce qu'vn garçon a besoin incontinent de beaucoup d'alimens pour se nourrir. Et la raison en est, que la chaleur & sechereſſe de ſon temperament, diſſipent & conſument non ſeulement le bon ſang de la mere, mais ſes excremens meſme. C'eſt pourquoy Hippocrate dit, que la femme qui a conceu vn garçon, eſt belle, & de bonne couleur; ce qui vient de ce que l'enfant par ſa grande chaleur, emporte pour ſa nourriture, tous ces excremens qui, ont accoûtumé d'enlaidir & de ternir le viſage. Et puis-qu'il eſt d'vne nature ſi vorace, il eſt bon qu'il trouue ce regorgement, & comme cette eſcluſe de ſang, dequoy ſe pouuoir maintenir. Ce que l'experience nous monſtre euidemment : car rarement s'engendre-t'il vn garçon, que ce ne ſoit ſur le retour des purgations de la femme. Il arriue tout le contraire quand elle a conceu vne fille, laquelle à cauſe de la grãde froideur & humidité de ſon ſexe, diſſipe fort peu, & fait quantité d'excremens. Ainſi la femme qui eſt groſſe d'vne fille, a le teint jaune & broüillé, il luy prend enuie de manger mille ordures, & dans ſes couches, elle doit mettre vne fois plus de temps à se purifier, que si elle auoit enfanté vn garçon. C'est sur cette raison naturelle que Dieu se fonda, quand il comanda par Moyse, que la femme qui auroit enfanté vn garçon, ne fust souillée qu'vne semaine, & entrast dans le Temple aprés trente trois iours. Et si elle estoit accouchée d'vne fille, qu'elle fust reputée immonde l'espace de deux semaines, & n'entrast point dans le Temple deuant les soixante-& six iours accomplis. De façon qu'il luy doubla le temps de la purification, quand elle auroit enfanté vne fille, & la cause en est, que durant les neuf mois qu'elle est demeurée dans le ventre de la mere, à raison de la grande froideur & humidité de son temperament, elle a fait vne fois plus d'excremens, & d'vne substance & qualitez bien plus mauuaises, que n'auroit pas fait vn garçon. C'est pourquoy Hippocrate remarque, qu'il est tres-dangereux que les purgations s'arrestent aux femmes qui sont accouchées d'vne fille.

Tout cecy n'a esté dit que pour monstrer qu'il faut attendre au bout du mois, & au retour des purgations, afin que la semēce trouue beaucoup dequoy se nourrir. Car si l'on exerce l'acte de la generation, mesme incontinent aprés que les purgations auront cessé, cette semence ne prendra point, faute de sang. Mais il faut aduertir les peres & meres, que si la semence de l'homme & celle de la femme, ne se joignent toutes-deux en vn mesme temps, Galien dit, qu'il ne se produit rien ; encore que la semence du mary fust la plus prolifique du monde. Nous en donnerons la raison cy aprés à vn autre subjet. Ainsi est-il certain, que toutes les choses que nous auons rapportées, doiuent pareillement estre pratiquées par la femme, autrement, sa semence estant mal elabourée, elle destruira la generation. De sorte qu'il est à propos que le mary & la femme attendent l'vn aprés l'autre; afin que les deux semences viennent à se mesler par vn mesme acte: Ce qui est de grande importance pour le premier embras-

des Esprits. 677

sement; parce que le testicule droit & son vaisseau spermatique, au dire de Galien, est celuy qui s'excite le premier, & qui respand sa semence plutost que le gauche; & si dés la premiere fois la generation ne se fait, il y a à craindre qu'à la seconde, elle ne se fasse d'vne fille, & non d'vn garçon.

Ces deux semences se reconnoissent, premierement, par la chaleur & par la froideur; secondement, par la grãde ou petite quantité; troisiesmement, en ce que l'vne sort plus promptement que l'autre. La semence du testicule droit sort toute petillante, & si chaude, qu'elle brusle la matrice de la femme; elle n'est pas en grande quantité, & sort brusquement. Tout au contraire, la semence du testicule gauche, est plus temperée, en plus grande quantité, & est long-temps à sortir, parce qu'elle est froide & grossiere.

La derniere condition estoit, de faire en sorte, que les deux semences, celle du mary & celle de la femme, tõbassent au costé droit de la matrice; d'autant que, au dire d'Hippocrate, c'est en ce lieu-là que se forment les masles, comme les femelles au costé gauche. Galien en apporte la raison, disant, que le costé droit de la matrice est fort chaud, à cause du voisinage qu'il a auec le foye, le rongnon, & le vaisseau spermatique qui sont au costé droit, lesquelles parties, nous auons dit & prouué estre fort chaudes. Et puis que toute la raison pour faire que ce soit vn garçon qui s'engendre, consiste en cecy, qu'il y ait beaucoup de chaleur au temps de la formation, il est certain qu'il importe fort que la semence tombe en ce lieu-là. Ce que fera facilement la femme, en se couchant sur le costé droit (aprés les baisers de son mary) tenant la teste basse, & les pieds hauts. Mais il faut qu'elle garde le lit vn iour ou deux, parce que la matrice n'embrasse & ne retient pas la semence, qu'aprés quelque temps. Les signes par où l'on connoistra si la femme est enceinte ou non, sont clairs & manifestes à tout le monde; car si quand elle est debout, la semence vient à s'escouler incontinent, il est tout asseuré, dit Galien, qu'elle n'a point conceu. Encore qu'il y ait en cecy vne chose fort considerable, c'est que toute la semence n'est pas fœconde ny prolifique; car il y en a vne partie qui est fort aqueuse, dont l'office est de desleyer & subtiliser la principale semence, afin qu'elle puisse passer par les chemins estroits; & cette portion-là est rejettée par la Nature, & la femme qui a conceu, ne retient que la partie prolifique. Cette autre partie se reconnoist, en ce qu'elle est comme de l'eau, & en petite quantité. Il est fort dangereux qu'vne femme se mette sur pied incontinent aprés l'acte de generation. C'est pourquoy Aristote est d'aduis qu'elle fasse auparauant de l'eau, & se vuide des autres excremens, de peur d'estre obligée à se leuer.

La seconde marque en quoy l'on reconnoist si vne femme est enceinte, c'est que dés le lendemain elle se sent le ventre creux & particulierement autour du nõbril. Et la raison en est, que quand la matrice veut conceuoir, elle s'estend & s'eslargit extremement ; parce qu'en effet elle est sujette à s'enfler en cette occasion, tout de mesme que le membre viril. S'élargissant donc de la sorte, elle occupe beaucoup de lieu ; mais sur le point qu'elle vient à conceuoir, Hippocrate dit, qu'elle se ramasse, & racourcit en la forme d'vne petite balle, pour mieux recueillir la semence, & n'en rien laisser eschapper ; si bien qu'il se fait comme vn grand vuide tout à l'entour ; ce que les femmes expriment, en disant, qu'il ne leur est resté ny trippes ny boyaux, tant elles sont deuenuës gresles & maigres. Outre cela, elles ont incontinent en horreur les douceurs & caresses du mary, parce que leur matrice a desormais ce qu'elle demādoit; Mais le signe le plus certain, au dire d'Hippocrate, c'est quand leurs purgations ne viennent plus, que le sein grossit, & qu'elles sentent vn dégoust des viandes

*Quelles diligences on doit apporter pour
faire que les enfans naissent
ingenieux & sages.*

ARTICLE IIII.

SI l'on ne sçait auparauant d'où il arriue qu'vn homme s'engendre pourueu de grand esprit & habileté; il est impossible d'establir vn art de cecy, puis qu'on n'en sçauroit venir à bout, qu'en assemblant & rangeant par ordre les principes, & les causes. Les Astrologues se persuadent que l'enfant qui naist sous l'influéce de telles & de telles Estoilles, sera prudent, ingenieux, de bonnes ou mauuaises mœurs, heureux, ou malheureux, & mille autres qualitez & cōditiōs que nous voyons & admirōs tous les iours parmy les hommes. Mais si cela estoit vray, nous ne pourrions donner icy aucunes regles; car tout dependroit du hazard, & ne seroit point au choix des hommes.

Les Philosophes naturels (tels que sont Hippocrate, Platon, Aristote, & Galien) croyent que c'est au temps que l'homme se forme, qu'il reçoit toutes ses inclinations, & habitudes naturelles de l'ame, & nullement au point de sa naissance; dautant que les Astres ne causent dans l'enfant qu'vne alteration superficielle, en luy communiquant la chaleur, la froideur, l'humidité, & la secheresse, & non aucune substance où ces qualitez là se puissent attacher pour toute sa vie; comme font les quatre Elemens (le Feu, la Terre, l'Air, & l'Eau,) qui nõ seulement dõnent au cõposé vne chaleur, froideur, humidité, & secheresse ; mais aussi vne substance qui garde & conserue ces qualitez tant que le mixte dure. De sorte que ce qui est de plus grande importance en la generation des enfans, c'est de tascher que les Elements dont ils se forment, ayent les qualitez qui sont requises pour l'esprit; dautant que au mesme poids, &

mesuré que ces Elemens entreront dans la composition du mixte, ils y demeureront tousiours; ce qui n'est pas ainsi des alterations & des influences du Ciel.

Quels sont ces Elements, & de quelle façon ils entrent dans les flancs de la femme pour former la creature, Galien le dit, quand il nous apprend, que ce sont ceux-là mesme qui composent toutes les autres choses naturelles; mais que la terre est déguisée & cachée sous les viandes solides que nous mangeons, (telles que sont le pain, la chair, les poissons, & les fruicts;) l'eau sous les liqueurs que nous beuuons; & pour l'air & le feu, il dit qu'ils sont meslez par tout par vne ordonnance de la Nature, & qu'ils entrent dans le corps par le poux, & par la respiration. De ces quatre Elements, meslez & cuits par le moyen de nostre chaleur naturelle, se font les deux principes necessaires à la generation de l'enfant; qui sont la semence & le sang menstruel. Mais vne chose dont l'on doit faire plus de cas, pour le but où nous tendons, ce sont les viandes solides qu'on mange, parce qu'elles renferment dans elles tous les quatre Elements, & que d'elles la femence tire plus de corps & de qualitez, que de l'eau que nous beuuons, ny du feu & de l'air que nous refpirons. C'eft pourquoy Galien a dit, que les peres qui voudront engendrer des fils fages, doiuent lire les trois liures qu'il a efcrits, *De la vertu & proprietés des aliments*, & que là ils trouueront les viandes par le moyen defquelles ils pourront paruenir à leur intention. Il n'a point fait mention des eaux, ny des autres Elements, comme de chofes de peu de confequence. Mais il n'a point eu de raifon en cela ; car l'eau altere le corps beaucoup plus que ne fait l'air & gueres moins que ne font les aliments folides dont nous vfons ; & quant à ce qui regarde la generation de la femence, l'eau toute feule eft d'auffi grande importance, que tous les autres Elements enfemble. La raifon en eft, (comme dit le mefme Galien) que les tefticules tirent des veines pour leur nourriture, la portion fereufe du fang, &

que

des Esprits.

que la plus grande partie de cette humeur sereuse, les veines la reçoiuent de l'eau que nous beuuons.

Or que l'eau cause dãs le corps vne plus grãde alteratiõ que ne fait l'air, Aristote le prouue, quand il demãde, pourquoy le changement d'eau fait de si grands chãgemens en nostre santé, & si nous respirons des airs differents & contraires, nous ne le ressentons pas tant à beaucoup prés? A quoy il respond, Que l'eau fournit d'aliment à nos corps, & non pas l'air. Mais il a eu tort de respondre de cette sorte; dautant que l'air (suiuant l'opinion d'Hippocrate) fournit aussi bien d'aliment & de substãce, que l'eau. Et partant le mesme Aristote a cherché vne autre responce meilleure; quand il dit, Qu'il n'y a point de lieu ny de pays qui ait son air particulier; car celuy qui est aujourd'huy en Flandres (vn vent de Bise venant à se leuer) passera en deux ou trois iours iusques en Afrique, & celuy qui est en Afrique (si le vent du Midy se met à souffler) s'en retournera au Septentrion, & celuy qui est aujour-

Xx

d'huy en Hierusalem, sera poussé par vn vẽt d'Orient iusques aux Indes Occidẽtales. Ce qui n'arriue pas ainsi de l'eau, qui ne sort point du mesme terroir, si bien que châque peuple a son eau propre & conforme aux minieres de la terre où elle naist, & par où elle passe. Et quand l'homme est accoustumé à vne nature d'eau, s'il vient à boire d'vne autre, il souffre plus de changement en sa personne, qu'il ne feroit en changeant de viande ny d'air. De sorte que les peres qui voudront engendrer des fils fort sages, doiuent vser d'eaux delicates, douces, & de bon temperament, autrement, ils ne rencontreront pas comme ils souhaittent.

Aristote nous aduertit de nous garder du vent du Midy au temps de la generation, parce qu'il est grossier, rend la semence fort humide, & fait qu'on engendre vne fille, & non pas vn garçon : Et quant à celuy du Couchant, il ne sçauroit jamais assez le loüer à son gré, ny luy donner des Noms & des Epithetes assez honorables. Il l'appelle le teperé, le Fecond le Genie qui engrosse la Terre, & dit qu'il vient des champs Elisées. Mais quoy que veritablement il importe beaucoup de respirer vn air fort delicat & de bon temperament, & de boire des eaux de mesme; neantmoins il est encore plus necessaire pour nostre dessein, d'vser de viandes delicates, & de la temperature que demande l'esprit, parce que de ces viandes-là s'engendre le sang, & du sang, la semence, & de la semence, la creature; Et si les aliments sont delicats & de bon temperament, tel est aussi le sang, & de tel sang, telle semence, & de telle semence, tel cerueau. Que si cette partie-là est temperée & composée d'vne substance delicate & subtile, Galien dit que l'esprit sera aussi de mesme; dautant que nostre ame raisonnable, quoy qu'elle soit incorruptible, suit tousiours les dispositions du cerueau, lesquelles n'estant pas telles qu'elle en a besoin pour raisonner & philosopher, elle vient à dire & à commetre mille impertinences.

Les viandes donc que les peres doiuent manger pour engendrer des garçons pourueus de grand entendement (qui est la difference d'esprit la plus ordinaire en Espagne) sont premierement, du pain de froment, fait de fleur de farine, & pestry auec du sel; ce pain là est froid & sec, & de parties subtiles & tres-delicates. Il s'en fait vn autre plus bis, au dire de Galien, d'vne autre espece de froment, lequel à la verité soutient beaucoup, & fait les hômes membrus, & munis de grandes forces de corps; mais dautant qu'il est humide & de parties fort grossieres, il ruine l'entendement. I'ay dit, *Pestry auec du sel*, parce que de tous les aliments dont l'hôme se sert, il n'y en a point qui fasse l'entendement si bon, que ce mineral. Il est froid, & outre cela aussi sec qu'aucune autre chose qui se puisse rencontrer; & si nous nous ressouuenons du mot d'Heraclite, nous trouuerons qu'il dit ainsi, *La splendeur seche fait l'ame tres-sage.* Par où il nous a voulu donner à entendre, que la secheresse du corps rend l'esprit tres-prudent. Et puisque le sel est si sec & est si propre pour l'esprit, c'est justement que la sainte Escriture le qualifie du nom de Prudence & de Sagesse.

Les perdrix & les francolins ont vne mesme substance & temperament, que le pain de froment; comme aussi le cheureau, & le vin muscat, desquels aliments si les peres se seruent de la façon que nous auons declarée cy dessus, ils produiront des enfans de grand entendement.

Que s'ils desirent auoir quelque fils doüé d'vne prodigieuse memoire, qu'ils mangent huict ou neuf iours deuant que de s'approcher de leurs femmes, des truittes, des saulmons, des laproyes, des barbeaux, & des anguilles, auec lesquelles viandes ils produiront vne semece humide, & fort visqueuse. Ces deux qualitez, côme nous auons dit cy dessus, rendent la memoire facile à receuoir, & fort tenace pour conseruer long temps les figures. Des pigeons, du cheureau, des aux, des ciboulles, des poirreaux,

Xx iij

des raues, du poivre, du vinaigre, du vin blanc, du miel, & de toutes sortes d'espiceries, la semence se fait chaude & seche, & de parties tres-delicates. Le fils qui s'engendrera de ces aliments, sera pourueu d'vne grande imagination, mais māquera d'entēdement, à cause de l'excessiue chaleur; & sera priué de memoire, à raison de la grande secheresse. De telles gens sont tres-prejudiciables à vn Estat, dautant que la chaleur les emporte à quantité de vices & de maux, & leur donne de l'esprit & du courage pour l'execution. Toutesfois s'ils veulent prendre garde à eux, l'Estat reçoit plus de seruice de leur imagination, que de leur entendement, ny de leur memoire.

Les poules, les chappons, la chair de veau, le mouton d'Espagne, sont d'vne substance moderée; car ce ne sont des viandes ny delicates ny grossieres. I'ay dit, *Le mouton d'Espagne*, dautant que Galien, sans vser de distinction, dit que cette chair là est de mauuaise & grosse substance; en quoy il n'a point de raison,

des Esprits. 691

Car encore qu'en Italie, d'où il escriuoit, ce soit la plus mauuaise viande de toutes; neantmoins en nostre pays d'Espagne, à cause de la bonté des pasturages, elle doit estre mise entre les viandes dont la substance est moderée. Les fils qui s'engendreront de ces aliments, iouyront d'vn entendement passable, & d'vne memoire & imagination passables aussi. De façon qu'ils ne penetreront pas bien auant dans les sciences, & n'inuenteront iamais rien de nouueau. De ceux cy nous auons dit cy dessus, qu'ils receuoient fort aisément l'impression de toutes les regles & obseruations de l'art, claires, obscures, faciles, & difficiles; mais que la doctrine, l'argument, la réponse, le doute, & la distinction, tout cela leur deuoit donner beaucoup de peine.

De la nourriture de vache, de bouc chastré, de lard, d'vne certaine boullie de mie de pain, & autres ingrediens que les paysans font en Espagne; du pain bis, du fromage, des oliues, d'vn vin couuert, & de l'eau sallée, se fera vne se-

Xx iiij

mence grossiere, & de mauuais tēperament. Le fils qui s'en engendrera, aura autant de forces qu'vn taureau ; mais sera furieux, & d'esprit brutal.

De là vient que parmy les villageois il s'en rencontre si peu d'vn entendement aigu & propre aux lettres : ils naissent lourds, & grossiers tout autāt qu'il y en a ; parce qu'ils ont esté faits d'aliments de grosse & mauuaise substance. Ce qui arriue tout au contraire parmy les habitans des villes, dont nous voyons les enfans beaucoup plus spirituels & plus habiles. Mais si les peres ont veritablement enuie d'engendrer vn fils bien fait, qui soit sage, & de bonnes mœurs ; ils doiuent prendre force laict de cheures, six ou sept iours deuant l'acte venerien : dautant que, selon tous les Medecins, c'est l'aliment le meilleur & le plus delicat dont on puisse vser, (cela s'entend quand on est sain, & qu'il a du rapport auec nous,) mais Galien dit, qu'il le faut prendre cuit auec du miel, sans lequel il est dangereux, & facile à se corrompre. La raison en est, que le laict n'est pas composé de plus de trois choses, qui sont comme ses trois Elemens, le fromage, le mégue ou laict clair, & le beurre. Le fromage respond à la terre, le mégue à l'eau, & le beurre à l'air. Le feu qui lioit les autres Elements, & qui les conseruoit dans le mixte, s'est exhalé par sa subtilité, quand le laict est sorty des mammelles, mais en y adjoustant vn peu de miel (qui est chaud & sec ainsi que le feu) le laict se trouue auec les quatre Elements, lesquels estant meslez & cuits par l'action de nostre chaleur naturelle, il se fait vne semence tres-delicate & de bon temperament. Le fils qui s'en engendrera, aura tout au moins vn grand entendement, & ne manquera ny de memoire ny d'imagination.

Pour n'auoir pas suiuy cette doctrine, Aristote n'a peu respondre à vn probleme qu'il fait, lors qu'il demande, *D'où vient que les petits des bestes brutes, tirent, la pluspart du temps, toutes les proprietez & qualitez des animaux qui les engendrent, & non pas les enfans de l'hom-*

me? Ce que nous voyons par experience estre de la sorte, car de peres sages, naissent des enfans tres-sots, & de peres lourdauts, des enfans qui sont tres-auisez, de peres vertueux, des enfans meschans & addonnez au vice, & de peres vicieux, des enfans qui s'appliquent à la vertu; de peres laids, des enfãs beaux, & de peres qui seront beaux, des enfans qui seront laids; de peres blóds & blancs, des enfans noirs, & de peres noirs, des enfans blãcs, & vermeils. Et entre les enfans de mesmes pere & mere, l'vn sera ignorant, l'autre, prudent, l'vn sera laid, & l'autre, beau, l'vn de bonnes mœurs, & l'autre, de mauuaises habitudes, l'vn vertueux, & l'autre, vicieux. Mais si à vne Caualle de bonne race, on luy donne vn Cheual qui soit aussi de bonne race, le Poulain qui en sortira leur ressemblera, tant en sa forme & couleur, qu'en toutes ses façons de faire. Aristote a fort mal respondu à ce probleme, en disant, Que l'homme se laisse aller à diuerses imaginations durant l'acte de la chair, & que delà vient que ses enfans naissent dans ce desordre; & que comme les bestes brutes au temps de la generation, ne sont point distraites, & n'ont pas l'imagination si forte que l'homme, elles produisent tousiours leurs petits d'vne mesme sorte, & qui leur ressemblent entierement.

Cette responsse a satisfait iusques icy les Philosophes vulgaires. En confirmation de laquelle ils rapportent l'histoire de Iacob, qui mettant des houssines peintes de diuerses couleurs, aux abbreuuoirs des trouppeaux, faisoit que tous les agneaux naissoient tachetez de differentes marques.

Mais il ne leur sert de rien d'auoir recours à la sainte Escriture, car ce fut vn miracle que Dieu fit, pour estre la figure de quelque Sacrement. Et la responsse d'Aristote est tres impertinente. Qu'ainsi ne soit, que les Bergers fassent maintenant cét essay, & ils verront si c'est vne chose naturelle.

On conte aussi en ce pays, qu'vne certaine Dame enfanta vn fils plus noir qu'il ne falloit, parce qu'elle auoit l'imagination attachée au visage d'vn More, qui estoit peint sur vn tapis de cuir doré, ce que ie tiens pour vn vray conte, & s'il est arriué que l'enfant soit venu au monde de la sorte, ie soustiens que le pere estoit de la mesme couleur que le visage representé sur le tapis.

Et afin qu'on reconnoisse plus clairement combien est fausse cette philosophie d'Aristote, & de ses sectateurs; il faut supposer pour vne chose asseurée, que l'œuure de la generation appartient à l'ame vegetatiue, & non à la sensitiue, ny à la raisonnable; car le cheual engendre sans l'ame raisonnable,& la plante, sans la sensitiue, & si nous considerons vn arbre chargé de fruicts, nous y trouuerons vne plus grande diuersité qu'entre les enfans de l'homme; vne pomme sera verte, & l'autre, rouge, vne sera petite, & l'autre, grosse, vne sera ronde, & l'autre, mal formée, vne sera saine, & l'autre, pourrie, vne sera douce, & l'autre, amere: & si nous faisons comparaison des fruicts de cette année auec ceux de l'an passé, nous verrons

que les vns seront fort differents des autres. Ce que l'on ne peut pas attribuer
à la diuersité de l'imagination, puisque
les plantes sont priuées de cette faculté.

L'erreur d'Aristote est tres-manifeste
dans sa doctrine mesme; car il dit, que
c'est la semence de l'homme, & non
celle de la femme, qui fait la generation; mais en l'acte venerien, tout ce
que l'hôme fait, c'est de respandre la semence, sans forme ny figure; côme vn
laboureur seme le froment sur la terre.
Et tout de mesme que le grain de bled,
ne prend pas racine aussi tost, & ne forme ny le tuyau, ny l'espy qu'au bout de
quelque temps: Ainsi dit Galien, la creature n'est elle pas formée incontinent
que la semence de l'homme tombe dans
la matrice; mais il faut, à son côpte, des
trente & des quarente iours pour acheuer cét ouurage. Ce qu'estant de la sorte, qu'importe-t'il que le pere aille imaginant mille choses durant l'acte; si l'enfant ne commence à se former qu'aprés
quelques iours? D'autant plus que ce qui
preside à cette formation, n'est ny l'a-

me du père, ny celle de la mere, mais vne troisiesme qui reside dans la semence mesme, & laquelle n'estant qu'vne ame vegetatiue, n'est pas capable de la puissance de l'imagination; seulement suit-elle les mouuemens naturels du temperament, & ne fait rien autre chose.

A mon esgard, dire que les enfans de l'homme naissent auec vne si grande difference, à cause de la diuerse imagination des peres, c'est justement comme si l'on disoit, que des grains de bled, il y en a qui sont gros, & les autres menus, parce que le laboureur lors qu'il semoit, auoit l'esprit distrait de diuerses pensées.

De cette fausse opinion d'Aristote, quelques Curieux concluent, que les enfans de l'homme adultere, ressemblent au mary de la fême adultere, quoy qu'ils ne soient pas de luy: Et la raison à leur aduis en est tres-claire; car au milieu des embrassemens, les adulteres vont songeant au mary, dans l'apprehension qu'il n'arriue, & ne les surprenne sur le fait. Par le mesme argument,

des Esprits. 699

ils inferent que les enfans du mary, ressemblent de visage, à l'homme adultere, quoy qu'ils ne soient pas de luy; parce que la femme adultere, alors que son mary l'embrasse, demeure tousiours arrestée à contempler l'image de son amy.

Ceux qui veulent que cette femme dont nous auons parlé fit vn enfant More, à cause qu'elle auoit consideré la figure noire du tapis, doiuét aussi admettre ce qui ces Curieux ont dit & prouué: car il y a autant de raison en l'vn, qu'en l'autre. C'est à mon égard vne pure badinerie, & vne grande fausseté; mais on le peut tres-bien conclure de l'opinion d'Aristote.

Hippocrate a mieux respondu à ce Probleme, quand il a dit, Que les Scythes auoient tous mesmes mœurs, & mesme forme de visage; & la raison qu'il donne de cette ressemblance, c'est qu'ils mangeoient tous des mesmes viandes, & beuuoient des mesmes eaux, alloient vestus de mesme sorte, & obseruoient la mesme façon de viure.

C'est pour cette raison là mesme, que les bestes brutes font des petits qui leur ressemblent si exactement, car elles vsent tousiours de mesmes pasturages, de mesmes aliments, & font tousiours vne semence égale & vniforme. Tout au contraire, l'homme, à cause qu'il mange chaque iour diuerses viandes, produit vne semence qui est differente, tant en sa substance, qu'en son temperament. Ce que les Philosophes naturels approuuent, quand ils respondent à vn Probleme qui demande, *D'où vient que les excremens des bestes brutes ne sont pas si puants que ceux de l'homme?* Car ils disent que ces animaux vsent tousiours des mesmes viandes, & font beaucoup d'exercice; là où l'homme prend vne si grande quantité d'alimens, & qui sont de si diuerse substance, qu'il ne les sçauroit bien digerer, de sorte qu'ils viennent à se corrompre. On peut dire les mesmes choses de la semence de l'homme, & de celle des bestes; car elles sont l'vne & l'autre de la troisiesme concoction.

On ne sçauroit nier que l'homme n'v-
se d'vne

se d'vne grande diuersité de viandes, ny que de chaque aliment, il ne se fasse vne semence differente & particuliere, desorte qu'il est certain que le iour que l'homme mangera de la vache ou du boudin, il fera vne semence grossiere, & de mauuais temperament; au moyen dequoy l'enfant qui s'en engendrera, sera laid, noir, lourdaut, & d'vne humeur rude. Et s'il mange du blanc de chapō, ou de poule, il fera vne semence blāche, delicate, & de bon tēperamēt; si bien que l'enfant qui s'en engendrera, sera beau, & bien auenant, sage, & d'vne humeur fort affable. D'où ie conclus qu'il ne vient au monde aucun enfant, qu'il ne tire les qualitez & le temperament des viandes, dont ses pere & mere ont mangé vn iour auparauant que de l'engendrer. Et si l'on desire sçauoir de quelle viande on a esté formé, on n'a qu'à prendre garde à l'aliment qui est le plus familier à nostre estomach; car c'est de celuy-là sans aucune difficulté.

Les Philosophes naturels demandent aussi, *D'où vient que les enfans des hom-*

mes sages sont d'ordinaire lourdauts & despourueus d'esprit ? Auquel Probleme ils respondent tres-mal, en disant, Que les hommes sages sont pleins de pudeur & de honte; ce qui fait que dans l'actiō de Venus, ils s'abstiennent de quelques diligences qui sont necessaires, pour faire que l'enfant vienne au monde auec toute la perfection qu'il doit auoir. Et ils confirment leur dire par l'exemple des peres grossiers & ignorants, dont tous les enfans sont sages & spirituels, à cause que ces peres se sont employez de toutes leurs forces à l'acte de la generation. Mais cette responce est de personnes peu sçauantes dans la Philosophie naturelle.

Il est vray que pour respondre comme il faut, il est besoin de presupposer & de prouuer quelques choses auparauant; l'vne desquelles est, que la faculté raisonnable est contraire à l'irascible & à la concupiscible, d'vne telle façon, que si vn homme est fort sage, il ne sçauroit estre bien courageux, muny des forces corporelles, grand beuueur, ny puissant pour la generation; dautant que les dispositions naturelles qui sont necessaires pour faire que la faculté raisonnable agisse, sont entierement contraires à celles que demandent l'irascible & la concupiscible.

Aristote dit (& il est vray) que le courage & la vaillance naturelle consiste en chaleur, & la prudence, & la sagesse en froideur & sécheresse: Aussi voyons-nous clairement par experience, que les plus vaillans manquent de raisons, sont de peu d'entretien, ne souffrent pas qu'on les raille, & sont aisez à deffaire. Pour à quoy remedier, ils mettent incontinent la main à l'espée, parce qu'ils n'ont pas d'autre responsse à rendre. Mais ceux qui ont de l'esprit, n'ont pas faute de discours, de reparties, ny de mots aigus, auec lesquels ils amusent le tapis, pour n'en venir pas aux prises. C'estoit de cette maniere d'esprit que Ciceron fut accusé par Salluste, quand il luy dit, que sa langue alloit bien, mais que ses pieds alloient encore plus viste; en quoy il auoit raison, car il estoit impossible qu'vne si grande sagesse que celle de Ciceron, abboutist à autre chose qu'à vne poltronnerie pour les armes. C'est de là qu'a pris son origine vne façõ de se mocquer, qui dit, *Il est vaillant cōme vn Ciceron, & sage cōme vn Hector*, pour taxer vn homme d'estre grossier & coüard.

La faculté animale n'est pas moins contraire à l'entendement, parce que dés-là qu'vn homme est fort de corps, on peut dire qu'il n'a pas l'esprit subtil; & la raison en est, que la force des bras & des cuisses, vient de ce que le cerueau est dur & terrestre: & quoy qu'il soit vray qu'à cause de la froideur & secheresse de la terre, cét homme pourroit auoir bon entendement; neantmoins dautant que ce cerueau est d'vne substance grossiere, il n'en a point; & si, il y a encore vn autre mal; c'est que la froideur luy oste le courage & la vaillance; ainsi auons-nous veu quelques hommes extremement forts, qui estoient aussi extremement poltrons.

La contrarieté qui se trouue entre l'ame vegetatiue, & l'ame raisonnable, est plus manifeste que toutes les autres ; parce que les actions de la vegetatiue, qui sont nourrir & engendrer, se font mieux auec la chaleur & l'humidité, qu'auec les qualitez opposées. Ce que l'experience nous monstre clairement, si nous considerons combien cette ame vegetatiue est puissante en l'aage de l'enfance, & combien foible en la vieillesse. Or est-il qu'en l'enfance, l'ame raisonnable ne sçauroit agir, & au dernier aage (où il n'y a ny chaleur ny humidité.) elle opere merueilleusement bien. De façon que plus vn homme est puissant pour engendrer & digerer beaucoup de viandes, & plus il perd de la faculté raisonnable. A cecy semble faire allusion ce que Platon dit, qu'il n'y a point d'humeur dans l'hôme, qui renuerse tant l'ame raisonnable, que fait vne semence fœconde: seulement, dit-il, qu'elle aide à l'art de versifier: Nous le voyons tous les iours par experience: car aussi tost qu'vn homme commence à deuenir amoureux, il deuient quant & quant Poëte, & s'il estoit auparauant mal propre, & mal ajusté, il s'offense alors du moindre ply de ses chausses, & du moindre poil sur son manteau, ces actions-là appartenant à l'imagination, laquelle s'augmente & monte d'vn point par la grande ardeur que cause la passion d'amour. Or que l'amour soit vne passion chaude, cela se void clairement par le courage & la vaillance qu'elle inspire aux Amants, & par l'enuie de manger & de dormir qu'elle leur oste.

Si dans les Estats on vouloit auoir égard à ces marques, on banniroit des Vniuersitez tous ces Escoliers vaillans & amis des armes, les Amants, les Poëtes, & ceux qui sont si poupins, & si polis, parce que ces gens là n'ont ny esprit, ny habileté pour aucune sorte de sciences. Aristote excepte ceux qui sont melancoliques par adustion, dont la semence ne nuit point à l'esprit, quoy qu'elle soit fœconde.

En vn mot, toutes les facultez qui gouuernent l'homme, si elles sont extremement fortes, renuersent la puissance raisonnable. Et de là vient que lors qu'vn homme est tres-sage, il est quant & quāt poltron, foible de corps, petit mangeur, & impuissant pour la generation : la raison en est, que les qualitez qui le rendent sage (qui sont la froideur & la secheresse) celles-là mesmes debilitent les autres facultez, comme il apparoist aux vieillards, qui n'ont ny vertu ny vigueur que pour le conseil & la prudence.

Cette doctrine ainsi supposée ; c'est l'opinion de Galien, que pour faire la generation de quelque animal parfait que ce soit, deux semences sont necessaires, dont l'vne est celle qui agit & qui forme, & l'autre, celle qui sert d'aliment; parce qu'vne chose delicate comme est la semence, ne peut pas digerer vne viande si grossiere qu'est le sang, iusques à ce que l'ouurage soit plus auancé. Or que la semence soit le veritable aliment des parties spermatiques, c'est vne chose tres-bien receuë d'Hippocrate, de Platon, & de Galien; car en leur opinion, si le sang ne se conuertit en semence, il est impossible que les nerfs, les veines, ny les arteres, se puissent maintenir. C'est pourquoy Galien dit, que la difference qu'il y a entre les veines & les testicules, consiste en ce que les testicules font bien tost beaucoup de semence, & les veines bien peu, & en vn fort long-têps. De façon que la Nature a pourueu d'vn aliment si semblable, que par vn changement aisé, & sans faire d'excremens, il peust entretenir l'autre semence. Ce qui ne pourroit pas arriuer, si cette semence se deuoit nourrir de sang. Galien dit que la Nature a vsé de la mesme préuoyance pour la generation de l'homme, que pour former vn poulet, & tous les autres oyseaux qui sortent d'vn œuf, dans lequel nous voyôs qu'il y a deux substances; vne qui est la glaire ou le blanc, & l'autre, le jaune de l'œuf; l'vne, dont le poussin se forme, & l'autre, dont il se maintient durant tout le temps de la formation. Par cette mesme raison, deux semences sont necessaires en la generation de l'homme; l'vne, dont se fait la creature, & l'autre, dont elle s'entretient tout le temps qu'elle est à se former. Surquoy Hippocrate dit vne chose bien digne d'estre consideree, c'est qu'il n'est point determiné par la Nature, laquelle des deux semences doit estre l'agent & faire la formation, & laquelle doit seruir d'aliment. Car bien souuent la semence de la femme a plus de vertu que celle de l'homme, & quand cela arriue, c'est elle qui fait la generation, & celle du mary qui sert d'aliment. D'autres fois la semence de l'homme est plus puissante & plus prolifique, & alors celle de la femme ne sert seulement que de nourriture.

Aristote n'a point connu cette doctrine, ny n'a peu comprendre dequoy seruoit la semence de la femme; ce qui a fait qu'il en a dit mille impertinences; qu'elle estoit comme vn peu d'eau, qui n'auoit ny vertu ny force pour engendrer. Mais s'il estoit ainsi, la femme ne souffriroit iamais la compagnie de l'homme, & iamais ne la souhaitteroit: tant s'en faut, elle auroit cét acte en horreur, estant naturellement honneste, comme elle est, & l'acte, si sale & si vilain. De façon que deuant qu'il fust peu d'années, l'espece humaine periroit, & le monde demeureroit priué du plus bel animal que la Nature produise.

Ainsi le mesme Aristote demande, *Pourquoy l'action de Venus est la plus agreable de toutes celles que la Nature ait inuentée pour la recreation des animaux?* A quoy il respond, que comme la Nature auoit tant de soin de perpetuer l'espece des hômes, elle attacha vn si grand plaisir à cette action, afin qu'estant incitez par cét interest, ils s'employassent de bon cœur à la generation; car sans ces aiguillons là, il n'y auroit homme ny femme qui se voulust marier, quand il n'y auroit, pour ce qui regarde la femme, que la peine de porter neuf mois entiers vn enfant dans son ventre, & d'accoucher au peril de sa vie. Si bien qu'il eut esté besoin dans vn Estat, de contraindre les femmes au mariage, de peur que l'espece des hommes ne vinst à perir.

Mais comme la Nature fait toute

chose auec douceur, elle a donné à la femme toutes les parties necessaires pour rendre vne semence prolifique & capable de l'irriter, afin qu'elle conuoitast l'homme, & qu'elle se plust en sa compagnie. Que si sa semence estoit telle que dit Aristote, elle auroit l'homme en horreur, & le fuyroit plutost qu'elle ne l'aymeroit. Galien prouue cecy par vn exemple tiré des bestes, & dit, que si vne truye vient à estre chastrée, iamais elle ne desire le masle, ny ne consent à ses approches. Nous sçauons qu'il en est tout de mesme d'vne femme, dont le temperament est plus froid qu'il ne faut, car si on luy parle de la marier, il n'y a rien qui soit plus insupportable à ses oreilles. Il en arriue autant à l'homme froid; & tout cela faute d'auoir vne semence fœconde.

De plus, si la semence de la femme estoit telle que dit Aristote, elle ne pourroit pas seruir d'aliment, puisque pour obtenir les dernieres qualitez d'vne actuelle nourriture, il faut auoir vne entiere ressemblance auec ce qui doit estre nourry. Que si cette semence ne se trouuoit desia bien élabourée & assimilée, elle ne pourroit iamais acquerir cette perfection; dautant que la semence de l'homme n'a pas les organes ny des lieux (tels que sont l'estomach, le foye, & les testicules) où la pouuoir cuire ny assimiler. Et partant la Nature a fait en sorte qu'il y eust deux semences en la generation de l'animal ; lesquelles estant meslées ensemble, celle qui seroit la plus puissante, presideroit à la formation, & l'autre, seruiroit seulement de nourriture. Et que cecy soit vray, il paroist clairement en ce que si vn Negre engrosse vne femme blanche, & vn homme blanc, vne Negre, il en sortira vn enfant demy-More, qui tiendra de l'vn & de l'autre.

De cette doctrine on peut inferer qu'il est veritable ce que plusieurs Histoires dignes de foy rapportent, qu'vn Chien ayant eu affaire auec vne femme, l'engrossa ; & qu'vn Ours fit la mesme chose d'vne fille qu'il trouua seule à la campagne : comme aussi ce qu'on dit d'vn

des Esprits. 713

Singe, qui fit deux enfans à vne autre femme. Et ce qu'on dit encore d'vne autre femme, qui se promenant sur le bord de la mer, fut engrossée par vn poisson qui sortit de l'eau. Ce qui semble difficile au peuple, c'est comment il s'est pû faire que ces femmes-là ayent enfanté des hommes parfaits, & qui eussent l'vsage de la raison, veu qu'ils auoient esté engendrez par des bestes brutes?

A cecy l'on respond, que la semence de toutes ces femmes là, auoit esté l'agent, & auoit formé l'enfant, comme estant la plus puissante; c'est pourquoy elle luy donna tous les traits & toute la figure de l'espece humaine: Et la semence de la beste, pour n'estre pas si forte, seruoit d'aliment, & rien plus. Or que la semence de ces animaux irraisonnables pust fournir de nourriture à la semence humaine, c'est vne chose facile à comprendre, car si chacune de ces femmes là eust mangé d'vn morceau de chair d'Ours, ou de Chien, boüilly ou rosty, il est certain qu'elles s'en fust maintenuë & sustentée, encore que ce n'eust pas esté si parfaitement que si elle eust mãgé d'vn bon agneau, ou de bônes perdrix. Il en est tout de mesme de la semence humaine, dont la veritable nourriture, en la formation de l'enfant, c'est vne autre semence humaine ; quoy que la semence d'vne beste puisse bien suppléer à son défaut. Mais ce qui est remarqué dãs ces Histoires est, que les enfans qui sortirent de tels accouplemens, tesmoignoient assez par leurs mœurs & façons de faire, que leur generation n'auoit pas esté dans la voye ordinaire de Nature.

De tout ce que nous auons dit, (encore que nous ayons vn peu tardé) nous pourrons maintenant tirer vne response au principal Probleme ; c'est que les enfans des hommes sages sont presque tousjours formez de la semence des meres, dautant que celle des peres est infœconde, pour les raisons que nous en auons alleguées, & ne sert en la generation que de simple aliment.

Or l'homme qui est fait de la semence de la femme, ne sçauroit pas estre fort habile, ny fort ingenieux, à cause de la grande froideur & humidité de ce sexe; & partant il est certain que quand l'enfant se trouue prudent & bien auisé, c'est vne marque infaillible, qu'il a esté formé de la semence du pere: Et s'il est lourd & grossier, c'est signe qu'il a esté formé de la semence de la mere. A quoy Salomon faisant allusion dit, *Que le fils sage, est la ioye du pere, mais que l'enfant hebeté, est l'affliction de sa mere.*

Il peut aussi arriuer par quelque occasion, que la semence de l'homme sage soit l'agent, & forme la creature, & que celle de la femme serue d'aliment. Mais l'enfant qui en sera engendré ne sera pas bien habile, car encore que la froideur & la secheresse soient deux qualitez dont l'entendement a besoin, elles doiuent estre pourtant en vne certaine mesure & quantité; & si elles passent outre, il en auient plustost du mal que du bien. Ainsi qu'on reconnoist aux vieillards, que l'on void estre caducs & radoter, à cause de la grande froideur & secheresse. Posons donc le cas qu'il reste encore dix ans à viure à vn homme sage, dans vne froideur & secheresse conuenables pour raisonner, de telle façon qu'en allant plus auant, il doiue estre caduc & radoter : Si de la semence de ce vieillard vient à s'engendrer vn enfant, cét enfant sera iusques à l'aage de dix ans tres-habile, parce qu'il iouyra de cette froideur & secheresse conuenables du Pere, mais à onze ans il commencera à estre caduc pour auoir passé le point que ces deux qualitez doiuent auoir. Ce que nous voyons tous les iours par experience dans les enfans qu'on a eus en vieillesse, lesquels se monstrent tres auisez tant qu'ils sont petits, & depuis qu'ils paruiennent à vn plus grand aage, sont fort lourds & meurent bientost. Et cela parce qu'ils ont esté faits de la semence froide & séche d'vn homme qui auoit passé plus de la moitié de sa vie.

Pareillement si le Pere est habile aux actions de l'imagination & qu'il se soit marié, à cause de sa grande chaleur & secheresse, auec vne femme froide & humide

des Esprits.

humide au troisiesme degré, l'enfant qui en sortira ne laissera pas d'estre tres lourd, quoy qu'il vienne à se former de la semence du pere, pour auoir esté dans vn ventre si froid & si humide, & s'estre entretenu d'vn sang si intemperé.

Il arriuera le contraire, si le pere est grossier & ignorant, dont la semence est pour l'ordinaire trop chaude & trop humide. Le fils qui s'en engendrera, ne sera simple que iusques à l'aage de quinze ans, à cause qu'il aura vne partie de l'humidité superfluë de son pere; mais quand cette humidité sera dissipée dans le pere, auec le temps & par l'aage de consistance (où la semence de l'homme grossier & ignorant, est plus temperée & moins humide) il ne nuira pas à l'enfant pour l'esprit, d'auoir esté produit de cette semence, & principalement s'il est neuf mois dans vn ventre si peu froid & humide, qu'est celuy de la femme froide & humide au premier degré, où il aura souffert tant de faim, & vne si grāde disette de nourriture.

Tout cecy arriue pour l'ordinaire

Z z

par les raiſons que nous auõs dites; mais il y a de certaines races d'hõmes, dõt les parties deſtinées à la generation, ont tãt de force & de vertu, qu'elles dépoüillent entierement les viãdes de leurs bonnes qualitez, & les changent en leur mauuaiſe & groſſiere ſubſtance. Si bien que tout autant d'enfans que ces peres-là engendrent, quoy qu'ils ayent mangé des aliments delicats, ſont lourds, ignorans, & ſtupides. Il y a d'autres perſonnes au contraire, qui vſant de viandes groſſieres, & d'vn temperament mauuais, les ſurmontent ſi puiſſamment, que ſe nourriſſant de bouc chaſtré, & de lard, elles ne laiſſent pas de faire des enfans d'eſprit fort ſubtil. Ainſi eſt il certain qu'il y a des lignées d'hõmes lourds & ignorans, & d'autres lignées d'hommes ſages, & d'autres perſonnes encores qui pour l'ordinaire naiſſent folles, & priuées du ſens commun.

Quelques difficultez ſe preſentent à ceux qui veulent entendre bien à plein cette matiere; deſquelles la reſponſe ſe peut donner aiſément, par les choſes que nous auons dites. La premiere eſt, d'où vient que les baſtards reſſemblent le plus ſouuent à leurs peres? & que de cét enfās qui ſeront legitimes, il y en aura quatre vingts dix qui reſſemblerōt & de viſage, & de mœurs, à leurs meres?

La ſeconde, pourquoy les enfans baſtards ſont d'ordinaire bien faits, courageux, & tres-auiſez?

La troiſieſme, d'où vient que ſi vne femme débauchée deuient groſſe, encore qu'elle prenne de meſchants breuuages pour ſe deliurer, & qu'elle ſe faſſe ſaigner pluſieurs fois, iamais elle ne ſe deſcharge de ſon fruict? Et ſi vne femme mariée deuient enceinte de ſon mary, elle aura de fauſſes couches à la moindre occaſion?

Platon reſpond à la premiere doute, en diſant, que nul n'eſt meſchant de ſa propre volonté, ſans eſtre premierement irrité par ſon vicieux temperament: & rapporte pour exemple, les hommes luxurieux, leſquels à cauſe qu'ils ſont pleins d'vne ſemence fœconde, ſouffrent force illuſions, & de grands maux, dont eſtant trauaillez, ils recherchēt les

par les raisons que nous auõs dites; mais il y a de certaines races d'hõmes, dõt les parties destinées à la generation, ont tãt de force & de vertu, qu'elles depoüillent entierement les viãdes de leurs bonnes qualitez, & les changent en leur mauuaise & grossiere substance. Si bien que tout autant d'enfans que ces peres-là engendrent, quoy qu'ils ayent mangé des aliments delicats, sont lourds, ignorans, & stupides. Il y a d'autres personnes au contraire, qui vsant de viandes grossieres, & d'vn temperament mauuais, les surmontent si puissamment, que se nourrissant de bouc chastré, & de lard, elles ne laissent pas de faire des enfans d'esprit fort subtil. Ainsi est il certain qu'il y a des lignées d'hómes lourds & ignorans, & d'autres lignées d'hommes sages, & d'autres personnes encores qui pour l'ordinaire naissent folles & priuées du sens commun.

Quelques difficultez se presentent ceux qui veulent entendre bien à ple cette matiere; desquelles la responfe peut donner aifément, par les cho que nous auons dites. La premiere e

des Esprits. 719

d'où vient que les baſtards reſſemblent le plus ſouuent à leurs peres? & que de cét enfās qui ſeront legitimes, il y en aura quatre vingts dix qui reſſemblerōt & de viſage, & de mœurs, à leurs meres?

La ſeconde, pourquoy les enfans baſtards ſont d'ordinaire bien faits, courageux, & tres-auiſez?

La troiſieſme, d'où vient que ſi vne femme débauchée deuient groſſe, encore qu'elle prenne de meſchants breuuages pour ſe deliurer, & qu'elle ſe faſſe ſaigner pluſieurs fois, iamais elle ne ſe deſcharge de ſon fruict? Et ſi vne femme mariée deuient enceinte de ſon mary, elle aura de fauſſes couches à la moindre occaſion?

Platon reſpond à la premiere doute, en diſant, que nul n'eſt meſchant de ſa propre volonté, ſans eſtre premierement irrité par ſon vicieux temperament: & rapporte pour exemple, les hommes luxurieux, leſquels à cauſe qu'ils ſont pleins d'vne ſemence fœconde, ſouffrent force illuſions, & de grands maux; dont eſtant trauaillez, ils rechercħēt les

Zz ij

femmes, pour se deffaire de cette passion.

De ceux-là Galien dit, qu'ils ont les parties destinées à la generation, fort chaudes, & fort séches; si bien qu'elles font vne semence tres-piquante, & tres-puissante pour engendrer. L'homme donc qui va chercher la femme qui n'est pas à luy, y va tout remply de cette semence fœconde, cuitte, & bien assaisonnée; dont la generation se doit necessairement faire; parce que les choses estant esgales, la semence de l'homme est tousiours de plus grande vertu; & si l'enfant se forme de la semêce du pere, il faut par consequent qu'il luy ressêble.

Le contraire arriue dans les enfans legitimes; car d'autant que les hommes mariez ont tousiours leur femme à leur costé, ils n'attendent iamais que la semence soit meure, & deuienne prolifique; mais à la moindre sollicitation qu'ils ressentent, ils la jettent, en se faisant effort, & par vn mouuement violent: & comme les femmes demeurent en repos dans l'action de Venus, iamais leurs vaisseaux spermatiques ne rendent la semence qu'elle ne soit bien cuitte & bien assaisonnée, & qu'il ny en ait à foison. C'est pourquoy les femmes mariées font presque tousjours la generation, & la semence des maris, ne sert que de nourriture.

Mais il auient quelquefois, que les deux semences se trouuent esgalement parfaites, & combatrent de telle sorte, que ny l'vne, ny l'autre, n'est la maistresse, & ne r'emporte le dessus en la formation; mais il se fait vn enfant qui ne ressemble, ny au pere, ny à la mere. Quelquefois on diroit qu'elles se sont accordées, & ont partagé la ressemblance; la semence du pere forme le nez & les yeux, & celle de la mere, la bouche & le front. Et ce qui est plus à admirer, il est arriué plusieurs fois, que l'enfant a eu vne oreille du pere, & l'autre de la mere; & que les yeux estoient aussi partagez. Que si la semence du pere est tout à fait victorieuse, le fils en remportera & la façon, & les mœurs; & quand la semence de la mere est la plus puissante, la mesme chose arriue ra de son costé.

C'est pourquoy le pere qui voudra que son fils se fasse de sa propre semence, se doit tenir quelques iours esloigné de sa femme, & attendre que cette semence se cuise & se meurisse. Et alors il est certain que sa semence à luy, fera la generation, & que celle de sa femme, ne seruira que d'aliment.

La seconde doute est encore facile à resoudre, par les choses que nous auons dites; car les enfans bastards se font d'ordinaire de semence chaude & seche, & nous auons prouué plusieurs fois cy dessus, que de ce temperament naissoient le courage & la vaillance, & la bonne imagination, à laquelle appartient la prudence du siecle. Et à cause aussi que la semence est bien cuitte & bien assaisonnée, la Nature en fait tout ce qu'elle veut, & les tire comme auec le pinceau.

A la troisiesme doute on respond, que les femmes de mauuaise vie, conçoiuent presque tousiours de la semence de l'hôme, & comme cette semence est plus se-

des Esprits. 723

che, plus essuyée, & plus prolifique, elle s'attache & tient à la matrice auecques de fortes racines ; mais la conception des femmes mariées, se faisant de leur semence propre, la creature se deslie aisément, dautant que cette semence est humide & aqueuse, ou comme dit Hippocrate, *Pleine de mucosité, & glaireuse.*

Entre ces mots, *Par le poux, & par la respiratiō.* pag. 683. & ceux cy qui suiuent immediatemēt aprés. *De ces quatre Elements,* Dans l'autre impression se trouue cette longue, curieuse, & docte digression.

MAis comment le feu entre par le poux, & par la respiration, pour reparer celuy qui s'est perdu, & qui tenoit place en nostre mixtion ; ce n'est pas vne chose qui soit si aisée à comprendre, ny que l'experience fasse voir. Galien mesme n'a sceu trouuer non plus, comment il se pouuoit faire que le feu qui estoit dans le concaue de la Lune, selon l'opinion des Parepateticiens, descendit icy bas pour seruir à la generation, & à la conseruation des mixtes; veu que la plus-part de ces mixtes, ne sont pas seulement sur la surface de la Terre, mais dans le fond des Mers, & quelques autres dans les plus creuses concauitez de la terre; D'autant plus que l'inclination naturelle du feu, c'est de monter en hault, à cause qu'il est plus leger que l'air, & de ne descendre iamais, si ce n'est par vne grande contrainte & violence. C'est pourquoy il s'est imaginé que le feu estoit épars en quantité de petites parcelles, à la façon d'atomes, & meslé subtilement auec l'air, pour subuenir à la conseruation & generation des choses naturelles.

Mais sans doute que cette opinion de Galien est fausse, & encore plus celle d'Aristote, qui met la Sphere du feu sous le concaue de la Lune; car il est certain que Dieu & la Nature ne font iamais rien en vain, & sans quelque but. Or est il que si le feu estoit sous le concaue de la Lune, il ne seruiroit de rien, donc Dieu n'en a point creé, ou s'il en a creé, il ne l'a pas placé en ce lieulà. Et qu'il ne serue de rien estant là, c'est vne chose aisée à entendre, si nous voulons parcourir toutes les vtilitez qui se peuuent tirer du feu. Premierement, il n'esclaire, n'eschauffe, ny ne fume point, qui sont les propres indices qui le font reconnoistre par tout où il est, & sans lesquels on auance faussement, & à credit, qu'il soit en quelque lieu.

Apres cela il ne sert de rien à la composition des mixtes, qui est la principale fin pour laquelle Dieu l'a creé Et qu'ainsi ne soit, que les Peripateticiens me disent, quand l'homme s'engendre dans le ventre de sa mere, & le poisson au fonds de la mer, & la plante dessous terre, comment il connoist le temps & le lieu ausquels il doit accourir, & comment il peut descendre contre son inclination naturelle, & sans qu'vne si grande quantité d'eau, que celle de la mer, le suffoque & l'esteigne? Il me semble que cela ne sçauroit se faire, ny comprendre, si l'on ne donne au feu vn grand entendement pour se conduire & gouuerner. Cét argument a conuaincu Galien, & encore plus Hippocrate, puisqu'il a dit nettement, *Que tout ce qui est entre le Ciel & la Terre, est remply d'air*; dautant qu'il luy a semblé que c'estoit vne chose tout à fait contraire au sens & à la raison, de mettre le feu au dessus de l'air; veu que la generation & la conseruation des animaux & des plantes, ne se sçauroient faire sans que le feu se trouue present; & ie m'estonne de Galien, qu'il ait peu dire dans la Medecine, & dans la Philosophie naturelle, vne chose si esloignée du sens & de la raison, & contraire à ce qu'auoit tenu Hippocrate, dont il estoit pourtant si fort amy.

Le second argument se fonde sur ce veritable mot d'Aristote, *Qu'entre les corps simples, il n'y a que le feu qui ait besoin de nourriture*, de laquelle la terre, l'eau & l'air n'ont que faire, car ils se conseruent par eux-mesmes, & sans aucun secours estranger: Là ou si le feu ne va consumant quelque matiere, il s'eaction qu'on nomme *antiperistase.* Donc selon cette responce, le feu eschauffe estant en sa Sphere, puisque le froid fuyt sa chaleur. C'est aussi le dire ordinaire des Peripateticiens, que de l'air se fait aisément du feu, & du feu, de l'air : & si on leur en demande la cause, ils respondent, que l'air conuient & symbolise auec le feu, en chaleur, & luy est contraire par son humidité : Et que le feu corrompant & destruisant par sa secheresse, l'humidité de l'air, le tourne facilement en sa nature : Ce qui n'arriue pas, lors que de l'eau, il se fait du feu ; parce qu'il est necessaire de destruire auparauant deux qualitez contraires, qui sont la froideur & l'humidité, deuant que la forme du feu s'introduise ; & pour cet effet, il faut necessairement du temps. Outre cela, si les Elemens purs n'agissoient point dans leurs propres Spheres, il seroit impossible qu'aucun mixte s'engendrast ; dautant que ces Elemens se ioignāt dans la mixtion, pas vn ne perdroit ses forces ; & toutesfois il est certain que chaque Element les doit perdre par l'actiuité de son contraire: Mais si pas vn n'agit, supposant qu'il est pur, comme il est alors: il faudra que toute mixtion cesse, puisque ce n'est autre chose que *l'vnion de choses qui peuuent estre meslées, & qui apres quelque alteration & corruption, se ioignent ensemble.* Or si les Elemens purs estant venus pour se mesler, ont de l'actiuité, qui t'a dit qu'ils n'en ayent pas dans leurs propres Spheres? Ce que tu dis est pareillement faux, que ce mot d'Aristote, *Qu'entre les corps simples, il n'y a que le feu qui se nourrisse,* s'entend du feu materiel que nous auons icy bas, puis qu'il est certain que les liures de la generation & corruption, où cette proposition se trouue, sont faits pour traiter des mouuemens & alterations des quatre Elemens purs, & non point pour parler des Elemens meslez, ny des mixtes. Autrement, que les Peripateticiens me disent, pourquoy le feu que nous auons ic bas, brule, esclaire, fume, & se nourri & non celuy qui est pur? puisqu'il e certain que les mixtes suiuent les mo uemens & les qualitez de l'Element qui predomine en la mixtion? & que si l'Element ne les auoit, ils ne se trouueroient pas non plus dans les mixtes?

Le troisiesme argument se fonde sur ce qu'il est impossible qu'il y ait aucune flâme, sans qu'il y ait aussi de la fumée, parce que de son essence & de sa nature (comme dit Aristote) ce n'est autre chose qu'vne fumée embrasée. Or la fumée cette proprieté, que si elle n'a vne cheminée & des souspiraux par où elle puisse s'exhaler, elle estouffe & fait mourir elle mesme la flâme: comme il se voidau feu qui s'allume dans vne Ventouse, lequel s'esteint en moins de rien, pour n'auoir pas de souspirail. Si donc la Sphere du feu n'est qu'vne fumée qui soit allumée, comment se peut il faire qu'elle se conserue sous le concaue de la Lune, n'ayant aucun souspirail? D'autant plus que la fumée n'est autre chose (selon Aristote) que la partie la plus terrestre & la plus aërienne de ce qui brule.

Le quatriesme argument s'appuye sur vn dire fort celebre d'Aristote, & qui

est tres-vray, que ce monde inferieur se gouuerne par les mouuemens & par les alterations des Estoilles, & des Cieux, particulierement de la Lune, & du Soleil, sans lesquels il ne sçauroit subsister, ny la terre produire aucun fruict. Que si la Sphere du feu estoit entre le Ciel & l'Air; naturellement ny l'vn ny l'autre ne se pourroit faire, parce que les influences froides & humides de l'hyuer, ne pourroient passer, ny apporter de l'alteration aux choses d'icy bas, dautant qu'elles auroient auparauant à refroidir & à humecter le feu, & le feu, l'air, & l'air, la terre; Or que le feu monte à de tels degrez de froideur & d'humidité, qu'il refroidisse & n'eschauffe pas, & qu'il humecte, & ne desseiche pas (demeurant tousiours feu) ie ne croy pas qu'il y ait aucun Philosophe au monde, qui l'ose soustenir; parce que suiuant l'opinion d'Aristote, tous les autres Elemens peuuent deuenir comme estrangers, perdre leurs qualitez premieres, & acquerir celles qui leur sont contraires, sans se corrompre; horsmis le feu.
Aussi

Aussi dit-il, qu'ils se peuuent tous pourrir, excepté luy seul, dautant qu'il ne peut receuoir l'humidité, & qu'il n'y a point d'autre agent dans le monde, qui soit plus chaud que luy. La terre, encore qu'elle soit froide & seche, se peut eschauffer & humecter, demeurant tousjours terre. L'eau, quoy que froide & humide, peut receuoir tant de chaleur, qu'elle brusle, sans perdre sa nature. Et quant à l'air, nous voyons qu'il est susceptible de toutes les alterations du Ciel, demeurant tousiours air. Il n'y a que le feu seul qui ne peut receuoir aucune alteration, qu'il ne s'esteigne ou ne surmonte la qualité qui l'altere. La mesme difficulté est des influences chaudes & seches, qui pour venir iusques à nous, doiuent échauffer premierement & dessecher le feu plus qu'il n'estoit, & le feu l'air, & l'air, nos corps. Dire donc que le feu estant pur, & en son lieu naturel, peut deuenir plus chaud & plus sec qu'il ne l'estoit, luy qui l'est au souuerain degré, c'est vne tres-grande réuerie ; car pour acquerir vn degré de chaleur, il en faut perdre vn autre de froideur, & si le feu estoit chaud au souuerain degré, il n'auoit en soy aucun degré de froideur, lors que les influences chaudes passerent au trauers.

Tout ce que les Peripateticiens pourroient dire, c'est que les influences changent l'air, & non le feu; ce qui est la pire responfe qu'ils sçauroient s'imaginer.

Mais puisque nous auons commencé à traitter de cette matiere du feu, il ne sera point hors de propos de l'acheuer, & de détromper les Philosophes naturels de beaucoup d'autres erreurs qui leur sont demeurées iusques icy, touchant cét Element. L'vne desquelles c'est de croire que le feu soit la chose la plus legere qui soit au monde, & de là leur est venuë la fantaisie de le loger au dessus de l'air; & toutesfois si nous y prenons bien garde, nous verrons tres-manifestement que le feu est la plus pefante chose qui soit, ou du moins qu'il est cause que les choses soient pesantes, en confumant pour sa nourriture l'air qui les rendoit legeres & poreuses ; & qu'il demande seulement de descendre, & nullement de monter.

La premiere raison surquoy ie me fonde c'est que ie voy par experience, que la flame de quelque feu que ce soit, a deux mouuemens naturels, sans lesquels elle ne sçauroit viure vn moment ; l'vn est de tendre en haut, par lequel elle chasse & repousse hors de soy, les excremens qu'elle fait en se nourrissant; le second est en bas, pour prendre l'aliment qui est necessaire à l'entretenir. Nul Philosophe naturel ne peut nier ce mouuement ; car si nous prenons deux chandelles, dont l'vne soit morte & fumante encore, & l'autre allumée, & qu'on tienne au dessus, nous verrons manifestement que la flame descendra de la chandelle qui est allumée, par la fumée qui monte, iusqu'à ce qu'elle s'attache à la méche de celle qui est éteinte. Et si Dieu mettoit vne chandelle allumée sous le concaue de la Lune, auec les autres circonstances requises, la flame descendroit de là iusqu'au centre de la terre, sans aucune violence.

Pour le mouuement qui se fait vers le hault, encore que Galien & les Philosophes naturels, disent que c'est le plus naturel; neautmoins ils se trompent; parce que cette éleuation qui se fait en forme de pyramide vers le hault, est propre à la fumée où la flame s'attache, à cause qu'elle est tres-legere. Ce qui se prouue clairement, en ce qu'à mesure que la fumée diminuë, la flame s'abbaisse aussi, & se dissipe quant & quant.

Le second argument se tire de ce que nous voyons par experience, que tous les mixtes où le feu prédomine, sont treslourds, & pesent beaucoup plus que les plus terrestres. Qu'ainsi ne soit, que les Peripateticiens fassent vne reueuë parmy tous les mineraux & feux potentiels, (comme les appellent les Medecins) & ils trouueront qu'ils bruslent comme du feu, & qu'ils pesent beaucoup en petite quantité. Et si le feu estoit si leger qu'ils disent, sans doute que les mixtes où il prédomine, le seroient aussi, ce qu'on ne peut nier : parce que les mixtés où l'air prédomine, nagent sur l'eau, à cause de la legereté de l'air. Aristote apporte les arbres pour exemple, du nombre desquels il excepte l'Ebene noir, qui pour manquer d'air, & auoir beaucoup de terre, enfonce dans l'eau. Quelle raison y auroit-il donc que le feu estant plus leger que l'air, les mixtes où il y a beaucoup de feu, entrassent si tost dans l'eau, & non point ceux où l'air prédomine?

Le troisiesme argument, c'est de voir auec quelle vitesse vne exhalaison chaude & séche (comme est la fumée) monte en haut, & auec quelle violence elle vient à descendre, si elle s'allume & deuient feu. Autrement, que les Peripateticiens me disent de quelle sorte, & de quelle cause materielle se forme le tonnerre, & nous verrons clairement comme le feu est bien plus pesant que leger? La cause materielle d'où se fait le tonnerre (dit Aristote) c'est vne exhalaison chaude & séche, de la nature de la fumée, & qui par sa legereté est montée en haut, & se meslant auec les nuës, par le moyen de l'antiperistase, & du mouuement, s'eſt conuertie en feu. Cela eſtant ainſi, comment eſt-il poſſible que l'exhalaiſon qui par ſa legereté eſt montée en haut; aprés qu'elle eſt allumée, & deuenuë feu, deſcende, & deſcende auec vne telle furie & impetuoſité, qu'elle fende vne tour par le milieu; ayant deux cauſes pour monter en haut, &n'en ayant aucune pour deſcendre? A cecy pourroient reſpondre les Peripateticiens (encore que fort mal) que cette deſcente du tônerre eſt violente, & cauſée par l'expulſion de la nuë où il eſtoit enfermé. Mais ils ne ſçauroient alleguer cecy, car au contraire, la nuée empeſche qu'il ne ſorte, & le tonnerre ſe trouuant ainſi reſerré, la deſchire, & s'en va; Mais s'il eſt vray que l'exhalaiſon deuenuë feu, eſt ſi legere, pourquoy la nuée n'eſt-elle pas rôpuë par enhaut, eſtant en cét endroit là plus mince? Et ſi le tonnerre ſort par enhaut, pourquoy ne monter'il pas à la ſphere du feu, & & n'y demeurer'il pas, puiſque c'eſt là ſon lieu naturel?

De moy, ie ne puis comprendre, comment la nuë, qui eſt vne vapeur ſi douce, donne vn ſi furieux coup à l'exhalaiſon enflammée, qu'elle la faſſe deſcendre & entrer iuſques à ſix ou ſept braſſes dans terre; parce que comme ce qui eſt peſant, n'a & ne peut auoir de ſoy qu'vn ſeul mouuement, qui eſt vers le centre de la terre; ainſi ce qui eſt leger, s'élance en haut, & rien ne le ſçauroit pouſſer en bas. De ſorte qu'il y a trois cauſes pourquoy le tonnerre doit monter en haut; La premiere, l'exhalaiſon: la ſeconde, le feu: & la troiſieſme, la nuée; & il n'y en a pas vne pourquoy il doiue deſcendre. Ce qui me fait croire (iuſqu'à ce que i'aye trouué quelqu'vn qui me detrompe) que le feu eſt plus peſant que la terre, & que ſon lieu naturel, c'eſt celuy que ie vay dire.

Quant au troiſieſme point, qui eſtoit de monſtrer que la ſphere du feu, eſtoit naturellement au centre de la terre, on le peut fort bien inferer de la preuue que nous auons faite, que le feu eſt la plus peſante choſe du monde. D'autant plus tost encore, si nous considerons comme les choses vont bien quand nous mettrons le feu en ce lieu-là, & combien d'inconueniens sont venus de l'auoir placé dans le concaue de la Lune. La nourriture du feu, l'expulsion de la fumée, les impetuositez & les efforts dont nous auons parlé, se font par ce moyen, sans qu'on puisse rien objecter côtre: pource que le feu a la vertu d'attirer à soy toutes choses; & que les cauitez de la terre sont pleines d'air & d'eau. Ayāt ensemble auec soy ces trois Elements, (la Terre, l'Eau, & l'Air) il les mesle aisément, les cuit, & les altere; & fait d'eux vn aliment pour se maintenir, (comme sont le souffre, & le salpestre) & a de grandes voyes & souspiraux, par où il peut chasser la fumée, & se faire du vent. Dequoy font foy les forges de Vulcain à Pouzzol, prés de Naples, où l'on void comme des lacs, & des montagnes de feu, depuis la creation du monde; & de la mesme sorte qu'on void ceux-là, il y en peut auoir beaucoup d'autres dans le circuit de la terre, où le feu s'entretient de mille especes de mineraux propres à le nourrir. Or des moyens dont se sert ce feu pour se nourrir & entretenir icy bas au dehors, nous pouuons aisément comprendre ce qui se passe dans les entrailles de la terre ; car pour moy, ie ne doute nullement, que ces montagnes & lacs de feu ne soient de mesme genre que l'autre, & peut-estre sont-ce ses souspiraux.

La seconde raison qui m'inuite, voire m'oblige à mettre la sphere du feu au centre de la terre, c'est de voir comme tout ce que l'Eglise Catholique nous enseigne du feu d'enfer, s'accorde bien auec cette opinion : Duquel feu tous les Theologiens affirmēt, qu'il est de mesme genre, & qu'il a toutes les mesmes qualitez que le nostre d'icy bas; & que Iesus-Christ descendit aux Enfers, où estoit ce feu. Mais il n'est pas croyable que Dieu l'ayant creé tres-leger (parce que telle estoit sa nature) il luy fist cette violence, de le retenir au centre de la terre, si son lieu propre auoit esté dans le concaue de la Lune, où Dieu pouuoit tourmenter les Ames & les Dæmons, aussi facilement qu'au centre de la terre : attendu principalement qu'il le créa dés le premier iour de la constitution du monde, auquel iour il departit à chaque Element, son lieu naturel, sans en contraindre pas vn. Et que Dieu ait creé la sphere du feu, d'abord qu'il commença de former cette machine ronde que nous voyons, c'est vne chose qu'on ne peut nier, si l'on prend garde à ces mots, *Allez maudits au feu eternel, qui est préparé au Diable, & à ceux qui l'ont suiuy, dés l'origine du monde.* La Foy nous enseigne aussi, que le monde doit finir par le feu, selon ces paroles, *Qui doit venir iuger les viuans & les morts, & le siecle par le feu.* Et cela s'ensuit euidemment des fondemens de cette opinion, parce que la terre estant d'vne nature finie, & les autres Elemés aussi, & l'actiuité du feu, infinie, & qui tire tousiours pour sa nourriture quelque chose d'eux, qui ne sçauroit se reparer, il faut de necessité que tout vienne à estre consumé par luy, suiuant cette maxime, *Que tout ce qui est finy se dissipe & s'épuise à la fin, en ostant tousiours quelque chose de finy.* I'ay dit que l'actiuité du feu estoit infinie, dautant que si on luy fournit toute jours des matieres combustibles, il durera éternellement sans s'esteindre. Et c'est ce que le Sage a dit, *Que le feu ne dit iamais, c'est assez.*

Cecy donc supposé, que Dieu créa la Sphere du feu, & qu'il la plaça au centre de la terre, & qu'elle a besoin de nourriture; on peut donner vne responce claire & vraye, à vn Probleme assez commun, auquel nul Medecin, ny Philosophe naturel, n'a peu respondre iusques icy, encore qu'ils y ayent essayé; qui est, de sçauoir pourquoy les puys sont froids en Esté, & chauds en Hyuer? Aristote & tous ses sectateurs disent, que durant l'Esté, le froid fuit la grande chaleur du Soleil, & pour estre plus en seureté, se retire dans les puys, & dans les lieux sousterrains, où rencōtrāt l'eau, il la refroidit: & que la chaleur fait la mesme chose, fuyant son contraire durant l'Hyuer. Cette responce non seulement est fausse, mais elle contredit aussi entierement à la doctrine du mesme Aristote, & ie m'estonne comment Galien expliquant cét aphorisme d'Hippocrate, *Que les dedans des corps sont tres-chauds, & par l'Hyuer, & par leur propre nature*, le cite pour preuue, admettant cette responfe pour tres-veritable. Il faut donc sçauoir, qu'entre les cinq sens exterieurs, le toucher (ce dit Aristote) est necessaire à la vie de l'homme, & des autres animaux; & que les autres quatre sens ne leur seruent que d'ornement, & de plus grande perfection; parce que sans le goust, l'odorat, la veuë, & l'ouye, nous voyons que l'homme peut viure, mais non point sans le toucher, dont la charge (ce dit Aristote) c'est de connoistre ce qui est nuisible pour le fuyr, & ce qui est profitable, pour le suiure. Ce qu'il me semble que feroient le froid, & le chaud, sans auoir ny la faculté du toucher, ny connoissance animale quelconque. La seconde chose contredit à vn autre principe d'Aristote fort celebre parmy les Peripateticiens, qui est, que l'accident ne peut passer d'vn subjet à l'autre, sans se corrompre. Or est-il que leur responfe admet que le froid (connoissant qu'en Esté la chaleur qui est son contraire, arriue) va fuyant par l'air deuant luy, iusques à ce qu'il soit entré dans vn puys, & delà dans l'eau, pour estre plus en seureté. La troisiesme chose contredit à vn principe de Philosophie, qui est, que deux contraires joints en vn mesme sujet, se relaschent l'vn l'autre, & dans l'opinion d'Aristote, il faut admettre par force, que le chaud ou le froid se rendent plus forts, leur contraire suruenant, & sans qu'il precede aucune antiperistase. Galien a tasché pareillement de respondre à ce Probleme, n'estant pas content de la doctrine d'Aristote, de sorte qu'il a dit que l'eau des puys demeure tousjours dans vne mesme temperie, mais qu'à cause que nous la touchons d'vn attouchement diuers, en Hyuer, elle nous paroist chaude, & froide, en Esté; Ce qu'il prouue par vn exemple assez familier, en disant que si l'homme pisse dans le bain, son vrine le morfond, & hors du bain, l'eschauffe. Mais cette responce contredit à sa propre doctrine; pource que expliquant cet aphorisme,

Que les parties interieures du corps sõt tres-chaudes en hyuer, & au Printemps, il dit que reellement nous auons plus de chaleur en hyuer, qu'en Esté, comme le mesme aphorisme dit: Et les bonnes fontaines, ce dit Hippocrate, doiuent estre froides en Esté, & chaudes en hyuer, & les mauuaises, suiuent la saison, sont chaudes en Esté, & froides en hyuer. Ce que l'experience nous monstre euidemment, si nous plongeons la mesme main dans deux puys, dont l'vn soit profond, & l'autre ne soit qu'à la surface de la terre; car nous trouuerons que l'eau du puys profond, est plus froide en Esté, & que l'autre est chaude; Or ce que l'experience nous apprend, doit passer sans replique.

Hippocrate a mieux respondu à ce Probleme que Galien, & a plus approché de la vraye solution, disant, qu'en Esté, la terre est fort ouuerte & comme deuenuë vne esponge par la grande chaleur du Soleil, qui tire & appelle à soy l'air renfermé dans les cauitez de la terre; lequel en sortant, par son mouue-

des Esprits. 747

ment refroidit l'eau, comme si c'estoit par quelque euentail. En Hyuer, il arriue tout le contraire, dautant que par la grande froideur de la saison, les pores de la terre se resserrent, & l'air demeure dedans en repos & sans se remuer. Combien il importe que l'eau & l'air soient agitez, pour se refroidir, & qu'ils soient en repos, pour s'eschauffer; le mesme Hippocrate le prouue, par l'experience de deux puits également profonds: Car il dit que le puits fort frequenté a vne eau froide, & que celuy qui n'est pas si hanté, l'a chaude.

Mais la vraye responfe à ce Probleme, c'est que de la nourriture du feu qui est au centre de la terre, se leuent quantité d'exhalaisons & fumées chaudes & seches, lesquelles en Esté, parce que la terre est ouuerte (comme dit Hippocrate) sortent dehors, sans se tenir dans les cauitez de la terre; & comme l'eau est froide de sa propre nature, elle conserue sa froideur, n'ayant rien qui l'eschauffe. En Hyuer, il arriue tout au rebours, car à cause que la terre est resserrée pour la grande froidure du temps) ces fumées demeurent dans ses cauitez, où l'eau se trouue, qui s'eschauffe par ce moyen: comme nous voyons qu'en bouchant le haut de la cheminée, toute la maison se remplit de fumée & de chaud, & que si on le débouche, elle reprend sa fraischeur ordinaire.

Le quatriesme point principal, estoit que le feu se trouuoit en la generation & conseruation de l'homme, sans descendre du concaue de la Lune, ny monter du centre de la terre, ny entrer par le poux & par la respiration, comme veut Galien. Pour laquelle chose il faut sçauoir que la chaleur naturelle de l'homme n'est pas vn accident de ceux qui se mettent dans le predicament ny sous le genre de la qualité ; mais que c'est vne flâme de feu formel ; tout de mesme que la flâme d'vne chandelle, ou d'vne torche ou flambeau allumez : dautant que les mesmes diligences se doiuent apporter pour conseruer la vie de l'homme, que pour tenir vne chandelle allumée sans qu'elle s'esteigne. La chandelle,
à le

des Esprits.

à le bien considerer, a besoin de quatre choses : La premiere, c'est le suif ou la cire pour l'entretenir : la seconde, vn souspirail pour chasser les fumées : la troisiéme, qu'vn air froid soit introduit, & souffle moderément : la quatriesme, que l'air ne soit pas agité auec trop de vehemence. Si l'vne de ces conditions là manque, la flame s'esteint incontinent. Nostre chaleur naturelle a justement besoin de ces mesmes choses ; de laquelle Galien a dit, qu'elle se conserue par deux mouuemens; l'vn qui tend en bas pour prendre son aliment, & l'autre en haut, pour chasser de soy les fumées & les excremens qui prouiennent de sa nourriture. Elle a aussi besoin qu'il entre vn air froid, qui ramasse & resserre la flame, & que cét air souffle moderément, de peur qu'il ne la dissipe. Pour cecy, il n'estoit pas necessaire que Galien le dist : car nous voyons par experience, que quand le sang vient à manquer, la chaleur naturelle s'esteint, que pressant la bouche d'vn hôme, il étouffe, que s'il est mis dans des estuues fort chaudes, à faute d'vn air froid, il vient à mourir, & que par le grand exercice, & en l'euentant fort, la chaleur naturelle se dissipe. I'ay dit en l'euentant fort, parce que quand c'est modérement, cette chaleur s'en allume. Ainsi Aristote, quoy qu'il ne fust pas Medecin, deffend à celuy qui aura la fiévre, de s'exposer en lieu où l'on sente vn grand air, dautant que l'ardeur de la fiévre en redoubleroit. *Le malade qui a la fievre, doit demeurer en repos, & sans se remuer, autant que faire se peut, car il est certain que le feu s'amortit, n'estant point agité. Qu'il ne s'expose pas au vent, parce que le vent excite le feu, qui de petit deuient grand; C'est pourquoy il faut couurir & cacher le malade, dautant que si l'on ne donne point d'issuë ny de souspirail au feu, il s'esteindra, & on ne doit rien oster de dessus luy, qu'il n'ait commencé de suër.* Tout ce que dit là Aristote, & ce que Galien a dit de nostre chaleur naturelle, presuppose que c'est vne flame comme celle de la lampe, & non point vne chaleur qui soit accidentelle, parce que cette derniere n'a nul besoin de se nourrir, n'a point ces deux mouuemens d'enhaut & d'enbas, ny n'a que faire d'estre rafraischie par vn air froid, qui au contraire la feroit mourir, & plus on la couuriroit & tiendroit close, & mieux elle se conferueroit. Mais parce que c'est vne flame, en luy bouchant ses soufpiraux, & empeschant qu'vn air froid n'entre ny ne sorte, incontinent elle s'esteint. De sorte que Galien conuaincu par cette experience, a feint comme vne lampe au milieu de nostre corps, brûlante auec sa méche & son huyle, ainsi que nous voyons en celles de dehors. C'est pourquoy il a dit, *Le cœur est comme la meche, le sang, comme l'huyle, le poulmon, comme l'endroit où est l'huyle.*

Ie ne me puis tenir que ie ne condamne Galien en passant; de ce que l'opinion de Platon, d'Hippocrate, & d'Aristote, estant que cette flame qui est dans nous, dissipe & consume pour sa nourriture, nostre propre substance, & humide radical, il a dit, que tous trois se trompoient, poussé à cela par deux ou trois raisons indignes d'vn si grād esprit. La premiere est, que la chaleur naturelle de quelque chose que ce soit, conserue, maintient, augmente, & perfectionne le subjet où elle est; donc elle ne le corrompt & ne le dissipe pas; parce que c'est là l'effet d'vne chaleur estrangere, & non naturelle: la seconde soustient, que si ce qui nous enuironne, ne dissipoit pas les membres de nostre corps, & que la chaleur naturelle demeurast tousiours au point où elle doit estre, encore que l'hōme fust toute sa vie sans boire ny manger, il n'en souffriroit aucun déchet ny diminution: la troisiesme, que si la chaleur naturelle employoit nostre humeur radicale pour sa nourriture, il s'ensuiuroit, que plus il y auroit de chaleur naturelle, & plus elle nous consumeroit, ce qui n'arriue pas ainsi: car en hyuer elle est fort copieuse, & elle nous consume moins qu'en vn autre temps: la quatriéme raison est contre ceux qui disent que nostre chaleur naturelle nous consume par accident, & nous conserue par soy & par sa nature. Ce qu'on ne peut affir-

des Esprits. 753

mer, d'autant qu'il n'y a point d'agent qui puisse rien faire par accident, sans faire vne autre chose par soy; mais horsmis l'action d'échauffer, cette chaleur ne sçauroit rien faire. Or cela est impossible, parce que nulle chaleur ne peut échauffer sa propre matiere.

Nous respondons à la premiere raison, que les quatre facultez naturelles sont celles qui nous côseruent, maintiennent, accroissent, & perfectionnent, se seruant de cette flame allumée, auec laquelle elles forment du chyle dans l'estomach, & du sang au foye, & du lait aux mamelles, & de la moüelle dans les os, & de la semence dans les vaisseaux destinés à cela; laquelle diuersité de choses, la chaleur naturelle ne pourroit produire, si elle estoit la mesme dans toutes les parties. Cette flame allumée est le propre instrument des facultez naturelles, parce qu'elle attire, retient, chasse, & separe, auec lesquelles actions elles font ce qu'elles veulent, en le modifiant & determinant. Et se plaindre de ce qu'elle dissipe cependant l'humeur radicalé; c'est comme si le Cuisinier qui appresteroit de bônes viandes auec le feu, luy vouloit du mal de ce que son bois se consume. La consequence de Galien sans doute est mauuaise, parce que des alimens que nous prenons, il en arriue la mesme chose que de nostre chaleur naturelle, eux mesmes nous tuent, & nous font perdre nostre humeur radicale.

La seconde raison présuppose ce qui est manifestement faux, dautant que nostre chaleur naturelle a deux mouuemés dans quelque si grande téperature qu'on puisse trouuer, l'vn en bas pour prendre son aliment, & l'autre en haut pour chasser les vapeurs fuligineuses. Si elle prend donc son aliment, il faut de necessité qu'elle nous consume.

Le troisiéme argument a peu de force, parce qu'encore que la chaleur qu'ô a en hyuer soit grande, elle est pourtant fort temperée & moderée; & la cuisson se fait tres-bien auec moderation, & mal auec excez; cōme on void en ceux qui ont la fiévre. Or la chaleur estant temperée, il faut necessairement qu'elle consumé peu, & repare beaucoup.

A la quatriesme raison nous respondons, que l'action que fait la chaleur naturelle par soy en nostre corps, c'est de le nourrir, luy, & d'employer l'humide radical pour sa nourriture, à elle, comme font tous les feux du monde; & ce qu'elle fait par accident, c'est d'estre l'instrument des facultez naturelles. De mesme que le feu de la cuisine a pour but principal, de consumer pour sa nourriture, le bois, & le charbon, & par accident, il assaisonne les viandes, auec l'industrie du cuisinier.

Retournant donc à nostre premier point, nous disons, que les choses animées ont formellement vn feu en leur mixtion, de sorte qu'elles n'ont point besoin qu'il entre de dehors par le poux, ny par la respiration, comme a dit Galien. Or en faisant que le feu soit au centre de la terre, les mixtes inanimez s'engendrent fort aisément, parce que où le feu n'arriue pas, sa chaleur y paruient, & où sa chaleur ne paruient pas, sa fumée y va; laquelle estant retenuë dans les concauitez de la terre, se tourne facilement en feu, comme quand elle est renfermée dans les nuées, & ainsi le feu ne manque iamais lors qu'il en est besoin. Pour les choses animées, il sembloit plus difficile de donner à entendre, quand, & comment les quatre Elements entrent en leur composition, parce que l'experience nous monstre, que l'homme se fait immediatement de semence, & que dans le ventre de sa mere, il n'y entra iamais ny terre, ny eau, ny air, ny feu; & si nous voulons sçauoir les principes de la generation de la semēce humaine, c'est sās doute, qu'elle a esté faite de sang, & le sang, du chyle, le chyle, du pain, & de la viande que nous māgeons. Que si nous voulons examiner dequoy le pain est composé, nous trouuerons qu'il a esté fait de farine, que la farine a esté faite de froment, & le froment, d'vn tuyau, & le tuyau, d'vn autre grain de fromēt qu'õ auoit semé; et quelques tours & retours que nous fassions dans la generation & nutrition des mixtes animez, nous deuons tousiours commencer & aboutir à la semence, & non point aux quatre Elemens; qui est à la lettre ce qu'a dit la Saincte Escriture, *Que la terre pousse vne herbe verdoyante, & qui produise sa semence, & des arbres qui engendrent des fruicts selon leur espece, & dont la semence soit renfermee en eux-mesmes sur la terre.* Galien respond à cette difficulté, disant, que les plantes s'entretiennent immediatement des quatre Elemens, terre, eau, air, & feu; parce qu'elles ont de forts estomachs pour les alterer, & les cuire, & les ayant ainsi preparez, elles les donent aux animaux parfaits à manger, (à la façon de celuy qui cuit, & rostit la viande, afin que nostre estomach la puisse mieux digerer) mais parce que les plates n'ont ny poux ny respiration, il n'a peu comprendre comment le feu se trouuoit en la nourriture & generation des plantes, & de leur semence: Et les mixtes inanimez luy ont encore donné plus de peine. Pour l'éclaircissement dequoy, il faut sçauoir, que le moyen dont se sert la Nature pour assembler les quatre Elemens en la génération de tous les mixtes, inanimez, & animez, & pour engendrer vn feu essentiel & formel, sans qu'il descende du concaue de la Lune, ny qu'il môte du centre de la terre, c'est la putrefaction par où passent les choses deuant que d'estre tout à fait corrompuës. C'est par elle que se dissoult le meslange des quatre Elemens, & que chacun demeure à part. Les Medecins & Philosophes naturels admettent cecy sans aucune difficulté; car par le moyen de la putrefaction, les choses perdent la maniere d'estre & de substance qu'elles auoient auparauant, & de séches, (dit Aristote) elles deuiénent humides, & de froides, chaudes. La façon dont se pourrissent les choses (selon le mesme Aristote) c'est quand la chaleur de ce qui les enuironne, est plus grande que la chaleur naturelle de ce qui se pourrit; car alors cette chaleur qui enuironne, tire l'autre pour soy, & la détache du subjet où elle estoit, & où elle tenoit liez les autres Elemens en la mixtion. De cette alteration donc, se leue vne chaleur qui s'augmente tousiours, iusqu'à ce que se forme vne flame de feu, qui brûle & embraze aussi bié que si elle estoit descẽduë du Ciel. Ce que Galien prouue par quantité d'exemples, & particulieremẽt il raconte qu'vn tas d'ordure de pigeons vint à se pourrir, le Soleil ayant donné beaucoup de iours dessus, & vint à s'allumer si viuement, qu'il brûla la maison où il estoit.

La putrefactiõ est vne chose si necessaire pour les ouurages de la Nature, que si elle n'a precedé, il est impossible qu'il s'engendre rien de nouueau, ny que rien se nourrisse ny s'augmente. Si la semence de l'homme ou de quelque autre animal ou plante que ce soit, demeure mille ans dans le ventre de l'animal ou de la terre, sans se pourrir, rien ne s'engendrera ; parce que cette sorte de substance, qui est bonne pour la semence, est mauuaise pour les os & pour la chair de l'homme. Et de reuestir vne autre sorte de substance, sans que premièrement les Elemens qui estoient dans la semence, se desprennent, se meslent & recuisent vne autrefois, c'est vne chose qui ne peut estre. A laquelle philosophie l'Euangile faisant allusion, a dit : *Que si le grain de froment qui tombe en terre, ne meurt & ne se pourrit, il demeurera seul.* Quand Dieu crea le monde (dit le texte sacré) il couurit la terre d'eau, & aprés qu'elle eust esté bien abbreuuée, il la descouurit, afin que le Soleil la pourrist par sa chaleur, & que de la putrefaction, il sortist vne vapeur deuenuë feu, dont l'homme fut composé, & les autres animaux & plantes, & ainsi *limon* (qui fut la matiere dont Adam fut composé) ne veut dire autre chose que *de la terre detrempée d'eau & pourrie*. Combien la terre se rend fœconde, quand elle a esté couuerte d'eau, & qu'on la descoure bien-tost apres, & qu'on attend qu'elle se pourrisse par le moyen de la chaleur du Soleil, deuant que l'on seme, Platon le remarque en considerant la grande fertilité de l'Egypte, à cause des inondations du Nil. Le Paradis terrestre auoit la mesme fecondité, pource que de temps en temps prefix, sortoient

de leur lit, ces quatre fleuues qui cou-
uroient la terre, laquelle, comme ils
eſtoient retournez dans leur canal, ſe
pourriſſoit par le moyen de la chaleur
du Soleil, & ainſi cette terre deuenoit
elle fœconde. Dans la nourriture que
prepare l'eſtomach, on reconnoiſt encore plus facilement cecy, qu'en la generation des animaux & des plantes; car
il eſt certain que pour faire que la chair
que nous mangeons, puiſſe nourrir, &
deuenir vn vray aliment, il faut qu'auparauant elle ſe pourriſſe, qu'elle perde
ſa chaleur naturelle, que la diſſolution
de ſes Elemens ſe faſſe, & qu'elle paſſe
par l'operation & entremiſe de l'eſtomach, à vne autre forme de ſubſtance
conuenable à celle qni doit eſtre nour-
rie. De cecy eſt vne preuue euidente, de
voir que la chair mortifiée ſe cuit plus
viſte dans le pot, & dans l'eſtomach, que
celle qui eſt fraiſchement tuée; & dire
que la chair ſe mortifie, ce n'eſt autre
choſe que dire qu'elle ſe pourrit, & que
les Elemens ſe ſeparent de leur mixtion
& compoſition. Ce qui nous eſt encore

clairement demonstré par cecy, que quand on a tué quelque animal, bien-tost apres il acquiert vn peu de mauuaise odeur, qui va croissant d'heure en heu-re & de iour en iour, iusques à ce qu'on ne la puisse plus souffrir, & auec cette odeur ie ne sçay quoy de mol & de flétry, qui nous fait assez voir que ses parties se laschent & se separent. Ces rapports qui partent de l'estomach vne ou deux heu-res aprés auoir mangé, ne le tesmoignét pas moins, leur puanteur ne se pouuant supporter ; quoy qu'au bout de quelque temps, ils ne sentent pas si mauais : Du-quel effet la raison est claire, en suppo-sant la doctrine que nous prouuons, par-ce que quand ils sentent si mauuais, c'est que les viandes sont sur le point de la putrefaction, & quand ils ne sentent plus mauuais, c'est qu'elles sont sorties de cette putrefactió & sont passées à vne parfaite concoction; dans lequel chan-gement (ce dit Hippocrate) les choses pourries perdent leur mauuaise odeur. Les ordures & les excremens de l'hom-me sain & temperé, sentent mauuais par cette mesme raison, dautant qu'au point de la putrefaction, la nature a tiré des viandes, ce qui estoit bon pour la nourriture & l'a cuit & alteré ; & pour les excremens, parce qu'ils n'estoient pas propres à cuire, elle les a laissez à l'heure de la putrefaction auec vne concoction legere, laquelle à cause qu'elle est imparfaite, n'a peu les exempter de sentir mauuais. D'où l'on entend clairement que la premiére action d'vn bon estomach, (depuis qu'il a receu les viandes) c'est de s'employer à leur putrefaction, & à tirer dehors par force leur chaleur naturelle, comme les enuironnant d'vne chaleur plus puissante, & incontinent les mesler & les cuire conformement à la substance dont il a besoin. Ce que la philosophie naturelle admet tres volontiers, car il est impossible que les choses naturelles passent d'vne espece à l'autre, sans que la corruption ait precedé.

Par ce moyen nous auons accomply nostre quatriesme point principal, puis qu'il est certain que de ce qui se pourrit se sousleue vn feu & vne chaleur, afin qu'vne autre chose s'engendre ; sans qu'il soit besoin que le feu ny la chaleur viennent d'vne sphere inferieure ou superieure.

Mais deuant que d'en venir à nostre dernier point, ie ne puis m'empescher que ie ne condamne vne opinion d'Aristote, qui est contraire à la doctrine que nous auons apportée, & hors de toute raison & experience. Il dit que les viandes qui se cuisent dans l'estomach, se cuisent par leur propre chaleur naturelle, & non par celle de l'estomach : Mais suiuant ce que nous auons dit, la premiere chose que l'estomach fait des viandes, c'est de les pourrir & de leur oster leur chaleur naturelle. La raison surquoy se fonde Aristote, c'est de voir par experience, que les fruicts qu'on cueille des arbres, pour les laisser meurir, se cuisent & se meurissent par leur propre chaleur, & non par celle de l'arbre d'où l'on les a détachez : Et le vin nouueau bouft & se fait auec sa propre chaleur, & non auec la chaleur de la cuue, & la semence se cuit dans la matrice, & d'elle

se

se forment les parties du corps humain qu'on appelle Spermatiques, & non par la chaleur de la matrice. Or puisqu'il est de l'essence de la concoction, qu'elle se fasse de sa propre chaleur naturelle, & non d'vne chaleur estrangere, il faut estendre cecy à toute sorte de concoctions.

A cela l'on respond par ce principe du mesme Aristote qui dit, *Que tout ce qui est meu, doit estre meu d'ailleurs*. Quãd le vin nouueau & l'huyle bouillent, & que les fruits cueillis de l'arbre se meurissent, il est certain que l'vn & l'autre se fait par la vertu & par la chaleur de l'arbre où ils estoient auparauant; parce que l'ame vegetatiue, & ses facultez naturelles, sont fort diuisibles, & demeurent encore beaucoup de iours sans se perdre, depuis qu'elles sont separées de l'arbre; & le raisin emporte quant & soy la peau, le pepin, la raffle, auec leur chaleur naturelle; car toutes ces choses ont vne ame vegetatiue, ou bien vne vertu impresse de la vigne, par le moyen dequoy le vin nouueau bout ny plus ny

Ccc

moins que la fléche se meut par la vertu que l'arbaleste luy a imprimée, & non par la sienne propre. Cecy sçauent fort bien ceux qui font le vin, qu'apres qu'on aura ietté dans la cuue des rapes qui n'auront pas esté trop foulées ou qui seront presque entieres, le vin en viendra à boüillir auec plus de furie. Les viandes se cuisent dans l'estomach par le moyen de cette flame de feu que nous auons dite, laquelle est dependante de la substance de l'estomach, comme la flamme de la lampe dépend de la meche; C'est elle qui se meslant parmy les viandes, les liquefie, les diminuë, les subtilise, en fait la mixtion & les cuit, aidée, & modifiée, par l'industrie des quatre facultez naturelles. Ainsi disons nous que l'essence & raison formelle de la concoction, n'est pas que la chose se cuise auec sa chaleur naturelle, mais auec vne chaleur estrangere, moderée & temperée : ce qui se prouue clairement en parcourant toutes les especes de concoction, qui sont comprises en ce qui se *meurit*, *ce qui boust* *& ce qui rostit* Ce qui meurit les fruits, c'est la chaleur de l'arbre & celle du Soleil ; ce qui cuit la viande dans le pot, ce sont trois chaleurs, l'vne qui est au feu, l'autre qui est receüe dans la substance du pot, & la troisiesme qui est dans l'eau qui touche immediatement la chair. Ce qui rostit la viande, c'est la chaleur du charbon. Ce qui cuit les viandes dans l'estomach, c'est la propre chaleur naturelle de l'estomach. La raison qui a forcé Aristote de dire que les choses se cuisent par leur chaleur naturelle, ça esté de voir boüillir le moust dãs la cuue, & deuenir du vin estant separé de la vigne, & s'il eût pris garde que dãs les veines il se fait du sang par la vertu enuoyée du foye, quoy qu'esloigné, il eut compris que le moust bout dans la cuue par la vertu concoctrice de la vigne & par sa chaleur naturelle, lesquelles il apporta quant & soy, lors qu'on le separa de la vigne; parce que *tout ce qui est meu, doit estre meu d'ailleurs*. De laquelle proposition & vray principe, Aristote se voyant conuaincu, il est venu à confesser ce que j'ay prouué; Ainsi a t'il

C c c ij

dit, *Que la concoction des viandes dans le corps, estoit semblable à ce qui boust, puis que elle se faisoit par la chaleur du corps dãs l'humide & le chaud.*

Quant au cinquiesme point principal, S. Thomas dit, qu'il ne s'est point fait d'expresse mention ny de l'air, ny du feu, en traitant de la creation des choses; parce que Moyse escriuoit cela pour vn peuple grossier & sensuel, & que ces deux Elements ne sont pas apperceus de telles personnes. Par la mesme raison, il n'a point fait expresse mention des Anges dans pas vn de ses chap. Platon (comme rapporte S. Augustin) par le mot *Ciel*, a entendu le feu, dautant qu'il a creu que le Ciel estoit de feu. *Rabbi Moyses* dit que par ce mot *tenebres*, s'entend *le feu*, lequel dans sa propre Sphere ne rend point de clarté. Caietan respond que par l'abysme dõt parle Moyse, il a entendu *le feu, & l'air*, qui sont des corps diaphanes, & qui sont trãsparens par le moyen de la lumiere, mais obscurs sans elle, & qu'à cause de cette obscurité, il les a nommez, *abysmes.* D'autres disent que Moyse a fait mention de l'air par ces paroles, *Et l'Esprit de Dieu estoit porté sur les eaux.* Or que l'air s'appelle *l'Esprit de Dieu*, ils le prouuent clairement par ce passage du Pseaume de Dauid, *son esprit soufflera, & les eaux couleront*: parce qu'encore qu'il soit vray que toutes les choses creées dãs ce monde, viennent de Dieu, & qu'il soit leur maistre absolu, suiuant cecy, *la terre & toute sa rondeur & plenitude est à Dieu*; Neantmoins la saincte Escriture en appelle quelques vnes plus particulierement à luy que les autres, qui sont les plus grandes, ou celles dont il se sert le plus: Ainsi dit elle, *les montagnes de Dieu*, & l'Euangile nomme Capharnaum, *cité de Dieu*, & non pas Nazareth d'où il estoit né, parce que en ces lieux-là se deuoit dauantage accomplir sa volonté. On pourroit dire la mesme chose de l'air, dautant que c'est par luy que Dieu gouuerne toutes les choses d'icy bas ; c'est pourquoy Hippocrate a dit, *L'esprit c'est à dire l'air, est cause de l'Hyuer & de l'Esté ; de l'Hyuer, estant froid & espaissy de l'Esté, estant doux & tranquille*, & de plus, les influences du cours du Soleil, de la Lune, & de tous les Astres, se communiquent à nous par le moyen de cet Esprit. D'autres disent que par ces parolles, *l'Esprit de Dieu estoit porté sur les eaux*, s'entend le S. Esprit, lequel soit tousiours auec nous. La raison que ie donnerois pourquoy Moyse n'a point fait de mention du feu dans la Genese ; c'est que Dieu ne l'a pas voulu reueler à nos premiers Peres au commencement du monde, parce qu'ils estoient en grace, & il auoit pluftost enuie de les flatter & de les rēdre contents, que non pas de leur donner de la peine ny de les intimider, en les menaçant d'vne prison & d'vn tourment éternel & si rigoureux. Ce qui paroist tres-clair, si nous considerōs que pour le peché qu'ils commirent, ils deuoiēt aller au feu d'Enfer, dont nous auons parlé, si Dieu ne leur eust pardōné, & cependant la punition ordonnée pour le precepte enfraint ne porte qu'vne mort corporelle. Or est il que Moyse voulut representer les choses dans la Genese, tout de mesme que si Adam n'eut point encore peché.

Entre ces mots de prudence & de sagesse, *pag.* 689. *& ceux cy qui suiuent,* Les Perdrix & les Francolins, *il y a cecy d'adjousté dans l'autre impression.*

MAis il faut choisir du sel qui soit extremement blanc, & qui ne sale pas beaucoup, parce que celuy-cy est composé de parties subtiles & fort delicates, & au côtraire, le noir est fort terrestre & mal temperé, & sale beaucoup en petite quantité. Quels importans effets cause le sel jetté sur les aliments, non seulement ceux que prennent les hommes & les bestes; mais aussi les plates; Platon l'a remarqué quand il a dit, Que le sel non seulement donne goust & ioye au palais, mais dône vn estre formel aux viandes, afin qu'elles puissent nourrir: Il n'a qu'vn défaut, mais qui est tres-grand, c'est que venant à manquer, il n'y a chose creée en ce monde, qui puisse tenir sa place. Toutes les autres choses dont l'homme se sert en cette vie, ont leur Lieutenant, s'il faut ainsi dire, quand elles viennent à manquer; le sel est demeuré seul, pour la fin à laquelle il auoit esté creé. Car si nous auons faute de pain de fromët, il y en a d'orge, de seigle, d'auoine, & de quelque autre espece; & si le vin nous manque, il y a de l'eau, de la ceruoise, du lait, du citre de pommes, & d'autres fruits: & si nous n'auons point de drap pour nous vestir, il y a des poils d'animaux (dont Dieu reuestit nos premiers Peres, pour les jetter hors du Paradis terrestre) ou bien encore de la toile de lin, de la soye, du chanvre, & autres matieres, Et ainsi si nous parcourons les autres choses, nous trouuerons qu'elles ont toutes ce qui peut suppléer à leur défaut, horsmis le sel, qui n'est creé que pour seruir luy seul à l'ysage auquel nous l'employons. A laquelle proprieté nostre Seigneur faisant allusion dans son Euangile, dit à peu pres ces paroles à ses Disciples: *Vous autres Docteurs de l'Eglise, consideres bien* que vous estes le sel de la terre, & si vous vous perdez, auec quelle autre chose qui tienne lieu de sel, salerons-nous le peuple Chrestien? car sçachez qu'il n'y a rien qui puisse suppléer à son défaut; Et vn autre Euangile demande, Auec quoy salera-t'on le sel? pour leur donner à entendre que si eux qui sont le sel, se perdent & se corrompent, il n'y a aucune autre chose qui les puisse saler eux-mesmes: comme s'il eust dit; *Qui pourra trouuer vn remede à l'Enchanteur?* L'Euangile pouuoit dire; vous estes le pain de froment de mon Eglise, pour subuenir, & administrer l'aliment spirituel, & la doctrine aux Fidelles, & si vous vous perdez vous mesmes, de quelle autre chose sustenterons nous le peuple? Ils eussent peu luy respondre, de pain d'orge, (comme vous auez fait au desert.) Mais parce que le sel n'a rien qui puisse tenir sa place, Dieu l'a pris & choisi, pour faire cōprendre aux Apostres quel estoit leur deuoir. Les Medecins disent, *Que tout sel generalement eschauffe, dissoud, resserre, desseche, ramasse, & espaissit la substance des corps ausquels on l'applique.* Lesquelles proprietez doit aussi auoir celuy qui sera le sel de l'Eglise, & tels effets doit produire en l'Auditoire Chrestiē celuy qui sera bon Predicateur : Sinon, que celuy qui aura vn peu d'esprit, parcoure toutes ces proprietez, & il verra combien c'est à propos, que Dieu appelle les Predicateurs du nom de Sel.

Mais les Philosophes naturels, ny les autres qui ont recherché les proprietez de ce mineral, n'ont point pris garde à vne chose, qui est que si nous voulons dessaler en peu de teps ce qui est fort salé, jettant du sel dessus en certaine mesure & quātité, & iusqu'à vn certain temps, il vient à se dessaler, & si l'on va plus auant, tout se tourne en saumure. De laquelle chose si quelqu'vn veut faire l'experience, il trouuera que le poisson salé estant mis pour le détremper dans l'eau de mer, iusqu'à vn certain temps, se dessale plutost que dans l'eau douce. Et si deux morceaux de poisson également salez, sont mis dans deux vaisseaux d'eau douce pour se dessaler, celuy sur

des Esprits.

lequel on jettera vne poignée de sel, se dessalera plutost que l'autre. Vn Predicateur qui auroit bon esprit, & plein d'inuention, tireroit de cette proprieté vne gentille meditation pour la chaire.

Elisée deuoit estre fondé sur la consideration de toutes ces proprietez naturelles du sel que nous auons rapportées, ou du moins d'vne bonne partie, quand auec vn vase plein de sel, il corrigea les eaux venimeuses & mortelles d'vn certain pays, & rendit la terre feconde, de sterile qu'elle estoit auparauant. Ce qui est aisé à prouuer si nous demeurons premierement d'accord de trois principes naturels, si vrais, que personne ne les peut nier.

Le premier est, que de quatre assemblages ou cōbinaisons qu'on peut faire des premieres qualitez (chaud & humide, chaud & sec, froid & humide, froid & sec) tous les Medecins & Philosophes disent de la premiere cōbinaison, qu'elle est l'entiere ruine & la perte totale des choses naturelles ; parce que le chaud joint auec l'humide dans le subiet qui nous enuironne, relâche, & affoiblit les Elements qui entrēt en la cōposition du mixte, & les arrache de leur vnion, si bien que chacun (comme dit Aristote) s'en va de son côté.

Le second principe, c'est que toutes les terres n'ont pas la mesme qualité. Les vnes (côme dit Hipocrate) sont humides, les autres, seiches; les vnes, chaudes, les autres, froides; les vnes, douces, les autres, ameres; les vnes, insipides & aquatiques, les autres, salées; les vnes, crües, & les autres, faciles à cuire, les vnes, aspres & rudes, & les autres, douces. Ce que la Nature n'a pas fait sans dessein, ny par hazard; mais auec beaucoup de prouidēce & de soin, eu égard à la grande diuersité de plantes & de semences qui se deuoient nourrir de la terre, car toutes n'vsent pas d'vne mesme sorte d'aliment. Si dans deux pieds de terre (ce dit Hippocrate) on seme des aulx, des laituës, des pois chiches, & des lupins, les aulx tirent de la terre pour leur nourriture, ce qui est d'acre & de mordant, les laitues, ce qui est de doux,

des Esprits. 777

les pois chiches, ce qui est de salé, & les lupins, ce qui est d'amer: Et ainsi il n'y a ny herbe ny plante, qui ne succe de la terre, l'aliment auec lequel elle a de l'amitié & de la ressemblance, & ne laisse le reste où elle ne trouue ny familiarité, ny goust; mais de telle façon, qu'elle ne laisse pas de se seruir & faire son profit des autres differences de terre, dautant que de toutes ensemble la Nature a fait vn certain preparatif & assaisonnement, qui a en soy le doux, le salé, l'aigre, ou ie ne sçay quoy qui pique, comme le poivre & les espiceries, à la façon de quelque salmigondis, car d'vne autre façon aussi l'experience nous monstre, que plusieurs herbes assemblées (encores qu'elles soient de differente nature) s'ostent leur vertu les vnes aux autres. Ce qu'Hippocrate a voulu dire, est que les laituës tirent de la terre douce quatre onces, & vne dragme, du reste; & les pois chiches, de ce qui est salé, deux onces, & fort peu de l'autre terre, & ainsi de suitte, des autres differences. Mais si la terre est fade & sans point de sel, il n'y a aucune plante qui s'y puisse maintenir, dautant que l'estre formel des alimens, & ce qui les rend propres à nourrir, vient (ainsi que dit Platon) du sel, & il n'en est pas comme des autres friādises & saueurs exquises, qui reueillent l'appetit pour le recréer, & rien plus. D'où il est certain que les aliments, & les fruits, que la Nature a faits delicieux au goust, ne le sont pour autre cause, sinon parce que la Nature en les formant, leur a donné ce qui leur faloit de sel.

Le troisiesme principe, c'est que les plantes ont vn goust, & vne connoissance des aliments qui sont propres à leur nature, & quoy qu'ils soient esloignez, elles les tirent pour soy, & fuyent leurs contraires; Ce que confesse nettement Platon, quand il luy semble impossible, que trois ou quatre aliments differents estant proches de leurs racines; elles choisissent celuy qui leur est le plus familier & le plus conuenable, & laissent les autres, cōme dissemblables & estrangers, & que de ceux qu'elles cuisent & alterent, elles sçachent tirer ce qui est le plus épuré, & s'en entretiennent, s'esloignent du reste & le repoussent, iusqu'à le chasser mesme hors de leurs corps; laquelle opinion a contenté grandement Galien, de sorte qu'il a dit, *Ie loüe Platon, d'auoir appellé les Plantes du nom d'Animaux; car nous ne pouuons pas dire qu'elles attirent le suc qui leur est propre, & le conuertissent en leur substance, que par vne certaine iouyssance & volupté qu'elles en reçoiuent*: par lesquelles parolles Galien confesse ouuertement auec Platon, que les plantes ont vn goust, & qu'elles se recréent des alimens qui sont de bonne saueur & conforme à leur appetit, & se fachent de ceux qui sont de mauuais goust, comme si elles estoient de veritables animaux.

Auec ces trois principes, nous pourrons maintenant respondre au miracle d'Elisée parce que si la terre qu'il corrigea & amanda (iettant du sel par dessus) estoit fade & aquatique, par le moyen du sel, elle deuint sauoureuse & propre à nourrir; & si par la chaleur & l'humidité de l'air (qui estoit dans les cauernes de la terre) les eaux se trouuoient malignes & corrompuës) il y fut remedié naturellement auec les qualitez du sel que nous auons dites ; & si la terre estoit infertile pour sa trop grāde quantité de sel, par le moyen du mesme sel semé pardessus, elle vint à se destaler. Le miracle fut, qu'Elisée auec vn seul vase plein de sel, guerist pour ainsi dire, & amandât vne si grāde abondance de terre & d'eau: cōme il en arriua au miracle du desert, où auec cinq pains d'orge & deux poissons, Dieu repeut cinq mille hommes, & douze corbeilles resterent toutes pleines, auquel fait, la Nature fournit le pain & les poissons, (dont le propre estoit de substanter & de nourrir) & Dieu donna la quantité qui estoit necessaire pour rassasier,

des Esprits. 781

Entre ces mots, *que de leur entende-ment ny de leur memoire,* pag. 690. & ceux cy qui suiuent. *Les Poules, les Chappons,* &c. cette derniere addition se trouue dãs l'impression d'Espagne.

LEs Medecins voyant par experience le grand pouuoir qu'a le temperament du cerueau, pour faire qu'vn homme soit prudent & auisé, ont inuenté vn certain medicament composé de telle sorte & pourueu de telles qualitez, qu'estant pris auec la mesure & la quantité qu'il faut, il fait que l'homme raisonne beaucoup mieux qu'auparauant. Ils l'appellent *la confection des Sages,* ou bien la confection d'Anacardes, dans laquelle (comme on apprend par la recepte) entre du beurre frais de vaches, & du miel, desquels deux alimens les Grecs ont dit que quand on en vsoit, ils aiguisoient fort l'entendement ; mais si nous considerons les autres drogues qui la composent, sans doute elles sont fort

Ddd

chaudes & seiches, & font perdre tout à fait l'entendement & la memoire; encore qu'on ne puisse nier qu'elles ne tendent l'imagination plus viue, pour parler & respondre à propos auec mots aigus & belles comparaisons, pour vser de malice & de tromperie, & qu'elles ne portent la pluspart de ceux qui s'en seruent, à faire des vers, & à d'autres habiletez, qui mettent l'esprit de l'Homme en desordre. Or comme le Peuple ne sçait pas distinguer, ny mettre de la difference entre les œuures de l'entendement & celles de l'imagination, voyant ceux qui ont pris de cette confection, parler plus subtilement que de coustume, il dit qu'ils ont acquis plus d'entendement; ce qui n'est pas en effet, au côtraire, ils ont perdu ce qu'ils en auoient, & recouuré vn genre d'habileté qu'il n'est pas bon à l'Homme d'auoir, laquelle Ciceron a appellée *finesse*, qui est vne science contraire à la Iustice.

Toutes les fois que ie me suis trouué sur ce passage de la Genese, qui dit, *Qui t'a enseigné que tu estois nu, sinon que tu* as mangé du fruict de l'arbre, dont ie t'auois deffendu l'vsage? Il m'est venu dãs la pensée, que le fruit de cet arbre *de science du bien & du mal* auoit cette proprieté naturelle de dõner plus de connoissance & de circonspection à celuy qui en mangeoit ; mais que cette science n'estoit pas bien cõuenable à l'hõme, & que Dieu ne vouloit pas qu'il la possedast; parce que c'estoit vn genre de science, dont S. Paul a dit, *Que la prudence de la chair estoit ennemie de Dieu* ; Mais consideranr que la saincte Escriture a des sens si profonds, & que ceux qui sçauent peu, se trompent bien souuent en s'arrestant à la lettre ; ie laissois tousiours passer cette pensée, iusques à ce qu'enfin lassé de voir que cette difficulté me reuinst si souuent en l'esprit, ie me resolus de lire tout ce que ie pourrois rencontrer de Cõmentateurs sur ce passage, pour voir si quelqu'vn n'estoit point de mon aduis, & bien tost apres, lisant dãs les Antiquitez de Iosephe, ie trouuay qu'il disoit, *Que le fruit de cét arbre de science du bien & du mal*, hastoit l'vsage de la raison,

D d d ij

& aiguisoit l'entendement ; à laquelle proprieté ayant égard, on luy donna ce nom, comme à l'autre, celuy *d'arbre de vie*, à cause qu'il rendoit eternel l'Homme qui mangeoit de son fruit. Cette explication & opinion n'est point receuë neantmoins de *Nicolas de Lyra* ; luy semblant que le fruit de cet arbre, estant materiel, ne pouuoit agir sur l'entendement humain, qui est tout spirituel. Abulensis n'admet pas absolument l'instance de Nicolas de Lyra : mais en distinguant ; Ainsi dit-il, qu'encores que l'entendement humain soit vne puissance spirituelle, & qu'elle n'agisse pas auec vn instrument corporel, auec tout cela l'entendement ne sçauroit rien entendre, qu'en se seruant des autres puissances organiques, lesquelles si elles ont vn bon temperament, aydent fort l'entendement, sinon, elles ne font que le faire faillir. Or est il que le fruit de cet arbre pouuoit introduire vn tel temperament au cerueau, que par là l'homme vinst à en estre plus sçauant. Et que le bon ou mauuais temperament des alimens puiſſé ayder ou nuire à la ſageſſe, il le prouue par ce lieu de la ſaincte Eſcriture, *I'ay fait deſſein dans mon cœur de ſeurer ma chair, du vin, afin que mon eſprit ſe porte auec plus de diſpoſition à la ſageſſe.* Il cite auſſi Ariſtote dans ſes liures de Phyſionomie, où il dit, que les alterations que le corps reçoit à cauſe des alimens que l'homme prend, & du temperament de la region qu'il habite, & pour les autres choſes qui ont accouſtumé d'alterer & de changer le corps, paſſent iuſques à l'ame raiſonnable; c'eſt pourquoy il dit que les hommes qui demeurent en vn païs extrememét chaud, ſont plus ſages que ceux qui habitent en des regions fort froides; Et Vegece affirme que ceux qui habitent ſoubz le cinquieſme climat (comme ſont les Eſpagnols, les Italiens, & les Grecs) ſont hommes de grand eſprit, & de grãd courage. Suiuant cette doctrine, il pouuoit bien eſtre que le fruit de cet arbre eût tant d'efficace pour alterer les puiſſances organiques du corps, qu'elles en ſeruiſſent mieux au raiſonnement. Et parce qu'Adam estoit tres sage, & n'auoit besoin d'aucune autre science, Dieu establit & luy fit son commandement sur ce fruit, le gardant pour ses descendans; lesquels dans leur enfance, en mangeant de ce fruit, eussent hasté l'vsage de la raison. Mais les paroles du Texte ne souffrent point cette derniere explication; car à les bien prendre & considerer, elles veulent dire, que le fruit de cet arbre par sa vertu & efficace, leur ouurit les yeux corporels, & leur apprit ce qu'ils ne sçauoient pas. *Et les yeux de tous les deux furent ouuerts, & à l'instant ils reconnurent qu'ils estoient nuds.* Ce qui se prouue encore plus clairement si l'on pese ces paroles que Dieu dit a l'homme, quand il le trouua si honteux de se voir nud. *Car qui t'a monstré que tu estois nud, si ce n'est d'auoir mangé du fruit de l'arbre, dont ie t'auois deffendu de manger.* L'Euesque Nemesius en vn liure qu'il a escript *de la nature de l'homme*, confesse nettement, que le fruit de cet arbre auoit vne proprieté naturelle de donner de la sagesse, & que reellement il apprit à Adam ce qu'il ne sçauoit point, & que cela ne se trouuoit pas seulement au commencement du monde, lors que les alimens auoient tant de vertu pour alterer le corps humain; mais qu'encore à cette heure, quoy qu'ils soient corrompus par vn si long cours de temps, il y a beaucoup de fruits qui le peuuent faire; Et parce qu'il n'estoit pas à propos que nos premiers Peres connussent entierement leur nature, ny les choses dont elle auoit besoin, Dieu attacha son commandement à cet arbre, dont la proprieté estoit de ietter l'homme dãs le soin du corps, & de le retirer des contemplations de l'ame. Cette explication est conforme à la philosophie naturelle dont nous traitons, car il n'y la point d'aliment (& principalement parmy les fruits, qui sont des aliments qui ont quelque vertu de medecine) qui n'altere le cerueau, suiuant ce dire d'Hippocrate, *Que la faculté de l'aliment paruient au cerueau*, & il introduit dãs l'homme l'habileté que porte le temperament qu'il produit en la teste, comme il en arriue du vin, lequel si l'on le boit en certaine quantité, rend l'homme ingenieux, & si l'on passe plus auāt, il le rend fou & furieux. Mais il ne faut pas s'imaginer que le fruict de l'arbre deffendu, donnast immediatement des habitudes de science (comme a pensé Nicolas de Lira) il donnoit seulement vn temperament accommodé à tel genre de science ; par le moyen dequoy l'homme vient aussi-tost à connoistre des choses où il ne songeoit pas. Or que le fruict de cét arbre n'eust la proprieté d'ouurir les yeux, & de faire reconnoistre ce qu'on ignoroit, on ne le peut nier, puisque le texte dit, qu'en mangeant de ce fruict, *Leurs yeux s'ouurirent, & qu'ils s'apperceurent qu'ils estoient nuds.* I'ay dit qu'il auoit la proprieté *d'ouurir les yeux* ; parce que comme nous auons prouué ailleurs, si l'imagination ne preste son assistance aux sens exterieurs, il n'y en a pas vn qui puisse agir, c'est ce qu'a dit Hippocrate ; *Que si l'on fait des choses douloureuses à quelqu'vn, comme de luy bruler ou coupper la main, & qu'il n'en sente rien du tout,* c'est vn signe infaillible, que son imagination est distraite en quelque profonde meditation ou resuerié, laquelle imagination comme nous auons dit, si elle ne preste son assistance au toucher & aux autres sens exterieurs, il ne se peut faire aucune action des sens, dequoy nous pourriõs alleguer beaucoup d'exemples, en des choses qui se passent tous les iours parmy nous; mais celuy que Plutarque rapporte d'Archimede nous le fera suffisamment entendre. Cét Archimede estoit vn homme doüé d'vne si forte imagination pour inuẽter & construire des machines de guerre, que par cette raison il estoit plus redouté luy seul des Ennemis que toute vne armée entiere, & son esprit estoit en vne si haute estime parmy les Romains, que Marcellus tenant la ville de Syracuse assiegée, (où Archimede estoit) deuant que d'y entrer, fit crier par toute son armée, qu'aucun soldat ne fust si osé que de tüer Archimede, sur peine de la vie; luy semblant qu'il ne pouuoit faire voir à Rome vne despoüille plus noble, qu'en y menant vn si habile homme. On raconte donc de luy, qu'il estoit si occupé autour de ses machines, & qu'il auoit les yeux si fort fichez en terre (où il auoit tracé quelques figures de son inuention) qu'il ne voyoit ny n'oyoit en façon du monde ce qui se passoit dans la ville, à l'heure du combat ; Et qu'vn soldat Romain s'estant approché de luy, luy demanda si ce n'estoit pas luy qui s'appelloit Archimede, & qu'encore qu'il luy eust fait cette demande plusieurs fois, l'autre ne luy respondit rien [tant ses sens estoiēt comme plongez ailleurs] & que ce soldat s'offensant de voir vn homme si stupide à son aduis, il le tua. Suiuant cecy, il est certain que nos premiers Peres estoient occupez (deuant qu'ils eussent peché) à la meditation & contemplation des choses Diuines, & mesprisoiēt absolument celles du monde : Et quoy qu'ils marchassent tout nuds, ils ne s'en apperceuoient pas; & nous pourrions dire, qu'ils auoient les yeux clos, parce qu'encore qu'il fust vray qu'ils les eussent ouuerts, & la faculté de la veuë fort saine & entiere, neantmoins à cause que l'imagination estoit diuertie ailleurs & absente, ils demeuroient côme aueugles [puis qu'ils ne se pouuoient seruir de leurs yeux] Or ce fruit estoit d'vne telle vertu qu'il retira l'imaginatiue de sa profonde meditation, & la fit descendre & l'attacha à la veüe. Ce que signifient clairement ces parolles que Dieu leur dit (si tost qu'ils eurent mangé de ce fruit) *Que penses tu, ô Adã, qui t'ait appris que tu estois nud, sinon que tu as mangé du fruit de l'abre que ie t'auois deffedu?* ce que i'auois fait (pouuõs nous adjouster) pour ton bien & pour ta satisfaction, & parce qu'il n'estoit pas à propos que tu sceusses ce que tu sçais maintenant.

Nous auons remarqué autre part (si ie m'en ressouuiens bien) deux gēres de sagesse; l'vne qui appartiēt à l'entendemēt, sous laquelle sont renfermées toutes les choses que l'homme fait auec droiture & simplicité, sans erreur, sans mensonge ny tromperie : De laquelle sagesse Demosthene loüa les Iuges en vne Oraison qu'il fit contre Eschines, luy semblant que le meilleur tiltre qu'il leur pouuoit donner, pour gagner leur bienueillance, c'estoit de les appeller *Droits*,

& *Simples.* C'est ainsi que la Saincte Escriture a nommé vn homme sage & vertueux comme estoit Iob, *Homme Droict, & Simple*, parce que les cœurs doubles & rusez, ne sont point amis de Dieu, *l'Homme qui a l'ame double, est changeant en toutes ses voyes.* Il y a vn autre genre de sagesse dans l'homme qui appartient à l'imagination, dont Platon a dit, *Que les choses que les hommes font auec embusches & tromperies, & contre ce que leur dictent la raison & la iustice, ne se doiuent pas appeller du nom de sagesse, mais bien de finesse, & de ruse.*

Tel fut le discours que fit en soy-mesme cét Oeconome, dont parle saint Luc, quand il dit, *Il y auoit vn certain homme qui auoit vn Receueur, qui fut accusé deuant luy, d'auoir tout dissipé les biens de son Maistre; son Maistre l'appelle, & luy dit, qu'est-ce que i'entends dire de vous? Rendez-moy compte de mon bien que vous auez administré; car vous ne pouuez plus faire cette charge là.* Or le Receueur dit en soy-mesme, *Que feray-ie, si mon Maistre vient à m'oster cét employ? Ie ne puis labourer la terre, i'ay honte de demander mon pain. Ah, ie sçay bien ce que ie feray! afin que quand i'auray esté chassé, on ne laisse pas de me receuoir dans les maisons, &c.* Par le moyen dequoy il fit vn larcin si plein d'adresse, que le texte sacré dit, *Que le Seigneur loüa l'Oeconome d'iniquité, d'auoir fait prudemment, parce qu'en effet, les enfans de ce siecle, sont plus auisez que les enfans de lumiere.* Dans lesquelles paroles on remarque deux differēces de sagesse & de prudence, l'vne, dit le texte, appartient aux enfans de lumiere; qui est accompagnée *de droiture & de simplicité* ; & l'autre aux enfans de ce siecle; qui n'est, *qu'astuce & tromperie.* Or les enfans de lumiere sont fort peu habiles en la prudence du siecle, & les enfans du siecle, le sont encore moins en la sagesse de lumiere. Tant qu'Adam fut en grace, c'estoit vn enfant de lumiere, & tres-sage en ce premier genre de sagesse; & pour vne plus grande perfection, Dieu l'auoit fait ignorant en ce second genre de sagesse, dautant qu'elle ne luy estoit pas conuenable. Or l'arbre auoit tant de force pour donner la prudence de ce siecle, qu'il fut besoin de luy deffendre l'vsage de son fruit, afin qu'il vesquist sans aucun soin des necessitez du corps (cōme a dit Nemesius) & qu'il ne s'occupast qu'aux contemplations de l'ame raisonnable.

La difficulté est maintenant de sçauoir pourquoy cét arbre fut appellé *l'Arbre de la science du bien*, puisque la prudence & la sagesse qu'il communiquoit regardoit plus le mal que le bien. A cela l'on respond, que toutes les deux sciences sont pour le bien (quand on s'en sert en temps & lieu,) & ainsi Iesus-Christ les recommanda à ses Disciples, lors qu'il les enuoya prescher par le monde, *Voilà que ie vous enuoye comme des agneaux au milieu des loups; Soyez donc prudents, comme des Serpents, & simples, comme des Colombes*. Il se faut seruir de la prudence pour se deffendre des maux qu'on nous peut faire, & non pas pour offenser personne. Outre cecy, les Philosophes moraux disent, qu'vne mesme chose se peut appeller bonne ou mauuaise, de l'vne de ces trois façons; ou comme honneste, ou comme vtile, ou comme delectable; Par exemple, le larcin que fit l'Oeconome, dont nous auôs parlé, fut bon, eu esgard à l'vtilité, puisqu'il demeura auec l'argent de son Maistre, & mauuais, entant qu'il fut fait contre la justice, en prenant pour soy ce qui appartenoit à son Maistre.

De ce qu'Adam se couurit auec tant de soin, & eut plus de honte de se voir nud deuant Dieu, que d'auoir violé son commandement, nous apprenons que le fruict de l'arbre deffendu, luy rendit l'imagination plus viue, (de la façon que nous auons dite,) & alors elle luy representa les actions & la fin des parties honteuses. Mais encore que cette exposition soit assez vraysemblable, comme nous voyons, la commune opinion est, que l'arbre de science du bien, & du mal, n'auoit pas receu ce nom là de sa nature, mais seulement à l'occasion de la chose qui suiuit aprés. Ce qui me semble plus probable.

Quels soins on doit apporter afin de conseruer l'esprit des enfans, depuis qu'ils seront formez & nais.

ARTICLE V.

L'Homme est composé d'vne matiere si aisée à s'alterer & si sujette à se corrompre, qu'il n'a pas commencé de se former, qu'il vient à se ruiner & à se destruire, sãs qu'il soit possible d'y apporter le moindre remede: C'est pourquoy l'on a dit, *Qu'à peine sommes-nous nez, que nous cessons d'estre:* Si bien que la Nature a fait en sorte qu'il y eust en nous quatre facultez naturelles, *Celle qui attire, celle qui retient, celle qui cuit, & celle qui reiette:* Lesquelles en cuisant & changeant les aliments que nous prenons, viennent à reparer ce que nous auons perdu de substance, & à en faire succeder vne autre en sa place. Par où l'on peut voir qu'il ne seruira de gueres que l'enfant ait esté formé d'vne semence
delicate

délicate, si l'on ne prend garde aux viandes dont il doit vser aprés. Car depuis que la formation est acheuée, il ne demeure à la creature aucune partie de cette substance spermatique qui entra dans sa premiere composition. Il est vray que cette premiere semence, si elle estoit bien cuitte & bien assaisonnée, a tant de force & de vertu, qu'en cuisant & alterant les viandes, toutes mauuaises & grossieres qu'elles soiët, elle les ramene à sa substance, & à son bon temperament; mais on pourroit tant vser d'aliments contraires, que l'enfant viendroit à perdre les qualitez loüables qu'il auoit receuës de la semence dont il fut formé. C'est ce qui fait dire à Platon, que l'vne des choses qui nous met le plus en danger de perdre l'esprit, & les bonnes habitudes, c'est la mauuaise education en ce qui est du boire & du manger. Aussi nous conseille-t'il de donner aux enfans vne viande & vn breuuage delicats, & de bon temperament, afin que quand ils seront grands, ils sçachent reprouuer ce qui est mauuais, &

Eee

faire choix de ce qui est bon. La raison de cecy est fort claire : car si le cerueau a esté composé au commencement d'vne semence delicate, & que cette partie qui va tous les iours en déperissant & se consumant, doive estre reparée par les aliments que nous prenons; il est certain que si ces aliments là sont grossiers & d'vn mauuais temperament, & que l'on en vse long-temps, le cerueau se conuertira en la mesme nature; Ainsi ne suffit il pas que l'enfant ait esté formé d'vne bonne semence, mais il faut encore que les aliments dont il se nourrit depuis qu'il est formé & né, soient reuestus des mesmes qualitez.

Quelles sont ces qualitez, il ne sera pas difficile de le trouuer, supposé que les Grecs ayent esté les hommes les plus sages & les plus auisez qu'il y eust iamais au monde; de sorte que cherchant vne nourriture propre à rendre leurs enfans ingenieux & prudents, il est bien probable, qu'ils ont rencontré la meilleure & la plus conuenable à cet effet; car si la subtilité & delicatesse d'esprit consiste à auoir le cerueau composé de parties subtiles & bien temperées, l'aliment qui pardessus tous les autres, sera pourueu de ces deux qualitez, sera celuy dont il faudra vser, pour arriuer à la fin que nous pretendons.

Du lait de Chevres, cuit auec du miel, Galien dit que suiuant l'opinion de tous les medecins de la Grece, c'est le meilleur aliment que l'homme puisse prendre, car outre qu'il est d'vne substance tres-moderée, la chaleur n'y excede point la froideur, ny l'humidité, la secheresse. C'est pourquoy nous auons dit vn peu auparauant, que les Peres qui auront bonne enuie d'engendrer vn fils sage, bien fait & de bonnes mœurs, deuoient prendre six ou sept iours deuant que d'auoir affaire à leurs femmes, force lait de chévre cuit auec du miel.

Mais quoy que cét aliment fust aussi bon que dit Galien, il vaut beaucoup mieux pour l'esprit, que la viande soit de parties subtiles, que nó pas de substance moderée; car plus la matiere se subtilise en la nourriture du cerueau, & plus l'esprit en deuient vif & aigu. Et partant les Grecs tiroiét le fromage, & le mégue ou lait clair (qui sont comme les deux Elements plus grossiers du lait) & n'en vouloient que le beurre, dont la nature est toute aerienne. C'est ce qu'ils donnoient à manger à leurs enfants, meslé auec le miel, à dessein de les rendre spirituels & prudents. Et que cecy soit vray, il apparoist clairement de ce qu'en dit Homere.

Outre cecy les enfants mangeront des souppes de pain blanc, cuittes dans de l'eau fort delicate, auec du miel & vn peu de sel : mais au lieu d'huyle qui est mauuaise & nuisible à l'entendemét, on mettra du beurre fait de lait de chévres, duquel le temperament & la substance sont fort propres pour l'esprit.

Toutesfois en ce regime de viure, il se trouue vn inconuenient tres grand; c'est que si les enfants vsent d'aliments si delicats, ils n'auront pas beaucoup de force pour resister aux iniures de l'air, ny pour se deffendre des autres occasions qui ont accoustumé de les faire malades: si bien que pour les auoir sages, on les rendra mal sains & en estat de ne viure gueres.

Cette difficulté demande de nous, que nous declarions commēt on pourra eleuer les enfants pour l'esprit & pour la sagesse, sans que nostre art soit contraire à leur santé. Ce qui est aisé à accorder, pourueu que les peres vueillent prendre la peine de pratiquer quelques reigles & preceptes que ie diray icy. Et parce que ceux qui sont à leur aise se trompent en l'education de leurs enfants, & que ce sont ces personnes là qui parlēt tousiours de cette matiere; Ie veux premierement leur rendre la raison pourquoy, encore que leurs enfants ayent & Maistres, & Gouuerneurs, & qu'ils s'employent tout de bon à l'estude des lettres, neantmoins les sciences s'attachent si peu à leur esprit? & ie leur veux monstrer de plus commēt ils remedieront à cela, sans que ny la vie de leurs enfants en soit abbregée, ny la santé interessée en façon du monde.

Il y a huict choses, au dire d'Hipprocrate, qui humectent & qui engraissent la chair de l'homme. La premiere, c'est de viure en repos & en vne profonde oisiueté. La seconde, de dormir tout son saoul. La troisiesme, de coucher dans vn lit mollet. La quatriesme, de manger de bonnes viandes & de boire de bõ vin. La cinquiesme, d'estre bien à l'abry des iniures du Ciel & couuert de bons habits. La sixiesme, d'aller tousiours a cheual. La septiesme, de n'estre point contredit & faire tout à sa fantaisie. La huictiesme, de se diuertir au ieu, chercher ses passetemps, & toutes les choses qui peuuent apporter de la satisfaction & de la ioye. Toutes lesquelles choses sont si manifestement vrayes, qu'encore qu'Hipocrate n'en eust rien dit, personne n'iroit au contraire. On pourroit seulement douter, si les gens qui sont à leur aise, menent tousiours cette mesme façon de viure : mais s'il est vray qu'ils la menent, nous pouuons bien cõclurre que leur semence est tres humide & que les enfants qui en seront engendrez, doiuent necessairement auoir vne humidité superflue, qu'il est besoin de dissiper & de cō-

fumer; premierement, parce que c'est
vne qualité qui ruine les actions de l'ame
raisonnable, & secondemēt, parce qu'au
dire des medecins, elle est cause quel hôme vit peu & auec manque de santé.

Suiuant cecy, le bon esprit & la santé
confirmée du corps, demandent l'vn &
l'autre, vne mesme qualité, qui est la secheresse. Et partant les preceptes & les
reigles que nous auons donnés pour
rendre les enfants sages, seruiront aussi
pour les rendre bien sains & en estat de
viure long temps.

Il faut donc aussi tost qu'est né le fils
d'vn pere & d'vne mere qui sont à leur
aise, (attendu que sa chair a plus de froideur & d'humidité qu'il n'est conuenable à l'enfance) le baigner dans de l'eau
chaude & salée, laquelle (de l'opinion de
tous les Medecins) desseiche & essuye
la chair, affermit les nerfs & rend l'enfant fort & robuste, & de plus, ingenieux,
en dissipant l'humidité superflue du cerueau, & le deliurant de beaucoup de
grandes maladies. Tout au contraire, si
le bain est d'eau douce & chaude, à cau-

ce qu'il humecte le corps, Hippocrate dit qu'il cause cinq maux ; *une chair effeminée, une infirmité & imbecillité de nerfs, une lourdise & pesanteur d'esprit, & d'estre subiet à des pertes de sang & à des defaillances de cœur.*

Que si l'enfant sort du ventre de la mere, auec trop de secheresse, il le faut extremement baigner dans de l'eau douce & chaude. C'est pourquoy Hippocrate commande *de lauer long temps les enfans auec de l'eau chaude, afin qu'ils ne tombent pas tant en conuulsion, qu'ils en croissent plus aisément & en deuiennent de meilleure couleur.* Il est certain que cela se doit entendre des enfants qui sortent trop secs du ventre de leur mere, desquels il faut corriger le mauuais temperament par l'application des qualitez côtraires.

Les Allemans, à ce que dit Galien, auoient accoustumé de baigner leurs enfants dans vn fleuue, aussi tost qu'ils estoient nez ; s'imaginant que comme le fer qui sort tout ardent de la fournaise, se rend plus fort & en acquiert vne meilleure trempe, quand on le iette dans de l'eau froide ; de mesme l'enfant sorrant tout chaud & tout brulant encore du ventre de la mere, en deuenoit plus vigoureux & plus fort, quand on le baignoit dans de l'eau froide. Galien condamne cecy comme vne actiō tres pleine de bestise, & a grande raison, car encore que par ce moyē le cuir s'endurcist & se resserrast dauantage & n'en fust pas si facile à alterer par les iniures de l'air; neantmoins on en peut receuoir des incommoditez, à cause des excremens qui s'engendrent dans le corps & qui ne trouuent pas de chemin ouuert pour pouuoir s'exhaler & sortir.

C'est vn bien meilleur & plus certain remede de lauer auec de l'eau chaude & salée les enfants qui ont vne humidité superfluë, parce qu'en dissipant cette excessiue humidité, on les en rend plus sains; & en resserrant les pores, on fait que ces enfants ne sont pas atteints du mal à la moindre occasion; ny les excrements de dedans le corps, ne demeurent pas si renfermez, qu'il ne leur reste encore des passages ouuerts par où sortir: Et puis la Nature est si puissante, que si on luy retranche vne voye publique, elle en cherche vne autre qui luy soit propre. Que si tous les passages luy manquent, elle en sçait faire de nouueaux, par où pouuoir ietter déhors ce qui luy nuit. Si bien qu'à choisir de l'vne ou de l'autre extremité, il vaudroit encore mieux pour la santé, auoir le cuir dur & vn peu resserré, que non pas trop mol & trop lâche.

La seconde chose qu'il faut faire, c'est qu'aussi-tost que l'enfant est né, on le doit rendre amy des vents, & de toutes les injures & alterations de l'air, & ne le pas tenir tousiours dans vne chambre; car ce seroit le moyen de le rendre lourdaut, flasque, effeminé, de peu de forces; de sorte qu'il viendroit à mourir de bonne heure. Il n'y a rien au dire d'Hippocrate, qui énerue & debilite tãt la chair, comme d'estre tousiours en vn lieu tiede, deffendu du froid & du chaud. Et il n'y a point de meilleure recepte pour la santé, que d'accoustumer son corps à toute sorte de vents, chauds, froids, humides, & secs : ce qui fait qu'Aristote demande, pourquoy ceux qui viuent dans les galeres, sont plus sains, & ont meilleure couleur, que ceux qui viuent en païs marescageux? & la difficulté s'augmente, quand on cōsidere la malheureuse vie qu'ils menent, en couchant sur la dure, toutvestus, exposez au serain, au Soleil, au froid, & à l'eau, & faisant si mauuaise chere. On pourroit mouuoir la mesme question touchant les Bergers, qui sont les plus sains de tous les hommes: & la raison en est, qu'ils se sont apprinoisez, & ont fait familiarité auec toutes les qualitez de l'air, & que leur nature ne s'estonne de rien, ny ne trouue rien de nouueau. Tout au contraire, nous voyons chaque iour qu'vn hōme qui estudie trop ses aises, & qui craint le Soleil, le froid, le serain, & le vent, en moins de riē est expedié; à propos dequoy l'on pourroit dire, *Que qui aime trop son ame en ce monde, la perdra*, parce qu'on a beau faire, il n'y a personne qui se puisse entierement exempter des iniures & changemens de l'air: de sorte qu'il vaut bien mieux s'habituer de bōne heure à tout, afin de viure sans soucy, & ne se pas tenir toûjours sur ses gardes. L'erreur du cōmun, c'est de croire que l'enfant viene au monde, si tendre, & si delicat, qu'il ne puisse passer du ventre de la mere, où il y a tant de chaleur, en vn lieu où l'air est froid, sans que cela luy fasse grand tort. Mais en effet on se trōpe, car encore que l'Allemagne soit vn païs si froid, on ne laissoit pas d'y plonger les enfans nouueaux nais, dans vn fleuue, & quoy que ce fust vne action tres-blâmable, neantmoins les enfans ne s'en portoient pas plus mal, ny ne mouroient pas pour cela.

La troisiesme chose qu'il faut faire, c'est de chercher vne Nourrice qui soit jeune, d'vn temperament chaud & sec, ou bien selon nostre doctrine, froide & humide au premier degré; qui n'ait pas eu toutes ses commoditez, mais qui soit accoustumée à dormir sur le plancher, à manger peu, & à estre mal vestuë; faite à aller au serain, au froid, & au chaud. Celle cy aura vn lait de bonne cōsistence, & habitué aux alterations de l'air, & de ce lait les membres de l'enfant estant entretenus long-temps, viendront à estre fermes & forts. Que si elle est prudente & auisée, cela seruira de beaucoup à l'enfant pour l'esprit, car son lait sera sans doute fort chaud, & fort sec, par le moyen desquelles qualitez se corrigera le trop de froideur & d'humidité qui pourroient auoir esté tirées du ventre de la mere. Cōbien il importe à la creature pour être forte, de sucer vn lait cōme bien essuyé, & biē exercé, cela se prouue clairement par l'exēple des cheuaux, qui estant venus de iumens trauaillées à labourer la terre, en sont meilleurs Coureurs, & plus faits à la fatigue; là où si les caualles qui les portent, sont tousiours en repos & à paistre dans vn pré, dés la premiere course ils ne sçauroient plus se tenir sur leurs jambes. L'ordre donc qu'il faut obseruer à l'endroit de la Nourrice, c'est de l'emmener chez soy, quatre ou cinq iours deuant que la femme accouche, & de luy donner à manger des mesmes viandes dont vse la femme grosse, afin qu'elle ait le temps de dissiper le sang, & les autres humeurs qui se sont faits de la mauuaise nourriture qu'elle auoit prise auparauant, & afin que l'enfant aussitost qu'il est né, succe le mesme lait dont il estoit entretenu dans le ventre de la mere, ou du moins qui soit fait des mesmes viandes.

La quatriesme chose, c'est de ne pas accoustumer l'enfant à estre couché dãs vn lit mollet, ny de le tenir trop couuert, ny de luy donner beaucoup à manger, parce qu'Hippocrate dit que ce sont là trois moyens d'essuyer & de dessecher la chair, comme les contraires l'engraissent & l'amplifient. Et si l'on fait tout cela, on éleuera vn enfant de grand esprit, fort sain, & qui vivra longues années, à raison de la secheresse. Que si l'on pratique au rebours, il viendra à se faire beau, mais gros & gras, sanguin & lourdaut: qui est vne constitution qu'Hippocrate nomme Athletique, & qu'il tient tres-perilleuse.

Par ce mesme ordre & recepte de viure, fut éleué l'homme le plus sage qu'il y eut jamais au monde, (c'estoit Nostre

Sauueur Iesus-Christ entant qu'hõme) excepté qu'à cause qu'il nasquit hors de Nazareth, peut-estre sa sainte Mere n'eut pas en main de l'eau salée pour le lauer. Mais en effet c'estoit vne coustume des Iuifs, & de toute l'Asie, que quelques sçauans Medecins auoient introduite, pour le bien & la santé des enfans. C'est pourquoy le Prophete dit, *Quand tu nasquis, ce iour là le nombril ne te fut point couppé, tu ne te baignas point dans l'eau pour ta santé, tu n'esprouuas lesecours ny du sel, ny des langes.* Mais tout le reste fut obserué. Dés sa naissance il commença à s'appriuoiser auec le froid, & auec tous les autres changemens & alterations de l'air; son premier lit fut de coucher sur la terre, & mal vestu; cõme s'il eust voulu garder le precepte d'Hippocrate. Peu de iours aprés, la sainte famille s'achemina auec luy vers l'Egypte (lieu tres-chaud) où il demeura tout le temps que vesquit Herode. La sainte Mere errant ainsi de costé & d'autre, il est certain qu'elle luy donnoit vn lait bien exercé, & fait à toutes les alterations de l'air.

Le manger qu'on luy presentoit, estoit justement ce que les Grecs trouuerent pour donner de l'esprit & de la sagesse à leurs fils. Nous auons dit cy-dessus que c'estoit du beurre, qui se mangeoit auec le miel: c'est pourquoy Isaye a dit, *Il mangera du beurre & du miel, afin qu'il sçache reprouuer le mal, & choisir le bien.*

Par lesquels mots il semble que le Prophete nous ait voulu faire entendre, qu'encore que ce fust vn vray Dieu, il deuoit estre aussi vn homme parfait, & que pour acquerir la sagesse naturelle, il falloit qu'il employast les mesmes diligences que les autres enfans des hommes. Quoy que cecy semble difficile à comprendre, & mesme aucunement incroyable, qu'à cause que Nostre Sauueur Iesus-Christ auroit mangé du beurre & du miel, estant enfant, il deuoit sçauoir reprouuer le mal, & faire électió du bien quand il seroit deuenu grand; estant vn Dieu, comme il estoit, pourueu d'infinie sagesse, & ayant receu, en
tant

tant qu'hôme, toute la sciéce infuse dont il estoit naturellement capable, de sorte qu'il est certain qu'il estoit aussi sçauant dans les bien-heureuses entrailles de sa Mere, que lors qu'il auoit trente-trois ans, sans qu'il eust besoin de manger, ny beurre, ny miel, ny de se seruir des autres moyens naturels que demande la sagesse humaine.

Mais nonobstant tout cela, ce n'est pas peu que le Prophete ait marqué la mesme viande que les Troyens & les Grecs auoient accoustumé de donner à leurs enfans, pour les rendre ingenieux & sages, & qu'il dise, *Afin qu'il sçache reprouuer le mal, & eslire le bien*, pour faire cognoistre qu'à raison de ces alimēts, Nostre Seigneur, entant qu'hôme, eust obtenu plus de sagesse & de science acquise, que s'il eust vsé d'autres viandes contraires; ou bien il faut expliquer ce que signifie cette particule, *afin*, pour sçauoir ce qu'on a voulu dire, en parlant de la sorte.

Nous deuons donc supposer qu'en nostre Seigneur Iesus-Christ, il y auoit deux naturës (cõme il est vray, & cõme la Foy nous l'enseigne) l'vne diuine, entant qu'il estoit veritablement Dieu, & l'autre humaine, composée d'vne ame raisonnable, & d'vn corps elementaire, qui estoit disposé & organisé de mesme que celuy des autres enfans des hommes. Pour ce qui est de la premiere nature, nous ne deuons point parler de la sagesse de Iesus-Christ nostre Redempteur, dautāt qu'elle estoit infinie, sans estre sujette à augmentatiõ ny diminutiõ, & sans estre aucunément dependante de quoy que ce fust; seulemēt pouuõs nous dire, que cõme Dieu qu'il estoit, il estoit aussi sage dans les sacrez flancs de la Vierge, qu'à l'âge de trente-trois ans, & l'estoit de toute éternité. Mais quant à ce qui touche la seconde nature, il faut sçauoir que l'ame de Iesus-Christ, dés l'instant que Dieu la crea, fut bien-heureuse, & toute éclatante de gloire, ainsi qu'elle est aujourd'huy; & puis qu'elle ioüyssoit de Dieu, & de sa sagesse, il est certain qu'elle n'ignoroit aucune chose, mais qu'elle eut tout autant de science infuse, qu'elle estoit capable naturellement d'en receuoir. Neantmoins il est tres-asseuré, que de mesme que la gloire ne se cōmuniquoit pas aux instruments du corps, à cause de l'œuure de la Redemption du genre humain, aussi ne faisoit pas la sagesse, ny la science infuse, parce que le cerueau n'estoit pas disposé ny organisé, auec les qualitez & la substance necessaire, pour faire que l'ame par le moyen d'vn tel organe, peust raisonner & philosopher. Car si nous nous ressouuenons bien de ce que nous auons dit au cōmencement de ce liure, les dons gratuits que Dieu depart entre les hommes, requierent ordinairement que l'instrument auec lequel ils se doiuent exercer, & le subiet dās lequel ils se doiuent receuoir, ayent les qualitez naturelles dont chaque grace a besoin. Et la raison en est, que l'ame raisonnable est la forme & l'acte du corps, & n'agit point sans se seruir de ses organes corporels.

Le cerueau de Iesus-Christ nostre Sauueur, lors qu'il estoit encore enfant

& nouueau né, auoit beaucoup d'humidité, parce qu'en vn tel aage, cela est conuenable & dans l'ordre de la Nature; mais dautant que cette humidité estoit trop grande, son ame raisonnable naturellement ne pouuoit ny raisonner, ny philosopher auec cét instrument. Ainsi la science infuse ne passoit pas iusqu'à la memoire corporelle, ny à l'imagination, ny à l'entendement; pource que ces trois puissances sont organiques, côme nous auons desia prouué, & n'auoient pas encore toute leur perfection. Mais le cerueau se dessechant tousiours auec le temps & auec l'aage, l'ame raisonnable découuroit aussi tous les iours de plus en plus la sciéce infuse qu'elle auoit, & la communiquoit à ces facultez corporelles: car outre ce sçauoir surnaturel, il en auoit vn autre, qui se tire des choses qu'oyent les enfants, de ce qu'ils voyent, de ce qu'ils flairent, de ce qu'ils goustent, & de ce qu'ils touchent; & quant à cette sciéce, il est certain que nostre Seigneur l'acqueroit de mesme que les autres enfants des hommes. Et comme pour bien distinguer les obiets, il estoit besoin qu'il eust de bons yeux; & pour ouyr les sons, de bonnes oreilles: par la mesme raison il luy faloit vn bon cerueau, pour discerner entre le bien & le mal. Ainsi est-ce vne chose asseurée, qu'en mangeant de ces viandes si delicates, sa teste deuenoit châque iour vn meilleur organe, & acqueroit plus de sagesse; de façon que si Dieu luy eust osté la science infuse, trois fois durant sa vie, pour voir ce qu'il auoit acquis, il auroit trouué qu'à dix ans, il estoit plus sçauant qu'à cinq, & à vingt ans, plus qu'à dix, & à trente-trois ans, plus qu'à vingt.

Et que cette doctrine soit veritable & Catholique, le Texte de l'Euangile pris à la lettre le monstre par ces mots, *Et Iesus s'auançoit en sagesse, en aage & en grace, à l'endroit de Dieu & des hommes.* De plusieurs sens Catholiques que la saincte Escriture peut receuoir, ie tiens tousiours celuy que nous donne la lettre & qui resulte de sa construction, meilleur que celuy qui oste aux mots leur signification naturelle.

Quelles sont les qualitez que doit auoir le cerueau, & de quelle substance il doit estre, nous auons desia dit (de l'opinion d'Heraclite) *que la sechereße rendoit l'ame tres sage*, & nous auons prouué par Galien, que le cerueau estant composé d'vne substance fort delicate, l'esprit se trouuoit tres subtil.

Nostre Seigneur acqueroit la secheresse auec l'aage, parce que du iour de nostre naissance, iusqu'à celuy de nostre mort, nous allons sans cesse nous desseichant & deuenant plus sages: les parties subtiles & delicates du cerueau, se reparoient en luy, par le moyen de ces viandes qu'il mangeoit, dont a parlé le Prophete Isaye. Car s'il auoit besoin à tous moments, de se nourrir & de restablir la substance qui deperissoit, & si cela se devoit faire auec les aliments & non point auec pas vne autre matiere, il est certain que s'il eust tousiours mangé des viandes grossieres, comme de la vache ou du lard, qu'en peu de temps son cerueau seroit deuenu grossier & de mauuais temperament, au moyen dequoy son ame raisōnable n'eust pas sceu reprouuer le mal, ny faire le choix du bien; si ce n'eust esté par miracle & qu'il se fust seruy de sa Diuinité: Mais Dieu qui le conduisoit par les voyes naturelles, voulut qu'il vsast de ces aliments si delicats, dont son cerueau estāt entretenu, se dueoit rendre vn instrument si bien organisé, qu'il eust peu mesme naturellement, sans vser de la science diuine ny infuse, *reprouuer le mal & eslire le bien*, comme tous les autres enfants des hommes.

Son sainct nom soit beny à iamais.

NOTES.

DANS l'Epiſtre qui s'adreſſoit au Lecteur en l'ancien Original, quand il dit que les Peres doivent appliquer leurs enfants à l'eſtude où ils feront plus de profit, il y auoit que c'eſtoit vn aduertiſſement que Galien conte qu'vn Demon donna à ſon Pere, comme il dormoit ; car il luy conſeilla de faire eſtudier ſon fils en medecine ; dautant qu'il auoit vn eſprit excellent pour cette ſcience. (ce qu'il a retranché addreſſant cette Epiſtre au Roy) & à la marge l'Autheur mettoit que les Demons traitent familierement auec les hommes, (dans les Traducteurs Italien & Latin, il y a traitoient auant la venuë de I. C.) mais que pour vne verité qu'ils leur diſent qui ſera de peu à importance, ils les ſeduiſent de mille menſonges.

Les traducteurs Italien & Latin, & le François meſme, quand noſtre Autheur dit au commencement de ſa preface, que Platon faiſoit choix de ſes diſciples lors qu'il vouloit découurir quelque doctrine releuée, mettent encore à la marge que I. C. en vſoit de la ſorte quand il vouloit reueler quelque haut myſtere aux Apoſtres, comme il paroiſt en la Transfiguration.

Là meſme quand il parle de Balde, il dit à la marge qu'il deuoit laiſſer la medecine, & s'ad-

NOTES

donner aux loix, par la raison que Ciceron donne en ces termes, *Que celuy qui aura serieusement consulté son naturel, sur la façon de vie qu'il luy faut suiure, pourueu qu'elle soit honneste, y doit demeurer ferme: & que cela est bien seant, si ce n'est peut estre qu'il reconnoisse s'estre trompé au choix.*

Dans sa premiere preface, quand il parle des differences d'esprit il dit à la marge, qu'en Espagne, *la Nature n'en sçauroit mettre plus de deux ensemble & qu'en Grece, elle en peut ioindre trois.*

Ces deux differences d'esprit que nostre Autheur dit que la Nature peut ioindre en Espagne, ce sont l'entendement & l'imagination, si bien qu'il ne partage pas mal son païs. Ailleurs il affirme que l'Espagne est dans la bonne situation pour l'esprit, & l'Examinateur monstre qu'vne partie de la France respond à des climats aussi avantageux. C'est pourquoy nostre Autheur n'a pas eu raison de traiter mal, au moins tous les François, dans la responce d'Aristote à vn probleme que i'ay seulement addoucie par ces mots *les François mesme*; D'autant plus que l'Examinateur remarque qu'Aristote ne designe aucune nation en particulier. Mais l'iniure qu'il nous fait en cela est racheptée d'vne assez belle loüange, quand il dit que *l'vniuersité d'Athenes est passée à Paris, où elle est maintenant.* On doit encore donner à l'amour du païs, ce que nostre Autheur auance, qu'il n'a trouué qu'en Espagne, la difference d'esprit propre à la Royauté: & de nostre costé nous pouuons dire

NOTES

ce qu'vn de nos Poëtes a chanté de si bonne grace,

Certes c'est à l'Espagne à produire des Reynes,
Comme c'est à la France a produire des Roys.

Là mesme quand il parle de la diuision des graces, il dit, *qu'elles sont données à chacun selon sa disposition naturelle*, & la raison qu'il en rapporte à la marge, c'est que les sciences surnaturelles ont l'ame pour leur sujet & soustien, & que selon Aristote, l'ame est assujettie au temperament & à la composition du corps.

Au troisiesme Chapitre, apres auoir comparé l'esprit de Socrate à l'office d'vne Sage femme, il met à la marge, *que c'est de l'entendement seul de Socrate que cette comparaison là se peut verifier, parce qu'il enseignoit en interrogeant, & faisoit en sorte que le Disciple de luy mesme decouuroit la science sans qu'on la luy dist*, à quoy l'on pourroit adiouster, que Diane qui faisoit accoucher, n'accouchoit iamais.

Dans le mesme Chapitre, quand il parle de l'aage auquel on doit apprendre les sciences, il met à costé *qu'au second aage, qui est celuy qu'on appelle adolescence, l'homme fait vn assemblage de toutes les differences d'esprit, au point & en la façon quelles se peuuent ioindre, parce que c'est l'aage le plus temperé de tous; si bien qu'il ne le faut pas laisser écouler sans estudier la science dont nous deuons faire profession.* Ce qui me fait ressouuenir du Poëte Grec qui compare la vie à *vn muid de vin* & dit *qu'au commencement & à la fin nous en pou-*

NOTES

uons prendre tout noſtre ſaoul, mais que pour le milieu, il eſt beſoin de le bien ménager.

Là meſme quand il parle des conditions neceſſaires pour reüſſir dans les ſciences, vn peu apres auoir cité à la marge ce dire commun qui porte, *que l'on ne ſçauroit rien faire en depit de Minerve*, il cite encore à la marge ce mot d'Hippocrate, *que la condition la plus neceſſaire de toutes, c'eſt le naturel, auec lequel ceux qui s'appliquerōt aux arts penetreront par tout.* C'eſt ainſi que Balde (adiouſte-t-il) ſe mit à l'eſtude des loix lors qu'il eſtoit deſ-ja vieil, de ſorte qu'on luy diſoit en ſe moquant, *vous y venez vn peu tard, vous pourrez bien plaider en l'autre monde*; Et neantmoins parce qu'il auoit l'eſprit propre aux loix, en peu de temps il deuint vn tres fameux Iuriſconſulte.

Dans le Chapitre ſeptieſme, il dit que les beſtes brutes ſont habiles par le moyen du temperament du cerueau, en confirmation dequoy il rapporte *qu'il a oüy aſſeurer à vn chaſſeur qu'il auoit eu vn faucon tres habile a la chaſſe & qui deuint fou; mais que par le moyen d'vn cautere qu'on luy appliqua à la teſte, il fut guery.*

Là meſme, il met à la marge que Platon a pris ſes meilleures opinions de la ſaincte Eſcriture (auſſi quelqu'vn le nommoit-il, *le Meyſe Athenien*) ce qui fit qu'il fut ſurnommé le *Diuin*, c'eſt en condamnant la reminiſcence, qu'il s'eſtonne auoir eſté embraſſée par Platon, attendu qu'il auoit peu apprendre dans les ſainctes lettres que l'ame eſtoit creée auec le corps.

NOTES

Là mesme il dit que la semence & le sang menstruel, qui sont les deux principes materiels dont nous sommes formez, sont chauds & humides, par le moyen duquel temperament les enfants sont de necessité, stupides & ignorants.

Là mesme il dit que quand le cerueau deuient chaud au premier degré, l'homme se fait eloquent, & qu'il se presente à son esprit beaucoup de choses à dire; aussi dit-il, ceux qui sont taciturnes, sont tous froids de cerueau, comme les grands parleurs sont chauds de cerueau.

Il ne sera pas hors de propos de rapporter icy vne comparaison de Charron, quand il parle des esprits, (car il s'est assez seruy de nostre Autheur pour luy seruir à son tour) *En toute Cour de Iustice* (dit-il) *y a trois ordres & estages, le plus haut, des Iuges, auquel y a peu de bruit, mais grande action, car sans s'esmouuoir & agiter, ils iugent, decident, ordonnent, determinent de toutes choses, c'est l'image du iugement, plus haute partie de l'ame: le second, des Aduocats, & Procureurs, auquel y a grande agitation & bruit sans action: car ils ne peuuent rien vuider ny ordonner, seulement secoüer les affaires, c'est la peinture de l'imagination, faculté, remüante, inquiete, qui ne s'areste iamais, non pas pour le dormir profond, & fait vn bruit au cerueau comme vn pot qui bout, mais qui ne resout & n'areste rien. Le troisiesme & dernier estage est du greffe & registre de la Cour, où n'y a bruit ny action, c'est vne pure passion, vn*

NOTES.

gardoir & reseruoir de toutes choses, qui representé bien la memoire.

Là mesme, quand il parle de ce phrenetique qui ne s'expliquoit qu'en rimes, il dit que cette phrenesie estoit venuë de quantité de bile qui s'estoit imbibée dans la substāce du cerueau, & qui est vne humeur fort propre à la poësie, c'est ce qui a fait dire à Horace, adjouste-t'il, *Que si au printemps il ne se fust purgé de la bile, pas vn Poëte n'auroit esté plus excellent que luy.*

Là mesme il dit à la marge, *Que les Sibilles qu'admet l'Eglise Catholique, auoient la disposition naturelle dont parle Aristote, mais qu'elles auoient outre cela, l'esprit de Prophetie infus de Dieu; car pour des choses si hautes comme estoient celles qu'elles reueloient, ce n'estoit pas assez d'vn esprit naturel, quelque sublime qu'il fust.*

Là mesme il dit, que quand les malades disent des choses par dessus la portée de l'homme, que c'est signe que l'ame raisonnable est desia destachée du corps, & qu'alors personne n'en rechappe.

Quand il rapporte de Ciceron, que l'homme est vn animal preuoyant &c. il rapporte à costé, du mesme Ciceron, *Que ceux qui sont deuenus melancholiques par maladie, & qu'on appelle de ce nom, ont dans l'esprit quelque vertu de deuiner.*

Dans le chap. 8. quand il parle de l'humidité du corps qui nuit à l'ame raisonnable, il met à costé, *Qu'Homere voulant nous apprendre qu'V-*

NOTES.

lysse fut tousiours sage, feignit qu'il n'auoit point esté changé en pourceau, (animal le plus humide & le moins ingenieux de tous.) En effet, les Arabes pour figurer vn homme stupide, luy ont assigné son Horoscope *Sous les Poissons*, & l'ont representé par vn garçon qui se cache dans vn *Bourbier*, & les Latins mesmes, pour dire vn homme prudent, se seruent du mot de *Sec*. A quoy se peut joindre ce que rapporte nostre Autheur vn peu après à la marge, que, *le Cœur des Sages est où se trouue la tristesse* (dont le propre est de dessecher) *& le cœur des fots, où est la ioye* (dont le propre est de rendre humide.)

Quelques Philosophes admirant le grand ordre qui s'obserue au mouuement des Cieux, & des Astres, au prix du trouble, & du tumulte qui se trouue parmy les Elements, disoient que la prouidence diuine ne descendoit pas plus bas que les Cieux ; mais Galien a beaucoup mieux rencontré en suiuant le mot du Philosophe Heraclite, qu'on nõmoit *l'obscur*, quoy que si amoureux de la clarté, qu'il soustenoit, *que la Splendeur seche faisoit l'ame tres-sage*; car ce Médecin a voulu que les Estoiles fussent reglees & sages, comme nous les voyons, à cause de cette *splendeur seche.* Le mesme Heraclite tenoit, que l'humidité estoit vne peste aux actions de l'esprit & qu'vn homme gasté de vin, ne sçauroit pas se conduire, parce qu'il auoit *l'ame humide*

Dans ce ch. là mesme, parlant de deux differences d'esprits, il cite d'Aristote, *Que celuy-là est*

NOTES.

tres-bon, qui comprend toutes choses de luy mesme, mais que celuy là n'est pas mauuais, qui obeyt à celuy qui dit bien. La troisiesme, & la pire difference, pouuons nous adjouster, c'est de celuy qui ne comprend ny par soy, ny par autruy.

Vn peu aprés il rapporte de Galien, que l'inuention des arts, & la composition des liures se fait, ou par l'entendement, ou par la memoire, ou par l'imagination: mais que celuy qui escrit, parce qu'il se ressouuient de quantité de choses, ne sçauroit rien dire de nouueau. Et puis quand il parle de ces esprits qui s'appellent en langue Toscane *Capricieux*, il dit, *Que cette difference d'esprits est tres-dangereuse pour la Theologie, où l'entendement doit estre attaché, à ce que dit & declare l'Eglise Catholique nostre Mere.*

Comme quand il parle des esprits qui leur sont opposez, il dit, *Que cette difference d'esprit est fort bonne pour la Theologie, où l'on doit suiure l'authorité diuine, declarée par les saints Conciles & sacrez Docteurs.*

Dans le chap. 9. lors qu'il dit, que les qualitez corporelles qui seruent à la composition de l'organe, n'alterent pas la puissance, &c. il met à la marge, qu'Empedocle disoit, *Que les Puissances deuoient estre de la nature de l'objet, pour le perceuoir: Nous sentons*, dit-il, *la terre par la terre, la liqueur par la liqueur, la substance aerienne par l'air, & le feu par le feu*; laquelle opinion est approuuée par Galien.

Aprés auoir dit que les personnes qui ont la chair

NOTES.

la chair doüillette, blanche, & qui sont grasses, au dire de Galien, n'ont point d'humeur melancholique, & que c'est la colere & la melancholie qui endurcissent la chair, & que d'elles naissent la prudence & la sagesse, il remarque à la marge, *qu'entre les bestes brutes, il n'y en a point qui approche tant de la prudence de l'homme, que l'Elephant, & qu'il ny en a point aussi qui ait la chair si dure, & si rude que luy.* L'Elephant, (dit Pline) *le plus grand des animaux, approche de plus prés de l'esprit de l'homme,* & Appollonius luy donnoit le second lieu aprés l'homme, *pour ce qui est du conseil & du bon esprit.*

Quand il parle des differences de bile, il rapporte qu'Horace dit d'Oreste, *qu'estant fou, il ne faisoit mal à personne, mais qu'il rencontroit des mots fort subtils, à cause de la splendeur de sa bile.*

Quand il dit que la chaleur naturelle monte au cerueau, afin de luy donner le temperament conuenable pour la contemplation d'vne verité, il met à costé, *qu'il faut bien prendre garde combien c'est vne chose importante, que de trauailler dans les sciences, puisque le temperament necessaire au cerueau, nous manquant, nous venons à l'acquerir par vne assiduelle speculation.*

Dans le chap. 10. qui est celuy qui est retranché dans la derniere edition d'Espagne, dautant que l'autheur ayant changé d'opinion, & dit que l'entendement n'auoit que faire d'organes corporels, ce chapitre n'estoit plus necessaire qui monstroit qu'encore qu'elle en eust besoin, elle

Ggg

NOTES.

ne laissoit pas d'estre immortelle, à quoy le traducteur Latin n'a pas pris garde, qui a confondu le pour & le contre.

Dans ce chap. 10. donc, quand nostre Autheur parle de Galien qui ne sceut comprendre commét nostre ame qui estoit immortelle, sortoit du corps par vne grande ardeur de fiévre, il dit à la marge, qu'il n'est que trop asseuré que Galien descendit aux Enfers aprés sa mort, où il vit par experience, *que le feu materiel brusloit les ames, sans les pouuoir consumer. Ce Medecin*, adjouste-il, *eut connoissance de l'Euangile, & ne le receut pas.*

Quand il dit que Dieu ayant à detromper le monde, prit la forme d'vne Colombe, il met à costé; que c'est vne marque de la grandeur de Dieu, *qu'estant tout Puissant, & sans besoin d'aucune de ses creatures, il s'en serue neantmoins, comme s'il estoit vn agent naturel.*

Dans le chap. 11. parlant de ceux qui sont naturellement humbles, il met à la marge vn mot de la sainte Escriture, qui dit, *qu'il y en a quelques vns qui s'humilient par meschanceté, & dont l'interieur est tout remply de fraude & de tromperie*: Vice si odieux, qu'vn bon autheur Espagnol remarque, que nostre Seigneur ayant donné plusieurs preceptes affirmatifs à ses Disciples, de ce qu'ils deuoient estre, ne leur donna que ce precepte negatif, qui porte, *de n'estre pas ainsi que les Hypocrites*, comme si ce mal renfermoit tous les autres.

Dans le chap. 12. parlant de l'Eloquence, il

NOTES.

rapporte à la marge vn passage de Ciceron, qui dit, *que l'honneur de l'homme, c'est d'auoir de l'esprit, & que l'honneur de l'esprit, c'est d'estre propre à l'eloquence.* En effet, l'homme éloquent peut-on dire, est autant par dessus les autres hommes, que l'homme est par dessus les autres animaux.

Là mesme en parlant de Socrate, qui ne pouuoit presque dire vn mot, il cite à la marge dans la derniere edition d'Espagne, que Donat personnage illustre dans les lettres, escriuant la vie de ce fameux Poëte Virgile, dit qu'il estoit si lent à parler, qu'on l'auroit pris pour quelque ignorant. C'est au rapport d'vn nommé Melissus, que Donat dit cecy. Et plus auant il adjouste qu'vn certain Philistus, assez bien venu chez Auguste, & qui estoit mediocre Orateur, & mediocre Poëte, mais d'esprit à discourir & à railler de tout, non pour trouuer la verité comme faisoit Socrate, mais pour paroistre plus habile; enfin de ceux qui ont le cœur sur la langue, & non la langue auprés du cœur, prenoit plaisir à agasser Virgile par tout où il le rencôtroit: luy, fuyoit ses attaques, & se retiroit tout honteux; & comme vne fois en la presence d'Auguste, ce Philistus luy eust reproché, qu'il n'auoit point de langue, & que quand il en auroit, il n'auoit pas l'esprit de se deffendre, *Taisez-vous, causeur,* luy respondit Virgile, *car mon silence a fait qu'Auguste, & Mecenas parlent pour moy; & i'ay vne trompette dont ie sonne quand ie veux,*

NOTES.

qui sera tousiours entenduë, & par toute la terre. En effet, de telles personnes parlent peu, mais disent beaucoup, leur esprit froid, & leur langue pesante de melancholie, ressemblent à ces machines difficiles à remuer, mais qui font de grands coups, & portent loin, ou à ces corps vastes qui ne sont pas si dispos qu'ils ont de force (l'excellence de l'esprit, pourroit-on dire, c'est d'estre solide, & d'auoir comme du corps, ainsi que l'excellence du corps, d'estre agile, & de tenir de l'esprit) La presence de ces gens-là destruit leur reputation, si ce n'est deuát des Iuges aussi clair-voyants qu'Auguste, qui sçachent que l'eau la plus profonde fait moins de bruit, que la taciturnité & le secret sont des choses toutes pleines de mysteres: qu'il y a vn silence qui parle, comme des paroles qui ne disent rien: Enfin pour reuenir aux Muses, qu'elles ont vne humeur & vne demeure retirée, quelles s'entretiennent en elles mesmes, & dans la solitude, & qu'il y en a vne dixiesme, qui s'appelle *Tacita*, qui fait valoir toutes les autres. I'ay dit cecy pour deffendre vne difference d'esprit ordinaire aux plus habiles, & dont le peuple s'estonne: Et peut-estre que nostre Autheur luy-mesme estoit de ceux qui sôt plus propres à immortaliser leur nom, qu'à faire connoistre leur personne. Du moins le Traducteur Latin tesmoigne qu'en voyageant en Espagne, il n'a iamais sceu rien aprendre d'vn homme si celebre par ses escripts, si non qu'il estoit Medecin.

NOTES.

En parlant de Platon, nostre Autheur met à la marge, que Ciceron loüant son éloquence, dit, *que si Iupiter eust eu à parler en Grec, il eust parlé comme luy*, & neantmoins dans le texte, nostre Autheur l'accuse d'estre trop brief en ses escrits, obscur en ses discours, & d'en ranger mal les parties.

Il dit que l'Epistre aux Hebrieux, encore qu'elle soit de saint Paul, à cause de la diuersité du stile, a esté creuë de quelques-vns n'estre pas de luy, ce que l'Eglise a condamné comme heretique.

Dans le chap. 13. en parlant de la Dialectique, & de la Rhetorique, il cite à la marge ce passage de saint Paul, *que la science de l'homme consiste en deux points, l'ornement du langage, & la distinction des choses.*

Là mesme, à propos de l'Orateur, il met à la marge, *que de sçauoir faire choix d'vn subjet entre plusieurs qui s'offrent, cela appartient à l'imagination.* La pluspart des Auditeurs diront d'vn Orateur, il a bien fait, mais il auoit vn beau subjet : en cela mesme il a bien fait d'auoir pris vn beau subjet.

Parlant de ceux qui sont melancholiques par adustion, il dit à la marge, *que ces personnes là ont aussi la veuë courte, à cause de la grande secheresse du cerueau.*

Quand il parle de saint Paul, que Dieu voulut former dans le ventre de sa Mere, pour estre propre à descouurir au monde la venuë de son

NOTES.

Fils, il rapporte à costé le passage de saint Paul mesme, qui dit, *Quand il a pleu a Dieu, qui m'a séparé du ventre de ma mere, & m'a appellé par sa grace, pour reueler son Fils en moy.*

Dans le ch. 14. quand il dit, qu'il est deffendu aux Iuges & aux Aduocats, d'vser de leur sens, mais qu'ils se doiuent conduire par la Loy, il met à costé ce passage du Deuteronome, *Que chacun ne fasse pas ce qui luy semble juste, mais fay seulement pour Dieu ce qu'il te commande, sans rien adjouster ny diminuer.*

Dans le ch. 15. quand il dit que l'Egypte est le seul païs qui engendre des hommes propres à la Medecine, il y a à costé dans l'impression d'Espagne, *Que les Egyptiens sont tous Medecins, & que pour les mettre d'accord, il est ordonné parmy eux, que personne ne pourra guerir qu'vne sorte de maladie.*

Au mesme ch. quand il parle de ceux qui mangeoient la manne auec delices, il dit que ceux qui sont accoustumez à manger des chappons & des perdrix, ne les ont iamais en horreur, *dautant que leur estomach s'est tourné en leur substance.*

Dans le ch. 16. à propos de la bile noire, il dit à la marge, que si les enfans sont extrémement peureux; c'est vne marque qu'ils deuiendront fort prudents, *parce que la semence dont ils ont esté faits, estoit fort brûlée, & d'vne nature atrabilaire.*

Galien demande pourquoy les melancholi-

NOTES

ques font peureux, & refpond, que naturellement *Les tenebres nous font horreur, & que les melancholiques font toufiours dans les tenebres*, cette humeur eftant noire, & efleuant quelquefois des vapeurs obfcures. On peut dire auffi qu'vne marque que les enfans feront prudents, c'eft de les voir refueurs & admiratifs : car en effet cela vient d'vn iugement qui s'eftonne des chofes, comme tout eft nouueau en cét aage là.

Là mefme, quand il dit qu'entre les beftes brutes, il n'y en a point qui foit plus lourde & hebetée que l'Afne, encore qu'il les furpaffe toutes en memoire, il fait remarquer à la marge, *Combien la memoire eft contraire à la faculté de raifonner, mefme iufques dans les beftes brutes*. Icy fe peut rapporter ce que dit Fracaftor, *Que ceux qui ont vne grande memoire pour retenir les lieux & les chemins, approchent fort de la nature des beftes*.

Là mefme, quand le Docteur Suarez parle de la vraye Nobleffe, il met à cofté, qu'il a bien dit, *vraye Nobleffe*, parce qu'il y en a eu beaucoup depuis en Efpagne, qui fe font gaignées par l'addreffe & fubtilité de celuy qui s'appelle Gentilhomme, duquel on pourroit plus veritablement dire, qu'il a receu fa Nobleffe *de la main des tefmoins, & des Officiers, que de la main du Roy*.

Dans le ch. 17. quand il dit, que l'homme temperé doit bien auoir de la peine à fe porter à la vertu, il met à la marge, *Que le cœur enuoye*

NOTES.

sa chaleur au cerueau par les arteres, le foye, par les veines, & les testicules, par le mesme chemin, (aprés auoir dit que la chaleur troubloit l'action de la raison) Neantmoins il adjouste bien tost aprés, encore à la marge, *Que quoy que l'homme soit irrité par son temperament vicieux, il ne laisse pas de demeurer libre pour faire ce qu'il voudra*, suiuant ce mot de l'Ecclef. *I'ay mis auprés de toy, l'eau, & le feu, porte la main où il te plaira.*

Dans le ch. 18. quand il parle des femmes qui sont au premier degré de froideur & d'humidité, & qui se piquent d'esprit, il y a à costé dans l'impression d'Espagne, que c'est d'elles que Iuuenal a dit, *Que la femme qui couche à tes costez, ne se mette point sur le haut stile,* (à quoy l'on peut adiouster ce qui est ailleurs, *qu'il doit estre permis au mary de faire vn solœcisme,*) la matrice de celles-là (dit l'Autheur) est chaude & seche, duquel temperament Galien a dit, qu'il portoit à la luxure.

Bien que ce livre ne soit pas destiné pour les femmes, il y en pourroit auoir de ces habiles dont parle nostre Autheur, qui seroient assez curieuses pour le lire. Celles-cy seront suppliées de receuoir les excuses de l'Autheur mesme sur quelques mots dont ie n'ay point fait de difficulté de me seruir aprés luy, de peur de me rendre obscur, si i'eusse esté aussi scrupuleux que le Traducteur Latin, à qui cette langue donnoit pourtant beaucoup plus de licence qu'à moy. I'adiousteray, non point ce que prouue subtilement Ciceron aprés les Stoïciens, qu'il n'y a rien

NOTES.

qui soit naturellement des-honneste ; car ie reconnois que les premiers traits de cette honte, sont dans la Nature, mais que les Dames se doiuent ressouuenir, que dans ce liure, c'est vn Medecin qui parle, auec qui elles sont obligées quelquefois de s'entretenir de semblables matieres assez ouuertement. Que si elles s'offensent d'y voir leur sexe mal traitté en quelques endroits, ie leur respondray, que nostre Autheur dit aussi, que leur sexe est amoureux de l'honnesteté, aprés auoir prouué que la pudeur estoit vne passion de l'entendement: Et ailleurs, que les femmes ne sont point blasmables, mais bien leur mauuais temperament, encore que leur temperament mesme ne soit point blâmable non plus. Tout ce qui est dans l'ordre de la Nature est bon. Car au temps de la Creation, chaque chose fut formée dans le degré de perfection qui luy estoit conuenable. Et côme ce n'est point vn defaut aux enfans d'estre lourds & hebetez, tels que nostre Autheur les qualifie, à raison de leur grande chaleur & humidité; aussi n'en seroit-ce pas vn aux femmes, de n'estre pas si propres aux sciences & à la sagesse, à cause de leur trop grande humidité & froideur. Dieu ne demande rien de nous par dessus nos forces. *Que la terre pousse l'herbe, & que les arbres germent, chacun selon son espece,* a t'il dit : Et si, de ce lieu-là mesme on pourroit tirer vne chose à leur aduátage, car lors qu'il est dit, que la femme fut faite *Vn aide semblable à l'homme,* Cét aide doit s'entendre aussi

NOTES.

tost pour l'esprit, que pour le corps. Socrate, qui fut si sage, & dont l'entendement fut comparé à vne Sage femme, parce qu'il aidoit aux esprits à produire des pensées de verité & de sagesse, n'eut-il pas luy-mesme vne Dame pour Sage femme, & qui seruit à son instruction? Et combien d'autres hommes sont-ils deuenus habiles par ce moyen là? De sorte qu'il sembleroit qu'vn Italien assez delicat auroit eu quelque raison de dire, que si le corps des Dames estoit femelle, leur esprit estoit masle, au contraire des hommes, dont le corps estoit masle, & l'esprit, femelle.

En l'article 3. ayant mis dans le texte que la Nature a planté vne veine au roignon droit, qui va abboutir au testicule droit; il se reprend à la marge, & dit *Qu'elle l'a plantée seulement en la veine caue prés du roignon droict, afin que le sang sereux en fust plus chaud & plus propre à engendrer vn masle.*

Au mesme article, il rapporte d'Hippocrate à la marge, dans l'impression d'Espagne, à propos de la vertu de chaque testicule, *Qu'en liant le gauche, il s'engendre vn garçon, & vne fille, en liant le droit.*

En parlant des Israëlites, il dit qu'on leur deuoit donner à manger des laituës, des melons, &c. pour leur faire auoir plus de filles que de garçons, & pour abbreger leur vie, & à la marge il met, *Que les legumes & toutes les viandes foibles & legeres abbregent la vie.*

NOTES

Lors qu'il parle du temps qu'il faut aux femmes pour se purifier, il dit à la marge, que quand la femme a enfanté vne fille, il faut plus de têps que pour vn mâle; *Qu'il faut quarante-deux iours pour vne fille, & que pour vn garçon, il n'en faut que trente tout au plus.* Il rapporte ailleurs d'Hippocrate, à la marge, *Que le garçon est quelques trente iours, & la fille quarante deux iours à se former.* On pourroit s'estonner comment, attendu que les choses qui doiuent durer dauantage, se font par de plus grands cercles & reuolutions (ainsi que dit Bacon) l'homme qui vit plus long-temps que la femme, & qui depuis qu'il a veu le iour, met plus de têps qu'elle, à estre parfait & à vieillir, neantmoins est plutost formé, comme si la chaleur du mâle qu'on donne pour cause de ce dernier effet, ne pouuoit pas l'auancer aussi bien quand il est hors du ventre de la mere, que quand il est dedans.

Au mesme article, à propos du sel, il cite à la marge ces passages, *Tout ce que vous offrirez en sacrifice sera assaisonné de sel; Receuez le sel de sagesse;* à quoy l'on peut adiouster qu'Homere appelle le sel *Diuin*, & Platon dit que *le corps du sel est vne offrande tres agreable à Dieu:* Et non seulement dans les sacrifices du vray Dieu, mais mesme des faulses Diuinitez, on a tousiours employé le sel, au rapport de Pline. Il est le symbole de l'éternité parce qu'il empesche la corruption des viandes

NOTES.

prudence, la corruption des mœurs; & de l'amitié, parce qu'il est ramassé de plusieurs eaux par la chaleur du feu ou du Soleil (quoy que le peuple tienne pour vn presage de discorde de receuoir du sel de quelqu'vn, peut-estre à cause qu'estant aussi le symbole de la prudence, on veut dire qu'il est bien mal-aisé d'vser de correction & de reprimende sans quelque contestation) On pourroit dire beaucoup d'autres choses de ce mineral, mais puis-que ie rencontre encore à la marge ce passage qui s'addresse aux Apostres, *vous estes le sel de la terre*, i'adiousteray seulemēt vne singularité du sel, d'vn autre rare Autheur Espagnol, à celle que nostre Autheur a rapportée. Valesius dit donc, *que le sel a vne nature remarquable & qui n'est semblable à pas vne autre; car il n'est pas dans le genre des metaux, puis qu'il ne se dissoult point par la chaleur, ny dãs celuy des pierres, puis qu'il se dissoult par l'eau; il n'est pas non plus vne sorte de terre, car il s'en va tout en eau, non en s'affaissant & se relaschant, mais en se dissoluant en vne eau espaisse; ce n'est pas de l'eau nonplus, car il ne se consume point par le feu, mais plustost brule comme la terre; Que dirons nous donc que c'est, sinon vne chose seule en son espece?*

Dans le mesme article, quand il parle d'vn temperament vicieux, il dit que l'homme est nay libre & maistre de ses actions, (comme il auoit desia dit ailleurs) & adiouste *que dés le commencement Dieu l'a estably & laissé entre les mains de son propre conseil, quelque irrité qu'il soit*

NOTES.

par sa mauuaise nature.

Dans le Cinq. & dernier article, parlant de la science de nostre Seigneur, il dit à la marge, que S. Thomas met vne troisiesme science en Iesus-Christ, qu'il appelle *acquise*, & qui se fait par le moyen de l'intellect agent.

EXTRAICT DV PRIVILEGE du Roy.

PAr grace & Priuilege du Roy: Il est permis à IEAN LE BOVC, marchand Libraire en l'Vniuersité de Paris, d'Imprimer, vendre & distribuer par tout nostre Royaume, *L'Examen des Esprits, corrigé & augmenté sur l'original Espagnol, par Charles Vion, Escuyer, sieur de Dalibray*, pendant le temps & l'espace de cinq ans, à compter du jour qu'il sera acheué d'Imprimer: Deffendant tres-expressement à toutes personnes de quelque qualité & condition qu'elles puissent estre, d'Imprimer ou contrefaire *ledit Examen des Esprits*, part ou portion d'iceluy; ny d'en vêdre & debiter d'autres que ceux qui seront Imprimés par ledit LE BOVC ou de son consentement, pendant ledit temps, à peine aux contreuenans de quinze cens liures d'amende, moitié à NOVS applicable, & l'autre audit LE BOVC, auec tous despens, dommages & interests, &

confiscation des exemplaires qui se trouueront d'autre impression que de la sienne, comme plus à plein est porté par les Lettres de nostre Majesté sur ce données à Paris le vingt-quatriesme Iuillet 1645. Et de nostre Regne le deuxiesme.

Par le Roy en son Conseil.

CROISET.

Acheué d'Imprimer le 6. Septembre 1645.

Fautes suruenuës en l'Impreßion.

Comme on ne doit point faire son Lecteur ignorant, aussi ne faut-il pas qu'il deuine. Ie te donne les fautes les plus difficiles à corriger, & si tu en trouues de notables que ie n'aye pas marquées, elles ne seront qu'en certains exemplaires, & tu en accuseras, ou la precipitation des Imprimeurs, ou quelque accident arriué aux formes. Au lieu de ce mot *Ingigno* pag. 3. il faut qu'il y ait *Genero*, car *Ingigno* a la mesme signification que *Ingenero*. Au lieu de *des os & que l'homme*, pag. 128. lisez *de sorte que l'on*. Au lieu de *Cela estant ainsi pour ce qui est des actions* &c. pag. 138. lisez *Cela estant ainsi; Pour ce qui est des actions &c*. Au lieu de *Quant au frenetique qui parle Latin*, lisez *parloit*. p. 169. *la simplicité & la stupidité du sang*. lisez *la simplicité & la stupidité, du sang*. pag. 196. ainsi *l'entendement & la memoire*, lisez *ainsi que &c*. pag. 205. Au lieu de *certaine paste* pag. 260. lisez *certaine peste*. Au lieu de *Gerasiens* lisez, *Gerazeniens* pag. 275. *quà peine ay-ie eu le temps de songer*, lisez *le loisir* &c. *& encore moins à le repasser* lisez *de le repasser* pag. 350. *ces deux qualitez alterent plus nostre nature qu'aucune autre*, adioustez, *qualité* pag. 369. *l'addresse de ce Maistre d'Hostel*, lisez *Oeconome ou Receueur*, pag. 520. *Il commanda à Samuel d'aller a Belem* pag. 594. lisez *Bethleem*, comme aussi en la pag. 597. il y a *Belem* pour *Bethleem*.

Reliure serrée

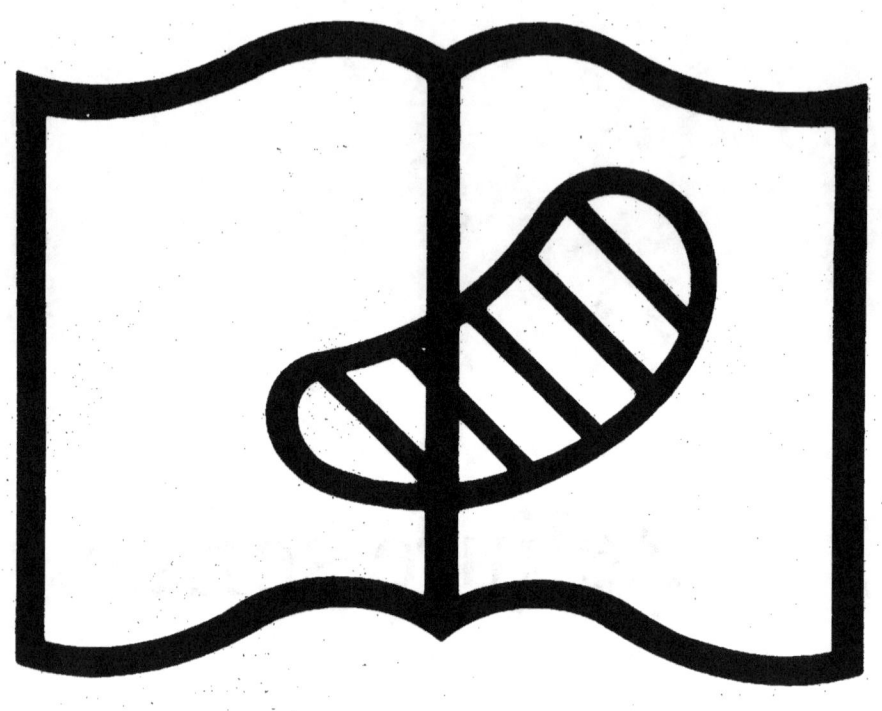

Original illisible
NF Z 43-120-10

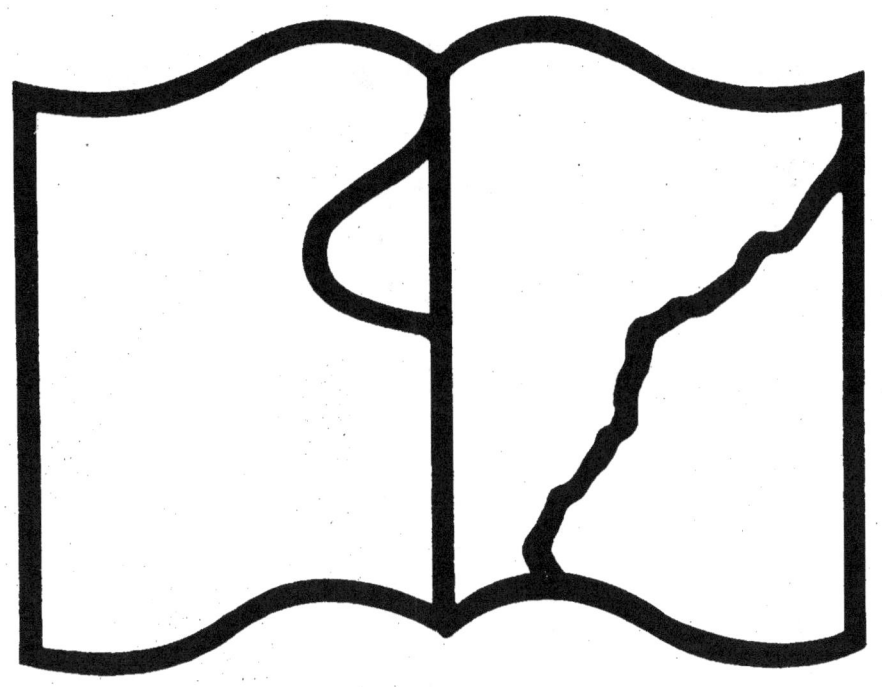

Texte détérioré — reliure défectueuse

NF Z 43-120-11

Contraste insuffisant

NF Z 43-120-14

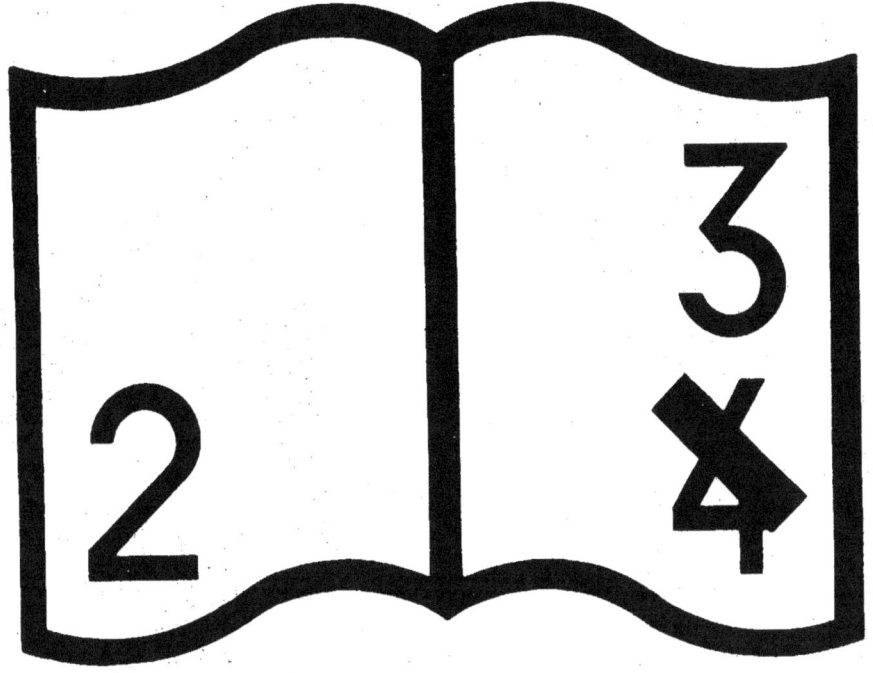

Pagination incorrecte — date incorrecte

NF Z 43-120-12

www.ingramcontent.com/pod-product-compliance
Lightning Source LLC
Chambersburg PA
CBHW071228300426
44116CB00008B/948